海外中国研究丛书

——到中国之外发现中国

# 改良与革命
## 辛亥革命在两湖

# Reform and Revolution in China
## The 1911 Revolution in Hunan and Hubei

[美] 周锡瑞 著
杨慎之 译

江苏人民出版社

图书在版编目(CIP)数据

改良与革命:辛亥革命在两湖/[美]周锡瑞著;杨慎之译.
—南京:江苏人民出版社,2007.7(2023.7 重印)
(海外中国研究丛书/刘东主编)
书名原文:Reform and Revolution in China:
The 1911 Revolution in Hunan and Hubei
ISBN 978-7-214-04624-6

Ⅰ.改… Ⅱ.①周…②杨… Ⅲ.①辛亥革命-研究②湖北省-近代史-史料③湖南省-近代史-史料 Ⅳ.K257.07 K296

中国版本图书馆 CIP 数据核字(2007)第 080934 号

*Reform and Revolution in China:The 1911 Revolution in Hunan and Hubei*
Copyright © 1976 by The Regents of the University of California
Simplified Chinese translation rights © 2007 by Jiangsu People's Publishing House
Published by arrangement with the University of California Press
All rights reserved
江苏省版权局著作权合同登记:图字 10-2007-136

| | |
|---|---|
| 书　　名 | 改良与革命:辛亥革命在两湖 |
| 著　　者 | [美]周锡瑞 |
| 译　　者 | 杨慎之 |
| 责任编辑 | 王　田 |
| 装帧设计 | 陈　婕 |
| 责任监制 | 王　娟 |
| 出版发行 | 江苏人民出版社 |
| 出版社地址 | 南京市湖南路 1 号 A 楼,邮编:210009 |
| 照　　排 | 江苏凤凰制版有限公司 |
| 印　　刷 | 南京新洲印刷有限公司 |
| 开　　本 | 652 毫米×960 毫米　1/16 |
| 印　　张 | 23　插页 4 |
| 字　　数 | 325 千字 |
| 版　　次 | 2007 年 10 月第 1 版 |
| 印　　次 | 2023 年 7 月第 4 次印刷 |
| 标准书号 | ISBN 978-7-214-04624-6 |
| 定　　价 | 65.00 元 |

(江苏人民出版社图书凡印装错误可向承印厂调换)

# 序"海外中国研究丛书"

中国曾经遗忘过世界,但世界却并未因此而遗忘中国。令人嗟呀的是,60年代以后,就在中国越来越闭锁的同时,世界各国的中国研究却得到了越来越富于成果的发展。而到了中国门户重开的今天,这种发展就把国内学界逼到了如此的窘境:我们不仅必须放眼海外去认识世界,还必须放眼海外来重新认识中国;不仅必须向国内读者移译海外的西学,还必须向他们系统地介绍海外的中学。

这套书不可避免地会加深我们150年以来一直怀有的危机感和失落感,因为单是它的学术水准也足以提醒我们,中国文明在现时代所面对的决不再是某个粗蛮不文的、很快就将被自己同化的、马背上的战胜者,而是一个高度发展了的、必将对自己的根本价值取向大大触动的文明。可正因为这样,借别人的眼光去获得自知之明,又正是摆在我们面前的紧迫历史使命,因为只要不跳出自家的文化圈子去透过强烈的反差反观自身,中华文明就找不到进入其现代形态的入口。

当然,既是本着这样的目的,我们就不能只从各家学说中筛选那些我们可以或者乐于接受的东西,否则我们的"筛子"本身就可能使读者失去选择、挑剔和批判的广阔天地。我们的译介毕竟还只是初步的尝试,而我们所努力去做的,毕竟也只是和读者一起去反复思索这些奉献给大家的东西。

刘　东

1988年秋于北京西八间房

# 目　　录

新版前言 / 1

由衷的高兴 / 1

中译本序 / 1

绪论 / 1

**第一章**　改良败北的成果 / 10

　　1897—1898 年湖南的改良活动 / 13

　　在日本的谋叛 / 20

　　秘密会党 / 23

　　在上海煽动叛乱 / 27

　　1900 年的起义 / 31

**第二章**　学生与暴动 / 39

　　帝国主义与湖南的开放 / 40

　　教育改革和城市上流阶层 / 48

　　学生运动 / 54

关于 1904 年革命社团的一个插叙 / 59

1905—1906 年的学生运动 / 62

1906 年的萍浏醴起义 / 70

## 第三章　城市改良派上流阶层 / 80

早期官府首倡的工业化 / 84

收回利权和工业化 / 86

湖南的企业 / 92

收回利权的企业的命运 / 97

收回铁路运动 / 100

立宪运动 / 113

城市改良派上流阶层的本质和成分 / 122

## 第四章　新政与群众 / 131

清末新政的本质和内容 / 133

资助新政措施 / 139

民众反对新政 / 145

城市贫民 / 150

1910 年长沙抢米风潮 / 153

风潮的余波 / 174

## 第五章　革命的来临 / 181

湖北军队不满的根源 / 183

湖北的革命团体 / 189

革命的前夜 / 199

革命政党的成熟 / 215

**第六章　革命 / 223**

　　武昌起义 / 225

　　湖北军政府的建立 / 229

　　革命在湖北的普及发展 / 241

　　湖南的革命 / 249

　　上流阶层革命的动态 / 267

**第七章　新政权 / 271**

　　湖北：政治上的内讧和右转 / 272

　　湖南：开明政权 / 297

　　辛亥革命与农村 / 312

　　"革命"时代的终结 / 314

**跋 / 319**

**注释中使用的简写词 / 324**

**引用书刊目录 / 326**

**译后记 / 336**

# 新版前言

本书中文版第一版发行三十年之后,江苏人民出版社决定重出这本研究辛亥革命的著作,使我在高兴之余又不免感到惶恐。与1982年中文版相比,除此前言之外,内容基本上没变。中文版已校正了1976英文版的某些印刷错误,以及一些对中文原著翻译和解读中的错误。为此我要向本书的译者杨慎之先生表示诚挚的感谢。

这个新版前言,为我提供了在这本著作出版将近三分之一世纪以后,一个重新评价的机会。虽然书中的一些部分带有上个世纪70年代学术研究的"时代烙印",但是书中对革命的阐述部分仍然令我满意。我希望这种满意反映了本书在分析方法中的某些持久的价值,而不是作者的固守己见。在此,我要把这本书放在新近对中国近代史研究的语境中去讨论,并且简述我根据新的研究成果对本书的某些观点的不同理解。

最近几年,西方中国史的研究中出现的第一个趋势是关于辛亥革命的研究锐减。在我写两湖革命这本书的前后,曾有路康乐对广东革命的研究(1975),冉玫烁关于上海和浙江革命的研究(1971),戴福士对于清朝改革家锡良的研究[①],以及杨欧纳对于袁世凯统治的研究(1977)。另外还有许多对早期革命的出色研究:例如史扶邻对孙中山的研究(1968),高慕柯对激进知识分子的研究[②],普莱斯关于俄国模式对中国革命影响的研究[③],弗里曼对革命政党的研究[④],以及刘吉祥对宋教仁的研究(1971)。但是从那以后,有关革命本身的研究就非常稀少,这也可能是西方学界在历史研究中脱离叙事史和事件史研究总体转向的一部分。

西方对于辛亥革命的研究集中在军事、晚清新政、知识分子和文化史等方面。冯兆基和舍登的著作已经阐述了辛亥革命前十年就不断上升的军人地位、精英家庭之子投笔从戎的趋势和新军在革命本身中所起的关键作用。⑤他们的观点与我把新军军官们看做军队中的"城市改革精英"的观点相似。麦科德对湖北军队的描述是作为军阀兴起的个案来研究的。⑥他的著作详述了湖北革命在1913年以后的延续,这非常像安格斯·W·麦克唐纳⑦对湖南革命在辛亥年之后情形的叙述。所有这些著作都指出了一个重要的、但在我这本书里很少强调的历史过程,即在20世纪的中国,军队往往成为政治冲突的裁断者。这种趋势可以在袁世凯死后的军阀纷争、1925年以后蒋介石在广东的革命政权和毛泽东在中共1935年遵义会议的兴起中得到体现。这种现象一直持续到"文化大革命"甚至更晚。这种军事的优势准确无误地反映了在1911年满清灭亡以后,中国社会中政治体制和国家法制的脆弱无力。

早在这本书写作之前,芮玛丽在(1968)关于辛亥革命的论文集中,就已经把晚清的新政改革作为中国政治和社会的主要转折点了。她的观点得到了相当的关注。在写作《改良和革命》时,我所注重的是改良(新政)过程中的关键举措,以及改良非但没有使满清政权避免革命,反而在某些重要方面推动了革命进程的发展。傅因砌、任达和罗杰·R·汤普森的近作以及许多正在进行的研究和著作都已重新关注改良的重要性。⑧现在普遍被接受的是新政期间的种种改良措施——包括科举考试的废除和新学的建立⑨,新军的组建,商会的组织,报刊的兴起。⑩立宪运动的开始和地方选举,新兴城市改革包括警察和公共卫生管理是塑造20世纪中国政治和社会生活模式的一个分水岭。

当今学术第三个明显的方面是对晚清知识分子和文化史的研究。这本书与这方面的研究很少有直接的关联,因为我在书中没有涉及当时的文化和思想潮流(我在下面还要论述这个研究空白)。虽然如此,许多针对著名保皇派人物的研究对本书也是有意义的,特别是对梁启超的研究,反映了西方学界对中国史学界某些固定诠释的怀疑态度,其中包括海外保皇派和革命派在辛亥革命中所起作用,以及革命派是辛亥革命构建者的阐述。⑪在这些革命者之间,章炳麟,这位孙中山最为持久的反对者,已经成为几项研究的焦点。⑫

以上关于西方学界对辛亥革命研究的简单回顾,令我感到我们的研究已经进入一个奇特的状态。本书中的主要论点——新政对中国近代史进程所起的根本作用——已经获得学术界的基本认同。然而大家却很少关注改良导致革命这个过程的动力机制。在中国近代史研究上,虽然共产主义的意义长期以来掩盖了辛亥革命的重要性,但是现在辛亥革命已被认作为中国近代史上的一个重要的分水岭。⑬事实上,改革开放以后,随着对计划经济政策的放弃,辛亥革命所带来的社会变化似乎比那些发生在1949年以后的变化更加持久。尽管辛亥革命的重要性是公认的,但是很少有学者深刻探讨它的原因。这当然和当代历史研究中后派对解释历史因果关系的理论持怀疑态度有关。对我来说,承认一件事情的意义却不去探讨它的起因未免不是一件憾事。

我对辛亥革命起因的分析主要依据了查尔斯·蒂利的集体行动的动员模式⑭:新政创造了新的机会来动员学生、知识分子、绅士、商人和其他的城市精英,以及新军中的下级军官。当辛亥革命到来的时候,他们能够集体行动推翻清王朝。但是还有其他在"动员模式"之外的明显的、值得重新阐述的因素。在第五章中,我认为"革命前夜"的不满情绪是辛亥革命的一个关键的前提——经济衰退、长江流域的水灾、因财政危机而无饷的士兵、由于朝廷"皇族内阁"的任命和铁路国有化造成的精英阶层的疏远——所有这些加在一起,给清廷的合法性和合理性加以致命的一击。在目睹了东欧的"人民革命"和菲律宾1986年的"人民力量运动"之后,我更加确信"革命前夜"的重要性,此时的政府已无法控制军队,它所面临的只是政权的全面崩溃。

本书的分析对中国史学界关于辛亥革命的某些定论亦持有不同

的看法。中国史学界对辛亥革命的研究往往集中在由孙中山领导的职业革命活动家们的身上。他们在国外的宣传和组织活动以及在中国的零星起义被看作最终导致1911年武昌起义的原因。⑮但我认为革命的起源必须在中国国内追寻,而不应该在海外的革命者中去寻找。应该注意的是,这一观点向来不太为大陆或台湾的学者所接受。⑯

本书的第二个论点是关于产生革命的社会和政治来源。我认为在中国内部,新政虽然为精英创作了政治动员的机会,但也加重了那些每况愈下的贫苦阶层的负担。新政时期创建的学校、议会和警察大多使精英阶层受益,而支持新政的财政费用主要来自盐税,再加上由铜圆贬值引起的通货膨胀,便在穷人特别是城市贫民身上强加了无法忍受的负担。由此而来的是社会上对于新政的普遍不满,包括1910年的长沙抢米风潮。但我认为这种下层社会的不满和动荡所带来的威胁,正是使得文、武精英团结并参加辛亥革命新政权的重要因素之一。精英参政是为了保证清王朝倒台之后社会秩序的平稳。

我认为辛亥革命最重要的特征是它以城市为中心。与历史上农民起义和外族入侵导致的王朝更替,以及后来由共产党领导的"农村包围城市"的革命不同,辛亥革命发生在城市。我将城市地位的上升与明清时期的商品经济以及城居地主的增加联系起来,清末通商口岸和现代工业的兴起是导致城乡之间社会和文化差距逐渐增加的另一个原因。与这一观点相同的研究现在已非常可观。在日本学者的大量研究基础上,白凯描述了地主变为城居地主,脱离乡村之后所引起的租佃关系的进一步弱化。⑰冉玫烁在她的研究中虽然没有特别提及城乡差距,但是她对浙江精英转变的研究涉及了发达和偏远地区之间不断扩大的差距,而这种差距是和地方城市化进程相一致的。⑱彭慕兰则认为现代化本性中的"反帝卫国"导致了资源向城市集中,其结果是忽视和削弱了内地的发展⑲。

我提出用"城市改良精英"来描述这个在新政中出现,并最终领导革命团体的阶层。这个建议在学术界没有取得共鸣。这个糅合了政治属性(改良者)和社会属性(城市精英)的概念虽然欠佳,但它确切地描述了出现在清末最后十年里一个可以识别的、主要集中在城市的改良势力,他们通常来自绅士家庭,广泛参与了与新兴商业、工业、教育以及立宪运动有关的一系列活动。中国学者马敏把这个群体称做"绅商"(绅士-商人),详细分析了它的历史演化以及它在近代化过程中所扮演的经济、政治和社会角色。[20]与我对于城市改良精英是处于绅士和资产阶级的中间形态的提议相近,马敏认为它是处于形成过程中的早期资产阶级。[21]

虽然西方学界对辛亥革命的研究很少利用马克思主义阶级理论的分析方法,也很少提及辛亥革命是资产阶级革命这一概念,但是大多数学者都同意在清末最后的几年中,绅士和商人,特别是城市和经济发达地区的绅士和商人,广泛地参与了由各种社会团体组织的活动。其中商会可能是最重要的。[22]不过教育会、报刊、出版组织、同乡会和慈善机构也同样的重要。1911年以后,银行、律师、教师和记者的同业法团明显地增强了。萧邦奇和冉玫烁以浙江为例,对社团的发展过程作了引人注目的阐述。冉玫烁描述了清末浙江精英阶层中不断增强的激进主义、自治运动和社团的政治化倾向。萧邦奇则将其研究扩展到民国时期,特别强调了社团运动在发达地区和城市的集中发展。[23]

由冉玫烁和我编著的《中国地方精英与主导模式》讨论了晚清和民国地方精英性质的转化。在那本书中,我们没有集中探讨精英如何定义。相反,我们建议考察他们获得和维持其精英地位的资源,包括经济、政治、社会,以及文化等方面的资源。相当明显的是,与以前相比,地方精英在清末和民国时期有了更为多样的经济、政治和职业的资源。在此以前,土地财产、家族背景、科举功名,特别是官位对精英身份的确立有着主导性的作用。[24]

清末在地方和省府的精英阶层明显地增强了他们的政治活动和社团活动。这一趋势是否意味着"公共领域"的出现?这个问题在西方学界引起了激烈的讨论。一些人认为这些新的组织(商会、教育会、职业法团和慈善机构,以及地方咨议局、县议会)和出版机构的出现反映了空前的精英政治自治,同时他们认为这种公共领域可以和哈贝马斯等人描述的欧洲公共领域相提并论。而另外一些人则认为这些组织的存在不但需要国家的认可,其工作也常常和政府有关,因而这些社会团体从未取得真正的独立。持此观点的学者认为在近代中国,精英阶层和大众非但没有增强与国家对抗的潜在能力,相反的是国家集权主义的不断加强。⑥暂且不论这一争论正确与否,本书和最近许多相关的著作都以足够的材料证明了在晚清末年,国家和精英同时扩张了自己的力量,这种力量的扩张不是此胜彼败的游戏。新政以前地方精英的组织形成都是非正式的,致使新政以后他们和国家的力量才直接扩展到新的社会、经济和文化领域。这些领域包括公共卫生、经济发展,以及现代传媒等等。

  本书关于"辛亥革命是政治的进步、社会的倒退"的观点,虽然在后面的几章已经开始讨论了,但是我在结语中才明确地阐述了这一观点。这一观点在史学研究上是过时的也是太狭隘的。当时的这一提法是要回答在分析辛亥革命中碰到的几个问题。首先,它要说明革命的社会后果,特别是新政权对农村的忽视。我认为,这与在革命中占主导地位的精英们的城市倾向有关。改良精英献身中国的近代化,而近代化的象征不可避免地被集中于城市:工业、银行、学校、驻军基地以及所有其他的社会和文化的现代表征。其次要解释的是为何辛亥革命之后,中国迅速地陷入军阀混战的困境。我不同意军阀的产生是由于袁世凯对革命背叛的论断,因为在两湖特别是湖北,革命的领导者欣然支持袁世凯1913年对孙中山和国民党领导人的驱逐。

  我的观点在以下两个问题上没有太大的变化:(1)辛亥革命标志着中国精英对乡村的疏远,(2)与其说袁世凯是革命的叛徒不如说他是革命的代表。然而政治进步和社会倒退的对立提法,在"进步"这方面与辛亥革命时期的话语与价值观相关联,而在"倒退"这方面又和社会结构及社会行为相关联。在分析过程中,我有意把话语和价值观排除在外,除非它们有"明确的行为后果"。在当前许多历史学家转向"语言"研究,并且认为话语本身能够产生权力的时候,我的这一观点非常容易被看成过时和狭隘的唯物主义观点。

虽然我并不认同福柯主义关于话语能产生权力的论断(我相信一般来说,话语的权力来源于它的倡导者的地位和权力),但我在结语中的唯物主义分析似乎太多地集中在阶级问题上。这种集中分析导致了我对青年和妇女地位在辛亥革命期间重要变化的忽视或者低估,以及文化和社会生活在以下方面的变化:戏剧的转变,体育的普及,新的公共空间如图书馆、公园、博物馆的创建,以及随着报刊、新兴的电报、铁路和轮船而产生的对新型中华民国的设想。这些普遍而且重要的社会现象不应该看作是"社会的倒退"。

在本书的中文第二版发行之际,我们已经进入了21世纪。我希望下一代研究中国近代史的学生在读完这本书之后或许能受到某些启发,并重新提起研究的兴趣,而再度审视上个世纪的第一个十年以及推翻中国千年帝制的这场革命。进一步的研究当然可以改换研究的地点(例如不同的省份),探讨那些推行新政并且领导了革命的精英的性质,以及改良和革命对农民和城市贫民的影响。但是新的研究的着眼点也许更应该放在这一时期内全面的社会和文化变化上。如果新的文化史研究能够将事件史及本书对革命原因的不懈关注融合进去,那么这将是本书再版所能带来的最好结果。

## 注 解

在下面的注释中,书目已在本书"引用书刊目录"中出现的仅列出了作者和作品的年代。目录中没有出现的新作品将给予全文的引用。

① 戴福士:《锡良与中国的民族革命》(纽黑文:耶鲁大学出版社,1973)。

② 高慕柯:《中国知识分子和1911年革命:中国近代激进主义的诞生》(西雅图:华盛顿大学出版社,1969)。

③ 普莱斯(Don C. Price):《俄国和中国革命之根,1896—1911》(剑桥,马萨诸塞:哈佛大学出版社,1974)。

④ 弗里曼:《退回革命:中华革命党》(伯克利:加州大学出版社,1974)。

⑤ 冯兆基:《军事近代化与中国革命》(温哥华:不列颠哥伦比亚大学出版社,1980);舍登:《地方军阀与共和国:云南军队,1905—1925》(安阿伯:密歇

根大学出版社,1980)。

⑥ 麦科德:《枪的力量:中国近代军阀的兴起》(伯克利:加州大学出版社,1993)。

⑦ 安格斯·W·小麦克唐纳:《乡村革命的城市起源:湖南省的精英和大众,1911—1927》(伯克利:加州大学出版社,1978)。

⑧ 傅因彻:《中国的民主:地方,省和中央的自治运动,1905—1914》:(伦敦:赫尔姆图书公司,1981);任达:《新政革命与日本:中国,1898—1912》(剑桥,马萨诸塞:哈佛大学东亚研究会,1993);罗杰·R·汤普森:《戊戌维新时期的中国地方自治会,1891—1911》(剑桥,马萨诸塞:哈佛大学东亚研究会,1995)。同时参见司昆仑:《成都城市化:1895—1937年间的中国城市改革》(剑桥,马萨诸塞:哈佛大学东亚研究中心,2000)。

⑨ 有大量的关于晚清教育改革的著作。参见裴士丹:《迈入20世纪的中国:张之洞与一个新的时代,1895—1905》(安阿伯:密歇根大学出版社,1978),它论述了这位长期担任两湖的总督;威廉·艾尔斯:《张之洞与中国教育改革》(剑桥,马萨诸塞:哈佛大学出版社 1971)也论述过张之洞;玛丽安·巴斯蒂(1971)的《中国20世纪早期的教育改革》(安阿伯:密歇根大学中国研究中心,1988)现在已经被保罗·J·贝利译出;保罗·J·贝利的《改良国民:20世纪早期中国对大众教育的变化看法》(温哥华:不列颠哥伦比亚大学出版社,1990)。

⑩ 有关出版业的研究,参见季家珍:《出版与政治:〈时报〉与中国晚清的改革文化》(斯坦福:斯坦福大学出版社,1996)。

⑪ 张灏:《中国知识分子危机:寻找秩序和意义,1890—1911》(伯克利:加州大学出版社 1987);唐小兵:《全球空间与现代性的民族主义话语:梁启超的历史思想》(斯坦福:斯坦福大学出版社,1996)。我们也应该注意到两本早期的关于梁启超的研究著作,即张灏:《梁启超与中国知识分子的转变,1890—1907》(剑桥,马萨诸塞:哈佛大学出版社,1971);黄宗智:《梁启超与近代中国的自由主义》(西雅图:华盛顿大学出版社,1972)。

⑫ 汪荣祖:《寻找近代中国的民族主义:章炳麟和革命中国,1869—1936》(香港:牛津大学出版社,1989);高戈·拉铁宁:《中国晚清王朝民族主义:作为一个反满鼓吹者的章炳麟》(伦敦:柯曾出版社,1990);岛田虔次:《中国革命的先驱:章炳麟与儒教》,傅佛果译(斯坦福:斯坦福大学出版社,1990)。

⑬ 关于突出帝国灭亡后的深刻断裂的一本有影响的著作,参见杜赞奇:《文化,权力和国家:1900—1942的华北农村》(斯坦福:斯坦福大学出版社,

1988)。

⑭ 查尔斯·蒂利:《从动员到革命》(雷丁,马萨诸塞:阿狄森-韦斯利,1978)。

⑮ 关于这种历史学研究的传统,参见谢文孙:《中国关于辛亥革命的历史编纂:述评与书目节选》(斯坦福:胡佛研究协会出版社,1975)。

⑯ 注:杨慎之先生对我的这一关于孙中山在辛亥革命中作用的讨论给予了严肃的批评,详见本书"译后记"。进一步对孙中山和辛亥革命的思考,请参见我的文章《铸造共和,选举总统:孙中山如何成为"国父"》,收在卫藤沈吉和史扶邻:《中国的共和革命》(东京:东京大学出版社,1994),第129—152页。

⑰ 白凯:《长江下游地区的地租,赋税和农民的反抗斗争:1840—1950》(斯坦福:斯坦福大学出版社,1992)。

⑱ 冉玫烁:《中国的精英行动主义和政治转型:浙江省1865—1911》(斯坦福:斯坦福大学出版社,1986),第8页,62页,217页。

⑲ 彭慕兰:《腹地的构建:华北内地的国家,社会和经济,1853—1937》(伯克利,加州大学出版社,1993)。

⑳ 马敏:《官商之间:社会剧变中的近代绅商》(天津:天津人民出版社,1995)。

㉑ 同⑤。

㉒ 虞和平:《商会与中国早期现代化》(上海:上海人民出版社,1993)。

㉓ 萧邦奇:《中国精英与政治变动:20世纪早期的浙江省》(剑桥,马萨诸塞:哈佛大学出版社,1982);冉玫烁(1986)。

㉔ 周锡瑞和冉玫烁(编):《中国地方精英主义与主导型式》(伯克利:加州大学出版社,1990)。

㉕ 关于争论的总体看法,参见罗威廉:《近代中国的公共领域》/当代中国16期(1990年7月):309—329页;当代中国19期(1993年4月)上关于公共领域的争论的讨论会。季家珍(1996)将这场讨论扩展到出版业的角色上。

(张雷、叶娃 译)

# 由衷的高兴

周锡瑞先生《改良与革命：辛亥革命在两湖》一书的中译本出版了，我为此感到由衷的高兴。

作者是20世纪60年代末成长起来的美国历史学者的新的一代，因此读者可以感觉到，在这本著作中洋溢着年轻人特有的青春活力。他敢于摒弃以往美国某些权威性中国近代史著作中的传统价值观念（其中有些可以说就是陈旧的西方偏见），广事搜求档案文献资料，对两湖地区的社会经济、政治、文化状况进行比较客观和深入的探讨，因而取得了不少值得重视的研究成果。

像许多年轻的美国的中国近代史研究者一样，颇为流行的区域性和社会学的研究方法，在作者身上产生了明显的影响。然而我们同时也可以看到另外一种影响，那就是中国的和日本的马克思主义历史学家对于他的"一种非常真实的学术影响"。他在社会历史的各种因素中，比较重视经济因素，特别是比较重视经济与政治之间的联结。细心的读者不难看出，贯串全书的一种研究和论述的方法是：从经济利益得失的角度来分析社会各个集团政治情绪的变化，以及它们相互之间的关系。这样，就使本书具有自己的特色。

作者比较善于利用中外学者已有的研究成果，但他更致力于自己的独立思考。譬如，他利用了张朋园教授《立宪派与辛亥革命》一书中关于立宪派人社会背景方面的统计资料，对两湖议员身份作出相应的判断。但他并不囿于成说，同时又指出光凭议员的功名还不足以说明他们的社会经济、阶级背景,并且进一步对两湖地区立宪派的一些头面人物的企业活动作了必要的考察。再如本书第四章,尽管所论述的新政与群众之间的关系,许多基本史事已为人们所熟知,但由于作者勤于思考,善于分析,也阐发了不少前人所未曾言及的新见。他既批评了以已故的芮玛丽教授为代表的一些亚洲史学者在评论清末新政时忽略了人民群众,而本书在论述有关群众斗争时,又如此艰苦地探索他们的社会经济根源。这即令是对于我国学者,也是可以作为借鉴的研究方法。

本书广泛地运用了大量英国的和日本的外交档案,特别是一些领事和情报人员关于两湖各地情况的报告,提供了不少颇有参考价值的资料。作者对于有些重要历史事件(如长沙抢米风潮)分析论述得比较深入细致,多半得力于这些档案资料。我国辛亥革命史研究者将可由此得到启发,今后应当在搜集和运用外国档案资料方面,做出更多的努力。

本书中译本的出版,距离作者将此书作为博士论文提出,整整已有十年的间隔。应该看到,十年前的作者还很年轻,因此对于近代中国社会历史的了解难免有不足之处,对于有些中文资料的引用和解释也不尽确切。正如作者自己所说的那样,此书在美国的正式出版,结束了他的青年时代。但是,在本书译本的翻译过程中,经过作者与译者的共同努力,已经做了不少力所能及的改进。慎之同志是一位勤奋谨严的学者,他的译文信实而又流畅,具有隽永的风格,这自然又为本书增色不少。

至于本书的一些学术观点,自然未必尽能为国内学者所同意,但至少可以起参考和启发的作用。中外学术交流,除了资料、方法等等以外,学术观点的交流也是不可缺少的一个方面。只要是严肃的科学研究成果,就应该受到必要的尊重。不同的学术观点,只有通过相互驳难、相互切磋、相互补益,才能逐步较其短长,分辨是非,最终得出比较正确的答案。那种先入为主、深拒固闭、听不得不同学术观点的武断专横,并不是马克思主义的科学态度。

作者至今仍然致力于中国近代史的研究,近年来尤其注重实地考察和探索近代华北农村的经济结构和阶级关系。这些研究工作,不仅可以继续增进作者自己对于近代中国社会历史的理解,而且一定可以对中国近代史这一学科的发展提供更多有益的成果。在本书的译本即将正式出版之际,作者和译者都嘱咐我写点意见,我愉快地接受他们的要求,并且希望今后中外学术交流将有更大的进展。

**章开沅**
1981 年 3 月

# 中译本序

本书第一版于1971年作为博士论文提出时，美国和中华人民共和国之间，既无外交关系，也没有文化交流。那时，我研究中国历史将近十年了。但是，我从未访问过中国，也不曾会晤过来自这个国家的任何一位学者——而我是热爱并且尊敬她的人民和历史的。在中国，由于"四人帮"的影响，很少学者曾经读到像我这样的研究中国的美国历史学家的作品。

现在，一切都发生了变化。随着两国政府外交关系的正常化，中美人民之间的文化和学术交流，正在稳步发展。1979年，作为许多美国人中的一员，我幸运地在中国从事研究工作，并有多次弥足珍贵的机会，和几所中国大学的史学家交换意见。现在，我深以为荣的是，湖南省社会科学院杨慎之先生提供了我的著作的中译本。他是在医院治疗肺病中完成这部译作的。这一点，对我将是一个永志不忘的学习范例和有力鼓舞。我衷心希望，通过他的努力，在我们两国人民之间，这个译本可能成为进一步学术交流的媒介。

虽然本书是在我们两国人民之间没有任何文化交流的情况下写成的，但是，读者们容易看出：无论如何，对于像我这样的学者，一种非常真实的学术影响是存在着的。把历史在社会和经济生活中的发展，以及政治生活中的发展联系起来的研究（在根本的社会经济变化中，寻找主要政治事件的根源的研究），这要大大归功于中国的和日本的马克思主义历史学家。尽管我和他们的结论悬殊，但是，我从他们那里学到了大量知识。本书绝大部分是根据中华人民共和国出版的研究成果和原始资料写作的,没有这些成果和资料,这本书是难以问世的。如果说,我真正作出了某些贡献,那仅仅是:我竭尽绵薄,力图把这些资料和日本的以及英国的档案资料结合起来,以加深对两湖地区辛亥革命的了解。在各国之间学术交流的新时代中,我希望,我们能使这些资料对于中外学者一样更加有用,使我们能够进行集体努力,共同研究中国和世界的现代历史。

从本书在美国出版至今,五年过去了,在此期间,我都没有继续研究辛亥革命的历史。本书肯定存在着有待纠正的错误。假如我现在能够重写这本书,毫无疑问,我将进行一些轻微的改动。举例来说,我期望,对于革命党人和同盟会的贡献,现在有可能较原书略高地给予评价。这主要不是因为他们在辛亥革命中的贡献,而是因为,革命运动在推动知识分子向着接受中国问题根本解决之途中所起的作用。——这是推动他们朝着发动五四运动、创建中国共产党的方向前进的紧要步骤。

当然,我仍旧坚持本书的基本观点:辛亥革命是由一个西方化的、城市的、改良派的上流阶层所领导的。他们的纲领,只是使他们脱离疏远中国人民群众而已。其他学者各有所本,理当持有不同观点。但是,关于辛亥革命的全面理解,必须对这样一个问题作出回答:革命为什么发生,它又为什么失败?那个矛盾的、复杂的一致性,是理解革命本质的关键,是许多分歧和争论的根源。如果我这本小书的译文,有助于学术争鸣,我将感到无比满足和高兴。对杨慎之先生,对湖南省社会科学院诸位先生,对辛亥革命研究会和慨允为本书写出介绍文章的章开沅教授,我在此谨致真诚谢意。对于你们——亲爱的读者们,我表示热切期望:你们将批评和匡正我的错误,包括史实方面引证不够准确和阐释当中的偏颇舛谬。

周锡瑞

1980 年 11 月 7 日

# 绪　　论

　　主权基础从家族世袭权利，转换到服从一国人民意愿的选择，这是近代历史上重大政治发展之一。西方世界的伟大革命，例如法国、美国和俄国的革命，都以推翻王权政府作为革命目标。中国也有一个把王朝转换为民主共和国的革命，这就是辛亥革命。这次革命，同后来意义远为重大的中国共产党领导的革命相比黯然失色了。但是，辛亥革命仅在意义上稍逊一筹。它本身并不是没有意义的。中国的王朝制度，是人类历史上持续最久的政治制度。从公元前 221 年起，君主官僚政权就一直统治着中国。最后一个王朝，清王朝及其满洲家族，统治中国达 267 年之久。但是，在革命爆发后的短短几个月之内，王朝变为民主共和，皇帝被总统取代，立法机构在北京召集会议，并且打算通过选举，在法律的基础上，明确地把政权从君权神授，转换成为取决于人民自由意愿的投票选举。

　　革命摧毁了满清王朝，建立了民主共和国，所以，关于革命原因的研究，历史学家自然首先注意到反满革命和民主共和主义。受过西方教育的广东职业革命家、"中华民国国父"——孙中山，在许多人之中，是最令人瞩目的。从孙中山出发，历史学家把注视的焦点，扩展到了革命阵营内其他知识分子和参与者，甚或及于像梁启超这样持不同政见的知识分子。事实上，他对于民族主义和宪政主义的宣传倡导，鼓舞了在日本的一代学生。不过，这条研究线索，一定会把历史学家的注意力，从中国本身的事件，转移到日本、东南亚和西方的那些流放者的出没之处。特别应当指出,中国留日学生和流放者的自由报刊,已经为知识界的思想家提供了一种历史上的优越地位。

大量的历史研究,提供了对于研究当代革命策略的有益观察。虽然,漂流在外的革命者能够利用革命形势,但是,他们却不可能从根本上诱发革命。任何国家之所以发生革命,必须从该国的内部去寻找。值得庆幸的是,多数新近关于辛亥革命的研究,已经把注意力集中到中国内部的事情上面来了。我们已经注意到中国内部发生的事情:1905年废除科举考试制度的严重冲击力量(它结束了新成员进入上流阶层的传统基础),从外国财团手中收回铁路和矿产权利运动以及运用中国资本发展现代经济的严重冲击力量,在全国建立有影响的省谘议局和地方自治团体的宪政运动的严重冲击力量。新报刊、新学校、新军以及总称为"新政"的种种行政管理和宪政改良措施,正从制度设施上改变着中国的面貌。

这里的研究,是考察辛亥革命这些内在渊源、描述革命对中国人民的意义的一次尝试。我一度相信,我能够把自己的探索向整个中国铺开,但是,那个念头一闪而逝,我终于参加了面向地方史的最近潮流的行列。这个抉择,大部分地取决于我对革命问题的直觉观点,当然,这是对历史运动的直觉观点。把一个历史时期的一定方面的因子离析出来,把自己的探索局限于一个或若干个人类经验的范围之内:我发现那样做是有困难的。结果,这个论著探讨了教育改良,政治改良,发展经济,军事现代化,新闻业务,秘密会党,学生运动,帝国主义,反帝激情,革命预谋,以及人民暴动。所有对于总的革命环境产生影响的事物,我都进行了考察。虽然这些题目中的每一个,都可以单独进行研究,但是我相信,对于革命原动力的理解,要求我们考虑到它们的积累起来的重要性。不过,按照这样的方法进行,在中国整个幅员的背景下考察每一个题目,那简直是不可能的。这样,为了论题的宽度,我也希望,为了在社会分析中的一定深度,而必须牺牲地域范围的宽度。

把注意力集中于湖南和湖北,是一个相对容易的抉择。革命在湖北爆发,并首先推向湖南。这些事实增加了革命在两湖地区的固有重要性和历史记录。\* 再有,以前的关于辛亥革命的研究,曾经提出合理的假说,即,宪政改良活动,收回铁路运动,新军和秘密会党,对于促使清王朝的最后覆灭,都作出了有意义的贡献。这一点是重要的:选择一个这些运动和设施似乎都具有重要性并且文献记录完整的地区。而湖南-湖北地区符合那个标准。最后,两湖地区——也许特别是湖南——在中国现代历史上的关键性地位是毋庸置疑的。19世纪时,湖南被看作中国保守主义和排外主义的中心;而在20世纪,作为毛泽东和许多其他近代革命党人的家乡,湖南博得了一种非常不同的声誉。

对于湖南和湖南人的政治声誉的这种改变,假如有着解释的话,其解释就根植于这个清末民初的时代。在1897年和1913年之间,保守主义和19世纪对于地方民团的注意,变为改良主义和对于地方自治团体的关切。这种新的改良主义产生了种种革命潮流,某些潮流最后倾注在毛泽东的身上。毛泽东自己的实用主义及其地方根据地的革命战略,都似乎是湖南在这个时期流行的观念的派生物,甚至更加清楚的是,正是在这个期间,19世纪的排外主义,变为20世纪振振有词的、显著的反对帝国主义。对于中国最伟大的革命家的早期影响,虽然肯定不是本书的重点,但毛泽东的湖南出生地也许对于这个时期的研究增添了额外的重要意义。

在宁可选择两个省而不选择一个省作为重点的过程中,我在某些地方离开了分省研究中国历史和政治的最近趋势。在这种场合,地区的结合和两省的内在关系保证了这种研究。从政治上说,两个省是亲密地联结在一起的:事实上,在明朝时期,它们就属于一个行政建制单位;清朝把这个地区划分为两个独立的省,但是,在一个常驻武昌的湖广总督的管理下,它们联结起来。到了清朝末年,从1889—1907年,除了短暂的离职以外,一个有名的政治家、"自强"运动的倡导者张之洞一直担任湖广总督。张之洞的改良活动的成效之一,是使武昌成

---

\* 原注:在本书全卷中,"中国中部"是作为专指湖南和湖北的方便来使用的名词。这里,它并不像在许多文学作品中一样,用来指称整个长江流域。或者说,我使用"中国中部"这个词,就是"两湖地区"的同义语。

为两湖地区教育改良的中心,并且从湖南吸收了最优秀的学生。这就有利于为统一学生运动和两省革命知识分子的活动作出贡献。其结果,建立政权及其激烈的对手,在湖南和湖北以协调配合的方式进行活动。因此,它就使人把两个省作为一个单位来进行研究。

不仅在政治上和教育上,而且也在经济上和地理上(如果不是在几何学上的话),武汉三镇是这个地区的中心。三个城市个个具有明显的特色,当时合起来大约有100万人口。武昌是政治中心,是两省总督的任所,湖北巡抚的衙门也设在这里(直到这个职衔于1901年取消时为止)。在中国,政治和教育有着亲密的联系,因此,武昌也是这个地区的教育中心和省绅集中的场所。武昌在政治上的重要性,同样使它成为两湖新军部队大量集中的地方。横过长江就是汉口——它以坐落于汉水入长江之口而命名。汉口是武汉地区的商业城市,从1861年起就是通商口岸,这里有外国租界,是往返长江海洋轮船的经常终点码头,也是平汉铁路在南端的终点站,这条铁路是在20世纪头十年的中期分阶段通车的。轮船航运和铁路交通大大地提高了汉口的对外贸易,在1890—1910年之间,对外贸易增加了3倍,据清朝海关报告,1910年贸易总额达到了135 299 167两。[①] 汉口向来是中国本身腹地省份贸易的主要货物集散地,由于这个原因,它就在事实上被选定为通商口岸。从湖北北部顺汉水而下,河南和陕西运来豆类、小麦、棉花和皮毛;顺长江而下,从四川和云南运来鸦片、茶叶和各种蔬菜及木本油类;从湖南,通过沅江和湘江一直注入浩瀚的洞庭湖,从那里顺长江而下,运来大米、煤炭、茶叶和木材。长期以来,所有这些贸易都集中于汉口,在现代,则从这里转拨到轮船上,再输运分布到更远的地方。武汉三镇的最后一个城市是汉阳,它的工业建设使它成了最现代化的城市,但也是三镇中空气污染最严重的一个。它拥有巨大的汉阳铁厂和兵工厂。如果说,武汉是中国的芝加哥,那么,汉阳就是它的加里和印第安纳。

在19、20世纪交替转折时期,湖南和湖北的人口曾被估算为

---

[①] 见中国海关:《海关贸易报告》,1890年和1910年。

5 000万人左右,两省大约各占一半。实际上,这个人口中的多数,居住在从武汉溯江而上,像扇形般地展开着的长江中游平原。这片平地和低矮的丘陵地带,灌溉条件良好,适宜于栽培粮食作物,它向北沿着平汉铁路延伸粗估约 70 英里,包括汉水流域的下游部分;溯长江而上,延伸到宜昌(长江峡谷从此开始)的 40 英里以内,然后包括从湖南西北的常德至西南的长沙的广大地区。从这个富饶地区,特别是环绕洞庭湖的湖南地区,两省取得了经常可供出口的剩余谷物。

越过长江中部平原,山脉耸立在北部、西部和南部,而汉水、长江、沅水和湘江的水流又变得更加难驯莫测。不过,小汽艇、拖船和依靠桨篙推进的民船,都能在这些河流中通航,并且,长江的情况是,越过湖南和湖北的交界处,就变得更为方便。这些地区的人口,不及平原那样密集;但是,汉水流域上游是一片肥沃的盛产小麦的地区,而湖南的山区,则出产木材、茶叶、煤炭和矿藏,这些产品是通过汉口市场出口的。

会聚于武汉以上的这个河网地区,其最著名的地理政治也许是:商业性的城市和政治性的城市,一般都是区别开来的。在长江上游,把沙市与湖南、湖北境内的长江平原西部联结起来的运河,使沙市在湖北的商业城市中仅仅次于汉口。但是,直到革命爆发时为止,从政治上来说,沙市都被附近的驻有大批旗人守卫部队的荆州府城弄得黯然失色。革命以后,宜昌这个通商口岸和州府城市,则成了湖北西部的政治中心。但是,用一个海关专员的话来说:"宜昌并不是一个出产丰富的、工业的、拥有大商行的地方,相反,它基本上没有自己的贸易。"①它在商业上的重要地位,仅仅是作为一个转运点而已:从四川和长江三峡以上地区用民船运载来的货物,在这里交由轮船转运,以完成在长江下游的一段里程。虽然宜昌最后在政治上较沙市更为重要,但它不能和沙市在商业方面的生命力相抗衡。在汉水流域,城市类型的相似的区分情况出现了:樊城和老河口是纯粹的商业城市,分别拥有 7.5 万和 10 万人口——是在汉口以上濒临汉水的最大城市。

---

① 见中国海关:《海关贸易报告》,1912 年第 262 页。

但是,它们甚至都不是县城,汉水上游的政治中心,是府城襄阳和安陆,这两个较小的城市在商业上毫无重要意义。

毫无疑问,长沙是湖南的政治和文化中心。这个城市有四个古老的著名书院,出色的理学家朱熹,一度在其中一所优秀书院讲学。尽管这些旧式书院被设置有西方课程的新学校弄得相形见绌,但是,这座城市仍然高度重视教育事业。1905年,海关专员把这个城市的特征描述为:"一个正规的大学城市"。① 1904年作为通商口岸被开放之前,在商业上,长沙尚不及控制湘江流域贸易的湘潭来得重要,也不及控制湘西、经由沅水的广西贸易的常德那样重要。1902年,关于湖南城市在商业上的发展前途,岳州的海关专员发表了如下看法:

> 在湖南东部,将要考虑有发展前途的开放港口只有两个地方:长沙和湘潭。前者无疑是一个美好的城市,她大约拥有50万人口。不过,她之所以显得重要,在于她是省会、又有许多官吏和富裕绅士居民这个事实。她本身是没有工业的,她的地理位置,也从未表明将要成为一个巨大的贸易中心。可是多年以前,湘潭就成为这样的中心了。……轮船传入中国以后,往返于广州、上海和汉口的定期航班,削弱了湘潭的重要性。从此,湘潭就开始衰落了。②

海关专员认为,常德将会成为一个很好的通商口岸。他把常德描述为:"一个繁华的地方,商店里堆满了外国货。"③长沙注定不能成为一个巨大贸易中心的预测,最终证明是论据不足的。她被开放为通商口岸以后,在商业的重要性方面,就使其他城市为之逊色了。不过,在我们的故事的开头,我们就曾交代,像中国中部的其他地区一样,湖南的某些城市,从一开始就是政治、文化中心,有些城市则从一开始就是商业中心。稍后,城市类型的这种区别意义深长,事情就变得明显了。

---

① 见中国海关:《海关贸易报告》,1904年第234页。
② 同上书,1910年第145页。把长沙的人口估计为50万,似乎过分夸大了。A. J. 弗拉赫铁(长沙),1905年4月10日,收入于 F. O. 228/1591 指出,在城内有20万居民,似乎更为可信。
③ 同上书,1901年第145页。

因为,绅士权力倾向于在政治城市集中,而秘密会党则倾向于在商业中心汇集。

这就是我们将要考察辛亥革命的原因及其意义的地区。它是一片广大的地区,在其内部变化方面,与整个中国是类似的。它在汉口有巨大的、确立了的、商业化的并且日益西方化的通商口岸。它有传统的文化中心,如长沙这样的"大学城市",稍次一点的,还有湖南南部的衡阳。沿江河两岸,还有喧嚣热闹的、通常难于管理的城镇,流氓无产阶级成员惯于在这些地方组织秘密会党。此外,像湖南东部边界的浏阳、醴陵等县,成了秘密会党势力的中心。虽然我们的绝大部分注意力被吸引到武汉和长沙这样的城市政治活动上面,但是,对于我们的叙述的发展,所有这些城镇都将是重要的。

这儿的叙述,起自1897—1898年湖南的改良活动,讫于1913年反对袁世凯的二次革命的失败。在我的关于辛亥革命的原因和革命变化的原动力的探索研究中,我特别关注到改良和革命潮流的相互影响。这些潮流以种种方式交叉混合和彼此冲击。在某些场合,肯定地在1898—1900年,也许其次在1910—1911年,失败了的改良派上流阶层转而反对横亘在他们道路上的满清朝廷,而他们也就转变成为革命者了。在这里,改良遭受挫折失败,导致了朝向革命的步骤。在其他场合,改良活动的成就,正好孕育了革命。比方,1902—1905年的大规模的教育改良措施,产生了好几百所学校和一个十分活跃的学生阶层,这个学生阶层的激烈的反帝运动,显示了公开的革命因素。

通过一系列完全不同的原动力,晚清的军事、教育、经济和宪政改革的开销花费,在王朝的最后岁月里,产生了一系列反对新政的人民暴动。新政只是有利于上流阶层。担负这些新政用费的纳捐的人们,则是中国比较贫困的阶级。结果,他们站起来了,针对上流阶层的西方化改良主义而进行暴烈反抗。这类人民暴动,在上流阶层中最终产生了对法律和社会治安的严重关切。这种关切诱导上流阶层转而支持辛亥革命,以便控制它,并进而阻止扰乱社会秩序的任何发展的因素。

最后,体制改革,为地方上的、省城里的绅士宣布脱离北京而独立,提供了组织机构。省谘议局和地方自治团体,成了延续和提高上流阶层权力的至关紧要的机构。这些机构中的成员,在革命期间和革命后的新政府里面,都起了重要作用。在所有这些场合,新政的苦难进程证明,对于革命转化的原动力来说,它不是一个代替物,而是一种促进剂。

当我们从革命原因转向革命意义的时候,事情就很明显:在许多方面,1911年的革命,是一个很不革命的革命。事实上,省城里的、地方上的上流阶层发现,通过革命,他们的权力和权威加强了。因此,革命在政治上的进步方面,就易于被它的在社会上的退步方面所抵消。革命的退步方面,联系到中国政治学说中关于封建制度和中央集权官僚政权之间的论争,也许是最好的例证和说明。两千年以来,中国的政治家和思想家曾经辩论"封建"制度和郡县制度的是非曲直:在"封建"制度下,君主承认世袭的分邦治理者的国家;在郡县制度下,君主则对郡县指定固定任期的官吏。从宋朝时候起,为了控制地方封建割据的离心趋势,中央集权国家越来越取得成效,所以郡县制成了官方的正统学说。

明末清初,代之而起,出现了一种有力的观点,特别是在顾炎武的著作中。作为明代中央集权(在财政和行政管理)的极端政策的反动,顾炎武主张,各县知县任命各该县的官吏(一种一般地被"回避法令"所禁止的做法),任期可以是长久的,甚至是世袭的。顾氏还进一步主张,允许官吏任命他们自己的下属,迁移他们的家庭和财产到他们任职的县里面去。当时的官方正统学说规定,不能对官吏的私人利益予以信任,并且设法防止官吏在一个涉及私人利益的地方任职;但是,顾炎武提议,应该对官吏的私人利益寄予信赖。他的观点是,在改进一个县的管理当中,如果知县在当地社会有个人利害关系,那么,他似乎会要显示出更大的主动首创精神。①

顾炎武的建议在他自己的时代,并没有产生实际效果,但是到了

---

① 杨联陞:《明代地方行政管理》,收入于贺凯编:《明代的中国政府:七项研究》(纽约,1969年),第1—21页;约翰·R·瓦特:《前中华帝国的县知事》(纽约,1972年),第166—168页。

清末，他的著作——以及某些观点类似的同时代人的著作——却赢得了众望。这种情况，一般地应该归功于那些效忠明室的人们。正是他们的思想，赋予反满革命观点以有力支持。19世纪中期，就是像冯桂芬那样的经世致用的思想家，也曾受到清初这些著作的鼓舞，重新考虑有关地方政府的若干问题。当然，冯桂芬并不是被这些著作的反满内容所吸引的。事实上，面对太平天国反满革命的挑战，他是在寻求一种适应形势需要的管理方式。为了迎接这个挑战，冯桂芬和其他的人打算，在地方绅士自己管辖的一个县的范围之内，给他们以大得多的权威。太平天国及其被镇压的实际效果，其中之一肯定是，通过地方绅士所控制的民团，加强了乡绅的权力。特别在湖南这样的省份，这种发展是确凿无疑的。19世纪末叶，至少有一部分湖南绅士试图把这种趋势向前推进一步，而在1897—1898年改良活动期间，则是朝着绅士控制的地方自治的方向发展的。不过，这种在"封建主义"名义下的防卫措施，已经日益让位于在立宪主义和代议政府的西方学说名义下的防卫措施了。

用这种见解来观察，就能看到，辛亥革命有两张面孔：一张是进步的、民主共和主义的面孔；在某种程度上，掩盖着另一张"封建主义"的面孔。两者都把中央集权独裁专制，当做攻击的目标。但是，那个独裁专制不但限制着中国人民的自由和主动首创精神，也妨碍着地方上流阶层过分地压迫人民。辛亥革命成功地结束了中央政权对于地方上流阶层权力的掣肘。到了1913年，上流阶层献身民主共和主义原则的真诚，成了严重问题。其实，为了追逐安定的政治局面而缓慢地向右漂浮移动，那些在辛亥年率先革命发难的省份，竟然给袁世凯专制独裁以关键性的支持。由此前行，迈向军阀时代——现代中国历史的最低点——新的封建主义，就是一个容易的步子了。

# 第一章　改良败北的成果

进入 20 世纪的中国是创巨痛深的。在 1895 年的中日战争中,她遭受了一次屈辱的挫败。历来被人轻视的日本"东洋矮子",对中国的海军和中国人的骄矜自持给了致命一击。日本一经宣示中国巨人的软弱无力,帝国主义列强就立刻寻找"势力范围"——在 1897—1898 年的"租借地争夺"中索取和接受中国的大块地盘。1898 年夏天百日维新时期,年轻的光绪皇帝试图把中国从危机中抢救出来,但是,顽固的慈禧太后和她的支持者发动政变,使这次维新变法的努力流产了。慈禧太后很快就把自己的支持力量,倾注于阻击帝国主义的另一种形式——部分地由于德国人在山东的行动所激发起来的排外的义和团运动。但是,义和团运动只是给中国带来了更大的灾难:八国联军于 1900 年占领了京城,驱赶清廷仓皇西逃,纵火焚烧了圆明园夏宫,作为对义和团暴行的惩罚,劫掠蹂躏了周围很多农村地区,同时强加给中国一笔 4.5 亿两的巨额赔款。

在两湖地区,爱国青年们为 1895 年的战败而震惊,被租借地的争夺所激励而投入行动,同时对戊戌变法寄予一线希望。湖南成了改良活动的主要中心。但是,对这些改良活动的压制,杰出的湖南知识分子谭嗣同的惨遭杀戮,以及北京政府正在增长的保守倾向,促使许多年轻的改良主义者采取新的革命立场。在这些屡遭挫败的改良主义者中间最为出类拔萃的人物,是 1898 年时谭嗣同最亲密的朋友和同事唐才常。1900 年,他组织和领导了自立军。这是在两湖地区酝酿革命的第一步尝试,也是革命形势发展中的一个重要时刻。唐才常为革命事业从秘密会党中募集成员所作的努力,结果成为一种不见成效的革命战略,其起义计划,则被残酷而轻易地镇压下去了。尽管如此,绅士阶级成员们在图谋暴动中组织秘密会党的活动,既是使地方官吏心神不安的一种威胁,对未来的激进分子又是一种精神鼓舞。因此,把戊戌变法的改良主义者成为庚子起义的同谋者的变化过程加以描叙,把他们与两湖地区秘密会党联系结合的社会意义加以强调,就是极关重要的了。

中日战争虽然全部在北方进行,它对两湖地区,没有造成直接冲击,但我们还是要从这次战争开始来铺叙史事。战争在华北造成了灾难性的挫败,湖南巡抚率领一支由新募士兵和夙将仓促组成的远征军出关作战,但那毕竟是毫无寸用的短命事儿。① 中国的战败,羞辱地接受了马关条约的日本和平条款,使地方上大为震动。负责谈判的官吏,成了人们强烈谴责的众矢之的。这种谴责,一部分是由驻武昌的总督张之洞挑动起来的。这个十年前中法战争时期一只领头的"主战鹰隼",到了 1895 年,似乎正在恢复体面了。学生们甚至比张这样的政治家走得更远一些,他们以强烈的爱国热情发表意见。一个年轻人从张之洞在武昌办的两湖书院写信给他的父亲说:"奸臣卖国"。②

那个学生就是唐才常,他是湖南浏阳一个穷教员的儿子,本人早就是一个颇有声望的读书人了。1892 年,唐才常应湖南驰名大吏(后来的军机大臣)瞿鸿禨的聘请,充任瞿的儿子的业师。稍后,他成了两湖书院的优材生,当时湖北布政使、很快擢升为湖南巡抚的陈宝箴注意到了他。唐才常做学生时就参加了总督卫队协统的幕府,据传,他

---

① 湖南省志编纂委员会编辑:《湖南省志·第一卷·湖南近百年大事纪述》(长沙,1959年;东京重印,1966 年),第 119—221 页(以后引用本书时,统称 HNJBN)。
② 1895 年 5 月 28 日唐才常致父书。见《湖南历史资料》1958 年第三期第 87 页(以后引用本刊时,统称 HNLSZL)。

还是一个候补盐道。①* 他显示出了一个崭露头角的典型低级绅士的风度。然而,他对于中国在对日战争中的命运的关怀,使得他对绅士和农民之间应该有的关系,产生了某些甚至是不拘常例的见解。1895年,他告诫他的兄弟说:

> 又处乡里,宜多与各田户、乡民来往,而结其心。不可自恃为读书人,以藐视愚氓。盖兵乱将起,先能得若辈之心,则仓促中或犹有为之援者,可以保性命身家于乱世也。②

很明显,唐才常的动机,远非无私忘我。他被那个存在并发展于"读书人"和"愚氓"之间的生活方式和经验方面的明显差异,那种社会罅隙裂缝所困扰惶惑。唐才常把人民群众看做是抗御外国入侵的一种军事力量资源。几个星期以后,在另一封信中,他告诉他的弟弟:"如有江湖游侠豪俊之士,当隐识之。"③外国的恫吓正在迫使上流阶层的若干成员,对于人民为国家之本的儒家"民本"理论,求索某种新的理解。

随着对于中日战争和马关条约的愤懑情绪的消失,这种走向人民的平民党思想,似乎就从唐才常的头脑中消逝了。他逐渐沉迷于今文经学学说。这种今文学说,是康有为在中国古典经籍中发幽显微,为西方式改良活动寻找典型规范和历史依据,并不断扩大其影响的理论体系。1897年,唐才常回到湖南,在那儿,他通过了贡生考试。然后回到浏阳,和他的弟弟唐才中一道,实践他的某些改良革新的思想。他们建立了一个图书馆、一个算学馆和一个群萌学会。在进行这些工作中,另一个年轻的浏阳人、湖北巡抚的儿子谭嗣同很快加入到他们的行列里来了。谭嗣同在中国大江南北度过长达十年的旅行生涯,他瞻

---

① 唐才质,HNLSZL,1958年第三期第98页;唐才常书信见上书第81页,第87页,第88页。

\* 译注:原文如此。据《湖南历史资料》1958年第三期第81页所载唐才常的家书,"接署盐道","俟盐道之说一确",都是指的"东家",不是说的本人情况。

② 唐才常致唐才中书,1895年5月3日,HNLSZL,1958年第三期第84页。

③ 唐才常致弟书,1895年5月17日,HNLSZL,1958年第三期第85页。

仰了故圣先贤的陵寝,接触多人,加上研究地方行政管理,因而显示出自己的僻异叛离性格。在中日战争时期,他也被康有为的变法维新及其今文学教义所吸引,应父亲的要求,以候补知府身份在南京短暂寄寓之后,1897年,回到湖南来了。在湖南,谭嗣同和唐才常成了亲密无间的朋友和同道。①

## 1897—1898年湖南的改良活动

1897年秋,谭嗣同、唐才常两人移住省城。新任巡抚陈宝箴,正在这里厉行全面的改革规划。湖南的改良活动,远远早于光绪皇帝的著名的戊戌百日维新。还在1895年,陈宝箴就建立了一个矿务局,采掘湖南的丰富矿藏。随后数年,建成了长沙、汉口之间的电报线路,一个警察局、一间兵工厂、一个化工公司,还有一个1899年就破产倒闭了的专供学校和考试厅照明用电的公司。如果在儒家传统之内进行改革,那么,教育领域就是至关紧要的。新任学政江标,要求在生员的初试主课中,加上地理和数学两门科目。新设的校经书院,强调时务和科学。一份新的报纸《湘学报》,提倡谨慎的改良纲领。②

初期,舆论广泛地支持陈宝箴的改良活动。唐才常和谭嗣同这样年轻的活动分子对改良的支持,甚至在湖南高级绅士一伙人当中也得到了回响共鸣,虽然这一伙人后来在省内政治活动中被目为"顽固"成分。在实用主义保守思潮的湖南传统中(同治中兴时期,这种传统在曾国藩领导下取得很大活力),那种人是很多的。他们追随经世致用理论家的主张,强调加强绅士在地方政府的责任和权力。他们中的许

---

① 唐才质,HNLSZL,1958年第三期第99—104页;叶德辉:《觉迷要录》(长沙,1905年;台北再版,1970年),第347页;肖汝霖:《浏阳烈士传》(无出版地点,1913年),第9页,第13—19页;恒慕义:《清代名人传略》(华盛顿,1943—1944年;台北再版,1964年),第702—703页。

② 卢其敦:《湖南绅耆和维新运动,1895—1898》,见《亚洲研究杂志》(以后引用本杂志时,统称JAS)XXIX:1(1969年11月);小野川秀美:《清末政治思想研究》(东京,1969年),第181—186页;HNJBN,第113页,第137—139页,第164—165页。

多人,摆脱了任何钦定儒家思想轻视商业的观念,在新式工业的企事业中大量投资。在这一群人中,最为突出的是前翰林编修和江苏学政王先谦。他回到了湖南,执掌古老的、有很高威信的岳麓书院。这位以注释经书、编纂浩繁和巨量私人藏书驰名于世的卓越学者王先谦,终于成了鼓吹绅士阶层从事商业投资的发言人。他本人的投资,他在平江的金矿,他在长沙的以"皇宫"见称的宅第,显示出他在商业事务中的个人利益和成功。① 王对改良活动的支持与赞助,甚至伸展到江标的早期的有节制的教育改革上面。他鼓励学生们阅读康有为的最出名的学生梁启超在上海编辑的《时务报》。王先谦还建议在长沙创办时务学堂,同意聘请梁启超为中文教学的学监。

1897年,这些计划正在着手进行,教育改良开始采取了有激进性质的、势将破坏绅士和谐一致的措施。当黄遵宪被指派为盐法道、稍后又代理按察使职权的时候,1897年6月,第一个改变预告出来了。和康有为及梁启超二人一样,黄也隶籍于广东省。他在东京、旧金山、伦敦和新加坡,有着广泛、卓越的外交工作的历史经历。他是一个专心致志的改革派,其论述日本明治的著作,后来激励了光绪皇帝发动百日维新。1897年秋,黄遵宪建议,由徐仁铸接替江标的学政职务。徐仁铸那时34岁,是谭嗣同的朋友,是名翰林编修、北京改良运动倡导者之子。首次建议梁启超担任时务学堂总教习的人,正是黄遵宪。梁启超和三个康有为的粤籍门徒同时到达长沙,徐仁铸给予支持,指定这三个人担任讲师之职。② 事出不久,时务学堂的教员,就被梁启超的广东派和年轻的绅士派活动家(例如谭嗣同、唐才常和学校校长熊希龄)的新团体联合垄断了。这个团体的成员特别年轻:1897年,谭嗣同居长,还只有32岁;唐才常30岁;熊希龄27岁;而梁启超仅24岁。

---

① 费行简:《近代名人小传》(台北再版,无日期),第180—181页;恒慕义,第140页,第348—349页;松崎鹤雄:《柔父随笔》(东京,1943年),第96—99页,第102—103页;苏舆编:《翼教丛编》(武昌,1889年;台北再版,1970年),第387—391页。

② 恒慕义,第350—351页;小野川秀美,第186—187页;王先谦:《王先谦自订年谱》(无版本,无日期),第二卷第52页。

这个团体领导了1897—1898年湖南日益高涨的改良运动。与此偶合,他们来到长沙,几乎不旋踵而至的是:1897年11月德国占领山东胶州湾,列强开始了"租借地争夺"的斗争。由于害怕中国受到列强瓜分,年轻的爱国者们加强了这样的信念:中国如要得救,激进的\*解决就是迫不及待的了。由梁启超和其他的人提出来的最鼓动人心的观念是:为了保留一个根据地,保证中国未来的再生,湖南必须准备独立。梁启超写给巡抚陈宝箴的信说:"故为今日计,必有腹地一二省可以自立,然后中国有一线之生路。"虽然承认这个忠告的内容,类于"大逆不道狂悖之言",但他坚持认为,针对所有各省将被割让或被劫掠以去的当时,这样的行动是必须准备着的。①

梁启超正在把经世致用理论的地方自治学说,雷厉风行地推进到一个新的极限,同时,他又增添了从西方引入的新制度设施的模式。开始,南学会只是官方默许的一个绅士集议论争的社团,可是,对于梁启超来说,则成了一个有助于保卫湖南独立的省议会的先驱组织。梁启超后来描述了当时的论证:

  盖当时正德人侵夺胶州之时,列强分割中国之论大起。湖南志士,人人作亡后之图,思保湖南之独立。而独立之举,非可空言,必其人民习于政术,能有自治之实际然后可。故先为此会以讲习之,以为他日之基,且将因此而推诸于南部各省,则他日虽遇分割,而南支那犹可以不亡。②

南学会的许多观点,都发表在《湘报》——一份由唐才常和谭嗣同编辑、巡抚陈宝箴补助经费、在全省广泛发行的日报——上面。这份报纸登载有关代议制政府、政党、民权的颇为含混的理论,这些理论都

---

 \*原注:本书全卷,关于"激进的"这个术语及其同源语,涉及活动和信仰,这种活动和信仰包括政治行为的新形式(如罢工或示威),以及政治权力的新结构,而这是未经政府当局承认为合法的。准此,倡导议会政府被看做是"激进的"行为,应是1897—1898年,而非1906年朝廷本身宣布预备立宪之后。

 ① 梁启超致巡抚陈宝箴的信,见叶德辉,第298—303页。
 ② 梁启超:《戊戌政变记》(台北再版,1964年),第八卷第10页。

以经典古籍和圣帝明王为典范。和这样一些激进理论并时出现的,更多的则是唐才常等提出来的稳健具体的建议,比方,关于军事学院,关于建设一支现代化的西式装备的陆军和海军,以及关于按照西方方式改进军官训练,如此等等。① 在南学会之后,其他一些抱着形色不同的维新变法宗旨的社团出现了。有一个社团提倡改良婚姻制度,禁止缠足,加上一个解放妇女的温和计划。另外一个社团则研究简化礼仪陋俗,禁止异服奇装,取消款客的侈靡风习。② 年轻的维新分子向基本的社会规范和绅士生活方式提出了疑问。

在这种敏感的气氛中,时务学堂的学生和老师有时被允许对于专制政体和暴乱失政的政治批判,发展成为对于满清王朝的一种带普遍性的唾弃。明室忠臣的禁书,例如早在两个半世纪前王朝建立时满清屠杀扬州人民的一本有名的记述(即《扬州十日记》),又重新出版了。梁启超写道:"堂内空气日日激变"。③ 据一位学生纪述,在梁于1898年2月离湘赴京之后,民主共和学说的内容超越了梁本人关于擘划君主立宪的范畴,其声誉影响日益扩大了。④

这种激进主义的极限,势必引人注目。没有一种从根本上威胁中国社会和政治中地主绅权统治的学说被加以阐释说明。在激进改良主义者论到"平等"——如同南学会章程规定的,会员必须一切平等对待⑤的时候,他们所指的平等,意味着限于上流阶层内部。南学会直言无隐的宗旨之一,就是"扩大绅权"。⑥ 许多维新派人士,正是遵循思想家顾炎武的路线思考问题的。顾炎武关于世袭知县在其各自省份供职的半封建的建议,曾经被目为对明代专制主义的反动。在湖南维新派人士的著作里,经常表示了反对法律上的回避条文的观点。这种观

---

① 《湘报类纂》(上海,1902年;台北再版,1968年),各处;李守孔:《唐才常与自立军》,收入于吴相湘《中国现代史丛刊》(台北,1964年),第六卷第48—58页,对唐当时的思想有所分析。
② HNJBN,第150页。
③ 梁启超:《论中国学术思想变迁之大势》,徐中约翻译(剑桥,马塞诸塞,1959年),第101页;李守孔:《唐才常与自立军》,第44页,第70页;HNJBN,第143页。
④ 唐才质,HNLSZL,1958年第三期第104页。
⑤ HNJBN,第147页。
⑥ 见梁启超致陈巡抚的信,载梁著《戊戌政变记》,第307页。

点,明显地反映了扩大绅士权力和影响的意图。① 在实践中,维新设施维护绅士的统治,是一清二楚的。发展经济的规划,由绅士发动和掌握。在农村,绅士控制的民团,统治了促进农业改革的新设机构。农民们被召集拢来,听取关于新设的树艺局的消息,但是,当一位绅士的两个佃户为了改善生计,敢于向他索取押金时,他竟然吓呆了。② 也许,长沙改良派上流阶层味道最浓的例证,是这样一件事实:1898年夏天,湖南城市地区的米价几乎上涨了一倍,民团头领们害怕会出现一次抢米风潮,但这个主题却似乎从未进入当时的改良论战之中。③ 脱离人民群众,竟然达到了这样彻底的程度!

不过,对王先谦和湖南上流阶层的高级成员来说,仅仅保持绅士特许的地位是不够的。虽然平等局限于上流阶层内部,但它将使谭嗣同和唐才常这样的后生小子和高级翰林学士平起平坐,对于绝大部分绅士来说,这毕竟是太过分了。改良派的理论使王先谦为之震惊:"民权平等之说,一时宣扬都遍,举国若狂。"报纸上有关时务学堂的报道,令人困惑不安,王先谦只好派他的门徒去调查,发现事实上存在着"逆谋"。④ 和门徒做的报告所提醒的一样,学生们已经变为"无父无君之乱党"了。⑤

王先谦的苦恼和反对,以及保守分子的出现,是有很多渊源的。自然,一部分是,他们的儒学修养方面的意识,被那种向社会圣秩宣战的新学说所激怒。一部分是,他们曾经穷毕生之力,专心致志攻读过的经典古籍,竟被他们确认为非正统的西方新学所阐释,对此,他们为之困惑不解。而切身的利益,也在实质上支持他们为正统理学进行辩护。康有为在北京朝廷里面杰出拔群地升迁,梁启超在长沙组织年轻的湖南人入学和参加学会,与此同时,一个新的广东集团正在威胁着要终止在清朝政权中早已确立的湖南人的地位,甚至要控制湖南青年

---

① 1898年黄遵宪对顾炎武学说的反响,见梁启超《戊戌政变记》第八卷第11—13页。
② 王闿运:《湘绮楼日记》(台北再版,无日期)1898年3月25日,见第654页;1898年4月5日,第655页;1898年4月17日,第656页;1898年7月27日,第664页。
③ 同上书,1898年7月14日、20日和24日,第663页。
④ 王先谦,第二卷第52—53页。
⑤ 宾凤阳致王先谦,见苏舆:《翼教丛编》,第351页。

一代。有一个湖南的顽固派就这样认为：维新派"上有奥援,下有党众"。① 王先谦本人则向巡抚陈宝箴发出警告：

> 康有为心迹悖乱,人所共知。粤中死党,护之甚力,情状亦殊叵测。若辈假西学以自文,旋通外人以自重。北胡南越,本其蓄念,玉步未改。②

这回的威胁来自广东,而饰之以西方学说的艳装。这两件事,明显地增长了湖南人的抵制。顽固绅士似乎经常地把康有为和梁启超看做是半世纪之前湖南曾猛烈阻击过的从粤、桂来的伪托耶稣的太平天国的再次出现。这样,维新派人士也就屡次被谴责为：不仅传播西学,而且散布耶教。③ 这些责难,虽然有某种程度的妄想臆断狂的色彩,但是,一个来自广东的今文学"乱民宗派",将要取得湖南教育控制权的恫吓的可能性,则是存在着的。论战的双方都认识到,在中国,学术思想和政治权力有着紧密的联系,这种联系是通过旧式的考试制度来实现的。学政徐仁铸根据今文经学的阐释提出考题,期待考生的答案,这时,顽固派就被逼处于困境了。④ 假如说,这个自谋进身的新办法坚持执行,那么,跻身政界一途,就只向今文学校的候选者开门了。今文学说果真凌驾保守的传统教义之上,王先谦及其同事和门徒,势将从参与教育事业和官僚政权中被抛除出去。

1898年6月,两个阵营的摩擦达到顶点。由于王先谦、其他一批绅士头面人物和书院首领,就时务学堂的活动问题,坚持向巡抚和北京提出抗议,熊希龄因而主张将"守旧不识时务之人"（按指书院山长）全部改聘,以"明正通达之士"来代替他们。⑤ 熊希龄的主张虽然未被采纳,但是,顽固派却愤怒地怂恿学生张贴传单,攻击改良派。整个夏

---

① 叶德辉,收入苏舆,第242页。
② 王先谦致陈宝箴巡抚的信,收入苏舆,第397页。
③ 举例来说,见叶德辉,收入苏舆,第301页。
④ 苏舆,第173等页,第239页,第272—275页。
⑤ HNJBN,第143页。

天，激烈的讨论和严厉的争辩持续进行，到1898年7月间，顽固派终于战胜了。在张之洞的主张下，陈巡抚对《湘报》行使了日益严格的审核权力。改良分子一个接一个地离开了湖南。实际上，某些人是被驱逐出境的；有些人，像梁启超和谭嗣同，发现正当他们在湖南的道路被堵塞的时候，北京的百日维新活动甚至为他们提供了更美好的机运。①1898年夏末，唐才常也首途北上京城。在1898年维新运动的丧钟敲响之前，他才来到汉口。9月20日，慈禧太后发动政变，迫使年轻的光绪皇帝过早隐退。八天以后，谭嗣同被害，成为维新运动的六烈士之一。唐才常为此震动，决心为他死难的挚友报仇，他返回湖南，匆匆安排了私务，然后远洋日本。②

湖南本身的改良活动率尔终止。朝廷指定顽固派官僚俞廉三代替陈宝箴继任巡抚。时务学堂改为求实书院，所有进步的教员和学生离开或被逐。按照张之洞下达的命令，南学会的档案记录被毁坏了——这样做，毫无疑问保护了许多参与改良活动的绅士人物。早在八月间，《湘报》就停止发行了。只有保卫局仍然保留，据新任巡抚解释，"保卫局不变保甲之名，而行保甲之实"，是保卫地方安全的传统制度。③

取消湖南在改良活动中所创立的学校设施，这是轻而易举的。但是，改良论战在心灵上造成的伤痕却延续到了20世纪。从1898年以后，湖南分成为人所惯称的"新党"与"旧党"。初期，两党以其在教育和政治改革的观点上判然区别开来，但是，这种龃龉也反映了二三十岁刚刚出头的年轻爱国者与1898年时早已56岁的像王先谦这样的高级搢绅人物两代之间的裂罅。在新党的斗争的第二幕——1900年唐才常的流产的汉口起义中，冲突发展到了一个更高的阶段。具有新思想的新人物下定决心，要突然袭入和压倒据有既得利益的地方政权系统。

---

① 苏舆，第341页，第371页；HNJBN，第151—152页；小野川秀美，第221—223页。
② 唐才质，HNLSZL，1958年第三期第106—107页；李守孔，第48页。
③ 叶德辉：《觉迷要录》，第48页。

## 在日本的谋叛

在日本,唐才常和被日本人帮助逃离北京的梁启超再次联合起来。第二年,梁在东京建立了高等大同学校,并从长沙时务学堂邀请许多从前的学生和他一道继续学习。有十一个人终于应邀前往,其中三人,包括唐才质(唐才常的弟弟)和蔡锷,是在张之洞拒绝将以前的时务学堂的学生收入两湖书院就读之后,来到日本的。[①] 上进的道路被截断了,这些在1898年中被摒弃的激进分子在日本会合,组织他们下一阶段的斗争。

1898—1899年,在日本的中国留学生数目,和1906年大约8 000人的最高额比较,自然是相当微小的。那时,只有70—80人的总数,其中大约有20人在梁启超的新学校里登记注册。[②] 梁本人当时正进入他的最激越昂扬的时期,他热情著文,为民主共和主义辩护,与其老师康有为的君主立宪论表示了明显的决裂。在长期与孙中山一道从事活动的几个日本人的怂恿下,梁启超被卷到那位革命的*领袖一块儿去了,一直到1899年冬,他们都处在一个松懈的合作同盟之中。在那个关键时刻,康有为对梁启超重申其师道权威,他派梁到檀香山去,远离了东京中国学生界里的传染性的激进主义。[③]

不过,通过1899年,在日本的激进的流寓者中间形成了一条统一战线。从湖南和湖北来的一大群人,欣然参加了进去。他们和天

---

[①] 唐才质,HNLSZL,1958年第三期第106—107页;冯自由:《革命逸史》(以后引用本书时,统称GMYS),(台北,商务印书馆人人文库,1968年),第一卷第128页。

[②] 冯自由,编入中华民国开国五十年文献编纂委员会编:《中华民国开国五十年文献》(以后引用本书时,统称KGWSNWX,台北,1961年),第一编第十册第283页。

\* 原注:除了少数易于一致的例外,"革命的"这个术语,单纯地指中国的反满革命的拥护者及其主张。我仅在极少地方从分析的意义上使用这个术语,那指的是通过暴力,以重建政治权力基础的一种活动。

[③] 史扶邻:《孙中山和中国革命的起源》(伯克列,1968年),第161—164页;李守孔,第73—75页;M.詹森:《日本人和孙中山》(剑桥,马塞诸塞,1954年),第77—81页;张灏:《梁启超与中国学术变迁1890—1907》(剑桥,马塞诸塞,1971年),第130等页;黄宗智:《梁启超与现代中国自由主义》(西雅图,1972年),第84等页。

津北洋军事学堂派来的三个学生一道，成了1900年汉口起义中的领袖人物。他们都是一些年轻人，1899年时，绝大部分都在30岁以下。他们虽然一般都出身于较低级的绅士家庭，但在他们的青年期间，许多人都表露了对经学的轻蔑，对拳击、豪侠剑术和秘密会党的喜爱。在中国对日战争失败以后的几年里，他们都有着一种深厚的爱国天职感。虽然许多人本来来自小城镇和农村地区，但几乎他们全体都是在大城市中上过学的。在那儿，他们阅读报纸，增进了爱国热情，也接触了激进理论，这些理论对于他们的不满给予政治指导。

唐才常的经历透露了许多这方面的因素，这包括：一种对"江湖豪侠"（称呼秘密会党首领的习用暗语）的喜爱，在浏阳的农村社会出身，在武昌和长沙与更大的政治争端的接触。在其他的人中有傅慈祥和吴禄贞，两人都出身于湖北地方上卓越的绅士家庭，都是年轻的武术爱好者，1898年被派赴日本深造的湖北省武备学堂的学生。1899年才19岁的吴禄贞，比傅慈祥小8岁。他在1900年的起义中幸免于难，得以回到日本完成了自己的学业，并在新军中升任为镇统制官。后来，在湖北，他亲身参与了一些进步集团，成为1900年唐才常一伙人与此后的激进活动的联系人。1911年，吴禄贞计划在北方发动军事突然袭击，以响应和配合武昌起义。这个计划失败了，吴禄贞献出了自己的生命。① 有一个湖南人沈荩，是商人家庭之子，他性情急躁，拒绝了父母要他参加官试的劝谕，但稍后在湖北名列为试用县丞。很可能，这个官职是湖北巡抚、沈荩好友谭嗣同之父谭继洵居中帮忙弄到手的。② 和吴禄贞一样，沈荩也想将1900年的流产起义死中复苏，但是，三年以后，他身陷缧绁，受到刑讯逼供，惨遭鞭笞，瘐死狱中。出事时，他正在北京做新闻记者，揭露了一个给帝俄在满洲扩大控制权的

---

① 张难先：《湖北革命知之录》（上海，1946年），第24—26页；杨格：《作为同盟者的改良主义者》，收入《现代中国历史研究》，费维恺等编辑（伯克列，1967年），第251—254页。
② 俞廉三奏折，无日期，收入中国史学会编：《辛亥革命》（以后引用本丛书时，统称XHGM，上海，1957年）第一卷第273页。叶德辉，第346页，断言沈荩曾为张之洞的幕僚。

中俄秘密协定①,就这样引起了官方的注意而遭逮捕。

毕永年和林圭是1898年改良活动的老手。他们的反满种族主义思想,早就引导着他们和秘密会党广泛接触。林较年轻,只有24岁,是前时务学堂的学生。毕早就通过了官场初试,提为贡生。戊戌变法失败之前,他就离开中国,来到了日本,在那里参加了孙中山的革命团体。1898年年尾,他把唐才常介绍给孙中山。在促成改良主义者与革命党人结成短暂同盟这件事情上面,毕永年是起了主要作用的。②

这里仅仅介绍了汉口起义中的6位最出色的领袖人物。关于其他人的经历的材料,为数更少。若干统计资料表明,上述传记是典型的。参与这次起义的70人当中,有58人来自湖南和湖北,8人来自别的省份,其余4人隶籍不明。在唐才常的集团中,出生于两湖地区的人们所占的优势,正如围绕在孙中山周围的,以广东人占优势一模一样。至于社会背景,统计数字表明基本上分为两个集团:秘密会党成员和知识分子。据现有64个人的材料:22人是秘密会党头领;5人在军队里面(秘密会党力量的重要据点);37个知识分子,包括15个留日学生,8个在中国的学生,3个教员和11个有功名的人、政府官吏或"学者"。在日本的集团特别重要。除了前述15名留日学生之外,唐才常、毕永年和沈荩当时也在日本就读。在这个集团之内,6个时务学堂出身的学生和6个由张之洞从其武昌学校派出的学生所占的优势地位,也是引人注目的。③

这类分析的弱点在于,它不能表达参与其事的绅士和学生成分的几乎接近于平民的边缘地位。如果我们记住毕永年和秘密会党的广泛接触(毕永年当时已是贡生,和其他任何一个涉事者相比,他的功名

---

① 黄中黄,KGWSNWX,第一编第十册第318—332页;张之洞与端方往来电报,XHGM,第一卷第278—279页。
② 张篁溪,XHGM,第一卷第280页,冯自由,GMYS,第一卷第107—108页,第128页;冯自由,收入KGWSNWX,第一编第十册283页;尚秉和:《辛壬春秋》(无版本,1924年),第35卷第3页。
③ 数字从下列各书辑录:冯自由,GMYS,第三卷第41—55页,第63页;张难先,第19—20页;编入XHGM的奏折,第一卷第272—275页;刘成禺:《先总理旧德录》,编入《国史馆馆刊》第一卷第一期第44页。参阅一个相似的统计分析,编入埃德蒙·S·K·冯:《唐才常起义》,《远东史稿》第一卷第一期(1970年3月)第71页。

都是较高的),我们就会发现,在绅士和秘密会党之间的鸿沟,并不显得是那样深阔的。参与其事的官吏,都只不过是"候补"或"试用",大都低于县知事的官阶。再者,在有功名的人当中,两人暂时放弃了猎取官职的抱负,一人当了新闻记者,另外一个当了商人。这些材料所表明的只是,在两个世纪的转折点上,绅耆社会底层的某些个别人士,为了实现暴动起义,不惜并能和秘密会党取得联系。

## 秘密会党

在长江流域的两湖地区,最重要的秘密会党是哥老会。20世纪早期绝大多数记述,都把秘密会党的起源,放在乾隆时代;但是,近人研究提示,秘密会党的出现,可能仅在或后于19世纪中叶伟大的农民起义时期。① 哥老会包括许多有不同领袖和活动地区,有时甚至是不同名字的有较大独立性的地方帮派。绝大多数分支机构依靠经营赌博,勒索"买路钱",或依靠马贼山匪的不时活动来维持。地方的分支机构,组织成为"山堂",受"龙头"的统辖支配。这些龙头们的颇堪敬重的权威,替各个个别会党的教阶等级结构提供了证明。虽然如此,作为结盟兄弟,会党仍规定了一定的平等团结意识,以及对它们的成员的互相帮助的具体利益。一个地方会党常常起着社会团结所必需的联合作用,并提供横蛮强力来保护社会上的特别易受欺凌的某一部分人。船夫、矿工和陶瓷业工人,是深深卷入秘密会党活动的三大群人。② 哥老会由低级阶层成员组成,这个事实,使大多数同时代的记

---

① 陈志让:《暴动之间的谋叛者——小说〈彭公案〉中的秘密会党》,JAS,第二九卷第四期(1970年8月),第813—816页;卢其敦:《关于清末中国哥老会的若干笔记》,收入詹·谢诺编:《中国的人民运动和秘密会党,1840—1950》(史丹福,1972年)。

② 日本研究者提供了哥老会的最好的同时代的资料。特别重要的是中国革命党人的日本合作者的著作,平山周的《中国秘密社会史》(中文版,上海,1912年),第76等页。日本官吏于1910年所写的四个记录材料,也是有用处的。见山口升、远藤康男、山田胜治和吉福奥四郎的报告,日本外务省档案1—6—1—4:2—1—1,第一至三卷。关于一份重要的近代日本评价,见渡边惇:《清末哥老会的成立》,编入《近代中国农村社会史研究》(东京,1967年)。

载,用贬义来描写它们:"许多会党把失业的流浪汉纠结到一块,习惯于赌博和劫掠,他们渐次耽嗜放荡的生活。"①但是,对一些人(包括若干搢绅人士)来说,会党仍然保留着一个劫富济贫的绿林豪侠的正面形象:

> 哥老会亦名哥弟会。其创始在乾隆年间。同治时,太平军灭,湘勇撤,穷于衣食,因组织各团体以救济之。于是哥老会始大盛。其本旨在反清,其理想则为侠义,好袭劫不义豪富及贪污官吏,而严禁盗攘平民。②

和许多记述一样,这本书强调了太平天国失败后的一个时期内哥老会的出色活动。作者在某种程度上,按照常例而把这件事归因于太平军被镇压下去之后编遣军队造成了巨大数字的失业士兵群。但那远非完整的说明,甚至在部队编遣解散之前,哥老会就在这些士兵中间活动了。如果陈志让的解释是正确的话,会党的真正起源,事实上存在于曾国藩湘军中结义兄弟们的誓词当中。③ 一个人所共知但也许是荒诞不经的故事说,当时任南京总督的曾国藩的弟弟曾国荃,怀着镇压哥老会的目的去参加了它的一次集会,结果发现他的全部将军们都出席了。④ 进一步说,单独军队编遣一事,不能说明在两湖地区为什么产生了成为秘密会党一个补充队伍的本源——巨大的、半就业的流氓无产阶级。中国的流氓无产阶级不可能依靠自己繁殖再生。它的绝大多数成员,都是赚钱极少无法赡养家庭的单身汉。因此,它是一个主要从以前的农民中源源补充的阶级。由于生齿过繁,家计无着,他们可能是被迫在人世间自谋生路的过剩的人口。他们可能被较为自由的生活方式和两湖地区江河口岸商业的新收入来源所吸引。或者,他们是由于无力偿付高额地租和捐税而被迫离弃土地的农民。散

---

① 山口升,日本外务省档案,1—6—1—4;2—1—1,第三卷第1085页。
② 尚秉和,第三三卷第7页。
③ 陈志让,第814页。
④ 松崎鹤雄,第287—288页。

兵游勇参加哥老会这个现象指明：土地实在难得，如果这些人返回家乡，农村的过分贫困无法维持他们的生计。结果，他们被抛入苦力、搬运工、船夫和临时工的广大流氓无产阶级队伍当中。这些人充塞于长江流域河边的集镇和城市里面。①

记述会党成员的资料虽然互有出入，但绝大多数提到的各色人群都是居留在城市和集镇里面的。一份资料提到，船夫、苦力、农民、商人，甚至店员和学生②，——除了农民之外，这些人都是城镇居民。另一份材料强调，城市失业者包括：没有足够土地耕种的农民的子侄，以及沉湎于赌博、鸦片和侈靡无度的纨绔子弟。③一份关于1911年时期57个来自汉水上游的秘密会党成员的最近调查，提供了职业分析的材料：22个士兵，12个行商小贩，10个搬运工人，3个其他工人，3个商人，4个农民，2个地主和1个衙门差役。④但是，叙述秘密会党向商业中心集中的趋势的最有意义的材料，也许是一个日本侦探吉福奥四郎于1910年所写的一个报告。他的逐个城镇的报告材料毋庸置疑地说明，会党在商业中心的江湖流氓无产阶级当中是活动得最为积极的。即令像安陆这样的一个大城市，它的大小表示它作为一个府城的政治重要性，但在商业方面没有任何突出之处，因而它就相对地缺少秘密会党的活动。另一方面，政治上无关紧要的商业中心如沙市、樊城和老河口，则充塞着秘密会党成员。⑤

其次，两湖地区的秘密会党，不是介入某种"反封建"斗争的基本上以农民为主的组织。它们是流氓无产阶级的城镇组织。正如工业革命在欧洲产生了一个无产阶级一样，中国的"商业革命"产生了一支

---

① 见渡边惇，第149—182页；李文治编《中国近代农业史资料·第一卷 1840—1911》(北京，1957年)第921页，第942—946页，反映了城镇"游民"的不同类型的材料。
② 远藤康男，日本外务省档案，1—6—1—4；2—1—1，第298页。
③ 山田胜治，日本外务省档案，1—6—1—4；2—1—1，第一卷第192—193页。
④ 章开沅和刘望龄：《从辛亥革命看民族资产阶级的性格》，收入中国历史学会和湖北省哲学社会科学学会联合会编《辛亥革命五十周年纪念论文集》(以后引用本书时，统称XHWSLW)(北京，1962年)上册第21页。另一个有关秘密会党的城市和集镇据点的有趣的说明，是平山周所详叙的暗каз和禁令(第44—75页)。那里的许多材料涉及赌博和商业活动，但是没有涉及土地和农耕的材料。
⑤ 吉福，日本外务省档案，1—6—1—4；2—1—1，第一卷第328—470页。

由船夫、搬运工和苦力组成的流氓无产阶级队伍,用以搬运货物和为发展城镇地区供应劳动力。虽然这个"商业革命"可以远溯到明代,但是,19世纪的国际贸易,进一步刺激了商业和伴随而来的流氓无产阶级的内部成长,这一点似乎是无可反驳的。这些人经常离乡背井,远赴外省活动,因此成为一个对于某种社团和保护有着特殊需要的游民阶级。这个性质不同的阶级的这种特殊需要,只有秘密会党才能给予满足。同样经常的是,他们仅仅离开农村一步或一段时期,——秋收时就会回到故乡来的。他们和农村的联结仍旧保持着,结果,农民结社可能并已经常堕入秘密会党之网。反之,秘密会党能够表达农民对于土地的基本渴望。据说,哥老会曾经宣布下述土地政策:"因为土地是公共财产,它不得由富者垄断。我们不许贫富阶级差别存在于我们四百兆兄弟及其子孙后代之间。所有的人都应和平地享受繁荣之乐。"①

秘密会党能够表达农民愿望的这种能力,导致某些历史学家把秘密会党当做农民组织。一位当代的中国历史学家写道:"会党正是资产阶级向农民寻找革命力量的现成组织"。② 我认为,这是一个基本的误解:两湖地区的秘密会党既不是"农民的",也不是"革命的"。事实上,秘密会党集中在城镇地区,而其基本的思想理论很含混。这两点,疏远了它们与唐才常集团这样的同谋者之间的联系。唐的年轻的绅士同谋者们,对于组织一支农民力量来摧毁中国上层阶级的地主权力,是不会发生什么兴趣的。

后来的革命党人,将会埋怨秘密会党"没有什么思想",他们只"不过图奸淫掳掠"。③ 但是,顽固保守的新任巡抚俞廉三,却对秘密会党的性质特征,作了下述似是可取可信的评价:

---

① 松崎鹤雄,第286—287页。
② 陈旭麓:《辛亥革命》(上海,1955年)第18页。史扶邻也论到"农民秘密会党组织"(第217—218页),并倾向于用那种方式来看待它。饶有兴味的是,虽然现代中国历史学家经常把秘密会党看做是农民组织,毛泽东在其早期著作中则明确地把它们看成是流氓无产阶级的组织[见斯图亚特·斯克朗:《毛泽东的政治思想》,修订版(纽约,1969年),第245—246页]。
③ 陈天华:《警世钟》,收入 XHGM,第二卷第141页。

> 窃查湖北地方素多匪类,然皆军营散勇,无业游民,结会放飘,偷窃劫抢,聚集稍众,或竟拒捕抗官,不过苟图得财。其联盟簿据,语句虽多悖逆,行径亦极凶强,然手无利器巨资,胸无远谋大志。

按照俞的说法,到 1900 年,情况完全变了。当时,康有为和梁启超之流把他们的"自立民权种种妄语"①带进了秘密会党。那就是我们现在要回过头来谈到的故事。

## 在上海煽动叛乱

组织两湖地区的秘密会党的第一次尝试,是毕永年为孙中山和兴中会进行的。毕于 1898 年回到中国,1899 年再次恢复与加强和秘密会党的联系。1899 年,他领着七个两湖地区的"龙头"大哥,参加了在香港与广东三点会(或三合会)召开的一次会议。历时两月的会议是一个暂时性的成就。自从太平暴动以来,三点会和哥老会就被严厉地分家了。在那时,他们经常为对立的双方而战:哥老会在拥护清王朝的湘军里面,三点会站在太平军一边。到了 1899 年,这两个团体组成了一个名叫兴汉会的组织,以便将三点会和哥老会与孙中山的兴中会联合起来。孙被选为总理。雕刻了一个大印,两湖地区的"龙头"大哥们返家途中,在日本停留下来,携着大印向他们的新领袖孙中山致敬。②

在 1899 年的绝大部分时间内,改良派与革命派继续保持着一般的联合。按自然地理的区别分工:孙的团体倾注全力于广东,唐才常则集中于长江流域。无论怎样,这里存在着一种心照不宣的默契,即,两个团体将会"殊途同归"。③ 在为唐的主要将领们归国而于 1899 年

---

① 俞廉三奏折,1900 年 10 月 14 日,XHGM,第一卷第 271 页。
② 冯自由,GMYS,第一卷第 109—110 页;冯自由,收入 KGWSNWX,第一编第九册第 517—518 页;陈少白,同上书,第 594 页。
③ 冯自由,编入 KGWSNWX,第一编第十册第 283 页。

末举行的饯别宴会上,孙中山和梁启超两人都出席了,孙还把一封致汉口一个买办兼兴中会会员的介绍信交给了林圭。①

唐本人于1899年春或初夏回到中国,并在上海着手建立一个指挥机关。在上海,他尝试着重新创造在日本的那种气氛:忠于光绪皇帝的改良派和矢志推翻满洲王朝的革命派能够一道进行工作并协力图谋大举。他创立了正气会,这个名称来源于《正气歌》,在蒙古族元王朝统治下的监狱中备受折磨时,宋朝的爱国者文天祥曾经引吭高唱过这支歌曲。正气会序文的华丽辞藻,是一种含混不清和自我矛盾的故意堆砌之作。它把对南中国反满传统的暗示,和效忠皇帝的表示并列起来:

  低首腥羶,自甘奴隶,至于此极!将收江表王气,终于三百年乎?夫日月所照,莫不尊亲;君臣之义,如何能废?②

唐才常的呼吁本来是对传统的上流阶层而发的:或"功勋余荫,名缥天阁之家;或诗礼传人,领袖清流之望"。但是,他也涉及军队的成员,以及无家可归的穷人,——暗示这些人很像是一次暴动起义中的突击队的兵力源泉。③ 很明显,他希望设法形成:既有一个反满思潮与对光绪皇帝效忠之间的意识形态方面的联盟,又有一个不满的绅士阶层与秘密会党之间的社会方面的联盟。

唐才常领着正气会跨出了多远,还弄不太清楚。但是,到了1900年年初,政治环境早就变换了。服从康有为的指示,梁启超为了一件事情离开日本到檀香山去了。在那里,借助于孙中山,甚至孙中山哥哥的介绍,梁启超开始暗地诋毁革命的兴中会,并散布康有为的保皇改良主义思潮。在为林圭饯别的宴会上曾经占了优势的和睦修好的气氛消失了,改良派与革命派之间的不和裂罅扩大了。

---

 ① 冯自由,编入KGWSNWX,第一编第十册第283页;陈少白:《兴中会革命史略》(第一版,1935年;台北再版,1956年),第41—42页。买办是:容星桥,容闳的侄儿(冯自由,GMYS,第三卷第23页)。
 ② 正气会的序文,编入KGWSNWX,第一编第十册第283—284页。
 ③ 同上书,第284页。

此外,1900年上海的政治环境和东京是迥不相同的。在东京,日本志士和广东侨民给革命党人一种权力和尊敬。上海有宽阔的国际租界,是中国的最西方化的城市,是一个为商业和绅士阶级的西方式改良主义者集中的天然场所。汪康年当时正在出版发行《中外日报》。这个报纸类似于他在1897年和梁启超合编的《时务报》,不过态度更温顺了。但是,由于北京的慈禧太后朝廷日趋反动,而排外的义和团运动于1899年在山东扩大,《中外日报》对朝廷的批评更加唧唧呜呜,软弱无力,还发表社论怂恿敦促光绪皇帝复位。① 自然,这正是流寓异乡的康有为和梁启超鼓吹煽动的政策。

显然,上海集团的改良主义,倾向于非暴力活动。但是,在1900年年初,政治形势就开始发生变化。1900年1月24日,朝廷中出名的反动派端王的儿子溥儁被封为大阿哥。人们立刻揣测,光绪皇帝将在阴历过年期间被迫下台。② 1月27日,《中外日报》登出了一篇社论,实质上是替受威胁的光绪皇帝号召组织一次勤王性的起义。③ 最后,刚刚拒绝接见一个改良主义者代表团的英国驻上海总领事,接到"一份书面通知,说除非皇帝复位,改良主义者们抱着迫使外国列强进行干预的目的,准备煽动遍布全国的秘密会党起来闹事。"④

顷刻之间,"勤王"变成了风行一时的口号。唐才常轻易地说服了秘密会党的头领们放弃孙中山的兴汉会,追随康有为的保皇事业。改良派曾经许诺,给秘密会党头领们一笔更大的资金,这一点,对秘密会党的头领们来说,似乎是一个值得认真考虑的因素。改良派用金钱战胜革命原则,毕永年对此十分生厌唾弃,他摆脱运动,隐迹深山当和尚去了。⑤ 毕现在认识到了,唐才常的活动,是与孙中山和革命党人竞相

---

① 李守孔,第82页。
② 郭廷以:《近代中国史事日记》(台北,1963年),第二卷第1062—1063页;麦克唐纳致沙力士伯里,1900年2月15日,附入沃伦(从上海)致麦克唐纳,1900年1月29日,编入 F.O.17/1411。
③ 李守孔,第83页。
④ 沃伦(从上海)致沙力士伯里,1900年8月30日,F.O.17/1425。
⑤ 冯自由,GMYS,第一卷第108—112页;平山周,第156页。也见登在1900年2月4日《中外日报》上的秘密会党头领们的一封信,以及李守孔对该信的摘引。

角逐的。然后,在1900年年初某个时候,正气会这个刺激性的名称,被改成为自立会。与此相适应的转换,是抛弃了反满主义——正气会思想理论的一个组成部分。①

当义和团运动在中国北部扩大时,在上海的保皇改良派同时进行了若干不同的政治策略。其一是在上海组织独立的国家政府,并寻求北京政府已于1900年6月21日与之宣战的外国列强的承认。为此目的,唐才常安排6月26—29日在上海国际租界内召集一个"中国议会"。约有80多人参加了第一次会议,并选举容闳为主席,严复为副主席。唐才常和汪康年是议会中的官员。议员还包括沈荩、章炳麟和文廷式。②

唐才常明确地想运用议会来使他早在策划中的起义合法化。事实上,康有为在一封信里面已经把这个目的向其门徒宣告过。但是,一般议员对于起义图谋,似乎一无所知。③ 他们好像更渴望得到帝国主义列强的支持,来实现其改良意图。载明为1900年7月26日的一份宣言,送给了在上海的英国总领事馆。这份通篇塞满基督教用语的宣言,似乎出于改良派的手笔。这些改良派早就把他们的灵魂出卖给西方,而现时却打算更多呈献一点什么,以换取英国的支持,使自己跻身当权者的行列。他们许诺一个立宪政府,"它的基本纲领将是英国政府的不成文宪法里的大宪章",由陪审员审判,实行人身保护令的权利,以及承认和帝国主义列强签订的所有条约。为了实现其改良主张,他们建议,替政府聘请外国顾问。而为了达到这一切,他们愿意追随当时正准备进军北京以镇压义和团并惩罚其在朝廷的支持者的八国联军。议会决议:

> 我们的坚定信念是:对现时复杂问题的最简单的解决方法,是

---

① 张篁溪,KGWSNWX,第一编第十册第285页。
② 孙仲愚,编入 KGWSNWX,第一编第十册第339页;冯自由,编入 KGWSNWX,第一编第十册第338页。
③ 冯自由,KGWSNWX,第一编第十册第338页;李守孔,第98—99页;(1900年)7月16日康的信,KGWSNWX,第一编第十册第309—310页。

联合列强,废黜慈禧太后及其老朽顽固派和反动派同僚,恢复维新改良代表人物光绪皇帝的权力。①

但是,英国和其他列强不愿意伸出一只手来。英国总领事赞扬这个团体的"对美好政府的渴望以及这种渴望只能仿袭西方模式才能实现的信念"。但他宣称,至少容闳这个人是"充满幻想的极不务实的人物"。② 列强(在长江流域首先指英国)已经决定,把它们的最大的赌注押在有权势的总督身上:广州的李鸿章,南京的刘坤一以及武昌的张之洞。所有这些人,正在和帝国主义合作行动,并拒绝服从朝廷的开战宣言。

较容闳更为务实的唐才常对事物的反应理解,颇似英国。总督们早就宣布了他们对北京的事实上的独立。通过一个日本人的居间活动,唐才常想在光绪皇帝统治下在南方建立一个真正的独立政府,因而着力延揽总督们的支持。自立会因是而取名了。意味深长的是,孙中山正在广州试图进行一个类似的妙着,他想说服李鸿章宣布广东独立。在促使张之洞为光绪皇帝而采取独立的效忠措施时,梁启超也参与其事。③ 在所有这些方案都得不到响应时,唐才常抱着起义计划一往无前地走下去。8月份,他在汉口建立了自立军指挥部。谋叛者宁愿通过合法现成的政府机构,来达到自己的目的。这个期望,在1898年已经一度破灭,事与愿违。到了1900年,他们又一次进行试探,这倒是意味深长的。只是在张之洞终于断然拒绝之后,他们才下定暴动起义的最后决心。

## 1900年的起义

从1899年年末以来,唐才常的部属就为了在两湖地区的一次崛

---

① 用英文写成的宣言,附入在沃伦(从上海)致沙力士伯里,1900年8月20日,F.O.17/1424。
② 沃伦(从上海)致沙力士伯里,1900年8月20日,F.O.17/1424。
③ 李守孔,第114页;肖汝霖,第11页;冯自由,编入 KGWSNWX,第一编第十册第304—305页;史扶邻,第179—213页。

起而进行准备。他们的初步工作,是在长江地区的秘密会党中(着重在清军里的会党成员)为自立军募集队伍。募集活动通过发行"富有票"进行,其结果,官方文件经常称这次起义为"票匪"。富有票是为长江流域秘密会党成员卡片的更换和划一标准而发出的,也为了删除(在梁启超的建议下)出现于当时正在使用的某些卡片上的排外语言。谋叛者们渴望:他们的崛起不至和当时骚扰中国北部的义和团混同,不至视为对列强的威胁力量。① 用很低的价格出售,富有票也被当做在骚扰来临时对于一个家庭的安全保证。这就使得整个事情带有某些"保镖票证"的色彩,或者,他们也声称持有者的票证值铜钱一千文,起义事成之后可以兑现,或者,富有票可以用来作为在太古、怡和公司轮船上的免费通行证,——显然,这是一种虚假的吹嘘,其用意在显示,谋叛者与有权势的外国人有关系。② 事实上,富有票基本上是用来进行募集活动的,它表示,票证的持有者,对于这种冒险事业的成败,负有某种责任。到1900年8月,约有2万人在等待着行动的信号。③

自立军分为五个军,驻扎在长江流域交通和军事中心的重要据点上。这些军的绝大多数都由日本归国的唐才常的伙伴领导。长江下游最远的是驻在安徽大通的前军,由吴禄贞和秦力山合作领导。秦力山是湖南人,1897—1898年在长沙的活动中曾表现积极主动,稍后在日本留学。在安庆的后军由田邦璿领导。田是梁启超在长沙的时务学堂和在东京的高等大同学校两校的学生。在汉口的中军由傅慈祥和林圭指挥。在湖北南部新堤的右军由沈荩指挥。在湖南常德(省军的要塞地)的左军由陈犹龙指挥。陈是当地的商人,也是一个廪生。唐才常自任自立军的总司令,其指挥机关设在汉口的英租界。④

---

① 唐才质,HNLSZL,1958年第三期第107—108页;张之洞奏折和布告,收入叶德辉,第100—101页,第138—141页。
② 见张之洞奏折,KGWSNWX,第一编第十册第310页。
③ 唐才质,HNLSZL,1958年第三期第107—108页;张难先,第19页,提供了10万的数字,似乎是夸大了。
④ 张难先,第19—20页,第41—42页;冯自由,GMYS,第三卷第43—44页,第51—52页;俞廉三奏折,收入XHGM,第一卷第273页。

在组织工作方面,各军取得了不同成就。安庆的活动计划显然从未实现。常德的计划由于缺乏租界地盘而受到阻梗。在租界地面,谋叛者可以摆脱政府侦探的监视而取得相对的安全。常德的密谋,由于一个特别多嘴饶舌的土著领袖所毁。据传,此人"逢人便讲"。① 大通则是另外一种经历。秦力山从他所认识的安徽抚署部队管带孙道毅那儿得到一批武器,并渗透到当地的水师营弁,劝诱水师营在起义发难时参加行动。② 在武汉地区,沈荩忙于应酬"鄂中绅官士庶以及兵勇下流之人"。③ 林圭用一个日本化名进行工作,从这年年初以来,就在军队和秘密会党中发展组织。沿着两湖地区的河流,他在汉口、襄阳、沙市、荆州、岳州和长沙开设旅馆客栈,作为自立军新募成员的集中地点。早在2月初,汉口就出现了传单揭帖,说是有一位"总司令……正拟统领大军去北京,从卖国贼手中拯救皇帝"。④

8月,起义计划成熟了。举事日期定为8月9日,但康有为答应的资金和武器没有送到,被迫延期。⑤ 有些秘密会党很快地各行其是,开始独立行动。⑥ 其后,8月8日,大通的计划被地方保甲局举发,报告给安徽巡抚。逮捕随之而至,秦力山被迫行动。他集中军事力量,攻占了俯瞰长江的火炮要害地点厘金局和盐务局,还夺获了8艘船只。但他不能独立支撑,因为自立军其他各部,仍在等待康有为承诺的资助,未见行动。8月15日,大通暴动被从长江下游各地调集的压倒优势的清朝军事力量所粉碎。秦力山远洋日本,他认定康有为不忠不信,遗恨益深,了无生趣。⑦

汉口的中央指挥部挽救大通前军失败了,但是,长江流域谣诼纷传,说是还有更多预谋的起义和秘密会党的骚扰。张之洞事先了解唐

---

① 查获的信件,收入叶德辉,第329页。
② 李守孔,第116页;冯自由,编入 KGWSNWX,第一编第十册第289—290页。
③ 黄中黄,收入 KGWSNWX,第一编第十册第321页。
④ E. H. 法磊斯(从汉口),1900年4月4日,F. O. 228/1361。另见李守孔摘引的一份相似的告示,第72页。
⑤ 关于康寄送资金失败的问题,见史扶邻的最好的讨论,第219—220页。
⑥ 平山周,第163—164页。
⑦ 李守孔,第116—119页;冯自由,编入 KGWSNWX,第一编第十册第289—290页。

才常的活动,这是没有问题的。作为预防措施,他额外招募了 2 000 人,还设置了特殊的江河巡逻。① 8 月 18 日,他致电湖南巡抚说:"康党已与盗匪结合煽动叛乱,南京总督来电对此予以确证。更有甚者,会党首领潜来汉口发行匪票,确有此事。"②但是,唐才常从前是张之洞亲自创办的两湖书院的学生,而这位老总督对于该校的毕业学生,总是抱着宽容和保护态度的。这个故事也许可信:"初,烈士尝肄业两湖书院,每试未尝后人,之洞雅重之。且固闻是谋,初得谍报,故迟不发,阴纵令脱。见胁于巡抚于荫霖、夏口厅冯启钧,力怂之。"③

也许是顽固的于荫霖迫使张之洞这样下手。否则的话,张完全可能单纯地等待北京局势来解决问题。这件事情出现在 8 月 14—15 日,当时八国联军占领北京,皇帝和慈禧太后安全西逃。无论如何,汉口情况正在千钧一发:18、19 和 20 日,大批秘密会党成员到达了;19—21 日,出现了大火灾,人们猜疑有人故意纵火。④ 8 月 21 日,张之洞向英国总领事法磊斯要求对谋叛者的逮捕证。因为秘密会党在汉口的一次崛起,"三个城市所有不遵法度的乌合之众,就会在我们头上放纵恣肆,也因为至今仍在这里致力于维持秩序的现任当权者,要比一个只有动听的目的,但在经验和能力方面都值得怀疑的、自行组成的政府,要更好一些"⑤,这样,英国总领事法磊斯同意发给了逮捕证。23 日凌晨,包括唐才常、林圭、傅慈祥和一个日本同谋者在内的大约 20 个人被逮捕了。这个日本人被移交给日本领事,其余的人在那天晚上惨遭杀害。唐才常临死之时,对于他的计划和日本的明治维新,做了一个最终的比较:"因中国时事日坏,故效日本覆幕举动,以保皇上复权。"⑥

---

① 李守孔,第 114—120 页;法磊斯(从汉口)1900 年 8 月 29 日,F.O.228/1387;法磊斯致沃伦,1900 年 8 月 23 日,附入沃伦致沙力士伯里,1900 年 8 月 30 日,F.O.17/1425。
② 张之洞致余廉三,李守孔摘引,第 131 页。
③ 肖汝霖,第 12 页;也见李守孔,第 126 页。
④ 叶德辉,第 348—349 页;李守孔,第 121—122 页。
⑤ 法磊斯(从汉口)致沃伦,1900 年 8 月 23 日,附入沃伦致沙力士伯里,1900 年 8 月 30 日,F.O.17/1425。
⑥ 冯自由摘引,KGWSNWX,第一编第十册第 305 页。也见李守孔,第 124—127 页;张难先,第 20 页。

自立军的中央指挥部被摧垮了,但事情并没有结束。在获悉汉口被破案的消息之后,驻扎在新堤的右军起义了。从湖南、湖北的交界处新店出发,红教教派的成员迅速插入湖南临湘。在那儿,他们袭击了一个民团,烧毁了一个集镇,还洗劫了一个厘金局,杀害了它的局长。右军兴起的回响,波及邻近的湖北最南端的嘉鱼、崇阳和蒲圻。但是,运动的规格,从未超过一个扩大的、由流氓无产阶级所发动的武装抗争的水平,它只是冲击压迫他们最为直接的民团和税务机关而已。一份材料描述了这次起义的情况:"新堤故盗薮,烈士谕以顺逆,无业之氓,咸感激投诚,居民安堵。"①

这里讲的,就是直接受自立军起义影响的地区;但沿着湘、鄂商业运输的江河,西部远至四川的巫山,还有其他的动乱骚扰。②

在评价自立军起义的意义时,许多人曾提问:这次运动是革命的,还是保皇的?③ 我认为,在某种意义上说来,两者都是。从狭隘意义讲,它是保皇的:叛乱者所有的宣言告示,实际上都明确地声称要恢复光绪皇帝的权力。④ 但皇帝是作为君主立宪来恢复权力的,而那就可能意味着在政治制度中一种重大的、政体结构上的改变。通过暴力手段来获得这样一种政体结构上的改变,是革命的——如果我们现在从分析的意义上来使用"革命"这个术语的话。

湖南的顽固巡抚和绅士们,肯定认为这个运动是革命的。他们于1898年所怀的一切恐惧,似乎都变成了现实:时务学堂竟然是叛乱的温床!他们的反应是严酷的。当唐才常的弟弟唐才中在浏阳被捕,并

---

① 肖妆霖,第17页。也见黄中黄,编入KGWSNWX,第一编第十册第322页;俞廉三奏折,1900年8月30日及1900年10月14日,编入XHGM,第一卷第258、271页;张之洞奏折,1900年9月19日,编入KGWSNWX,第一编第十册第310页。

② 俞廉三奏折,1900年8月30日,编入XHGM,第一卷第258页;张之洞奏折,1900年9月19日,编入KGWSNWX,第一编第十册第310—313页。

③ 同盟会声称唐是他们中的一员。见黄兴在《民报》第十期中对于此事的见解,再版编入KGWSNWX,第一编第十册第308页。这个观点的最近的一个信徒,是埃德蒙·S·K·冯,其意见反映在他的著作《唐才常起义》中。卢其敦,在一份论到20世纪开端的湖南的手稿中(第五章),替唐才常的保皇主义作出了一个强有力的论据。李守孔持论似乎介于两个极端之间。

④ 冯自由,编入KGWSNWX,第一编第十册第289—290页;英文告示附入法磊斯(从汉口)致沃伦,1900年8月23日,依次附入沃伦致沙力士伯里,1900年8月30日,F.O.17/1425。

被押解到长沙来的时候,俞廉三声称,他没有接到张之洞的指示(张之洞认为,唐才中是一个可贵的提供此案内情的人,曾经指示暂予赦免),就刑讯并杀害了唐才中。① 其后,俞廉三收集了这次起义的文献,并把它和1898年的改良派联系起来;王先谦的头号门徒叶德辉,把这些文献编为《觉迷要录》一书出版了。新旧派之间的分裂,至此强化为两条战线。

但它不仅仅是事关1900年的政治上的分裂,而且是运动的一种社会信息。学者和官吏们的子弟,像秘密会党一样发行富有票,这件事情是"殊可怪叹"的②,并且是"颇出寻常意计之外的"。③ 当然,较低层的绅士人物卷入秘密会党之中,其本身并非独一无二的。许多年轻的绅士谋叛者,类似那些有教养的江湖好汉,即豪侠,这些人如同绿林英雄罗宾·胡德或无私的保卫公平正义的人们一样,经常把法律操诸己手。但是,1900年的谋反者,在一种共有的观念形态的名义下,企图推翻现有的政治秩序。阐释一下俞廉三的看法,即,他们有一种异端的理论,这种理论引导他们形成伟大的"远谋",并用"大志"来付诸实行。明显地,他们有某些东西超过了传统的豪侠之士,后者的活动范围仅及于地方,而其委屈不平极为明显地带有地方色彩。

自立军的起义,是两湖地区一个新的、日益自觉的、不满的知识分子群体所采取的第一次有强烈斗争性的行动。他们是"新派",曾经呼吸着改革的空气,闻到了权力的芳香,在1898年刚好够长的时间内,提高了他们的要求更多的食欲。不过,他们走向新中国的道路被阻塞了,他们企图寻找另外一条道路。但是,在1900年的中国,这样一条可供选择的道路确实很少。帝国主义是一种权力来源。新派当中的许多人,似乎愿意尾随八国联军到北京去。但他们被摒斥了。日益独立的、手握权柄的封疆大吏,是取得支持的另一种可能的权力来源。但也是难遂心愿,无济于事。在他们的中国,剩下来的一颗明星——

---

① HNJBN,第175页;肖汝霖,第18—19页。
② 王闿运日记,1900年8月30日,第715页。并非王所有的朋友都对唐缺乏同情。见1900年9月15日的记载,第716页。
③ 俞廉三奏折,1900年10月14日,编入XHGM,第一卷第271页。

一股独立的力量,就是秘密会党。这就是他们最后转向的所在。

　　这是一个重大的发展,因为它一道带来了社会结构中的两个远远分割开来的阶级:绅士阶级和流氓无产阶级。只是因为缺少选择的余地,年轻的激进分子才不得不转向秘密会党。1895 年唐才常所表达的平民党思想,预示了 1900 年他的通过秘密会党建立一个群众基地的企图。所有卷入的绅士,实际上都来自那个上流社会阶级的较年轻、较低级的边缘部分,这使得他们较易于和秘密会党的头领们联系接触。不管怎样,一个实质性的社会鸿沟,把有教养的上流阶层的任何成员,与秘密会党的粗鲁贫困的老百姓分隔开来。就如张之洞警告上海中国议会成员一样,跟秘密会党联合一起,带来了阶级战争的潜在势力:

　　　　沿江沿海,会匪本多。今诸人乃设法鼓煽之,游说之,资助之。果如所谋,群匪并起,各省皆乱,各肆其焚杀,各纵其淫掠,而且辗转逆流,此讨彼窜。或一省之内,互相攻剽;或数省之间,迭相蹂躏。此辈战斗所据之地,劫掠所得之财,岂能拱手献之国会乎? 此郡之人,为乱于外郡,而其乡已为他郡之匪陷之;此州之人,为乱于外州,而其家已为他州之匪戕之。恐自立会伪札之墨未干,而若辈之乡里亲戚残毁尽矣。①

　　使张之洞这种预言未必变为真实,而使起义走向悲惨结局的最关紧要的原因,是不满的知识分子和秘密会党之间全然缺乏一致的利益。长江流域的流氓无产阶级之所以起义暴动,显然有着社会的和经济的深厚的委屈不平。但是,在光绪皇帝统治下组织立宪政府,实行西方的法律革新,和平对待帝国主义列强,自立会的这些纲领,对秘密会党中的游民成分没有提供一点实惠。完全没有意识形态上的团结力,来联结自立会和它的军事力量的基础——秘密会党。这样,依靠组织工作就是重要的了。可是,自立会的组织,可能就是它的最薄弱

---

① 张之洞,编入叶德辉,第 180—181 页。

的一环:唐才常的年轻部属能以募集部队,只凭着对秘密会党一伙的头领们许诺以武器和金钱。秘密会党参加起义壮举,本是"为了获利"①,或者是从海外改良派那里获得物资支援的形式,或者是起义本身所掠取的战利品的形式。这样,除了收买他们和利用他们之外,中国的年轻的激进分子没有找到一个更好的办法来联系群众。这当然不是一种特著成效的策略。但这是一部足以惊人的小说,也有足够的美好前景,鼓舞人们再度尝试。

---

① 俞廉三奏折,1900 年 10 月 14 日,编入 XHGM,第一卷第 273 页。

# 第二章　学生与暴动

从1898—1900年，少数年轻的较低层的绅士，在实行一个省的改良运动的尝试遭到挫折以后，转而采用暴力推翻政治制度，就这样经历着一条从改良走向革命的道路。从1900—1906年，一个相类似的过程出现了。不过，这一次的主要演员，已经不是受过古典经学熏陶的较低层的绅士成员，而是新学校里出来的学生。唐才常能够接近像张之洞这样的高级封疆大吏，并宁愿选择在合法系统内部从事活动；这个新兴学生群则通过内容激烈的宣传品、群众集会和示威游行这些方式来展开工作。他们为数更多，与当时的政海官场更为疏远，更加认识到迫在眉睫的帝国主义的威胁。因为两种情况的演员不同，一个不同的历史过程把改良引向了革命。唐才常及其团体借助自己的力量，创造1898年的改良。作为性质不同的社会团体的学生，则是20世纪初期的教育改良所创造出来的。因此，唐才常亲身经历了从承担改良为主要义务到承担革命为主要义务的道路，到了1900年，改良派甚至变成了革命者。另一方面，学生们从来没有对改良承担主要义务，他们首先关心的是帝国主义的威胁。当他们对现政权在支持他们的反帝斗争的意愿和能力丧失信心的时候，他们就转移到革命的立场上来了。这个新的革命立场，最终引导一些学生在酝酿巨大的萍浏醴工农暴动中，起了重要作用。

## 帝国主义与湖南的开放

在 1900—1906 年这个时期内,反对帝国主义的学生运动,以及他们向革命行动的转化,湖南较湖北都更为显著。其所以如此,有着若干原因。最基本的,也许是帝国主义在两省的不同的冲击力。自从汉口随着 1858—1860 年的第二次中英战争作为通商口岸开放以来,帝国主义就染指湖北了。另一方面,仅在 20 世纪的初期,准确地说,当帝国主义进入一个新的更高的阶段时,湖南才感受到西方的直接冲击力。这是外国人第一次在通商口岸中取得兴建工厂的权利的时代——这种权利是日本人在下关条约中取得的,其后,列强通过"最惠国"原则分享了这个权利。这也是中国的铁路、采矿事业发展,列强竞相投资和控制这些企业的时代。与此同时,苛刻的赔款迫使清政府特别为了偿付外国人而增加捐税。除了帝国主义者的这些新方式之外,外国在中国进行活动的老方式——传教和经商,尾随义和团事件的结束而显著扩大。在这个新的转折点上,湖南向西方"开放"了。

整个 19 世纪,湖南英勇地而且相当成功地进行斗争,以阻遏任何外国人进入该省。一个英国传教士在其著作中写道:

> 湖南之对于中国,正如拉萨之对于西藏一样。多年以来,它是大陆腹地中一座紧闭的城堡,因而也是一个无与匹敌的、特别引人注意的省份。中国的保守主义,以及对于所有外国事务的反感,都在这儿集中起来了。因此,这里不仅产生了中国最好的官吏和军队,也出现了对基督教的最激烈的攻击。不管别的省份采取什么态度,湖南仍然毫不容情。所以,在中国其他各省向传教士和商人开放很久以后,湖南人继续吹嘘没有一个外国人胆敢进入他们的省境。这样一个反抗的险要堡垒,自然成了十字军的目标。①

---

① 海思波:《中国内地传道团亚当·多尔瓦和其他教士在湖南的开拓工作》(伦敦,1906年),第 1 页。

十字军终于来了。早在 19 世纪 60 年代,天主教就在湖南南部衡州占据了一小块圈地。到了 1907 年,在衡州的法国人,和湖南北部一个更小的、更新近的奥戛斯廷教派教士的团体,建立了 102 个站,共有 14 个传教士和 6 171 个教徒。① 1875 年,第一个英国传教士进入湖南省,逗留很少日子,即被愤怒的公民强迫退出。自从这件事出现以来,基督教教徒就试着打入湖南。到 1880 年为止,没有一个外国人访问过省城长沙,到 1886 年为止,也没有人进入过长沙。那时,闯入者要冒很大风险,总是敏捷地钻进一乘紧闭的肩舆,护卫出城。基督教传教士的屡次尝试,只是引起了湖南人的更有力的阻遏。1887 年,一个传教士诉苦说:

> 就人的力量来说,至少就取得一个居留地而论,现在,湖南比以往任何时候都更加闭守固拒了。我获悉两个资料,为了阻遏外国人实现再次闯入的企图的目的,津市和澧州人民至今还在募集资金,用以购买刀剑、旗帜和军服等物。②

光靠传教士的力量永远也突破不了湖南的城墙。但传教士不是孤立的,他们准备接受大英帝国的现实性的援助,来达到他们自己的目的——拯救中国人的灵魂。1891 年,湖南人民的反教宣传在长江流域上下掀起一系列的动乱之后,英国"在中国中部的宗教使徒"格列菲兹·约翰写道:"如果要这些不断的混乱能够结束的话,湖南必须变得低首下心,她的两个或三个大的商业中心,必须向外国商业开放。"③这个"宗教使徒"的预示十分准确。1897 年,在改良巡抚陈宝箴任期内,湖南城堡出现了龟裂,第一个基督教徒的传道会在常德建立。

但是,这些以及其他一些微小成就,在 1900 年义和团年代里被

---

① A. H. 海立斯,《湖南省》,辑入海思波编:《中华帝国》(伦敦,1907 年),第 180—187 页。
② 迪克校订本,海思波摘引《在湖南的开拓工作》,第 62—63 页。
③ 格列菲兹·约翰《华北捷报》,1891 年 10 月 9 日,第 498 页。我很感谢卢其敦,因为他提出这一节引起我的注意。

一扫而空。在义和团闹事期间,当中国中部和南部的绝大多数地区并没有进行排外骚动时,湖南的情况则属于例外。1900年7月,北京朝廷向外国列强宣战之后不久,衡州一批暴民杀死了两个法国教士和一个意大利主教。这些人愚蠢透顶,竟在反教情感日益增长的时刻,催逼一桩土地纠纷中的讼案。在衡州地区活动的大约30个基督新教的小教堂被捣毁了。对于这件事,绅士们是把它当做遵奉北京宣战上谕而出现的。所有传教士被迫逃匿了,湖南再一次没有丑陋的外国人了。①

1901年,传教士们以过往未见的更大决心卷土重来,在省城建立了一个永久的传教会。但是,在省内其他各处,纷乱没多久又来临了。1902年,在湘西城市辰州,两个英国传教士刚刚建起一所医院,但他们在招徕病患者方面遇到了困难。有一次,霍乱传染病在地方上流行,当地群众怀疑传教士在供地方饮用的水里面放了毒,就乱棒把这两个英国传教士打死了。英国领事馆当局对这次事件是如此横蛮凶暴,以致派出官员,违反一切条约规程,参与了对被控的中国人民的审讯。英国人存心炫示他们的权威,当时的一份中国记载断言,这个英国人曾经要求处决一个14岁的茶馆学徒,因为他在一具英国死尸上踢了一脚。②

但是,1902年标志着湖南对外国入侵的有成效的阻遏的终结。英国决心利用辰州教案,当做对于所有心怀排外情感的人们予以惩戒的一个范例,同时也当做开放全省的一个机会。他们一反常态,要求给所有的官吏——甚至与教案牵连极少的官吏——以严酷苛刻的惩罚。11月,他们派了一艘炮舰来到长沙,观看由于保护两个传教士不力的

---

① 关于衡州教案的记载,见杨世骥《辛亥革命前后湖南史事》(长沙,1958年)第52—60页(以后引用本书时,统称YSJ)。HNJBN,第170—172页;法磊斯(从汉口)1900年11月30日和12月11日,辑入F.O.228/1361,及1901年1月2日和2月12日,辑入F.O.228/1378。关于绅士们的观点,见王闿运,1900年7月6日和12日,第711—712页;1900年10月1日、16日和18日,第717—719页;1900年11月9日,第720页。

② 关于辰州教案,见YSJ,第60—65页;HNJBN,第182—184页;罗素(从汉口)1902年8月22日,并附入的兰斯洛特·贾耳斯报告;贾耳斯致法磊斯,1902年9月18日,并附入报告,所有上述材料,存F.O.228/1458中。

的本国产品很少见了。……"①十有八九,这种发展合乎费维恺所建议的模式:虽然纺织业(它要求较少的劳动力)前进了,但手工精纺凋落了。② 在外国优等钢铁的竞争面前,从湘东矿床炼出的地方手工生铁的产量大幅度地下降了。有一份资料说,年产量由19世纪中叶的100万担,下降到20世纪初期的7万担。③ 来往于湖南江河的小帆船,是湖南开放后的另一个牺牲品。这种运输方式的衰落开始于1842年,其时,上海的开放,把原先上溯湘江、经过南岭山道至广州的商业吸引过去了。后来,在20世纪初期,从汉口至长沙的定期汽船运输的开放,给小木帆船船工们的生计,以更为严重的打击,这类船工也许约有50万人。④

最后,由于外国需要的变换,至少有一种重要出口商品——茶叶——的部分销路下降了,湖南因此吃了苦头。当欧洲购买者转向日本、印度和锡兰的等级更加标准化的茶叶时,整个中国的制茶工业衰落了。在汉口,茶叶总销量中,湖南茶叶约占1/3。1882年,汉口输出茶叶的总值约达600万两,可是20年之后,输出总值只有375万两了。1900年和1910年之间,与外贸继续下降的同时,湖南茶叶的估计产量从50万担降至42万担。⑤

湖南省开放的速度特别快,帝国主义经济侵略的某些效果显得特别大。但是,这个过程,就总体来说,在中国是普遍一致的。认识到这点,十分重要。有关的统计资料很难找到,也极少可信的。尽管这样,这一时期盛行的看法是,如果任其不受抑制地发展下去,帝国主义将要控制中国的经济(特别是它的刚开始发展的现代部分),威胁国家的

---

① A. H. 海立斯,《湖南省》,收入海思波:《中华帝国》,第171页。见东亚同文会编:《支那省别全志》,第十卷,《湖南》(东京,1918年),第613—615页。关于盛宣怀在岳州建立棉纺厂以与进口商品竞争的计划,见 YSJ,第14页。

② 费维恺:《中国的手工业和工场棉纺业,1871—1910》,《经济史杂志》第三十卷第二期(1970年6月),第339—379页。

③ YSJ,第21—22页;也见 HNJBN,第115—116页。

④ 白岩龙平与安井正太郎,第136—140页;YSJ,第18页。

⑤ 中国海关:《海关贸易报告》,1902年第218—220页;东亚同文会编:《东亚同文会支那调查报告书》,Ⅰ:10(1910年11月15日)第17—22页[以下引用此书时,统称 TDSC。它是较早的《东亚同文会报告》(TDH)的续刊]。

主权。这种感情是由中国的报纸培养起来的。学生阶层把它表达得十分强烈。回顾一下,经济史家可能仍然坚持,认为中国的基本上自给自足的农民经济,对于来自西方和日本帝国主义的严重破坏,仍然保持着免疫力。但,这并不是当时的情绪。当时,不但中国的爱国者,甚至日本的外交官,都指出了外国出口对中国的相反作用:

> 通商口岸成了从西方文明国家运来的货物的入侵的大门。在中国的外国商人的数目,年复一年地增加。中国进口商的数目,也在逐渐发展。西方力量向东方转移的趋势并未停止。因为国家在一个较长时期内保持开放状态,开放的大门继续增加,由精密机器生产出来的价廉物美的舶来品,压倒了粗糙的、昂贵的中国货。其结果,不但内地的手工业生产日加深重地陷入困境,商业进出平衡的失利,也促使通货逐年增加地外流。国家经济权益逐渐向外渗漏之感生长起来了。①

帝国主义经济的冲击作用,不局限于廉价的舶来品的进口的影响。对西方和日本来说,中国不仅是一个商品销售市场,也是一个投资地点。下关条约允许大国在通商口岸建立工厂。日本驻汉口的总领事注意到,1904 年,日本商号的近 100 个代表访问了这个城市,研究在那里建立工厂的可能性。② 在湖南,外国人正在大部分居住着苗、瑶少数民族的边远山区寻找开矿权利。虽然,这些外国人开发和控制湖南矿产资源的努力,后来受到了抑制遏止,但是,它们在当时还是引起了充分注意的。湖南矿务局在 1905 年的一份报告中陈诉说:

> 外国人总是想方设法染指其间,知道矿局章程没有关于矿藏运输的特别条文,他们乔装旅行,潜入最边远之苗穴瑶洞,察其去向,然

---

① 《利权收回在中国》,第 19 页,收入日本外务省档案,3—5—1—9,第一至二卷。黎安友和我之间对这个问题的最近的一般性争论,见《帝国主义在中国》特刊,"关心亚洲学人会刊"第四卷第四期(1972 年 12 月)。

② 永泷久吉,1904 年 4 月 9 日,收入日本外务省档案,6—1—6—37。

后纠集一队百余人的乌合之众,购买土地及矿砂,在彼处他们一道秘密分配。①

外国在中国的投资,可能帮助了经济发展的过程。但是,当这种投资意味着对重要工业、运输业或矿产资源的帝国主义控制的时候,它就威胁到国家主权了。

最后,西方帝国主义一个普遍的、特别激人怨怒的方面,就是种族主义。这种种族主义,部分地是由社会达尔文主义的通行观念所培育出来的。很难期望,中国人会欣赏这种雅利安民族优越的西方观念。但有些时候,种族政策却变得特别惹人生厌。1899—1900年在汉口出现了一个有启发性的事件:英国人打算用迫迁所有中国居民的办法,来整顿净化他们的租界。不过,德国人却允许中国人在租界的一部分地面居住。这件事使英国害怕外国商号出于对中国职工的关怀而在德国租界内设立。最后,英国人放宽了他们的禁令,允许外国商号中的体面的中国职工租赁房屋。② 这件事表明:唯一能够抑制种族主义的因素,是帝国主义列强的经济利益,除非种族主义有碍于它们的自我经济利益,否则,帝国主义者总归是种族主义者。

在中国的帝国主义分子有许多表现形式:商人、传教士、实业家、铁路工程师、矿产收购者、教师、政府顾问、海员和领事馆官员。在20世纪初期,他们更加深入地渗透到中国的内地,影响及于国家的每一部分。湖南与其他各省有所区别,并非由于帝国主义分子们在那儿更为活跃主动,而是因为,摆脱了帝国主义的直接冲击数年之后,1902年之后,湖南突然卷入了由西方扩张主义代表们所掀起的巨浪之中。这个浪涛是帝国主义新阶段的一个部分。正当新浪涛在中国滚沸翻腾的时刻被迫"开放",这就是湖南的命运。只有当着我们对于加诸湖南的西方冲击的速度和规模有所领会认识的时候,我们才能理解,为什么学生们这样狂热地反对帝国主义者。

---

① 翻译和附入于法磊斯(从汉口),1905年3月15日,F.O. 228/1595。
② 法磊斯(从汉口),1901年2月7日,收入 F.O. 228/1387。

## 教育改革和城市上流阶层

如果说,正在增长着的帝国主义的威胁,笼罩着湖南和湖北的对外关系的话,那么,对教育改革的关怀,就笼罩着它们的内部事务了。在这里,湖南的形势又一次有别于湖北。虽然 1898 年的维新运动显示了一个进步的绅士核心团体在湖南的存在,但是,对这些改革和 1900 年起义的反动,给保守顽固派留下了极大的优势。在 20 世纪初期,那些保守顽固派坚定地站在反对西方式教育改革的一边。从一开始,湖南巡抚俞廉三就支持顽固派,向新教育政策发动一次反动的攻击。但是,保守顽固派的绅士们阻止改良,和他们曾经阻止帝国主义入侵相比较,并没有取得最后的胜利。当他们针对自立军面向右转并且起着反动作用的时候,作为对义和团运动带来的大灾难的反应,北京朝廷,官方和民间四处的公众舆论,则正在倾心于改革。义和团的保守的排外主义,导致了如此巨大的失败和羞辱,朝廷终于转向改良了。1901 年 9 月,朝廷的第一批行动之一,就是下令所有书院改成新制学校。

被绝大多数绅士所支持和怂恿的湖南巡抚俞廉三,尽其可能想到的办法,抵制朝廷敕令。他认为,长沙三所主要书院的教育内容过于偏重经史,学生年龄过大,所以,他简单地把它们原封不动地保留下来,只把从前的时务学堂,改为教育改革在每个省城所要求的大学堂。虽然规定每个州府要设置中学,但他把这件事听由地方民间自办学堂,仅仅在三个县进行了相当的改革。1902 年 6 月省学务处建立时,巡抚宣布了他的教育政策的第一条原则:"培养德性,以作忠孝",[1]而这条原则,很难说是什么激进的东西。俞廉三挑选湖南保守顽固派头领、俞的关于教育事业的重要参谋王先谦任新的长沙师范馆馆长。[2]他这样提出保证:即令教育机构是新的,但内容依然如故。

---

[1] HNJBN,第 176—177 页。
[2] 王先谦,中卷第 90—91 页。

对新学校顽固抵制的程度,超过了对不和古代经学紧密联系的教育哲学的厌恶。在保守派的人士看来,新学堂及其强调向大群学生进行讲授,和任何一种中国传统的教育制度相比较,在组织上似乎更加接近于基督教教堂。衡州书院的院长是王闿运——一个经学今文学派的信徒,但又是一个文化教育上的保守派。他在日记中写道:

> 牌示略定日课,以副改学堂之说。康、谭之结,争鹜收召浮薄,故并心于讲报。天主教之宗旨也。然借以整齐学规,未始无益。今书院实不如禅堂,禅堂又不如教堂也。①

诚然,王看到了改进教育的必要,也服从改革的敕令。但是,他对教育改革并不满意。稍后几年,当一所地方上的寺院被改造成为一间学校的时候,他特别心神不安,尽管那个时候,这类事情正在中国普遍发生。王闿运抱怨说:"如此维新,无殊革命矣。"②在湖南的顽固派人士看来,教育改良意味着:把地方上的宗教设施移作俗用,把低等阶层中的"浮薄"成分募集到有教养的上流阶层中来。但最重要的,教育改良意味着西方化——采用"天主教之宗旨"。顽固派对教育改良的抵制,完全是他们对西方的抵制的一部分。

顽固派之所以有能力搞乱北京教育改良敕令的意图,极关紧要的因素,是依靠俞廉三的支持。就令他是如此倾心愿意,俞廉三也并非足够强大,或者足具想象力,在绅士们的反对下强制推行教育改革。一份贬抑的传记中说:"廉三走俗吏,和平谨慎,当官无所建树。"③早在1903年,他被赵尔巽接替。赵是一个翰林编修,汉军旗人,一个言论颇有影响的官吏。不管这些顽固绅士们的半公开的不满,教育改革现在是认真地开始了。学堂建立起来了,西方式的课程介绍进来了,新的

---

① 王闿运,1902年6月14日,第762页。
② 同上书,1908年7月11日,第897页。也见1908年9月29日和10月1日,第904—905页。
③ 费行简,第260页。

教科书出售了。赵尔巽在湖南的任期很短。1904年,代理巡抚陆元鼎统治了半年,之后,赵的职位就被精力饱满的满洲改良派端方接替。端方在任只有七个月,到1905年被召赴京为止。

湖南巡抚的迅速更换(三年之内,五易其人)的纯粹效果,使教育改革形成了变化万端、却又先天不足的状态。在1902—1905年之间,单就长沙来说,好几十个学校建立起来了。到1906年,至少增加了三个新学堂,包括学习以前从国外输入的商品的制造技术的学校。① 这个教育事业发展的最值得注意的方面是：它集中于长沙,缺少广泛的、初等学校形式的普及教育。在这方面,湖南的情况和湖北进行比较,是颇有启发意义的(见表1)。在建立大学堂方面,湖南虽然远远落后(这大概是由于旧学院阻碍改革或竞赛),但是,在低级初等学校水平以上的每一个其他部类,湖南的学校都比湖北要多。不过,在较低的初等水平线上,湖北有湖南学堂数目的两倍半。这些都是在集市小镇上的小学校,平均每校两个教员,规定传授基本的识字课。② 对于任何一般的普及教育来说,它们是必不可缺的基础。张之洞对于教育改革有浓厚兴趣,他把它当做中国实现现代化的手段,在湖北坚持建立这一类型的学校。但即令是湖北,也远远落后于国内最进步的省份。江苏和山东的成就,大体上和湖北相等,而四川及直隶,则远远超过了它们。在袁世凯当政下,直隶省建立了全国最完备、组织得最好的教育制度。1907年的统计材料表示,直隶省的学校总数为8 723个(其中初等小学7 596),四川省的学校总数为7 793个(其中初等小学6 924个),——与之相对照的是,湖北省总数为1 318个,湖南省总数为739个。③

---

① 白岩龙平与安井正太郎,第299页；柏特朗·吉尔士(从长沙),1906年7月23日,F.O. 228/1628。关于湖南教育改革的一个杰出而详尽的探讨,见卢其敦:《湖南的开放：在中国一个省份的改良与革命,1895—1907年》(U.C.伯克利,博士论文,1965年),第五章。

② 湖南的统计材料收入HNJBN,第221页,表列419个初等小学有899个教员。

③ 井出三郎,日本外务省档案,1—6—1—37,第35—44页。这些统计数字来源于北京教育部的一份调查,与表一的数字一般相符。

表 1

|  | 湖 南 | 湖 北 |
| --- | --- | --- |
| 师范学院 | 7 | 31 |
| 师范初级学校 | 19 | 9 |
| 专门学堂 | 6 | 5 |
| 实业学堂 | 11 | 10 |
| 中学堂 | 39 | 25 |
| 高等小学 | 123 | 118 |
| 初等小学 | 419 | 1 082 |
| 丙等小学 | 94 |  |
| 师范小学 |  | 5 |
| 蒙养院 | 1 | 2 |
| 半日学堂 | 8 | 15 |
| 女子学堂 | 7 | 16 |
| 总数 | 739 | 1 318 |

资料来源：湖南：HNJBN，第 221 页；湖北：《公论新报》，1909 年 2 月 13 日，翻译和收入法磊斯(汉口)，1909 年 3 月 19 日，F.O.228/1730。

在湖南，特别是在全省农村地区，顽固绅士似乎是阻遏，或是力所不及推行真正普及的教育制度。巡抚迅速更换，使始终一贯的官方计划，和强行推广实现普及教育这样一种制度，都成为不可能的了。湖南的情况，和袁世凯在直隶或张之洞在湖北有较长的任期不能相比。不过，在湖南，有一个城市绅士的小团体——这个小团体中的绝大多数人虽然不籍隶长沙，却是寓居长沙的——积极从事特殊的、经常是私立的教育事业。我想，这一点就足以说明，为什么湖南出现了为数可观的技术学校和师范学校。就是这么一批人，发起主办了女子教育。这是湖南第一个犹豫不决的尝试之着，也是顽固派肆行攻击的特殊目标。① 几年之内，这一小群城市绅士，成了湖南立宪运动的领袖；而且，20 世纪头十年湖

---

① HNJBN，第 196—197 页；王闿运，1903 年 3 月 16 日，第 780 页。有关江苏一个"现代名士"的类似团体的教育改革的出色研究，见玛丽安·巴斯蒂：《论 20 世纪初期中国的教育改革》(巴黎，1971 年)。

南历史上的很多事情,反映了他们与顽固派绅士之间的矛盾。

由这些人创立的最负盛名的学校是明德学堂。这个学堂在1903年由胡元倓和龙璋开办,是湖南第一所新式的私立学堂。胡是1897年的湘潭贡生,是1902年派往日本学习六个月的举贡生员当中的一个。在日本,他受日本教育家福泽谕吉的感染。回到湖南以后,他献身于教育改革事业。① 胡元倓出身于一个学者和官吏的良好卓越的家庭,当时年仅三十,为了实现自己的计划,他不能不转而求助于龙璋。龙璋是一个更高级的举人,前知县,刑部侍郎之子。龙的籍贯在湘东山区的攸县(1909年,他就是由这个县被选入省谘议局的),但他寓居长沙,并且是长沙绅士自由主义一翼的重要力量。②

大概,龙璋也是得到另外两个绅士领袖支持的。这两个领袖,将是我们关于湖南史事记述的中心人物。一个是黄忠浩,由生员变为将军,稍后是发展湖南矿业中的重要角色。1900年,在汉口,在自立军起义计划中,有人请他给予支持。他没有答应。第二个人是年轻早熟的谭延闿,谭钟麟的儿子。在度过长期充任显要的封疆大吏的宦海生涯之后,谭钟麟刚从广州的总督任所回来。和龙璋一样,谭出生于湘东的一个偏僻地方(茶陵州),当然,他也是寓居长沙的。1903年,谭延闿只不过是一个举人,但在次年(他24岁时)获得了最高学衔——进士,并在京试中一举而得会元。这个成就使王闿运深为感佩,他在日记中指出,这是"补湘人二百年缺憾"。③ 正统的家世和估计数达一百万两的遗产(他的父亲在1905年去世),使谭延闿注定了要出类拔萃。其后数年,他被选为省谘议局议长,革命后又做了湖南都督。如果绅士改良派需要一个领袖的话,那么,理想的人选就是谭延闿。④

---

① 包华德:《民国名人传记辞典》(纽约,1967—1971年),第二卷第182—183页;HNJBN,第177页。

② 章炳麟:《太炎文录续编》(台北再版,1956年),第五卷中,第8—11页;《官绅履历汇录》第一期(北京? 1920年),第242页;白岩龙平与安井正太郎,第26—27页。

③ 王闿运,1904年5月29日,第812页。

④ 关于谭延闿的事迹,见谭伯羽:《谭组庵先生年谱初稿》(台北,1964年);费行简,第217—218页。关于明德学堂,见黄一欧:《黄兴与明德学堂》,收入于左舜生《黄兴评传》(台北,1968年),第169—174页;陆曼炎,收入KGWSNWX,第一编第十册第431—432页;胡元倓,同上书,第445—446页;HNJBN,第193—194页。

在湖北,作为教育改革的倡议人,总督张之洞代替了湖南的自由主义绅士的地位。不过,结果是十分相同的:上流阶层的学校集中于省城。诚然,湖北较湖南有着更多的初等学校。这是从1904—1905年张之洞给予地方官吏两个指示的结果。这两个指示是:大力提倡创办初等学校;同时,豁免地方政府支付义和团赔款的义务。这就给地方一级留下了更多的财政收入,用以兴办学校。不管怎样,张之洞亲自负责创建的新教育机构,实际上还是局限于武昌一隅的。在那里,1900年以前,他早就创办了两湖书院、湖北武备学堂、经心书院、江汉书院以及自修书院。1900年以后,他的主要改革是:将这些书院改成高等学堂和师范学院。少数的新立学堂,例如方言学堂,也是设在武昌的。1902年年末,在张之洞作出湖北教育改革的第一个报告时,他列举了11个不同形式的学校。除了他把建立初等学校这件事留给地方主动权以外,他能指出的所有成就都在武昌。① 就是在武汉三镇地区之内,商业、工业城市的汉口和汉阳,张之洞都认为是不适宜兴建学堂的地方。这样,在湖南和湖北两省,上流阶层的学校都集中于省城。在省城,学生们在教室内接触到新的、经常是民族主义的观念,在校外则接触到日益活泼、直言无讳的报刊。

**报纸** 20世纪的头一个十年,中国报刊出版业出现了第一次繁荣兴旺景象。一个材料列举了:1898年的60份和1913年的487份定期报刊。② 这些报刊的绝大部分,都在通商口岸,特别是在上海出版。和中国政府相比,租界里有着某种程度更多一些的外国的出版自由观念。上海报刊的发行范围很广泛,可以使报刊事实上成为全国性的出版物。但是,也存在着一些地方上的、小的、有影响的报刊。在头十年的绝大部分时间里,长沙只有两份报纸,一份是日报,另一份每十天出版发行一次。由于官吏害怕,一份独立的报纸,将有可能重蹈戊

---

① 威廉·艾耳士:《张之洞和中国的教育改革》(剑桥,马塞诸塞,1971年),第219—224页,第234—235页。

② 白瑞华:《中国定期报刊,1800—1912》(上海,1933年;台北再版,1966年),第127页。

戌变法中激进的《湘报》的历史覆辙,所以,这两份报纸都置于政府的有力控制之下。尽管如此,引起英国领事抗议的充满激烈爱国主义精神的文章,也还是没有阻止得住,终于发表了。①

在两湖地区新闻活动的中心——汉口,新闻记者与省当局和帝国主义列强经常发生矛盾。1905年,革命党人吴樾在北京试图用炸弹袭击派遣出国考察政治的五大臣,《楚报》发表了一篇论述这件事的文章,"赞扬这个与历史上著名刺客可以类比的英雄的勇敢和武艺,嘲笑大臣们和他们打算在短期内学好全部外国宪政的使命"。张之洞下令逮捕主编,由于报纸在租界内出版,这个命令是由英国警察执行的。②甚至由官方津贴的《公论报》,也经常激怒领事,最后促使张之洞解雇了它的主编。③ 这些新报纸的特点之一,在于对国家事务的论述。它们使国家事务迅速为人所知,因此在城市中培养了一个见多识广、日益扩大的读者群。新式学校在主要城市中心集中,许多报纸的读者是对于爱国主义号召特具敏感的学生,这就是很自然的事情了。

## 学生运动

在1902年,学堂和科举反映了取得官场地位和事业成功的两条途径。三年以后,科举制度废除了,学堂成了跻入政界的必由之路。过去,在省内某个边远地区,一个心怀大志的读书人,由一个私人导师指引来攻读经典古籍,可以指望由此通过科举,沿着官场的升官发财之道攀附前进。科举一废,这样做就是不可能的了。现在,有本事、抱大志的人,必不可免地是进入城市,特别是进入省城,因为,只有在那

---

① HNJBN,第175—176页,第212页;B.吉尔士(长沙),1906年5月3日和6月19日,F. O. 228/1628。

② 法磊斯(汉口),1906年1月9日,F. O. 228/1632;李廉方,第6页。

③ 法磊斯(汉口),1906年4月21日,F. O. 228/1632。汉口英国领事预备了汉口报刊的正式报告摘要,这个摘要可从F. O. 228汉口卷宗中找到。对于报纸上"排外"语气的特别有趣的责难,可以在下列文卷中找到:法磊斯,1906年3月17日,1906年4月7日,和1906年4月21日(第23号),F. O. 228/1632。

里,才有最好的学堂和最好的发迹机会。

通过生机勃发的报刊的影响,省城不但正在成为教育事业的中心,也正在成为讨论政治和批评政府的中心。除此之外,1904年以后,长沙和汉口一样地成了通商口岸,特别明显地感受到了帝国主义的冲击力。这样,新教育政策的最重要的效果之一,是年轻的、有前途的、敏感的学生们,集中于政治上活跃的大城市。正因如此,就替一个自觉的学生阶层在政治上崭露头角创造了前提条件。如果仅举最显著的近例,美国的"反战运动",中国的"文化大革命",巴黎的"五月之日",泰国1973年的"学生革命",都已经证明:20世纪的学生界,对于迫临的社会危机,经常率先表示出强烈的关心。他们所受的高等教育,他们的"先锋队"作用的自觉性,以及他们从家庭和职业的世俗义务中摆脱出来的相对的自由,使得学生们特别适宜于担任积极批判现状的主角。这样,20世纪初期,中国的态度最明朗的激进派和反帝派产生于学生阶层,这就是不足为奇的了。

1897—1898年,在湖南,曾经短时出现过学生的激进主义。可是,只有伴随1903—1904年间赵尔巽巡抚的精力充沛的教育改革政策,学生运动才真正发动起来。用王先谦的话说:

> 湖南自梁启超主讲后,人心不靖,至是邪说朋兴,排满革命之后,充塞庠序。赵弗顾也。余与之议不叶,屡辞不听。革退劣生四名,赵送入高等学堂。余知其意,时已冬令,遂不复至馆,坐视地方风气日益败坏,无术挽救,徒呼负负耳。①

王先谦认为,排满主义是学生激进思潮的核心。但是,少数几个现尚存在的由湖南人撰写的革命作品——绝大部分在日本或上海出版,其后私运入省——表明:学生们主要担心的是帝国主义的威胁。事实上,1903年杨笃生所写的小册子《新湖南》,就出现了中国最早的关于"帝国主义"的分析。当时最流行的作品,可能是陈天华用通俗白

---

① 王先谦,中卷第90—91页。

话所写的最有感染力的两个小册子。这两个小册子于1903年和1904年在上海出版,被许多人秘密运入湖南和湖北。① 从陈天华的《警世钟》开首的语句中,可以明显地看出他对帝国主义的担忧和警惕:

> 嗳呀!嗳呀!来了!来了!什么来了?洋人来了!洋人来了!不好了,不好了!大家都不好了:老的少的,男的女的,贵的贱的,富的贫的,做官的、读书的,做买卖的、做手艺的,各项人等,从今以后,都是那洋人畜圈里的牛羊,锅子里的鱼肉,由他们要杀就杀,要煮就煮,不能走动半分。唉!这是我们大家的死日到了!②

在陈看来,帝国主义分子决意要实行种族灭绝。通过加强中国经济的控制,以及对人民经济上的逐步朘削绞杀,他们意图消灭中华民族。因此,在《猛回头》中,他这样地分析帝国主义的策略:

> 那灭种的法子,也是不一:或先假通商,把你国的财源如海关等一手揽住,这国的人,渐渐穷了,不能娶妻生子,其种自然是要灭;或先将利债借与你国,子息积多,其国永远不能完清,拱手归其掌握;或修铁路于你国中,全国死命皆制在他手;或将你国的矿产尽行霸占,本国的人倒没有份。③

坚信帝国主义者企图灭绝种族,这可能像轻微的天真无邪的想法那样,使我们感到惊奇。但是,在当时许多中国的知识分子看来,灭绝种族,就是帝国主义意识形态中的社会达尔文主义的逻辑推论。20世纪初期,社会达尔文主义在科学上的正确性,被中国知识分子广泛地接受;而对于种族主义与帝国主义之间的关系,社会达尔文主义是毫不怀疑的。陈天华同时代的人物之一,概括了白种民族的帝国主义的

---

① 见 YSJ,第99页;唐乾一(子虚子):《湘事记》(北京,1914年),第一卷第2—3页。
② 陈天华:《警世钟》,收入 XHGM,第二卷第112页。
③ 陈天华:《猛回头》,收入 XHGM,第二卷第156页。

诡辩,如信仰"世界是优秀民族的遗产"。① 美国土著民族的命运被经常引证来说明,这种民族优越感的信仰,易于导致灭绝种族的政策。② 在陈天华看来,灭绝种族是西方种族主义的必然结论,上海外国公园门口的人所共知的招牌——"狗与华人不准入内",是西方种族主义达到其原型的表现形式。③

陈天华的反满主义,是他首先反对帝国主义的衍生物。这一点很重要。就是在他的最激烈的篇章里,也包含了这一点:

> 杀呀! 杀呀! 杀呀!……万众直前,杀那洋鬼子,杀投降那洋鬼子的二毛子。满人若是帮助洋人杀我们,便先把满人杀尽;那些贼官若是帮助洋人杀我们,便先把贼官杀尽。……向前去,杀! 向前去,杀! 向前去,杀! 杀! 杀!④

在一个激情稍逊的章节里,他甚至更为袒露直爽地写道:

> 倘若满洲政府从此励精求治,维新变法,破除满汉的意见,一切奸臣,尽行革去,一切忠贤,尽行登用,决意和各国舍死一战,我也很愿把从前的意见丢了,身家性命都不要了,同政府抗那各国。⑤

陈天华把反帝国主义置于反满主义之前,反映了两湖地区学生运动的心情。对此,我是毫不置疑的。陈和学生们的反帝思想,部分地来自湖南19世纪的排外思想,这似乎也是明显的。一般来说,排外思想是对基督教的文化侵略和全盘西化的反动,而反帝思想则关涉到西

----

① 杨笃生:《新湖南》(1903年),再版于张枬和王忍之合编《辛亥革命前十年间时论选集》(香港,1962年),第一卷第二书第626页。
② 同上书,第624页。
③ 陈在两个小册子中都提到了这块招牌。见《警世钟》,XHGM,第二卷第120页,《猛回头》,同上书,第152页。
④ 《警世钟》,XHGM,第二卷第121页。
⑤ 同上书,第125—126页。比较杨笃生:《新湖南》,收入张枬和王忍之,第一卷第二书第630—631页。

方政治和经济的威胁,这就势必倾向于接受西方模式以抵制西方。陈天华是一个反对帝国主义的人,但是,他的"杀投降那洋鬼子的二毛子"的忠告表明,某些老的排外主义渗透到新的反帝主义里面去了。

意味深长的是,被英国人钩拾的两个在地方上广为流传的小册子,在反对帝国主义的问题上,表示了同样的火力集中,就跟在日本写的小册子一样。事实上,当第一个小册子于 1904 年落在汉口英国总领事手中时,他把它当做传统的湖南人排外宣传的另一个范例。实际上,这个小册子是单纯政治性的,并不像英国人的看法,认为是"煽动性的"。这个小册子与下述事件有极大关涉:在义和团骚乱期间占领中国东北一大片土地之后,俄国拒绝全部撤兵。①

所有这些,并非否定学生运动强烈反满和反政府的内容,特别是当学生们理解到王朝在对抗帝国主义列强中已经无能为力的时候。但是,如同史扶邻在他的关于孙中山的出色的研究中所指明的:这些学生们从一个角度走向他们的反满主义,完全不同于中国革命的那位自命领袖。"当着向他所基本关心的外国人说话的时候,孙……指责满洲人阻止和西方的和睦接触。另一方面,向中国的基本听众讲话的学生们,则抨击满洲人向西方人求和。"②孙中山的反满主义来自——至少部分地来自——他的亲西方的态度。学生们的反满思想,则几乎全部来自他们的反帝思想。

大批学生向通商口岸和省城自然集中,为两湖地区学生运动的成长勃兴提供了组织上的先决条件。严厉和可怕的帝国主义冲击力,产生了促使学生们奋不顾身的关切悬念。但是,运动本身是被一系列特殊事件推向前进的,每一事件成为一定时期注意的焦点。这类事件的绝大多数,都带有全国和全民族的意义。在 1903—1904 年,人们基本关心的是义和团暴动后俄国对东北的占领问题。1904—1905 年,有谣言说中国将以福建省与日本交换在日俄战争中由日本占领的辽东半

---

① 匿名小册子,W. L. 塞维支翻译,附入普雷费厄(汉口),1904 年 1 月 27 日,F. O. 228/1553。第二个小册子附入 1906 年,第十一号,收于 F. O. 228/1599。
② 史扶邻,第 293 页。

岛。这个谣言引起了相当可观的激动。① 1905年,新巡抚端方念念不忘要自动再多开放两个商埠:常德和湘潭。但是,学生们的反抗怒潮,迫使政府于1906年年初放弃了这个计划。② 与此同时,武汉的学生们,为帝国主义试图在上海扩展公共租界而担忧,组织了一次爱国讨论会来研究这件事情。③ 但是,造成了最大风声、形成了在1905—1906年最活跃时期的运动的中心事件,是1905年的反美联合抵制(抗议美国歧视中国人民的移民法律),以及从美国合兴公司收回粤汉铁路契约的最后获得成功的激动(关于铁路问题,见第三章)。

## 关于1904年革命社团的一个插叙

在继续叙述1905—1906年的学生运动之前,有必要稍微旁及枝叶,以便论述1904年两个互相关联的革命社团——一个在湖南,一个在湖北。在编纂革命运动历史中,这两个社团占有突出地位,忽视它们是不可能的。被称为科学补习所的湖北社团,是该省一系列革命社团中最早的一个。它的继承者可以追踪寻迹,直至辛亥革命。它在湖南的姊妹社团,是以当时最有名的湖南革命领袖黄兴为首的华兴会。

和唐才常的自立会类似,这些革命社团十分引人注目,但是,对于革命组织和革命战略的发展,它们并未提供什么新的内容。这也就是它们对于学生运动的作用,缺乏切中肯綮的解释的一条理由。和自立会一样,领袖们一般都出身于较低的绅士阶层家庭。许多人在武昌的主要学院之一读过书,然后再到日本求学,他们的革命思想是在日本开始成型的。黄兴是一名秀才,是一个家道康裕的学校教员和地方绅耆头面人物的儿子。他曾经在两湖书院就读,是1902年张之洞派送东京留学的三十个学生之一。④ 在湖北这一群人当中,科学补习所成

---

① 冯自由,GMYS,第二卷第180页。
② HNJBN,第213—214页。
③ 法磊斯(汉口),1906年1月6日,F. O. 228/1632。
④ 薛君度:《黄兴与中国革命》(史丹福,1961年),第1—9页。

立前就发表激烈言论的早期领袖人物之一,是参与汉口庚子起义的吴禄贞。另一位是李廉方,湖北教育会的组织者。他和黄兴一样,是1902年派赴日本的三十个学生之一。还有一个留学生,有着高级绅士阶层的社会背景,他的父亲是当时在总督衙门充任幕宾的举人。①

1903年夏天,黄兴在上海会晤了明德学堂的创立人胡元倓。胡邀请黄和其他几个激进的留学生到明德去教书。就这样,长沙的开明士绅,成了年轻革命派的保护人。1903年11月4日,黄兴邀集了大约二十个人,包括陈天华、宋教仁、张继和谭人凤。这一群人同意组织华兴会,在两湖从事地区性的革命活动。华兴会的其他成员,实际上是长沙各学校的教员和学生,至少包括了七位明德学堂的老师。黄兴本人卖掉了相当可观的一片祖业,在经济上资助了华兴会。②

黄兴在明德学堂供职时间很短。长沙的地方官发现黄兴正在翻印陈天华的激进的小册子,这样,他和整个明德学堂,就置身于顽固绅士和官僚们的攻击之下了。可是,在省一级的军政机关里面,激进分子和开明士绅有两家出人意料的、乐于保护年轻革命者的重要朋友:一家是省学政张鹤龄,另一家是兵备处总办俞明颐。在龙璋的公馆里,张鹤龄被介绍给黄兴,他并亲自向湖南巡抚替黄兴作保。其后,为了使学校不至受到进一步的打击,黄兴辞卸了明德学堂的教席,专力从事革命工作。③

1904年夏天,黄兴按照唐才常和自立会开创的先例,转向秘密会党,去寻找对自己的暴动计划的支持力量。黄兴和秘密会党接触,介绍人是刘揆一。刘揆一是1898年南学会的成员,又是参加汉口庚子起义的湖南人之一。刘揆一和黄兴步行到湘潭的一个山区,和秘密会党首领马福益见了面。见面会谈中,畅饮白酒和雄鸡血,基本上确定了按照反满原则的联合。稍后,刘揆一再次约会了马福益,授予他副

---

① 李廉方:《辛亥武昌首义记》(武昌,1947年),第2页;李书城(三十人之一),收入XHGMHYL,第一集第180页;胡祖舜,KGWSNWX,第二编第一册第352页;郭寄生,收入中国人民政治协商会议湖北省委员会编:《辛亥首义回忆录》(以后引用本书时,统称XHSY;武汉,1957年),第一辑第91页。

② 黄一欧,收入左舜生:《黄兴评传》,第169—171页。

③ 薛君度,第17页;KGWSNWX,第一编第十册第431—432页,第444—446页。

元帅的头衔,并赠送他20支步枪、40支手枪和40匹马。① 我们有着一个明确的印象,和自立军一样,绅士阶层革命者,是把秘密会党看做唯利是图之辈的。

就在这时,一个大部由学生组成的平行的革命组织,正以科学补习所这个保护色的名称在汉口建立起来了。它的两个成员参加了军队,并在军队内部酝酿发动革命。这种实践,后来使得革命者在湖北军队里面有着不寻常的力量。值得注意的是,这两个学生参加的都是工程营——在任何军队中,这都是最有教养和"资产阶级化"的一部分。1911年10月10日,工程营成了发动起义的关键单位。

1904年夏天,黄兴从上海回长沙道中路过武昌,两个团体开始合作,计划在1904年11月16日慈禧太后生日时组织一次起义。黄兴似乎希望,在湖南官场人物齐集一处庆祝生日大典时,用炸弹一举消灭他们。炸弹爆发,将是一次各处秘密会党起义的信号。②

但是,所有这些都很快归于失败了。预谋计划在长沙被侦破,若干位秘密会党头领被捕。事情好像是,中国留学生的预谋者之一成了叛徒,他把起义计划告诉了王先谦。王把情报转告湖南巡抚,巡抚于1904年10月24日下令逮捕黄兴。但是,革命派在开明士绅中的有力联系,把他们很好地保护下来了。黄兴开始藏在龙璋家里,接着,一个参与起义策划的基督信徒、教员曹亚伯,把黄兴转移到了一个基督堂。11月初,在焚毁了革命团体的全部档案记录材料之后,开明士绅又向兵备处俞明颐进行疏通,放松了对黄兴的搜捕,黄兴因而能够秘密地逃出城外,然后远洋上海。与此同时,长沙的革命党人打电报给武昌的科学补习所,把起义计划失败的消息通知他们。10月28日,警察包围科学补习所时,没有找到任何人和任何文件。对于这个事件,当局所采取的惩罚措施,只是在学校里开除了宋教仁和另外一个学生的学

---

① 朱德裳:《刘揆一》(北京,1912年),第1—4页;冯自由,收入 KGWSNWX,第一编第十册第429页;薛君度,第18—19页。
② 薛君度,第20—21页;张难先,第55—56页;李廉方,第5页。

籍。① 大约有 12 名年轻的激进分子被安然遣送出国留学。②

有趣的是,1904 年黄兴的预谋计划,是全国革命运动发展中的重要一步;恰因如此,它在湖南地方上的学生运动中,就是一个一时的孤立事件。长沙集团的领导者,几乎所有的人,都离开了湖南,参加汇集于日本的全国范围的革命运动。这些人,只是在辛亥革命之后才回到湖南的。黄兴、宋教仁、陈天华和张继,都是这个情况。作为一个革命组织,华兴会并没有留下什么重大痕迹。在策略方面,华兴会的做法,一点也没有超过自立军。华兴会创立不到一年,就悄悄地消亡了。最令人吃惊的是,对于学生运动,地方当局没有加以重大的抑制和镇压,而允许它继续进行到 1905 年。稍后两年,情况就不复如此了。很明显,自始至终,开明士绅和官吏是关心年轻革命党人的安全的。我们感到,在绅士阶层内部,有着一种明显的团结一致,在他们看来,出卖一个绅士子弟,似不适宜。但是,我们也揣测,湖南的官场人物,可能对起义计划了如指掌,只不过他们从不认真对待而已。这一点,倒是值得深思的。

## 1905—1906 年的学生运动

1905 年开始,中国的学生运动真正自觉地发动起来了。那年,主要的活动是联合抵制美货,抗议美国拒绝放松关于中国移民进入美国、夏威夷和菲律宾的限制。这样,中国历史上首要的反帝抵制运动,是在美国的种族主义上面发端的。1905 年 5 月 10 日,上海商会发表了联合抵制的第一个号召。如果不在经济效果方面,至少在热情方面来考察,对这个号召的响应是颇具戏剧性的。汉口一家报纸的文章指出:"对政治问题的漠不关心,遍及于全国人民,为时已有四千年之久。

---

① 张难先,第 55—56 页;陆元鼎奏折,收入 KGWSNWX,第一编第十册第 449—451 页;宋教仁:《我之历史》(台北再版,1962 年),第 2 页;薛君度,第 21—23 页;欧阳瑞骅,XHGM,第一卷第 554 页。欧阳是另一个被开除的学生。

② 张难先,第 103 页;李克溶,收入《湖北文献》,第二卷第 24 页。

这种情况,仅在抵制美货运动时才终止。一月之内,运动从上海发展到了全国。"①

至少在两湖地区,抵制运动和粤汉铁路废约自办运动(在当时,这是两个关键事件)一开始就是由学生们领导的。也可能,特别是由那些一度在国外留学的学生们领导的。汉口的官办报纸,在责备学生过分冲动的同时,承认这些运动:

> 是完全有迹可寻的。追根溯源,他们是一群来自不同省份的学生,曾经出国留学,透彻地研究过学术和文化,刚刚返回自己的祖国,就被卷入广大的当地学生群众之中,卷入巨大的冲动之中,膨胀发展,涌进工人和商民阶层的强有力的风暴。②

联合抵制必须有商人的支持才能奏效,这指的是怎么样对待商会的问题。在汉口,抵制美货的基本支持者来自粤商。7月以后,取得了某些战果,特别是在降低美孚石油公司产品的销售方面。但是,接近1905年年终时,清政府屈服于美国的压力,下令地方官吏抑制这种激动。此后,联合抵制运动踟蹰不前,枯萎凋谢了。③

关于长沙抵制运动的内情,我们了解得稍微清晰一点。长沙工业学堂和师范学堂发动了这个运动,强迫商务总会的首领和另一名宁波巨商在浙江会馆召集了一个会议。一份材料记载,1905年8月20日的这次会议,有4000多人参加了。到会的湖南人极力主张发动一个强大的、强迫的联合抵制,但是,外省商人,特别是浙江帮(作为买办,他们经营了进口湖南省的绝大部分外国商品),企图控制"湖南办理抵制美货事务公所",以便从内部来削弱运动。最后,按照在长沙的英国

---

① 《中外日报》,翻译,收入于法磊斯(汉口),1906年3月17日,F.O.228/1632。关于抵制美货运动的最全面的研究,见张存武:《光绪三十一年中美工约风潮》(台北,1966年)。

② 《公论报》,1906年3月11日,翻译,收入于法磊斯(汉口),1906年3月17日,F.O.228/1632。

③ 法磊斯(汉口),1906年1月9日,F.O.228/1632。张存武,第126页。

领事所说,联合抵制运动"未能取得极好的效果"。① 尽管如此,运动还是产生了领事所称的"无数下流的和虚妄的出版物",同时,他将此事归因于"排外感情的轻微复苏……"。② 虽然英国人仍然只能把中国人的爱国主义当做旧式排外思想的复活,但是,他们的报告却说明了联合抵制运动在地方政治气候中的影响。

**禹之谟** 在抵制美货运动中,在长沙的激烈的学生运动继起的历史中,有一个杰出的人物:禹之谟。禹是湘乡一个商人的长子,1905年时就已40岁光景了。有关他的早年生活的记述,千差万别,扑朔迷离。他是一个优秀学生,喜爱稗官野史甚于经典古籍。据传,他曾经运用自己的文学才能,吟诗作赋,代表受地主虐待的农民,向当权派提出抗议控诉。中日战争(可能是19世纪80年代)之后,他参加军队,也许由于他的商业家庭背景的缘故,被委派经管供应工作。禹之谟服务成绩斐然,被举荐为县主簿候选。朝廷腐败无能,使他心灰意懒,婉辞了这个职衔,跑到上海学习发展工业的知识去了。1900年,他参与了唐才常的暴动预谋,从那以后,他旅行到日本,在大阪学习纺织工业。1902年,禹之谟返湘,在湘潭办了一个小毛巾工厂,还雇请了一个导师训练工人。次年,他把设备搬到长沙,建立了一个较大的工厂,并把它和一个采取工读形式的技术学校联合起来。巡抚赵尔巽捐赠了1 000两资金,支持这个事业。禹之谟出力,把湘乡学生原先在参加省试时使用的宿舍,改建成为一所中学。他还创办了他自己的唯一学堂,计划授给贫民以技术和识字的基本训练。③ 禹之谟绝不是一个普通的教育工作者,而是一个坐言起行的人。后来他写道:"所贵乎读书者,贵其能实行也;若读书不能实行,则与书肆何异?试问千万书肆能

---

① 弗拉赫铁(汉口),1905年10月7日,F.O.228/1591;关于抵制美货运动的内部活动,见HNJBN,第215—217页;彭重威,XHGMHYL,第二集第220—221页;YSJ,第107—108页。
② B.吉尔士(长沙),1906年1月8日,F.O.228/1628。
③ 彭重威,XHGMHYL,第二集第204—219页;冯自由,GMYS,第二卷第180—188页;曹亚伯,KGWSNWX,第一编第十二册第294—299页;HNLSZL,1960年第一期第102—103页。也见中村义的论禹之谟的最佳文章:《中国的革命的民主主义者的道路——禹之谟及其环境》,收入《近代东亚史研究》(东京,1967年)。

救国亡否乎?"①

1904年,禹之谟开始显示出某些对于反帝斗争的广泛关怀,这种关怀,引导他从事教育和工业。他试图建立地方工业,训练工人和技术人员,以抵制外国商品向湖南市场倾泻流注。事实上,他是一个少见的、可又是真正的"民族资产阶级"代表。他的第一次政治行动,是反对清政府出卖福建给日本以交换辽东半岛的人们所揣度的计划。其后,他成了初期抵制美货运动的倡议人。由于这些活动,他被选为长沙商会的会董(不容易与仍为外省商人控制的省商务总会混淆)和湘学会会长。禹之谟日益利用他创办的学校,当做传播革命文学和革命理论的基地。他成了《民报》在当地的发行人。在长沙的学生运动向前发展时,禹之谟勇气倍增。有一个材料记载说,他出入茶楼酒肆,逢人宣讲反满的道理。②

**从反帝到反政府** 在1905年的过程中,基本关心的焦点似乎转移了。禹之谟和激进的学生运动(禹是这个运动的一个具有教员资格的领袖)开始意识到,通过满洲王朝从事活动,永远也不能达到反对帝国主义的目的:反帝,必须将革命的锋芒指向满洲王朝。北京政府对于抵制美货运动的压制,就是这个结论的明证。但是也存在着地方上的因素。1905年5月,满洲巡抚端方为长沙善化地区选任了一个新的学务处总监俞诰庆。俞是一个顽固的地主分子,是来自善化县(长沙是善化的首府)的举人。接任之后,俞总监立刻发动了一个严酷的战役,以镇压学生运动。学生们被禁止组织俱乐部,并被要求在"至圣先师"孔子的牌位面前磕头。用于演习"洋操"的木制步枪被收缴充公,"以遏乱萌"。还强迫学生们唱一支由张之洞亲撰的学堂歌,这个歌子向"维新党"革命言论和参与秘密会党发出了警告。③*

---

① 杨世骥摘引书信,第109页。
② 彭重威,XHGMHYL,第二集第217—220页;唐乾一:《湘事记》第一卷第三页;HNLSZL,1960年第一期第103页。
③ HNJBN,第177页,第222页。在湖北的类似发展,见朱峙山,XHSY,第三辑第125—139页;威廉·艾耳士,第235—237页。
* 译注:张之洞所撰学堂歌有如下词句:"维新党,多躁狂,奉劝少年须安详。革命话,莫鸥张,悖逆之名不可当。哥老会,烧、杀、抢,犹如黄巢与献、闯。好兄弟,不阋墙,何况背主取灭亡?"

但是,被省学政张鹤龄的坚定的亲学生态度所阻,长善学务处俞总监的新的强硬路线没有产生效果。新章程所起的作用,只是增长了学生们的愤怒,导致他们对清朝当权派更加仇恨而已。次年,在日本的一个学生出版物批评长沙的教育政策说:

> 各监督之进也,半皆出自夤缘,服从官长者;迄得事,欲使学生之服从己者,如己之服从官长一般,于是学生开会则止之,言论则禁之,发传单则匿之,削夺世界公共之自由权。①

实际上,作为激怒和关切之源,镇压学生运动的企图和努力,恰如火上加油。在外国帝国主义压迫之上,再加之以国内的压迫,这就有助于学生们的激进化。1905年,以禹之谟为会长的学生自治会建立起来了,继续进行学生的斗争。② 英国领事曾有记载,当着"实际上全体学生都存在这种观念,并对他们的受到惩处的同学表示同情"的时候,企图压制和惩罚反满思想,是终归无效的。③

虽然我们对此了解得更少,但是,最初由日知会领导的一个类似的学生运动,似乎在湖北也兴起了。一个伪托依附于武昌圣公会教堂的基督教徒社团,发展成为一个激进分子团体的阵线,这个社团包括了已经夭折的科学补习所的许多前成员。从1906年年初开始,日知会每星期举行关于各种激进问题的讨论会:有些是反对帝国主义的,有些是非常传统的种族反满主义的。作为湖北革命社团链条的一环,这个社团虽然被经常称引举例,但是,这个特殊的社团仅仅是一个松散的组织,从未直接参与过任何革命暴动计划。它实际上是一个激进的研讨问题的社团。成员集中在武昌,可是,它和远在长江下游黄冈的一个较老的反满学者的私人书院密切联系。这个社团与其他各处学生组织的不同,主要在于:它不只是有学生和教员参加,同时也努

---

① 引自《洞庭波》第一期(1906年),收入 HNLSZL,1960年第一期第107—108页。
② YSJ,第106页。
③ 弗拉赫铁(长沙),1905年7月5日,F.O.228/1591。

力网罗军人。与军队发生联系,这是湖北所有激进社团的一贯方向。①

**镇压学生运动**　学生运动的危机于 1906 年到来,从湖南发展,卷入湖北的组织。1905 年年终,革命作家陈天华,愤于日本政府对中国留日学生的活动与日俱增地加以严格限制,并对在日本的革命运动内部的分裂郁郁不乐,自杀于大森海湾。一个学生被派赴日本,把这位湖南革命英雄的灵柩接回长沙安葬。在他返回之前,另一个湖南激进分子姚洪业又在上海自杀了,他的灵柩也被运回长沙。② 1906 年 7 月,禹之谟组织了一支巨大的送葬队伍,扶着两位革命烈士的灵柩,到长沙城外的岳麓山安葬。有些材料说,有 1 万名学生参加了这次葬礼。但是,黄昏时刻,当最后一批学生回到长沙城内时,学务处总监俞诰庆把其中的 10 人逮捕了。这个行动把危机推进到了顶点。③

禹之谟和学生们对此事件的反应,是令人痛快的,并且很富想象力。俞诰庆是一个彰彰在目的放荡家伙,学生们决定抓住他的与一个官吏毫不相称的淫邪嗜好加以利用。他们相应地监视俞诰庆的行动,等到有一天黄昏,俞在一个人所共知的妓院里被认出来的时候,学生们当场捉住了他,剥去他的衣服,让他赤身裸体,和他所狎戏的妓子一起照相。第二天早晨,举行了一个群众大会,揭露检举学务处总监。俞诰庆被带到会场,全身只着一条妓女的裤子,到会的五六百名学生,指控和嘲讽这个羞恼的官僚。之后,学生们强迫他答应:释放被捕者,停止镇压学生运动,再不宿娼嫖妓,还有,对于自己所受到的羞辱,不进行任何打击报复。自然,学生们希望,经过这些事件之后,俞诰庆会要罢职免官。可是,在这一点上,他们的行动失败了,希望落空了。终于,继开始一张专门责备学务总监的政府告示之后,另一张指责学

---

① 见张难先,第 81—82 页;冯自由,GMYS,第二卷第 61—66 页;李廉方,第 5—6 页;蔡寄鸥:《鄂州血史》(上海,1958 年),第 20—21 页;曹亚伯,XHGM,第一卷第 572—575 页;程起陆,XHGMHYL,第二集第 75—77 页;和曹亚伯:《武昌革命真史》(上海,1930 年),第一卷第 197—202 页,保留了某些产生于黄冈的反满宣传文字。

② HNJBN,第 219—220 页;唐乾一,第一卷第 2—3 页;YSJ,第 110 页。

③ 彭重威,XHGMHYL,第二集第 223—224 页;B. 吉尔士(长沙),1906 年 7 月 23 日,F. O. 228/1628。

生越轨行为的告示又张贴出来了。①

紧随这次事件,学堂提前放了暑假,可是,学生的激进主义思想却提高了。事实上,学生们似乎失去了舆论的支持——在学生运动的反帝阶段,他们曾经得到过这种支持。与他们不共戴天的英国驻长沙的领事报告说:

> 自从学校放假以后,学生们的行为举措毫无悔改,相反,他们变得比以往更为粗野,更难制驭。并且,据报告,彼等与秘密会党和其他坏分子相勾结,图谋不轨,反对政府官员和外国人。毋庸置疑,彼等已经失去全省人民的同情。②

7月,长沙许多教员和学校职员纷纷辞职,用这个办法,来避免卷入学生的任何不轨图谋。

当一般人惊恐地疏远学生的激进主义时,禹之谟却比以往更加深信,在更新再造中国的事业中,学生必须履行先锋前卫的职责。他感觉到,绅士阶层是无能为力的。至于商人,他们"无原动之资格"。湖南的激进政治运动,必须依赖学生自治会。他希望,学生自治会成为各阶级的一个广大政党的基础。③*

1906年夏天期间,当局决定镇压学生运动——一个既迫使学生转向暴动,又驱使他们摆脱其更加胆怯的支持者的措施。在这个节骨眼上,代理巡抚是庞鸿书。此人似乎只是他的强大的下属的一具玩偶而已。在省政机构中的权力,原先是属于保护学生运动的张鹤龄的。但

---

① 关于这件事情更完整并且可信的记载是,彭重威,XHGMHYL,第二集第223—227页。也见曹亚伯,KGWSNWX,第一编第十二册第295页;HNLSZL,1960年第一期第103页。政府对此事件的反动,见B.吉尔士(长沙),1906年7月23日,F.O.228/1628。

② B.吉尔士(长沙),1906年8月10日,F.O.228/1628。

③ HNLSZL,摘引信札,1960年第一期第114页。这封信和其他类似信件,是我们现在所掌握的有关禹之谟思想的仅有的直接说明材料。所有信札都是在1906年秋入狱后写的。收入于HNLSZL的这些信件,似乎是最完整的。但是,有些信件也可从下述资料中找到:冯自由,GMYS,第二卷第180—188页及曹亚伯,KGWSNWX,第一编第十二册第294—299页。

\* 译注:禹之谟在狱中致诸同学书中说:"以自治会为政党会、新国会之基础,其责任之重且大也如此。""商界无人才,无魄力,只可居被动之地位,无原动之资格。"

是,1906年6月20日,张鹤龄离开长沙,到沈阳就任新职去了。他的继任者是年近古稀的庄赓良。此人在湖南做了40年的官,和绅士阶层中的保守顽固派一翼,搞得十分火热。6月,庄在北京被授予高级官衔。7月26日,他回到长沙。8月2日和8月5日,他分别担任了两个有权力的职务:省臬台和学台。很明显,他是7月29日颁布的一个新的、更严厉的学生规章的幕后指使人。这个规章指明学校是"骚动和扰乱之源",誓称要逮捕所有的"坏分子",同时,禁止"以发表演说为目的而集会,或联合罢课,或越轨聚众,或无状失检,亵渎尊师,或私自广散传单"。①

正在此时,6月底,禹之谟回到了湘乡老家。在那儿,他参加了当地学生对一个食盐批发商(可能是一个外省商人)不交盐税的抗议斗争。这种浮收的盐税,本应该是用来支持学校教育经费的。地方上的一名举人,安排了一次禹之谟和知县之间的会议。这次会议似乎进行得比较顺利:盐业公司的代理人在命令之下被逮捕了。但是,盐业公司向长沙上诉,那里的新的执政者认定,这是去掉一个重要肇事者的良机。长沙当局相应地下令湘乡知县,要他为此事重写报告,给禹之谟加以"率众塞署"的罪名。随后,禹之谟就被捕了。②

可以断言,这个专断随意的处置,只是加重了湖南局势的危机,在某种程度上说来,甚至恢复了对学生运动的群众性的支持。绅士、商人和学生们通通抗议这个逮捕事件。学生在群众中广发传单,而这是一个与新章程全然背离的举措。暴动的明显威胁出现了。"有人公然预示官方说,对于禹之谟,如果斩首处决,或是远徙长沙,那就会引起城市的毁灭和一次总起义的爆发"。③ 英国领事调动一艘军舰来到了现场,中国当局则调集了军队。由于受到这种炫示力量的支持,政府当局得以将禹之谟从长沙移至常德的另一所监狱。因为这样,学生运

---

① B.吉尔士(长沙),1906年8月10日加附件,及吉尔士,1906年11月10日,F.O.228/1628。

② HNLSZL,1960年第一期第103—105页。也见彭重威,XHGMHYL,第二集第227—229页;曹亚伯,KGWSNWX,第一编第十二册第289页,第295页。

③ B.吉尔士(长沙),1906年11月10日,收入F.O.228/1628。

动决定性地转入了一个新的局面:与秘密会党和暴力革命公开联合。①

## 1906 年的萍浏醴起义

1906 年夏间,在湖南当局加紧镇压学生运动时,许多学生早就带头和秘密会党接触,并着手准备武装革命了。禹之谟被捕后,军队的调集,英国表示明朗态度,支持政府对学生采取严厉暴戾措施。所有这些,迫使和运动牵扯最深的学生们相继离开长沙,奔赴秘密会党的根据地——湘东的浏阳和醴陵,以及江西边境的萍乡。这些人当中最重要的一个,就是魏宗铨。他是萍乡县一个煤炭富商之子,很可能是禹之谟的学生。此外一些人,则是从日本归国的留学生。② 在这片湘、赣接壤的地区,作为联络点,有人开设了一个固定商店。1906 年夏,这个团体把整个地区的秘密会党单位汇集成为一个新的共同的组织:洪江会。"洪"是秘密会党喜爱的词儿,它和明朝的洪武及太平天国的洪秀全引起联想。随后,这群学生中的两个人到上海去了,他们打算从全国性的革命组织中寻找武器和支持。③

不过,最终分析起来,这些革命学生所起的作用,不会超出触媒剂的性质。他们帮助组织和引发了一次人民群众的武装起义,但是,这次起义,归根结底,仍然是依靠其自身所具有的内部原动力而产生的。萍浏醴起义所印证的,并不是学生们可以走到省内边远地区,创造出一次革命运动。这次革命运动,正是社会矛盾和不满情绪在这个地区潜滋蔓长的结果。在这种条件下,在一定程度上,学生们能够利用这

---

① HNLSZL,1960 年第 1 期第 104 页;B. 吉尔士(长沙),1906 年 8 月 10 日及 16 日加附件,收入 F. O. 228/1628;禹之谟的信,收入曹亚伯,KGWSNWX,第一编第十二册第 198 页。

② 彭重威,XHGMHYL,第二集第 234 页;陈春生,XHGM,第二卷第 463—464 页;罗刚:《国父年谱丙午年纪事纠误》,收入姚渔湘编辑《研究孙中山的史料》(台北,1965 年),第 187—191 页。这些资料说明,并无材料证实:同盟会曾从日本派遣学生归国组织这次暴动。

③ HNJBN,第 225—227 页;眭云章:《中华民国开国记》(台北,1968 年),第 175—176 页;YSJ,第 116 页;罗刚,第 188—192 页。

些矛盾和情绪,并引导它们以和学生的革命意识相一致的术语表现出来。

由萍乡、浏阳和醴陵三个县所代表的边界地区,是秘密会党活动的一个传统的中心点。特别是浏阳,在1852年、1867年、1870年、1872年和1891年①,都曾经是暴动活动的场所,特别明显的是对绅士书院的攻击。浏阳是谭嗣同和唐才常的故乡。在庚子汉口起义中,唐才常串联过一批秘密会党首领。作为秘密会党的中心,萍乡有着类似的声誉。这个县的好几个城镇,就是由秘密会党控制的著名的赌博和娱乐中心。官员们无可奈何,也只好置之不理。②20世纪初期,当安源煤矿在萍乡发展起来,成为汉冶萍煤铁联合公司一部分的时候,骚动的潜在势力似乎就在增长了。秘密会党在矿工里面大量地发展成员,据传,1903年,就做好过一次武装起义的准备。为了把煤炭运到湘江,从萍乡到株洲的铁路线铺设起来了。顺着湘、赣之间以往的商业路线,这条铁路不但引起了贸易额的增长,以及和贸易联系着的流氓无产阶级的增长,也促进了各色的地方性秘密社团之间的交流。③湖南的瓷器工业集中在醴陵。湖南各处的独立技工及其工人,都是倾向于卷入秘密会党的阶层。

一个有矿业、铁路和瓷器工业的地方,并不一定就是典型的边界地区。我们也不能说,这个地区孤立远离于官府的暴力和权威,才产生了群众的骚乱。醴陵和浏阳都属长沙府所辖,极其靠近湘潭和长沙这样的大城市。在这两个县里,佃农有极高比例。20世纪30年代一份官方统计材料表明(也许有些过高估计),在醴陵,80%的农民是佃农,15%是佃农或半自耕农——全省各县最高的百分比。浏阳不少于50%是佃农,和80%是佃农或半自耕农。④

---

① 《浏阳乡土志》,黄祖勋编(台北,1967年),第34—39页。
② 陈春生,XHGM,第二卷第466页;罗刚,第187—189页。
③ 醴陵知县汪文溥的日记,发表于《时报》,1907年3月2—5日,重刊于《近代史资料》(以后引用本刊时,统称JDSZL),1956年第四期第65页;龚书铎和陈桂英:《从军机处档案看辛亥革命前群众的反抗斗争》,XHWSLW,上册第211页。
④ 《中国经济年鉴》,1935年,在白石博男:《清末的湖南农村社会——例行押租和抗租倾向》中引用,收入《中国近代社会构造》(东京,1960年)。

一直到 1905 年为止,这个地区的主要秘密会党领袖都是马福益。在 1904 年的流产起义中,黄兴曾经和马福益有所接触。马福益是湘潭县一个佃农的儿子,10 岁左右时,他的父亲失去了佃耕的土地,被迫迁居醴陵。他受教育不多,是一个魁梧高大的小伙子,对农业生产不感兴趣,不久离开家庭,来到了赌博中心的渌口市。渌口市是一个小集镇,渌水从醴陵万山丛中顺流而下,在此注入湘江。马福益参加了秘密会党,从同班辈中升腾而起,在当地商人的信任赞助下,成了渌口市的头面人物。他以办事严明而声誉大噪。后来,以一批石灰厂的总工头的身份,他在湘潭替一群独立的窑工排难解纷,处理纠葛,维持正常生产秩序。1904 年,黄兴就是在这里和他会晤的。黄兴的暴动计划失败后,马福益逃到广西,在那儿呆了一段时期,正值该省 1905 年举行了一次短暂暴动。不多久,他回到萍乡,集中精力组织矿工。可能就是他在那儿进行活动的结果,1905 年 5 月,安源矿工为工资问题组织过一次暴力骚动。骚动期间,德国技师在矿上的住宅被捣毁了,外国人被迫逃奔醴陵。可惜没有多久,马福益就被捕遇害了。不过,他已经为萍浏醴起义的组织基础作出了大量贡献。①

尽管马福益死了,但是,所有迹象表明,对于当权派来说,1906 年仍将是大触霉头的日子。春季山洪暴发,死尸成百地向湘江漂流而下。浏阳局势不稳,促使知县去更新保甲的注册。据报道,三县都发生了抢米风潮,浏阳和醴陵出现拦路抢劫。知县说,春季山洪的结果,醴陵十之八九的住户加入了秘密会党。② 然后,到了秋天,继春季山洪之后,出现了"几乎是史无前例的干旱"。③ 这些自然灾害不但摧残了成千上万的贫农,使他们一文莫名,囊空如洗,也促使工资收入贫苦者的主要食品——大米的价格上涨。通货膨胀的趋势,被官府铸造巨额

---

① 张平子,XHGMHYL,第二集第 239—244 页有关马福益的动人事迹的最好记述。也见万武,同上书,第 245—248 页;陈春生,XHGM,第二卷第 463 页;JDSZL,1958 年第一期第 1—5 页。

② 汪文溥日记,JDSZL,1956 年第四期第 65 页。也见《汉报》,1906 年 6 月 28 日,剪报收入弗拉赫铁(汉口),1906 年 6 月 30 日,F.O. 228/1632。B. 吉尔士(长沙),1906 年 7 月 23 日,F.O. 228/1628。

③ B. 吉尔士(长沙),1907 年 1 月 23 日,F.O. 228/1662。

铜币的政策进一步扩大,而这种贬值的铜圆,正好是贫苦大众使用的货币。矿工们受到了特别严重的袭击。不但实际工资降低,而且,到了6月,当矿业生产从三班减为两班时,许多工人竟被解雇了。①

不过,起义并没有直接产生于当日的自然灾害和经济困难。山洪、通货膨胀和矿工失业,加快了已经存在着的社会上的两极分化。一方面是绅士与官吏,另一方面是工人和农民,两方之间的矛盾,在一个社会危机的时刻,导致他们组成为两个对抗性的阵营。

在工农一边,秘密会党扩大了募集和组织活动。他们这样做,部分地是为了响应参加他们行列的学生们的鼓励,部分地则是趁此广泛遭受苦难的时刻,把贫苦大众组织起来。在安源,曾经在旧式军队中当过教官的肖克昌,接任了马福益留下来的组织矿工的工作。② 在萍乡,有一个回乡度暑假进行周游演说的学生。他的活动的结果,据知县说,"民心被惑,蚁附甚众"。③ 浏阳的领袖是龚春台,一个不识字的爆竹工人和打零工的劳动者,他十分亲密地和激进学生合作共事,成了领导起义的洪江会的领袖。有的记载说,他部下的武器,主要是锄头和草耙。这似乎说明他们基本上属于农民成分。④ 醴陵的领袖是从前的矿工姜守旦,和肖克昌一样,他后来也当了军队里面的训练教官。在那个县里,秘密会党成员的最重要的群体,是在沩山脚下黏土沉淀层上操作的陶瓷工人。⑤ 据我们所知,在其他会党领袖中,一个是绿林好汉,一个是木匠,一个是店员,还有几个是商人。⑥

这样,在社会矛盾的秘密会党一边,人们看到一股由军人、商人及

---

① 李为扬,JDSZL,1958年第一期第1—5页;陈春生,XHGM,第二卷第463页;B.吉尔士(长沙),1906年4月5日加附件,收入于F.O.228/1628。
② 端方奏折,收入于XHGM,第二卷第493—494页。
③ 张之锐致江西巡抚,刊于《时报》,1907年2月8日,JDSZL,重印,1956年第四期第60页。
④ 肖汝霖,第26—27页;YSJ,第121页。
⑤ 眭云章,第175页;汪文溥日记,JDSZL,1956年第四期第66页;HNJBN,第229页,第235页,第241页。
⑥ 肖汝霖,第28—29页;萍乡知县发出的电报,XHGM,第二卷第485页;张之锐致江西巡抚,刊于《时报》,1907年2月8日,JDSZL,重印,1956年第四期第61页;张之洞奏折,收入张难先,第83页。

手工业者组成的领导力量。在他们之下,是两个大的工人或手工业者团体——矿工和陶瓷工。由于他们职业性的自然集中,他们的贫困拮据,以及他们与传统政治权力隔离疏远,容易为秘密会党提供募集对象。最后,所有这些人,都保持着和他们祖籍农村的联系,使他们在农民中募集会友十分方便。相似地,在思想意识水平上,这些人和农民意识到的基本共同点,引导他们把农民所关心的平均地权原则,纳入革命告示之中。

在社会裂缝的另一边,则是绅士和官吏。他们力图恢复以"团"和"都"为基础的保甲制度,来维持公共治安,以及他们对于现存政治权力的垄断。"团"和"都"是由地方上地主绅士所领导的社会机构。设置这种社会机构的目的,是为了登记管理户口,以便鉴定刑事犯罪和颠覆活动。"团",也是一个募集地方团练的单位。这支力量,或由绅士捐献,或从农民身上榨取苛捐杂税来维持。除了用来维护公共治安之外,绅士们还可以使用团练向贫苦大众强征租赋捐税。类似兴建学校这样的改良计划,就是假团练之手来实现的。实际上,这样的做法意味着,团练就是这样一种机构,通过它,可以为这种改良计划征集资金。这样,团练又一次成为吮吸农民血汗的组织了。①

我们已经注意到,早在 1906 年春间,浏阳知县曾经下令,检查核对"团"和宗族的户口登记。11 月,醴陵知县作了一个报告,内容是通过"保甲"系统,进行相似的核对登记。报告称:

> 于是传集士绅,授以表册,谕令清查户口,按户派丁,分段联甲,实行保甲之旧法。②

---

① 对湖南"团"组织机构的活动的这个画像,主要来自我阅读《王闿运日记》,以及他所描述的湘潭的"团"、"团"的头领的活动。少数重要的引文,见 1899 年 1 月 25 日,第 672 页;1901 年 3 月 28 日,第 729 页;1905 年 4 月 2 日,第 818 页;1906 年 1 月 10 日,第 837 页;1907 年 12 月 30 日,第 885 页。它本质上符合毛泽东在《湖南农民运动考察报告》中所作的画像(1965 年外文出版社单行本第 25—26 页)。有关地方团练的一个杰出的新近的研究,见孔飞力:《近代中华帝国时期的暴动和它的敌人:军事化和社会结构,1796—1864》(剑桥,马塞诸塞,1970 年),特别是,第 64—104 页。

② 汪文溥日记,JDSZL,1956 年第四期第 65 页。

萍乡知县同样这么做了,并和湖南边界这一边的同僚,保持着密切联系。①

到1906年终,团练与秘密会党形成两军对阵之势。逮捕秘密会党成员,早在10月间就开始了。11月,一个秘密会党头领因逃脱搜捕而遭淹溺。在此关键时刻,秘密会党决定发难,但是,肖克昌认为,时机没有成熟。他反对立刻投入行动,这样,就使矿工们不可能组织间不容发的斗争。结果,这个谨慎措施,并没有挽救得了肖克昌的性命:当湖北调来军队进驻安源,以便卫护煤矿时,他终于被捕遇害了。② 12月初,龚春台和其他秘密会党、学生领袖在萍乡会晤。尽管更谨慎的学生们表示了某种程度的迟疑犹豫,他们都决定,发动突击的时刻已经到来。5日,一支据说2 000人的部队从上栗市——位于两省边界江西一侧的一个小集镇——出发。许多人是从萍乡较小的分散的煤矿中来的矿工,他们并不直接隶属于肖克昌的辖制。他们离开厂矿,每天为数100以上。龚春台采用中华国民军南军先锋队都督的称号,宣布在"中华民国政府"命令之下行动。并且提出了两个口号:"扫清保洋","劫富济贫"。③ 起义军发布了一张告示,这张告示似乎显示了学生们的影响。实质上,它基本上就是孙中山于1906年年初在日本发表的同盟会的三大人民政纲的解释性的复件。

不但驱逐鞑虏,不使少数之异族专其权利,且必破除数千年之专制政体,不使君主一人独享特权于上。必建立共和民国,与四万万同胞享平等之利益,获自由之幸福。而社会问题,尤当研究新法,使地

---

① 张之锐致江西巡抚,无日期,刊于《时报》,1907年2月8日,JDSZL,重印,1956年第四期第59—61页。
② 端方奏折,XHGM,第二卷第492页;YSJ,第119页;汪文溥日记,JDSZL,1956年第四期第70—71页。
③ 陈春生,XHGM,第二卷第473页,第466—467页;HNJBN,第229—230页;YSJ,第118—120页;萍乡知县致江西巡抚电报,收入于XHGM,第二卷第482页;张之锐致江西巡抚,刊于《时报》,1907年1月2日,JDSZL,重印,1956年第四期第63—64页。

权与民平均,不至富者愈富,成不平等之社会。①

不过,学生并不能规范秘密会党起义的一切理论观点。醴陵的姜守旦就拒绝了他们的政治模式,他冀求在一个汉族皇帝统治之下的君主政体。他的告示勉励部下:"勿狃于立宪专制共和之成说,但得我汉族为天子。"他许下的诺言,就暗示着一种封建的政治体制:"有能起兵恢复一邑者,来日即推为县公;恢复一府者,即推为郡主。"他宣誓:"有能首倡大义,志切同胞"的人,"来日不惜万世一系,神圣不侵,子子孙孙,世袭中华大皇帝之权利以为酬报"。②

参与起义的各个秘密会党之间,没有理论观点上的基本一致性;同时,除了最原始的武器——一般的是刀剑、长矛、农具、鸟铳,以及从团练或无数反水军人手中缴获的少数步枪——以外,别无一有。这样组织暴动的起义军,要想跟武昌、长沙和长江下游迅速调集拢来的、武器弹药装备齐全的、为数17 500人的新军队伍相抗衡,是完全无能为力的。浏阳县城并没有城垣可资护卫,在12月8日和12日都受到了攻击,可是,起义军实际上从来就没有力量能够把一座县城拿下来。起义的军事活动的实质,只不过是在整个边境农村地区内的一系列突然袭击而已。③

在此,我们有必要更多地考虑到起义的社会内容。首先,萍浏醴起义赢得了农民的广泛支持。清政府一个指挥官发出了典型的牢骚:"此间乡民,兵到即民,兵去即匪,可恨之至。"④*这种人民普遍支持的

---

① 告示,收入于陈春生,XHGM,第二卷第477页。日本学者中村义首先注意到与孙中山纲领相似之点,见中村义:《辛亥革命的若干问题,附湖南的特别文献》,收入于《历史学研究》第一八八期(1955年)第7页。

② 告示,收入于陈春生,XHGM,第二卷第479页。

③ 阎幼甫,XHGMHYL,第二集第116页;陈春生,XHGM,第二卷第466—475页;YSJ,第124—126页;汪文溥,JDSZL,1956年第四期第68—72页;HNJBN,第237—241页。

④ 袁统领致江西巡抚,收入于XHGM,第二卷第483页。也见林道台致江西巡抚,同上书,第486页。

* 译注:萍厂林道致赣抚电称:"总之,萍、醴至宜、万一带,到处皆有伏莽。平日倡言无忌,兵到即散为民,兵去又结为匪,所最难者,善后永远之计,若不乘此时搜缉根株,将来仍恐乘机窃发。"(《辛亥革命》第二卷第486页)

原因,可以从起义军的行为得到解答。萍乡知县报告称:

> 查悉逆匪所过地方,只索军械,令供粮食白布。所抢劫焚杀者,皆向办警察、保甲绅士人家为多。①

这类陈述,出现在所有论及这次起义的官方文献当中。无疑,起义的主要打击目标和对象,是民愤最大的团练局及其组织者地方绅士。1906年夏间,团练和秘密会党,已经成为阶级矛盾在政治制度上的反应。当时,在萍浏醴地区,这种矛盾已进入危机。因此,起义开始,两个水火不容的社会政治制度之间,采取了武装斗争的形式,这就不容惊诧了。

起义的余波是一场大屠杀,这是同样可以断言的。对于绅士们的报复行径,一个传教士是这样描述的:

> 这个地方正陷于血洗之中。到目前为止,在小战斗和屠戮中的死者,为数已达两千之众。在城市里,每天有五至十人被枭首处决。军队在不同的教区(小村庄)设营,家家户户正被询讯和搜查。凡是曾经参加过洪江会的人,或是曾以任何方式帮助过他们的有嫌疑的人,都注定要遭厄运。斩草除根的命令正在执行。……起义者无一例外地……在走向死亡时,确信将来会有人为他们报仇。……被杀的和受伤的起义者被割裂肢解,他们的心肝脏腑被军队拿走,混调在食品中佐餐。……贫苦的不平者正坐地击杖,发誓要在机会来临时报仇雪恨。军队还可能在这里呆一些时候。我听说,假如军队撤离的话,村长和乡绅害怕报复。他们置身于惊慌恐惧之中,甚至发疯了,这样,他们为了清除危险分子所采取的恐怖措施,使他们正积欠下一笔仇恨和报复的巨债。②

---

① 江西巡抚摘引张之锐,收入 XHGM,第二卷第 508 页。也见 XHGM,第二卷第 467 页,第 470 页,第 473 页,第 482 页,第 492 页,第 506 页。

② 一位传教士,据说是来自"信阳",这是一个明显的错误,摘引入 E. H. 力托,1907 年 2 月 25 日,收入 F.O. 371/220,第 285—287 页。

但是,镇压不局限于在起义地区之内的农民。清朝当权派深知激进学生和革命暴力之间的联系。事实上,起义爆发之后,在日本的革命报纸很快就和起义者连同一气。若干革命党人被同盟会派遣归国,肩负前途凶险的使命,在国内其他各地发动相应的起义。① 当权派与1905—1906年长沙学生运动的矛盾,并没有使他们倾向于宽大地对待这些年轻的造反派。起义爆发之后,曾被转运至远在湘西南的靖州的禹之谟,受到了惨无人道的酷刑,并被绞死。在长沙本地,支持镇压政策并以幸灾乐祸的心情报告禹之谟死讯的英国领事写道:"对嫌疑者的逮捕日有发生。这些被捕者几无一人免于死刑。"他称这段日子是一个"恐怖时期"。② 英国驻汉口的总领事,用同样的词汇来描述席卷武汉三镇的搜捕和屠戮的恶浪。③

在湖北,镇压运动的首先受害者之一是日知会。日知会并没有介入萍浏醴起义事件,但是,它的成员之一变成了告发人,诬控该会会长是秘密会党领袖。1907年1月,搜捕不旋踵而至,9位领袖被捕系狱。日知会与圣公会教堂的关系以及美国对这个案件的干预,使他们所有的人都免于处死,但被判处10—15年的徒刑。有两个人在辛亥革命之前瘐毙狱中。④ 这是湖北革命团体从未经历过的最大挫折。由于这些牺牲者不像湖南的革命党人一样找到了可以展开活动的农村环境,出现这种情况,确实是令人沮丧气馁的。当被捕者之一经过武昌大街被领入监狱的时候,他把他对于人们全然不能理解的面孔的反应记录下来了:"余默不出声,惟怜多数同胞,日受缚于专制异族政府之下而不之觉。"⑤绝大部分的学生革命党人,仍然是孤立的城市激进派。当反动政权的全部威力加于头上时,学生运动干脆从舞台上消失了,一

---

① 关于在日本的学生们的反应,见XHGM,第二卷第523—532页。关于被同盟会遣返的学生,见陈春生,XHGM,第二卷第464页;邹鲁:《中国国民党史稿》(台北重印,1965年),第698—699页;第710—711页。
② B.吉尔士(长沙),1907年1月23日及3月2日,均收入F.O 228/1662。也见曹亚伯,KGWSNWX,第一编第十二册第294—299页;彭重威,XHGMHYL,第二集第231—232页。
③ 法磊斯(汉口),1907年1月22日,收入F.O. 228/1664。
④ 张难先,第82页;曹亚伯,XHGM,第一卷第583页;李廉方,第7—8页;梁钟汉,XHSY,第二辑第12页。
⑤ 殷子衡,收入曹亚伯,第一卷第166—167页。

直到若干年之后,作为完全不同的斗争的一部分,它都不曾再次露过面。

不管怎样,在历史上的一个短暂时刻,在1906年萍浏醴起义的一次有意义的联合中,激进的学生运动和人民武装暴动走到一起来了。这两个团体响应着显然不同的历史动力。由于官方镇压反帝运动,学生们变成了统治者的革命对手。湘、赣边界地区的农民和工人,则响应一个长期存在着的阶级矛盾。在自然灾害和经济困难的年代,这种矛盾尖锐起来了。关于这两种反抗的不同渊源,我们可以姑置不论,因为,学生和人民群众,毕竟合并一致,至少形成了带有部分相同观点的革命运动。

1906年的萍浏醴起义,和自立军与华兴会两者对比,是颇有启发意义的。虽然自立军与华兴会的计划从未实现,但是它们都代表着较低绅士阶层仔细调度的阴谋,即,把秘密会党当做与唯利是图的冲击部队毫无二致的力量来使用。对那两股起义力量来说,是没有什么自发性的。但是,1906年则有着极大的自发性:在一个从其自身的渊源勃然兴起的人民起义中,学生们只起着与触媒剂毫无二致的作用。人民起义自发性增长的趋势,在1906年以后继续发展到这个程度:1910年,一次具有强烈地反改良主义和反帝国主义含意的抢米风潮,竟然在长沙市出现了。而这次抢米风潮,并没有任何学生运动的介入。更有甚者,由于那次抢米风潮被引导到反对新制学校这样的改革,它和学生的利益是背道而驰的。它表明,学生和劳动群众正沿着完全不同的革命道路前行。在1906年,这些道路曾经出现过交叉情况。但是这种交叉再也没有出现,直到尔后20年,当毛泽东回到湖南这个地区组织和报告湖南农民运动时为止。

# 第三章　城市改良派上流阶层

1906年以后,大规模的镇压严重摧残了学生运动,使它不复成为中国政治舞台上的一名独立演员。直至辛亥年,它都不曾以一种可观的力量显露头角。就是在辛亥年,学生也不过是1905—1911年前后省内政治集团(在此,我给它命名为:城市改良派上流阶层)的一个激进的附属品而已。在以上的叙述中,对于这个政治集团,我们早已略微提到。从1903年开始,这个集团就曾经倡议教育改革。其后数年,他们把学生运动带头提出的各种反帝问题接过来,并使之发展,形成了收回利权运动。收回利权运动首先主张,从外国公司收回铁路修筑和采矿事业合同的权利。这个运动很快就发展成为,一致努力兴建中国工业,防止现代中国经济落入外人之手。这个新兴的上流阶层,在领导教育改革和经济现代化中,获得了很高的声誉,因而使他们能够驾驭省谘议局。省谘议局这种机构,正是清廷为了预备立宪,于1909年建立起来的。那种认为在两湖地区存在着一个掌握所有教育、经济、宪政改革的严密集团的看法,显然是不正确的。但是,确实有一些人的姓名,重复出现在上述改革的各个领域和部门。

把改良派上流阶层的特征定为"城市",在我看来,这是一个十分重要的问题。在改良派的前面,冠上这样一个词儿,并不意味着,我要把他们区别于"农村"顽固派。以王先谦为首的顽固派绅士集团,我们早先就见识过了,毫无疑问,这个集团也是属于"城市"的。不过,我察觉到,中国绅士的城市化,有着一个意义深远的社会过程。这个过程,是上流阶层逐渐疏远摆脱农村事务的结果。这种城市化的渊源,至少可以远溯到明朝。这个过程,可能一直持续到了20世纪的30年代和40年代。它有助于国民党城市改良派上流阶层在中国共产党手中的败北。但是,城市改良派上流阶层出现于20世纪初期,则是总过程中的一个意义深远的阶段。

上流阶层的城市化,是一个"引"和"推"兼而有之的典型过程。绅士们是被长期来就出现了的特殊的城市文明引进城市里来的。宋朝、元朝和明朝时期,在长江中下游的繁华市邑中,文学、戏剧和艺术有了巨大进步。培养教育富家子弟的书院崛起增长。剧场、书肆、古玩商店、茶楼酒馆和青楼妓院,所有这些,都提供了农村居民所没有的消闲娱乐。在城市中,大家巨户,兴造高楼宅第,还有精心营造的艺苑花园。他们在里面追逐一种欢乐、闲适并且富有艺术趣味的生活。在把农村士绅、庄园主转变为城市外出地主方面,商业经济的确是一种重要的引诱力量。马克·耳洛文描述了明、清时代的过程:

> 日益增长的商业是一种普遍现象,它从许多方面削弱古老农村的社会秩序。首先,稍有声望的地主迁入城市集镇。1600年,在东南海岸,例如长江三角洲和长江中游这些地区,城市外出地主逐步发展得相当可观了。19世纪初期,根据当时的苏州府志,江南地区,大约有为数一半的地主住在县城,1/3以上住在城镇集市。①

到了19世纪,商业发展扩大了城市的规模和它们的吸引力,绅士城市化的进程就加速了。根据新的外出地主的要求,地主和佃农的关系进行了调整。地主越来越脱离生产,既不给佃农供应谷种,也不备办农具。秋收时,他们不再亲自察看丰歉情况,以确定谷物分配(分租),最后接受了一种对收成实绩无须了解的固定实物(谷类)或现金地租的形式(定租)。为了代表以城市为据点的地主收集地租,建立了

---

① 伊懋可:《近一千年来的中国历史》,载《现代亚洲研究》,第四卷第二期(1970年3月),第105页。

一种特殊的"租栈"。由于地主和佃农不再是纯粹垂直结合起来的农村社会的组成部分,互相信任也就随之消失。佃农抗租的事件日益普遍。与此相适应,地主要求佃户支付押租(或押金),用以对付佃户的抗租、欠租行为。①

不过,在19世纪末,就是"押金"这样的制度,也无法阻止抗租事件的发展蔓延。这种情况,在19世纪中叶由于农民战争而使人口锐减的地区(特别是在长江中下游),似乎特别普遍。在这些地区,从事农业生产的劳力短绌,迫使地主在辞退拖欠租金的佃农时,不能不迟疑犹豫。这样,依靠地租收入来维持生活开支发生了困难,促成了把绅士"推"向城市另觅财路的趋势——一般是从典当和放债入手的。② 19世纪末农村的明显不安定状态,当然也是绅士移入城市的另一个重要原因。在这方面,文献资料大量记述了绅士移居城市以逃避腹地"盗匪"的材料。③

这些因素,使20世纪初期的顽固绅士,只好扮演改良派的角色。王先谦及其同僚,是同治中兴的产物。同治中兴是这样一个时期:曾国藩坚持了某些儒家重本抑末的对农业生产的关切,而绅士领导的团练,仍和农业生产保持着密切联系。孔飞力描述过一个挺有趣味的事例:在湖北黄冈,绅士们以农村碉堡为据点,抗御了一支以城市为据点的太平军。④ 新的改良派上流阶层能够建立一个类似这样的农村据点,颇值怀疑。更有甚者,在旧时科举制度下,农村宗族的社学和义学,或是住在农村绅士宅邸的私塾老师,能够教育学生,纯熟精通经典古籍,足以通过科举考试。在改良派的教育制度下,如果要取得上流阶层的身份地位,就必得在新学堂里注册受教。一个人年纪稍大一

---

① 白石博男:《清末湖南的农村社会——例行押租和抗租倾向》,收入于《中国近代社会构造》(东京,1960年);小林一美:《19世纪中国农民斗争的若干阶段》,收入于《东亚近代史研究》(东京,1967年);李时岳:《辛亥革命时期两湖地区的革命运动》(北京,1957年),第35页;松村祐次:《近代江南的租栈——中国地主制度的研究》(东京,1970年),包括一篇从伦敦大学《远东和非洲研究公报》第二九卷第三期(1966年)中转载的英文论文。
② 张仲礼:《中国绅士的收入》(西雅图,1962年),特别是第138—143页。
③ 萧公权:《农村中国:19世纪的王朝统治》(西雅图,1960年),第404—405页,第692页。
④ 孔飞力:《近代中华帝国时期的起义和它的敌人》,第196—200页。

点,传统礼仪规定的为父母丁忧,经常意味着与一个人的农村家乡重新联结起来(曾国藩就是这样做的)。在城市改良派上流阶层的一代,这种风俗习惯渐次归于湮灭了。同治年间的上流阶层,倾向于农业和农村团练;新的上流阶层则关心现代工业和新式军队。同治年间的和新的上流阶层的不同关心之点,反映了它们所面临的不同威胁:太平天国和其他农民暴动,迫使同治年间的上流阶层对农村给予更多的关注;在世纪转折时期,帝国主义的威胁多半出现于城市中心,所以人们必须在那里对付它。由于这些因素,改良派上流阶层虽然也许仅仅在居住方面,较年老一些的顽固绅士才稍微更多地城市化一些,但是在倾向性方面,他们实际上更加关切和注意城市。

最后,必须注意到,我之所以选择"城市改良派上流阶层"这个术语(有时简称为"新的上流阶层"),其原因也涉及关于这个复杂历史时期的意味深长的争论之一。这个争论就是:在辛亥革命中,绅士和资产阶级各自起着什么作用。张朋园和市古宙三坚持并引证文献,指出了绅士阶层在辛亥革命中的作用和持续力量。[1] 杨格提出,绅士阶层不但安然无恙地渡过了革命时期,而且,预备立宪之类的体制改革措施,也在政治制度上加强和团结了他们的力量。[2] 另一方面,中华人民共和国的历史学界,一般的把辛亥革命当做流产的资产阶级革命。白吉尔虽然没有完全赞成资产阶级革命的说法,但是她强调,出现了一个可资识别的、可观的资产阶级。在她的分析中,绅士阶层正失去了它的明晰的社会定义,正在合并于资产阶级,以构成一个新的绅商阶级。[3]

我的立场是,绅士阶层的一部分,即"城市改良派上流阶层",在社会和政治舞台上扮演了一个比较新的角色。这样,我们就应该抛弃

---

[1] 张朋园:《立宪派与辛亥革命》(台北,1969年)。市古宙三:《乡绅与辛亥革命》,收入《世界历史》第十五卷(东京,1969年)。也见这两个学者所写的论文,收入于芮玛丽编:《革命的中国:第一阶段,1900—1913》(纽黑文港,1968年)。

[2] 杨格:《袁世凯总统期间的政治:早期中华民国的自由主义和独裁》(密歇根大学出版部,1977年)。

[3] 白吉尔:《中国资产阶级与辛亥革命》(巴黎,1968年)。这本专著的英文节译,收入于芮玛丽编:《革命的中国》。

"绅士"这个术语来描述这个新的阶层。通过参与兴办工业企业,新的上流阶层中的某些成员已经变为"资产阶级"。但是,为了把绅士阶层转化为资产阶级,当时的工业化确是过于软弱无力了。结果,就整体而言,新的上流阶层没有充分地和绅士渊源决裂,没有充分地承担起发展工业、兴办自由企业以及实现经济的合理性这些资产阶级的意图。这样,我们就不能采用"资产阶级"这个术语来描述它。[①] 还有,"城市改良派上流阶层",避免了可疑未决的范畴"绅士阶层"和"资产阶级",意指一个带有某些中立性的术语。而且,这个术语在争论中也暗含了一种中间立场:新的上流阶层明显地区别于旧式绅士阶层,但它尚未成长为资产阶级。

下面,我将阐释城市改良派上流阶层,并给出定义。我所采用的方法,与其说是社会学的或分析法的,倒不如说是历史科学的。我假定这个新的上流阶层在历史场景上出现时并未发育成熟,反而,在参与历史斗争的过程中,它获得了自身的确切定义和自觉感。那时,至少在湖南,绅士分为"新"、"旧"两派。稍后,"新派"被一起吸引到倡议教育改革中来。我们以关于收回利权和企图发展现代经济因素的讨论,来开始本章的论述。发展经济的领导地位,很快地从官府转入较高级的保守绅士手中,然后又转到城市改良派上流阶层手中。后者进行了谨慎的尝试,以区别于前人——政府官员和保守绅士。1909年以后,在教育改革和经济现代化中早著声誉的城市改良派上流阶层的成员,变成了省谘议局的当然领袖。通过省谘议局的活动,新的上流阶层以一个明晰的、具有团结力的集团,出现于晚清的政治舞台。

## 早期官府首倡的工业化

两湖地区发展现代工业的第一次尝试,由省政大员领导的部分,

---

[①] 玛丽安·巴斯蒂,在她的《论20世纪初期中国的教育改革》,第20—22页,提出了一个类似的论锯,并建议代替我所称的"城市改良派上流阶层"这个集团,采用"现代绅士"这个术语。

多于绅士阶层人物。从1895—1898年,在陈宝箴统治下的湖南,兴办了一个矿业局,一间兵工厂和一个制造工厂:宝善成公司。宝善成的寿命很短,仅从1896年维持到1899年。张之洞在湖北发展工业所取得的成就,和他付出的努力并不相称,但是,他的计划是更具雄心的。张之洞的所有工业企业,都严重缺乏资金,仅仅是依靠财政上的诈骗方法,才能勉力支撑门面,这种情况,甚至达到了打劫张三、偿付李四的悲惨程度。最后,他的绝大部分赔本的工厂,都转归私人所有了。

张之洞的全部工业王国最为显眼惊人之处,在其和地方经济环境基本上隔离开来。就是在他经办的工厂出售时,湖北当地的资本也极少插手。1893年年初,张之洞建立了以武昌纺织局著称的纺纱、缫丝、大麻、织布联合工厂。在官府经营下,这些工厂连年亏损,1902年终于转手出卖给两个广东商人,稍后,1911年,又让售给江苏实业家张謇。由张之洞计划的一个官商合办企业——地毯工厂,于1909年开办,但它在1913年就被迫关门大吉。一个官办的拥有30万元资本的铁钉、缝衣针工厂,1911年亏损达10万元。这家厂子关了大门,后来转手让给一个来自东南亚的华侨,作为私人企业。① 1911年,报纸广泛宣扬这些工厂经营不善,据传,它们折本约达40万两,其中盗用的公款居多。②

更大的麻烦甚至落到规模宏大的汉冶萍煤铁联合公司头上。这个联合公司,是1889年张之洞首次到达武昌时就开始规划的现代化企业。汉阳钢铁厂于1894年开工,但是,两年之内,在官方投资额达到560万两之后,就落入中国头号官僚资本家盛宣怀之手。在盛宣怀管辖下,汉阳钢铁厂、大冶铁矿和萍乡煤矿实现了全面整体化。但是,公司资金照样微弱可怜,以致被迫经常向外举债,特别是向日本借钱。最后,在第一次世界大战期间,它变成为一家中日联合公司,基本上为

---

① 东亚同文会编:《支那省别全志》,第九卷《湖北》,第742—749页;TDH,第一一一期(1909年2月)。
② 《华中邮报》1911年6月13日,附入戈非(汉口),1911年6月29日;《公论报》,1911年6月25日,翻译收入柯克(汉口),1911年7月13日;二者都收入F.O.228/1802。

日本本土的炼钢工业供应生铁。从来没有任何相当数额的湖北资本被卷进这个公司,也从来没有罗致利用任何地方上的经营管理人才。事实上,汉冶萍公司摆脱了它本身所在地点的关系。它好像成了官僚手中的一件抵押品,先转入官僚资本家的怀抱,最后落入帝国主义列强的手心。这家公司的资本,就是这样依赖着它们的。①

## 收回利权和工业化

地方私人资本为数可观地投入两湖地区的工业,仅在城市上流阶层崛起、针对帝国主义的经济威胁采取了具体行动之后。学生一旦举起反帝大旗,"收回利权"就变成了当时的口号。这个口号,涉及中国试图从外国人手中收回并掌握自己经济命运的权利。日本外务省的一份报告,称收回利权是"一个支配着官吏和各阶层群众的基本观念"。② 1906 年,汉口英国总领事注意到新成立的中国公司的章程,"以条文规定禁止任何外人对其购买股份"。③ 汉口商人深知上海沦于外人统治的程度,他们决定保卫自己的城市,免遭类似的厄运。一个商会首领写道:"汉口是中国人和外国人之间进行商业战争的场所。"④

**工业情况,1905—1909 年** 收回利权,胜过了不见行动的感情愤激。这个运动的最初几年,即 1905—1908 年,反映了中国土生土长的工业活动的第一次冲刺。据一份材料估计,从 1895—1913 年,初期资

---

① 费维恺:《中国 19 世纪的工业化:汉冶萍煤铁有限公司情况》,收入 C.D. 柯万编《中国和日本的经济发展》(伦敦,1964 年),第 79—110 页。也见东亚同文会编:《支那省别全志》,第九卷《湖北》,第 649—657 页。
② 《满清国的利权收回》,第 113—114 页,日本外务省档案,3—5—1—9;1—2。
③ 法磊斯(汉口),1906 年 7 月 6 日,收入 F.O. 288/1632。
④ 孙巡楚的报告,翻译收入法磊斯(汉口),1908 年 6 月 6 日,收入 F.O. 228/1697。也见《公论报》,1906 年 5 月 11、12 日,翻译收入法磊斯(汉口),1906 年 5 月 26 日,收入 F.O. 288/1632。

本总额 120 288 000 元的 549 家中国人所有的商办、官商合办和官办招商集股的制造、采矿企业建成了。这整整 20 年的几近一半的成就,集中在 1905—1908 年这 4 年。在这 4 年里,初期资本总额 61 219 000 元的 238 家工厂建立起来了。① 一份当时的日本材料(在一定程度上有点过分夸张)断言,有钱的中国人"正处于狂热之中,他们抵押土地,掏空钱包,来兴办西方式的工业"。②

如果集中注意力于两湖地区,那么,在国家统计材料的明显结论中,我们可以远走一两步。首先,两湖地区工业活动的突起,似乎出现于 1904 年年初,持续到 1909 年全年,而不是在 1908 年终止下来的。1895—1913 年之间建立起来的 62 家企业,有 34 家(54.8%)是在那 6 年中兴办的。资本的数字甚至更为惊人:1904—1909 年期间,共为 14 549 000 元,它是 19 年期间总数 23 165 000 元的 62.8%。不过,如果我们对私人资本投入现代企业达到的程度集中注意力的话,进一步的计算就是必要的了。从实例中将 19 家官办工厂排除在外,我们发现:43 家工厂中的 26 家(占 60.5%),占有总资本额 15 931 000 元的 78.8%即 12 524 000 元,是在 1904—1909 年这 6 年期间内兴办起来的。

武汉三镇在工业化成果中的支配地位是十分明显的。虽然汉阳兵工厂(作为一个完全的官办企业)和汉阳钢铁厂(在 1895 年以前开工)不包括在实例之中,两省的 62 家工厂中,仍有占工厂初期资本 74.4%的 28 家工厂设于武汉三镇。从全国总体来看,在中国工业中心中,武汉仅次于上海。在湖南,采矿业和矿砂精炼统治了现代经济部分:湖南 25 家企业中的 17 家,占有资本总额的 72.3%,是参加开发省内丰富的矿产资源的(见表 2)。③

---

① 费维恺:《关于 1870—1911 的中国经济》(安亚伯,1969 年),第 37 页,第 40 页。
② 东亚同文会报告,摘引入菊池贵晴:《中国民族运动的基本结构:排外抵制运动的研究》(东京,1966 年),第 501 页。
③ 根据汪敬虞:《中国近代工业史资料,第二集,1895—1914》(北京,1957 年)计算,第二卷第 869—920 页,加上一个企业,来自《满清国的利权收回》,日本外务省档案,3—5—1—9:1—2,第 91—100 页。与全国的比较数字,见费维恺:《关于 1870—1911 的中国经济》,第 39 页。

表 2　　　　　　　　　　　　　　　　　　　　　　　　单位：1 000 中国圆

| 工业类型 | 武汉 | | 湖北其他各地 | | 湖南 | |
|---|---|---|---|---|---|---|
| | 数目 | 初期资本 | 数目 | 初期资本 | 数目 | 初期资本 |
| 采矿和冶炼 | — | — | 3 | 404 | 17 | 2 962 |
| 冶金 | 2 | 790 | — | — | — | — |
| 水电 | 2 | 5 797 | 1 | 60 | 2 | 350 |
| 玻璃 | 2 | 979 | | | | |
| 火柴 | 1 | 420 | | | 1 | 140 |
| 纺织 | 4 | 2 150 | 1 | 40 | | |
| 食品加工 | 7 | 1 728 | 2 | 999 | 1 | 56 |
| 造纸和印刷 | 3 | 3 398 | | | 1 | 30 |
| 卷烟 | 2 | 320 | 1 | 14 | — | — |
| 皮革 | 2 | 1 468 | — | — | 1 | 70 |
| 杂货 | 3 | 190 | 1 | 420 | 2 | 380 |
| 总数 | 28 | 17 240 | 9 | 1 937 | 25 | 3 988 |

资料来源：汪敬虞：《中国近代工业史资料第二集，一八九五——一九一四年》(北京，1957 年)第二册第 869—920 页；从日本外务省档案，3—5—1—9：1—2，第 91—100 页。

当然，这些现代工业的经济意义，不容过高估计。没有人会说，中国正在经历着一次工业革命；或者说，她已经停止其为一个农业居于优势的社会。更没有人断言：中国的绅士地主，出卖了他们的全部农业不动产，以投资于现代工业。不过，新式企业在通商口岸集中(在两湖地区，基本上是指武汉和长沙)，使它们在新的城市社会中成为重要的、明显的事实。正是它们这种独立无匹的特点，吸引着人们的注意。报纸上经常出现有关这些企业的报道，标志着公众眼光集中于它们的程度。自然，注意力也群集于负责兴办这些企业的人们。在一定程度上，我们在这儿的目的，就是要举例说明这样一种情况：介入收回利权运动，是新的城市上流阶层的一个明确特征。在这儿，主要的还是这些人和他们的作用。

**工业创业者：外省商人**　　在私有工业企业中，外省的资本是重要的,特别是在汉口。宋炜臣,一个以上海实业家身份起家的宁波商人,掌握了武汉最大的私人企业汉口既济水电厂,一个大的火柴工厂和若干个较小的企业。三个榨油厂之中的两个,以及两个面粉厂,都由外省人控制;大玻璃厂由上海实业家经营;约在1907年建成的专门供应汉口新兴城市建筑材料的全部四个砖瓦厂,是运用广东资本办起来的。在长沙,至少有一个大的矿砂精炼厂属于广东人所有。①

本地和外省商人之间的区别是重要的。不应当这样设想,以为中国资料对此事给予注意,只是反映了作者的地方主义感情。外省商人是离开自己的家乡以及地方联系而去外地经商的人们。因为缺乏地方上的关系,他们常常被迫不是更大地依靠外国、就是更大地依靠官府势力以进行商业活动。许多人是在外国商行服务的买办,其他的人厕身于须要政府许可证的食盐和鸦片生意。省与省之间商业的官方章程,一般地提高了外省商人为了取得许可证和纳税便利对于官吏的依赖程度。② 其结果,外省商人一般地较少同情和较少可能参加收回利权运动或其他爱国运动,如果参加这类运动意味着和地方官吏闹摩擦的话。我们早已看到,他们在削弱1905年抵制美货运动中所起的作用。在收回路权运动中,他们实际上已不见踪影了。在两湖地区,虽然许多人已符合居住十年的规定,却没有一个人被选进省谘议局里面去。抵制美货运动、收回利权和宪政运动,都由本省商人和绅士来领导。这些人具有抵抗外国和官府压迫的地方权力。并且,对于他们来说,省和国家的利益是一致的。

一般来说,在现代经济事业中,外省商人在湖南所起的作用大大小于湖北。反过来,湖南绅士却起了更大的作用。很明显,外省商人不能有效地控制长沙这个新的通商口岸,如同他们控制汉口这个早经建立起来了的商埠一样。在汉口,长久以来,国际和各省之间的贸易就被广东和宁波商人控制了。这样,1906年,湖南绅士掌

---

① 汪敬虞,第二卷第869—920页,第956—957页;《夏口县志》,吕寅东编(无出版地,1920年),《实业志》,第1—2页;东亚同文会编:《支那省别全志》,第九册第713—714页,第760—761页。

② 见中村义:《立宪派的经济基础》,收入于《史潮》第六七期(1959年),第39页。

握了商务总会,而在汉口,则采取了一个由湖北人和浙江人轮流担任会长的方式。①

关于这一时期的资料,湖北较湖南更不完整。情况似乎是,尽管湖北立宪派绅士在收回铁路运动中表现积极主动,但是,他们并没有突出地参加武汉的新的经济事业。凡是湖北资本参与的单位,总是商人资本多于绅士资本。在湖南,绅士的经济力量和政治力量有着积极的相互关系:和湖北的地位相同的人比较,他们不仅在经济上起了更大的作用,而且有着更大的政治力量。1911年,那种政治力量大到足以直接夺取政治权力的程度。

**从保守的到改良的绅士工业**　在收回利权运动期间,湖南改良派绅士的卓越成就特别惹人注目。因为最早的现代企业,在改良派自身兴起之前,早就建立起来了。并且,这些企业是由更高的、顽固的、虽说也是城市的、围绕在王先谦周围的一群人投资的。1896年,这一群人兴办了寿命短暂的宝善成公司。同年,由王先谦、张祖同(前刑部官员)和杨巩(后补道台,后来成为顽固集团中特别遭忌的一人)建立的恒丰火柴公司开工。张祖同和杨巩还联合办了一家恒丰木材公司,张和另一位绅士在长沙建立了一家早期的矿砂精炼厂。②

保守绅士这些早期的公司,是1898年以前湖南维新活动的产物。那时候,湖南绅士内部还保持着相当的统一。1903年,一个激进学生对此有如下看法:"1898年以前,天下无所谓新党和旧党。"③不过,从那时以后,特别是1900年以后,湖南人对"新党"与"旧党"的区别就非常敏感了。这种区别一旦出现,保守派人士从事发展经济的活动也就枯谢了。除了无所事事的铁路公司之外(见下),1902年以后,保守派人士没有建立起一个新的企业。在收回利权运动认真进行的时刻,他

---

① 《满清国的利权收回》,第88—91页,收入日本外务省档案,3—5—1—9:1—2;《夏口县志·商务志》,第15页。
② 白岩龙平与安井正太郎,第26页;TDH,第一三二期,1910年6月15日;汪敬虞,第二卷第919页,第875页。
③ 杨笃生:《新湖南》,收入于张枬和王忍之,第629页。

们被"新派"弄得黯然失色了。

在此期间，两个重要的工业企业建立起来了：醴陵瓷业公司和长沙电灯公司。这两个公司的历史耐人寻味。醴陵公司是熊希龄出的主意。熊是1898年的一个激进维新主义者，但是，醴陵瓷业公司得以摆脱戊戌政变后的镇压。1906年，为了恢复醴陵的彩釉陶瓷工业，熊举办了一所职业学校，它的毕业学生支撑着醴陵瓷业公司。从手工工艺转入现代化企业技术，醴陵瓷业公司引起了来自小土陶瓷窑业主及其工人们的不少抗议，这些人是1906年萍浏醴起义的主要参与者。尽管如此，部分借助于省政府每年1万两的资助，这家企业还是恢复过来了。1909年，它的产品在南京工业品展览会上获得头奖，甚至超过了江西景德镇的王牌陶瓷。熊希龄离职去奉天就任财政总办时，龙璋接充经理。另一位以常务经理名义供职的重要人物是袁树勋的儿子。袁树勋是湖南绅士当中一个非常有钱的人，与官宦生涯相结合，他向典当行业和谷物转售商行投入了巨量资本。他最后爬上了广州总督的高位。1909年在山东任巡抚时，在促进宪政改革中，他表现得特别积极。这两个人的出任，说明了醴陵瓷业公司与长沙绅士中有钱的改良派集团之间的联系。①*

长沙电灯公司甚至更加有趣。作为一个设计好了的外国公司的明确的代替物，它建立于1909年。它的创建者是陈文玮，陈做过道台一级的官吏，是已故江苏巡抚陈启泰的弟弟。陈是湖南商务总会的会长，按照英国领事含有某些挖苦意味的字眼，他是湖南省谘议局的"明星"。当时，英国人被激怒了，因为陈文玮拒绝英国公司提供价值5万两的装备的建议，这比德国人的12万两的建议有利，但陈由于个人尝

---

① 《醴陵县志》，傅熊湘编（醴陵，1920年），第28—29页；TDSC，第二卷第九期（1911年5月5日），第33—34页；HNJBN，第241页；中村义：《立宪派的经济基础》，第30—43页。关于袁树勋，见汪敬虞，第二卷第946—947页。

* 译注：据《醴陵县志·卷一·大事记》：1905年（光绪三十一年），"农工商部议员熊希龄与邑人文俊铎请于巡抚端方，拨帑开办湖南矿业学堂于醴陵姜湾。聘日本人为教师，分设辘轳、模型、陶瓷等科，招生学习。"（按：端方于1905年12月至1906年6月任湖南巡抚；《湖南近百年大事纪述》则谓学堂创办于1906年夏）又，《醴陵县志》称：1910年，"醴陵瓷器出赛于南洋劝业会，得奖一等金牌。""醴陵改良瓷器出品优，在南京赛会，列名在景德镇之上，于是中外皆知有醴瓷。"袁树勋之子为袁伯葵。

到一笔 2 万两回扣的甜头,居然接受了后者。① 从一开始,这家公司的建立就为创办人谋利。它的章程不但规定以 10% 的红利分给创办人,而且股份也分两种形式,一大部分红利分给在 1909 年农历四月以前购买的"优先"股份。* 虽然这家公司经常为资金短绌所苦,直至 1911 年,到晚上十时仍不能保持街灯明亮,但是,陈和其他创建人明显地赚足了红利,并指望将公司扩大。有一个前道台和别的五个绅士,计划在湘潭开办一个类似的电灯公司,陈文玮竟然利用他在商务总会的地位,在把自己的经营扩大到湘潭的最终徒劳的希望中,试图阻止这个公司的登记注册。②

这是城市绅士资本投入现代工业企业的两个重要例证。但是,如同我们已经提到过的,采矿和冶炼统治了湖南经济的现代部分,所以,我们现在必须转过来叙述这个情况。

## 湖南的企业

湖南的矿产资源是众所周知的,并且已经开采有年。除了铁矿藏以外,煤锡银金,遍布全省。在需要和技术条件许可时,所有这些矿藏都曾经间歇地开采过。类似这样的采矿企业,并没有官府的资助鼓励。事实上,明朝的一位巡抚,发现在矿业地区的诉讼、冲突和暴乱,有些麻烦滋事,所以他建议将这些矿场关闭。③** 在维新巡抚陈宝箴的统治下,开始了开拓这些矿藏资源的一致努力。从此以后,我们能

---

① 休勒特(长沙),1909 年 10 月 25 日,F. O. 228/1726。

\* 译注:据《长沙日报》1847 号(清宣统元年二月十四日)副张,根据"湖南电灯股份有限公司招股章程","股银分优先、普通两种,优先一千股限四月(指宣统元年四月)截止,普通一千股限七月截止";"所获红利,分作十五成,以一成存为公积,……以一成半归创办人均分,以一成半为办事人酬劳,以九成作为股东红利,按股派分,以两成为优先股报酬"。

② HNJBN,第 246—247 页;TDSC,第二卷第一七期(1911 年 9 月 5 日),第 34 页;第二卷第 18 期(1911 年 9 月 20 日),第 38 页;林(长沙),1909 年 9 月 1 日,日本外务省档案 3—5—1—9;1—2,第 318 页。

③ HNLSZL,1959 年第四期第 139 页。

\*\* 译注:这里指的是明湖广巡抚陈睿谟,他曾于熹宗天启十二年十一月奏请严禁开矿。

够察觉出在发展矿业中的三个相当明晰的阶段。第一,一个官方的矿业局,部分地出于对社会治安的关怀而设立的;第二,顽固绅士的垄断公司,大部地是为了排斥外国利益而设计的;最后,改良派绅士的公司,既有垄断采矿和冶炼的行动计划,又有技术和经营业务上的聪颖才智以资发展。

一般来说,矿工是被当做人民群众中习于任性的、声名狼藉的一部分来看待的。萍浏醴起义展示了产生这种看法的原因:他们大批地卷进了秘密会党。当陈宝箴第一次将其注意力转向靠近常宁的铅矿的时候,他所委派的铅矿办理人,用了和传统看法一致的词汇来描述矿工:

> 山内草棚栉比,环町而居者不下百数十户,烟馆、土娼、赌博居其大半,大都借拾遗矿为名,暗行攘窃。①

陈宝箴于1895年提议设立湖南矿务总局,这是不足为怪的。他并非那样关心采矿工业的发展,以致在一个收成极坏的、贫苦农民群集矿区谋生的年头,来雇佣和管理人民群众中最难治理的一部分。正如陈宝箴在其奏折中所说:

> 臣到任后,适值农民歉收,每县乏食,饥民多者至四五十万口。近省浏阳、醴陵两属,私挖矿砂者,日常数千人。地方官赈抚弹压,岌岌可虞。由省迭派营勇,分途防范。因思荒政通山泽之利,古称禹、汤有水旱灾,于是铸金为币,以救民困。是开矿之举,行之歉岁,尤为急务。……且行之目前,既可以工代赈,如渐办有成效,尤可次第推广,以为练兵制械之资,冀辅库藏之所不逮。②

陈的建议得到批准,湖南矿务总局于1896年开办。从一开始,目

---

① HNLSZL,1959年第四期第140页。
② 同上,第129页。也见HNSBN,第126—127页,差别极其微小的抄本。

的既在开采矿藏,又在驾驭矿工,矿务总局责成所有矿主登记矿厂,付出 200 两注册费,通过矿务总局出售他们所有的矿砂。矿务总局开了十九个矿,最著名的是常宁的铅锌矿,平江的金矿,新化和益阳的锑矿。一般来说,就是在这些大矿里面,提取矿藏,仍然采用传统的、非机械化的方法。大部分较小的矿场都不赢利。1900 年,全部矿场只留下三个,其余都关闭了。这三个矿由于政府资助,一直维持到 1902 年。此时,矿务总局开始获利,对诸如军事现代化和造币厂等改革事业,提供了重要的资金支援。①

矿务局以其实际行动,证明采矿能够获利;而外国的普遍勘查,又证明他们对湖南的矿藏利益垂涎欲滴,这就使湖南的较高层绅士,从心动而转入行动。1902 年 7 月,王先谦、龙湛霖(龙璋的父亲)和其他十三个湖南绅士中的较高层成员,向巡抚提出呈请,要求许可建立阜湘公司,在湖南中南部取得矿业专利权。他们建议集资 200 万两,建立一个官商合办公司,在岳州开办一个延聘外国技师作为监督人的炼矿厂。这真是有趣的事儿,在他们发出宣告抵制外国奸商的宗旨之后,他们又加上了这么一句话:"如股本不敷,再由公司酌借洋款,以资推广。"巡抚批准了这个计划,并指定三个长沙绅士担任经理。

同年,黄忠浩领导另一组绅士建议成立一个规模稍小的沅丰公司。它被授以在湘西的矿业专利权。在湘西,黄早就拥有金矿和铅矿。这样,湖南省实际上分为两个绅士公司,矿业则变成了由长沙知名人士领导的富有的湖南绅士们的垄断专利品。② 1903 年 12 月,阜湘和沅丰合并为湖南省矿务总公司,结束了两个绅士公司之间的专利权的划分。矿务总公司有 300 万两私人资本和 15 万两官方补助,除了矿务总局的新化锑矿、常宁铅锌矿和平江金矿以外,全部接办了湖南矿业。外国人被禁止在湖南开矿,不得拥有公司股份,小私人矿主

---

① HNJBN,第 126—129 页;HNLSZL,1958 年第三期第 109—112 页,以及 1959 年第四期第 128—135 页;第 141—142 页,第 146—148 页;YSJ,第 32—39 页。

② HNJBN,第 178—182 页;HNLSZL,1958 年第四期第 136—142 页。

与外国公司签订的上千份契约,被公司收买回来了。\* 列强的抗议风暴,迫使公司删除了对外国股东的明确禁令。但是,由于公司对矿产权利的专有,以及不得公司绅士股东的同意,禁止股票向任何人转让的条文,禁令的目的实际上仍然是达到了的。① 不仅外国人是这个专利垄断的必然受损者;紧随公司组成以后,私人中国公司也只有作为湖南全省矿务总公司的分支机构,才许可插手湖南矿业利益。根据一份调查材料所说,这种做法,把 540 个矿界,置于以长沙为据点的绅士控制之下。②\*\*

但是,湖南全省矿务总公司对发展矿业从无行动。岳州的炼厂并未建立,也没有证据说明,公司曾经开办过任何新的矿场。唯一的宗旨似乎是,通过工业的垄断来排斥竞争——特别是外国的竞争。在防止外国投资湖南矿业,使其章程成为其他省份收回矿权的模范方面,这家公司确实是起了作用的。

1904 年以后,收回利权运动的领导权,在矿业中如同在工业中一样,从政治上拥有权力、但于工业技术更其愚昧无知的顽固绅士手里,转归于城市改良派新集团。这种发展,从开挖、精炼锑矿的公司中,能够十分清晰地看得出来。随着欧洲的军备竞赛,对锑品的需求量迅速增长。最初,有两家公司垄断锑品冶炼:一家于 1895 年由张祖同和其他较高层绅士成员建立,另一家由广东商人于两年后建立。不过,这两家公司都严重地依赖与湖南矿务总局官员的密切联系,并且从无改善冶炼技术的打算。当它们这种密切联系破裂,并在 1906 年丧失垄断权时,其他公司就涌进了这个领域,而老公司则堕入财政竭蹶之中。1911 年,两家公司都中辍活动。它们的垮台似乎反映了:在较高层绅

---

\* 译注:湖南蕴藏丰富的矿产,引起帝国主义列强的窥伺,英、美、德、日侵略者在 1903 年,曾经一度联名申请湖南当局合作兴办,企图盗窃湖南矿产的开采权。这一年,湖南矿地被强买、骗卖出去的竟达 8 000 余契之多,数字至为惊人。这里所讲的"上千份契约",指的是这 8 000 余份中的一部分,即外国侵略者在湖南盗去的开采权 1 000 余契。

① 李恩涵:《晚清的收回矿权运动》(台北,1963 年),第 79—82 页。

② YSJ,第 25—30 页。也见蒲赖费厄(汉口),1904 年 2 月 29 日及附件,收入 F. O. 228/1553;汉口,第三号,F. O. 228/1510。

\*\* 译注:每一矿界计合 900 方丈,共计面积 48.6 万方丈。这里共计包括湖南 31 个县 119 处矿地,每一矿地最少的为一矿界,最多的达 64 矿界。

士的公司中,基本上缺乏熟练技术和创办企业的能力。①

最成功的炼锑企业是华昌公司。它的历史,说明了在收回利权期间建立起来的公司的某些基本特征:城市上流阶层在紧要关头的参与;上流阶层获得政府重要资助的能力;取得政府许可专利的努力(在这方面,华昌公司是成功的);最后,少量的技术革新。三个人在关键时刻加入了华昌公司的创建。一个是,长沙的富有官吏袁树勋(公司创立时任山东巡抚),提供了绝大部分的私人资本。另一个是,一度担任醴陵瓷业公司常务经理的袁树勋的儿子,任华昌驻北京的代理人。②还有一个是,湘潭举人杨度,1903年从日本归国参加经济特科廷试,替公司办妥了大量的政府资助。杨度是长沙宪政公会的领袖,后来成为北京的四品京官,作为入幕之宾,卷进了袁世凯的圈圈。③ 最后还有一个梁奂奎。此人是一个小官吏的儿子,1893年中了举人,后来参加湖南矿务总局。通过矿务总局的关系,他购买了在益阳九通的锑矿。当时矿务总局认为,作为一个官办企业,九通是无利可图的。梁奂奎在日本做过一段时期的湖南留学生督导员,1903年归国,和杨度一样参加经济特科考试,然后就参加了湖南矿务总局。他很快就认定,只要采用西方新的锑品冶炼技术,就可以使九通矿场变为赢利企业。后来,他派遣四个弟弟出国,攻读采矿和冶炼学科。1907年,在伦敦的一个弟弟,以7万两代价买进了一个新的法国冶炼工序的专利权和必要的机器装备。梁家兄弟们然后找杨度商量接洽,杨度从吉林、山东(袁树勋是那儿的巡抚)、湖南、湖北、江苏借了一笔16万两的债。1909年,华昌公司诞生,具有初期资本42万两。④

杨度接着向新的农工商部提出了申请,要求该部降低公司产品的税收,并授以在湖南运用西法炼锑、为期25年的专利权。杨度的申请

---

① 东亚同文会编:《支那省别全志》第十期第660—664页。
② 《秦办湖南华昌炼矿股份有限公司章程》(北京? 1909年?),第11页(以后引文统称《华昌章程》);休勒特(长沙),1909年4月28日,F. O. 228/1726。
③ 《最近官绅履历汇录》,第197页;蔡寄鸥:《鄂州血史》第155—156页。
④ 梁奇(梁焕奎的儿子),收入HNLSZL,1959年第二期第81—85页;《华昌章程》;《汉报》,1908年1月16日,翻译收入于法磊斯(汉口),1908年1月29日,F. O. 228/1697。汪敬虞,第二卷第876—877页,说债款的数目为22.4万两。

指出,专利权可以防止外国人(他们实际上是锑品的唯一购买者)迫使两个甚至更多的公司进行竞争而导致产品降价。为了保卫中国企业,使其避免外国在价格方面进行操纵所产生的有害影响,实行垄断专利,这是必要的。杨度的申请被批准了,专利以 10 年为限,包括 10 年后延期的可能性。① 但是,公司并没有运用这个专利权,迫使外商为其产品销售而竞争。反过来,公司却签订了一项契约。这项契约,给一个英商向中国锑品公司购买全部生锑的权利。②* 本来,和一家外国商行纠结一起的这种联盟,似乎是和公司在经济上的爱国主义观点背离的,但是,在此时期,华昌公司毕竟在技术上进行了革新,在资金运转上也比较宽裕。在这方面,华昌和早些时较高层绅士所办的公司,确是有所区别的。

就像在其他工业中一样,在矿业中,收回利权运动的领导权,也落到了城市改良派新集团手中。渐渐地,他们以较老的顽固绅士的继承人姿态出现了。这个新集团的绅士地位,以及他们与官府的联系,使得他们(和其顽固前辈一样)既为企业取得了垄断专利权和减免税款之利,又得到了官方的贷款和资助。事实上,发展新企业和保卫中国市场及资源免遭外国侵袭的民族主义努力,与城市绅士在现代经济部门中要求和开拓垄断专利权的自我服务的努力是一致的。

## 收回利权的企业的命运

现在有待扼要地探讨一下:在收回利权时期建立起来的公司的成绩。这里,驻东北的日本领事的估价颇有启发意义:

中国的危机迫在眉睫,众信,必须发展地方工业,抵制外国商品

---

① 《华昌章程》内有杨的奏折。
② TDSC,II:11(1911 年 6 月 5 日),第 26 页;HNJBN,第 313 页;休勒特(长沙),1910 年 1 月 21 日,收入 F.O.228/1758;戈菲(汉口),1911 年 6 月 8 日,加附件,收入 F.O.228/1802。
\* 译注:未炼叫锑砂,已炼叫生锑。

的进口。但是,还没有进行过关于一般社会经济形势或供求关系的详细调查;也没有给计划中的收入和支出,提供全面综合的考虑;建设工业的一般需要的准备工作尚付阙如。在由这些模糊的、不成熟的实践所促成的危险基础上,可能为了满足较高层官吏的要求,或者为了回答人民的喧闹叫嚷,对工业的本质特点毫无所知,收回利权运动就把官员的轻信易欺和半懂不通的绅士的愚昧观点联合起来了。①

许多新公司的经济弱点,基本上是从收回利权运动本身派生出来的。投资是由爱国主义和政治热情激发起来的,所以,在此期间建立的许多企业,在经济上并不稳固。张之洞在湖北的所有企业,从汉冶萍煤铁公司到纺织、铁钉和地毯工厂,虽然有的先于利权收回时期就已建立,但却真的可以这样来进行评价。

在 1904—1909 年这个蓬勃兴旺时期,这幢像孩子们用纸牌拼就的房屋,总算还建得起来。其后,到了 1910 年,它就开始坍塌了。春间,汉口一间居首的钱庄,在雇员和创办人的亲朋故旧挥霍资金之后,留下 90 万两的债务倒闭了。到了夏天,一间以上海为基地、受外国操纵的橡胶公司,把投资额吹嘘得荒诞不经,紧接着,公司股票的信用价值在市场上跌落。据估计,有 3 000 万两资金投入到了这个市场。这些吹起来的泡沫破灭了,它的影响波及了全国。在全国范围内拥有 17 个分行的上海驰名钱庄之一破产倒闭了,春天的经济萧条深刻化了。在中国中部,由于湖南、湖北出现了毁灭性的洪水灾害,省内农产品贸易大幅度下降,加深了危机的严重性。②

收回利权时期的乐观主义和欢欣鼓舞以破产而告终。某些较小的公司,特别是湖北的零售公司,彻底地破产了。至少有一家面粉厂和一个皮革厂跟着崩溃。1911 年,报纸以极大注意力披露张之洞的企

---

① 日本外务省档案,3—5—1—9;2—1,第 217 页。
② 菊池贵晴,第 488—557 页;也见 TDH,第一三一号(1910 年 5 月 30 日),第 25 页;M·穆勒,《年报,1910 年》,F. O. 405/201,第 64—65 页。

业管理不善。据报道,工业发展成效极微。① 就在这年,在长沙的绅士们较早开办的炼锑公司以及广东冶炼厂关闭了。醴陵瓷业公司也开始走下坡路。为资金不足所苦,加以经营不善,产品销售市场比原来预料的缩小,这家公司年年赔本,一直到 20 世纪 20 年代垮台为止。② 但是,在最大的中国企业中出现了最有意义的发展:在足敷运转开支的地方资金告竭时,有好几家重要的公司,总是破坏自定的章程,转向外国人举债。以汉冶萍公司为例表明,这样的借款,易于引起外国对企业的控制,从而挫败了收回利权运动的全部宗旨。

在收回利权运动高潮中,湖北大冶水泥公司曾设想,将自产水泥取代进口货,用于铁路建设。张之洞热情支持这个计划,帮助公司取得向粤汉铁路出售水泥的为期 15 年的专利权。这家公司的资本,来自一群上海商人。不过,到 1909—1910 年,它被迫从日本三菱商行借款 30 万两,使公司变成了中日联合企业。③ 只是到了 1914 年,作为袁世凯在湖北的工业王国的一部分的启新水泥公司,把湖北的全套设备购买下来,企业才算复归中国管理。④

另一个落入日本管理的公司是汉口既济水电厂。这家公司是外省商人和实业家宋炜臣创办的。张之洞赞成此举,为此,他特别地抵制了建设一个同类型的外国公司的计划。虽然公司的章程明确地排斥外国资本,但是,1910 年,以自来水装置做担保,它却广泛地从日本借款(有一份记载说是 120 万两)。⑤

在向外国控制发展的这个过程,日本资金的突出地位颇值一提。在两湖地区,对日本来说,与其和英国做一名主要竞争者,它更倾向于

---

① 《民立报》,1910 年 12 月 5 日;TDSC,II:5(1911 年 3 月 15 日)第 23 页;II:12(1911 年 6 月 20 日),第 37—41 页。
② 《醴陵乡土志》第 28—29 页。
③ 松村(汉口),秘密第二二号,1910 年 5 月 29 日,日本外务省档案,3—5—1—9:1—2,第 375—382 页;TDH,第一二八号(1910 年 4 月 15 日),第 31—32 页;东亚同文会编:《支那省别全志》,第一〇册第 770—773 页。
④ 费维恺:《20 世纪中国的工业企业:启新水泥公司情况》,收入于费维恺等编著:《现代中国历史研究》(伯克列,1967 年),第 307 页。
⑤ 《夏口县志·实业志》,第 3 页;《民立报》,1910 年 11 月 21 日和 27 日;法磊斯(汉口),1910 年 10 月 17 日,F.O.228/1761。

和中国人建立联合公司。不但日本人向中国公司投资,而且中国资金也转移到日本公司方面去了。这就是湖南轮船公司的经历。1899—1900 年,往来于长沙、汉口之间的三家中国小公司建立起来了。1902—1903 年,两家英国商行备有较大的轮船参加了竞争行列,到 1904 年,日本人建立了他们的公司。一年之内,幸存的中国公司只有一个,绅士资本(特别是王先谦的门徒叶德辉)自愿地流入了日本公司。①

1910 年,除了两个较早的炼锑厂之外,湖南的矿业公司都在萧条衰退中勉力挣扎。长沙的炼铅尝试,早在 1910 年就失败了。但是,常宁铅锌矿却继续开工,并出售生矿砂。② 不过,这些矿场出产的矿砂仅仅销售于外国市场。这是军备竞赛和欧洲战争引起需求量的人为刺激的结果。因而,这些公司毕竟经不起风吹雨打。欧洲大战一经结束,甚至高度成功的华昌公司也在破产中倒闭了。③

这样,在 1910 年之后数年,出现了一种明显趋势:收回利权的企业失败了,或者落入帝国主义者控制之下;或者中国资本不投入中国企业,而投入外国企业;或者公司致力于出口市场,依赖对其产品的一种不正常的高度需求,暂时支撑门面。在这数年里,中国工业化努力的根本弱点清楚地显示出来了。在收回利权的兴奋热浪中所设想的、但最终迫于地方资金短绌而向帝国主义金融家借债的企业当中,再也没有比粤汉铁路更清楚的例证。那个企业的短暂历史,对于我们检验城市上流阶层的经济企业,应是一个恰当结论。

## 收回铁路运动

中国铺设铁路的首次巨大动力,是中日战争的失败。在那次战争

---

① 白岩龙平与安井正太郎,第 130—136 页。
② HNJBN,第 263—264 页。
③ HNLSZL,1959 年第二期,第 86—87 页。

中，国家无力从南到北迅速调运军队，是中国遭到粉碎性败北的一个因素。为了对交通问题作出明显回答，就是铺设一条从广州出发、中经汉口、直达北京的铁路。按北京政府的既定财政状况（这个政府现在承担着一笔付给日本的 236 176 701 两的赔款），资金的必然来源只有向外国借债。北京至汉口一段，签署了向英国借款的协定。1898 年，驻华盛顿的中国公使，与美国的合兴公司，签订了一项合同，构筑从广州到汉口的铁路南线部分。1900 年，盛宣怀签订了一项续订借款合同，把借款总数提高到 4 000 万美元。条约规定，要在 5 年内完成线路任务，并且不许把美国公司的股份，转让给其他国家。①

**美国债务的偿还**　到 1904 年，美国人不可能在 5 年之内完成这条线路任务，已是十分明白的事情了——在湖南与湖北，铺设线路尚未开始，只有靠近广州的一小段已经竣工。另外，人们发现，有一个比利时的辛迪加，在公司中享有主要权益。大家料想，法国资本是比利时的后盾。这样，由于法俄联盟，有一个强国集团威胁着要控制铁路两端：北方部分（特别是俄国所控制的东北部分）和南方部分。由于策略的一方面是，在不同的帝国主义列强之中分配铁路借款，以便把每一强国的势力限制在一定的特别地区，防止任何单一的强国或列强集团获得中国运输系统的统治，所以，美国对合同的破坏是事态的严重发展。但这也是了然如画的：反对美国铁路借款规定，首先并不是一个反对帝国主义本身的实例，而是对于打乱了帝国主义均衡掠夺的建议的一个抗议。

1904 年 5 月，铁路公司的美国代表团离开汉口，比利时人接管的情况很显著了。华昌炼锑公司的创立者梁奂奎，最早发现了这件事，并把这件事通知在湖南的高级绅士王先谦。王先谦、龙湛霖、张祖同和湖南绅士的其他 61 个领袖发动了一个强迫废除美国借债合同的运动。1904 年秋，来自两湖的留日学生集会，发电声援废除借款合同。王先谦一伙——从张之洞那里得到某种程度的怂恿——自认，不向外国借债，也有能力铺设铁路。

---

① HNJBN，第 159—160 页；HNLSZL，1959 年第一期第 133—136 页。

1905年,废除借款合同的社会压力无法阻挡。2月,朝廷指定张之洞主管废除借债的谈判。理所当然,美国人死劲地斲斲讲价了。1905年8月31日,清政府签署了一个合同,向美国支付借款息金和已在广东完成的一小部分铁路工程的价款675万美元①,限定在合同签字之后一个星期首次兑现。碰上了这样一个兑现期限,张之洞只好转求于英国人。他们谈妥了一笔110万英镑的借款。条件是:如果绅士们自己无能兴办这项工程的话,清政府会给英国以提供借款,供应机器设备,至少供应一半建设铁路的工程技术人员的特惠权利。张之洞把这个条件通知了湖南绅士。他们似乎自信能以自己的力量建设铁路,对此并未提出异议。其实,对于绅士们建设铁路的能力,张之洞本人是不怎么相信的。他向他的朋友,驻汉口的英国总领事表示,对于取消铁路借款的全部想法,他丝毫不表示同情。②

**湖南绅士保路运动**　在反对美国借款的全过程中,湖南都是领先的。这反映了在那个省的反帝国主义情感的较大力量。当湖北仍然保持沉默时,湖南绅士正忙于筹建三个各自独立的铁路公司和机构。最后,1905年11月,王先谦领导着绅士组成了第四个公司:粤汉铁路筹款购地公司。它很快就发展成为湖南的主要铁路公司。③ 这一类公司为什么层出不穷,其理由现在还弄不太清楚;但是,从这些公司后来的历史来看,似乎是绅士领导阶层试图借此机会,尽量把亲朋故旧安置在一个拿钱吃闲饭的职位上面。

1904—1905年,在收回铁路利权的角逐中,学生和顽固的、自由的绅士们联合到一起来了。但是,为期不长,到1906年,这个统一战线就趋于瓦解。禹之谟以及学生运动的态度说明,对于顽固绅士的铁路公司居然要构筑一条铁路的能力,他们是缺乏信心的。④ 由陈文炜和

---

① 白岩龙平与安井正太郎,第474—475页;王先谦,中卷,第62—63页;YSJ,第23—24页;HNJBN,第207—210页;HNLSZL,1959年第一期第136—138页。
② 法磊斯(汉口),1905年11月23日,F. O. 228/1595;法磊斯(从汉口)致萨妥,1906年3月22日,加附件,F. O. 371/20;卡内吉,1906年6月7日加附件,F. O. 371/20。
③ HNLSZL,1959年第一期第136—139页;HNJBN,第208—211页。
④ YSJ,第108页;HNLSZL,1960年第一期第111—120页。

商务总会领导的自由主义的上流阶层,也参与了这种批评活动。对王先谦的粤汉铁路筹款购地公司的抨击,似乎证明是正当的、应该的。这个公司没有能力在出售公债中激发人民的热情,转过来代之以增摊粮税和盐捐的办法,来募集铁路资金。这两种税基本上是不分贫富,而是按人头交纳的。绅士公司经营方式的秘密,增加了人们对它的怀疑,特别是对王先谦的怀疑。有一份报告断言,王先谦拒绝在公司购买股份,其论据是,作为经理,他理当接受免费"干股"。公司领导机构中的这种肮脏关系,遭到报纸的责难。①

**"绅士"公司对"商人"公司** 批评王先谦的铁路公司,其内容不仅仅是缺乏效率和腐败无能而已。这个公司是用"官率绅办"的招牌建立起来的。在组织结构上的这两种明确成分,都受到谴责。官府的参与之所以为人反对,是因为人们察觉到,电报局最近的国有化表明,凡是有利可图的"官督"或者"官率"的公司,政府都要收归国有。这样,商人资本就只能从这类企业中愕然遁避了。② 还有,论争也被理解为绅士与商人之间的矛盾。像陈文炜这样的人,竟对自己的官僚阶秩和绅士背景装聋作哑,佯作无知,俨然以"商人"身份自居!在中国,商人们附庸风雅,垂涎绅士的服饰风度,已经形成传统,现在,有的绅士居然选择一种手法,把自己冒充为商人,那倒是一个颇堪玩味的时刻到来了。

1906年5月,作为湖南商务总会的副会长,陈文炜和几个其他的人向农工商部上书,请求建立一个"商办"的具有2 000万元资本的湖南全省铁路有限公司。在成立大会上,有人保证以200万元资金投入公司,据说,实收了百余万元。③ 很明显,1906年春间,在长沙的学生运动和收回利权运动处于高潮时,许多商人和绅士的资金,自然热衷于向一个承允免于政府干预、不受顽固绅士统治的铁路公司投放。汉

---

① HNLSZL,1959年第一期第141—142页;《公论报》,1906年8月11日,翻译收入弗拉赫铁(汉口),1906年8月25日,F.O. 228/1632。

② YSJ,第108页。也见《中外日报》,1908年7月21日,翻译收入亦士兹(汉口),1908年8月13日,F.O. 228/1697。

③ HNJBN,第242—243页;HNLSZL,1959年第一期第142页。

口报纸热情地报道了新公司的成就:

> 当提议湖南铁路由绅士们经营时,这些人正在尸位素餐,每月领取约莫 200 两薪水,消费挥霍,无计其数。结果,没有人愿意按分摊的股份拿钱出来投资。一张汉口报纸强烈批评这种状态,最后,经营管理的权限交给了商人们。……人们知道,在商人们管理下,不至出现滥用职权的现象,于是满怀热情地认股。①

很遗憾,"商人"们的成就,和报纸选登的内容相比,更加名实不副。1906 年 7 月,政府批准,新公司是"官督商办"的企业。这样做,至少从"官率"这一点上,削弱了政府的作用,把要不得的提法"绅办",改换成为"商办"了。但是,政府批准任命的经理,事实上仍然是绅士人物,虽说不是王先谦那样的旧派"绅士"。袁树勋被任命为总理,张祖同和余肇康为协理。② 余肇康以前是法部丞参,在一次教案中被免除江西按察使职务后,刚好回到长沙。

袁树勋是 1906 年秋到达长沙的。这个人,并不像人们揣想的,他的出现,会受到当地商人的热烈欢迎。《长沙日报》报道:

> 袁巡抚到任以来,资本家渐次失望了。从远方前来认购股份的人,带着资金离开了。但是,这种抗议,并非针对袁树勋本人,而是针对公司由政府主管一事而发。商务总会再次要求由真正的商人来经营管理,张之洞答应予以研究。③

正在此时,经营不善的情况恶性发展。1906 年 10 月,为了偿付湖南分担的一部分英国借款,湖南公司被迫以 1 209 193 元卖掉了它在广东

---

① 《公论报》,1906 年 8 月 30 日,翻译收入弗拉赫铁(汉口),1906 年 9 月 8 日,F. O. 228/1632。
② HNJBN,第 242—243 页;HNLSZL,1959 年第一期第 142—144 页;吉尔士(长沙),附件 1906 年第三号,收入 F. O. 228/1599。
③ 《长沙日报》,1906 年 11 月 18 日及 22 日,长沙中文附件 1906 年第三号,收入 F. O. 228/1599。

的铁路已完工部分的股份(那个股份刚被评定为 5 809 521 元)。为了履行到期义务,公司不得不蚀本 4 600 328 元。①

1907 年初,张之洞试图居间调停绅士和"商人"两方的矛盾。王先谦的筹款购地公司被撤销了,一个新的官督商办的湖南粤汉铁路总公司建立起来。王先谦被委任为名誉总经理,袁树勋仍然保留了常务经理的职位。不过,袁树勋很快就在从未受到地方商绅(如果这个名词可以用来描述那些以商人自况的绅士的话)支持的沮丧气氛中离开了湖南。袁离开之后,余肇康接受了公司的实际经管权,但是,商界对他的信任继续下降。②

**张之洞和 1909 年借款计划** 在湖北,张之洞亲自紧紧地掌握着铁路企业,但是,在吸收私人资本方面,其成就并不多于湖南公司。粤汉铁路在湖北的部分相对地短一些,但那个省还负责汉川铁路的一大部分修筑任务。在湖北的汉川铁路部分,估计需要资金 3 000 万两,并要求收集到这个数字的 2/3,才能动工。但是,直到 1909 年 3 月,交通部的审计表反映,筹款仅达 656 900 两。③

这时,英国人抓住张之洞的诺言:如果需要借款的话,就给英国以优先待遇。早在 1908 年夏天,从绅士公司的失利中,英国人就发现,伸手谋求发展的时机到来了。正如英国驻汉口总领事对此所指出的:"稍多一点的流言蜚语和宗派内讧,确实会替借款打开通路。……"④张之洞卷入了收回铁路利权运动,但是,对于这件事,他一直没有足够信心,从 1906 年年末起,他就和具有潜在势力的英国和日本借款人保持接触。⑤ 1908 年 7 月 18 日,张之洞被指定为督办粤汉铁路大臣,12 月,他的职权扩大到包括汉川线在内。这个地位给了张之洞以对于这些省份铁路公司的充分的控制权力。现在,张之洞奉令离

---

① HNLSZL,1959 年第一期第 142—143 页。
② HNLSZL,1959 年第一期第 142—144 页,第 154—155 页;HNJBN,第 242—243 页。
③ TDH,第一一二号(1909 年 3 月),第 53 页。
④ 法磊斯(汉口),1908 年 7 月 28 日,F.O. 228/1697。
⑤ 约旦,1906 年 12 月 23 日,F.O. 405/180;约旦,1907 年 6 月 17 日,F.O. 405/180;约旦,1907 年 5 月 16 日及 29 日,F.O. 405/181。

开武昌现职调去北京。他一领受到这些职权,就两次打电报给新任湖广总督陈夔龙,怂恿陈弄到一笔借款,作为官商联合经营的一条铁路的部分资金。他还发出了一个有趣的呼吁,煽动绅士们的感情,去反对在汉口的外省商人:"如果认股的责任一开始就委托给汉口商人,那么,主要赢利就会全部落入外省人的手中。"①

张的电报没有说服得了任何人。但是,它们刺激了1907年初以来就潜伏着的建设铁路运动。湖北有一群绅士集会,拒绝张的新借款计划,提倡以一个完全私商经办的公司来代替。② 10月20日,湖北商务总会召集了一次盛大的捐助资金会议。在这次会议上,主角是由刘人祥扮演的。刘人祥是法国银行的买办,和湖北大多数买办不同,他是汉口本地人。刘人祥在汉口这座新兴城市内外从事地产投机,成了令人难以置信的巨富。运用这些资财,他成了汉口最出色的实业家,在一个皮革厂、一家榨油厂和一个煤矿中拥有最大股份。③ 英国总领事描述其他居首的铁路股份认购者的情况时写道:

> 一个银行经理和一个钱庄主人各认购25万元,另一个绅士20万元。一个航运业的前买办,现在得到盛官保的宠爱,在一个新的铁工厂和采矿公司充任要职,随后认购了1万股。几位手面并不阔绰的绅士,承担了巨额股份。除了上述的不算,就是5 000元的实心实意的购买者,也是十分少的。④

1908年,湖北绅士打算搜集一点资金,以避免铁路借债的威胁,但是,大部分的钱,仍然来自商界。

在湖南,谭延闿其时刚以长沙改良派上流阶层领袖崭露头角。他

---

① 1908年9月18日及25日张之洞致陈夔龙的电报,翻译入法磊斯(从汉口)致约旦,1908年10月10日,F. O. 371/422。
② 法磊斯(从汉口)致约旦,1908年10月7日,加附件,F. O. 371/422。
③ 汪敬虞,第二卷,第870—871页,第918—919页,第961—963页;《夏口县志·实业志》,第1—2页;《东方时报》,1908年8月27日,及译者注释,收入易士兹(汉口),1908年9月19日,F. O. 228/1697;法磊斯(汉口),1909年1月7日,228/1730。
④ 法磊斯(从汉口)致约旦,1908年10月23日,F. O. 405/189。

试图把两个互相抗衡的派别搞到一起来兴办铁路。"商人"方面的陈文炜,绅官公司方面的余肇康也都呼吁统一——但是全不奏效。1909年,对余肇康的批评更趋严厉。① 由于征集不到任何私人资本,1909年4月,湖南公司奉巡抚批准,以按田租摊派的形式向农民勒索股金。每五十石租谷折银一元,这就是公司所指望的每年净得1 137 000元的计划。②*

1909年来,铁路借款论争以1906年以来所不曾见的猛烈程度再次爆发。张之洞私自向英、法、德财团议订一笔借款。1909年6月6日,他们草签了一个合同。秋天,这个消息被泄漏出去,从学生、绅士、商人中,特别是从新近组成的省谘议局,爆发了抗议风暴。③

**省谘议局的作用** 以省谘议局为其政治机构的1909年的立宪运动,和1906年的学生运动一样,为收回铁路利权提供了有利的客观条件。在湖南,被称为湖南政治社的湖南省谘议局的活跃的核心组织,特别反对借款,对借款给予严厉指责。驻长沙的英国领事,对这些人的动机表示了典型的怀疑,也深知他们反对帝国主义的力量。在关于9月3日有400多人参加的反对借款会议的汇报中,这位领事是这样写的:

> 会议由湖南省谘议局议长谭延闿主持,他反对任何外国势力在省内的深入发展,并且几乎影响了湖南政治社的全部活动。现时,湖南政治社成员似乎设想,主要任务是防止对他们无利可图的任何计划。④

---

① 《长沙日报》,1908年7月11日、12日及8月13日,收入HNLSZL,1958年第四期第148—150页;HNLSZL,1959年第一期第156—157页;《湘路纪事》,XHGM,第四卷第537—539页。

② HNLSZL,1958年第四期第152—158页及1959年第一期第148页;HNJBN,第243—244页。

\* 译注:这是一种"按租认股"的办法,最后负担转落在农民身上。"令各租户认股,随粮交纳,……总计一省租约五千六百七十三万六千三百余石,每五十石输出一石,每石折银一元,每年可得一百一十三万四千七百余元"。

③ HNLSZL,1959年第一期第150—158页;YSJ,第24—25页;约旦,1909年6月6日,F.O.405/197。

④ 休勒特(长沙),1909年10月25日,F.O.228/1726。虽然我不能判明一个纯粹明晰的关于湖南政治社的中国材料,但我怀疑,这可能就是HNLSZL,1959年第一期第155—156页所简要提到的议案研究会。

在动员社会力量反对借款的斗争中,湖北省谘议局显得同等重要。一个日本观察员报道了该局一次会议的"情况就是这样,如果任何人发表了反对抵制外债的言论,就会引起轩然大波"。①

1909年10月张之洞之死,草签的借款合同定将撤销的希望又复活了。由省谘议局领导的反对借款风潮持续不歇,一直延续到1910年。在谘议局的某些人如陈文炜、谭延闿、龙璋的煽动下,为了研究问题,湖南办起了一个杂志和一个研究会。\* 组成股东协会时,这些人都充任了领导。股东协会是作为余肇康掌握下的铁路公司的明确的代替物出现的。1909年11月,股东协会召集了一次会议,到会的有2 000人左右。② 这次会议之后不久,湖南省谘议局奏请一个新办法来为公司征集资金,这个新办法包括一个"累进租股"的制度,即,增订过去的租股定额,因而大地主将要付出收获额的一个更大的百分比。\*\* 估计每年有300多万元的收入,差不多3倍于过去制度的数目。除此之外,还建议增订盐税,抽取某些额外之利。这种额外之利,由于铜钱通货膨胀,安徽盐商是早已从中得到了好处的。③\*\*\*

这样,在1909—1910年,湖南绅士中的城市开明人士,就以收回路权的无可争辩的领袖姿态出现。较老的顽固派已经证明他们自己无力经营一个建设性的铁路公司,并且,这些人好像是在意识形态上反对立宪运动,选择了不参加省谘议局的办法。到了1909年,他们发现自己不孚众望,没有用以领导收回铁路运动的制度方面的基础。收回路权运动的领导权,就这样转移给了城市绅士的新的一代。这一代较为年轻;经

---

① 井出三郎报告,日本外务省档案,1—6—1—37,第11—15页。
\* 译注:指1909年11月谭延闿等组织发刊的《湘路周报》杂志,及同年由杨钧等发起组织的铁路研究会。
② 《湘路纪事》,XHGM,第四卷第539页,第548页;HNJBN,第277—278页;《长沙日报》,1909年9月10日,收入HNLSZL,1958年第四期第150—151页。
\*\* 译注:这个"累进租股"制,名义上是地主将收租额提高一定比例,当做铁路股金交纳,实际上地主用变相提高田租的办法,把负担转嫁到农民身上去了。
③ 《长沙日报》,1909年11月26—28日,收入HNLSZL,1958年第四期,第152—153页;HNLSZL,1959年第二期第98—99页。
\*\*\* 译注:同治七年,前两江阁盐督部堂曾(国藩)以盐务初订章时,每银一两,约兑钱一千五百文内外,今则一千六百数十文及七百文不等,包商售盐收银,买盐用钱,一出一入,便宜不少(《湖南谘议局决议湘路限期赶修》,1909年)。

营现代经济企业更具才力;教育政策上持改良态度;对于类似 1904 年的黄兴团体一样的反清分子,在保护行为方面,表现宽宏大量;同时,在沿着西方路线承担立宪政府的义务方面,反映了自由主义色彩。甚至他们为铁路募集资金所采取的方式,也有一些进步因素,即,采用一种累进税法,代替顽固派公司所支持的按人头摊派方案。从外省盐商手中要求更多的资金,这一点,可能反映了新的商绅向较老的、和官府机构有紧密联系的外省商人集团的挑战。省谘议局给这个新集团提供了一个制度,其权力比得上顽固绅士和外省商人和官方、政界的接触。这个制度使他们能够从 1909 年以后,在省内掌握政治、经济事务的命脉。

**军人和新的城市联合** 在收回路权运动期间,有另一个值得注意的政治性发展。这就是军事官员公开参加抗议铁路借债的集会。这些军官中最著名的是湖北的黎元洪,辛亥武昌首义之后被举为湖北军政府都督。① 在湖南,收回铁路运动的最杰出的绅士领袖之一,是前江西巡防营统领廖名缙。② 新军武官,是在军事方面与省谘议局中的文职上流阶层地位相当的人物。他们住在城市里面,依附于晚清新政一个重要的制度方面的创造物——新军。在收回路权运动中,他们和城市绅士结成联盟,是事变即将到来的一个至关重要的兆头。

这个新的有权力的城市联盟,运用每一个可能的战术来制止新的借款计划。从 1909—1911 年,一群接着一群的代表,经常由省谘议局议员率领着,在北京和交通部办交涉。有一个代表在交通部静坐绝食,另一位代表则断指蘸血书写奏呈。* 好几处出现了抗租的危险暴动,甚至在新军里也形势不稳。③ 对于这些压力,——四川和广东的绅

---

① 谢石钦,收入中国科学院近代史研究所史料编辑组编:《辛亥革命资料》(北京,1961 年),第 494 页(以后引用本书时,统称 XHGMZL)。

② 他是廖名缙。见 YSJ,第 102 页;田原夫南:《清末明初中国官绅人名录》(第一版,1918 年;台北再版,1971 年),第 650 页。

* 译注:此指湘省请愿代表、省谘议局副议长粟戡时 1910 年 5 月断指上书之事,粟的血书为"湘路毋庸借款,乞中堂主持,戡时谨上"十五字。

③ TDH,第一二八号(1910 年 4 月 15 日)第 47—48 页;TDSC,I:1(1910 年 7 月 19 日)第 47 页;HNLSZL,1959 年第二期第 103—104 页;粟戡时,XHGM,第四卷第 551 页;HNJBN,第 279 页。《中外日报》,1910 年 4 月 10 日,附入法磊斯(汉口),1910 年 4 月 26 日,F.O.228/1761。

士们采取了类似的战术——朝廷于 1910 年春作了局部让步。朝廷答应给四省的私"商"铁路公司一个最后机会,来证实它们修造铁路的能力;但是,朝廷拒绝对将来向外借款的可能性不予置理。①

**1910 年的铁路公司** 实际上,湖南的铁路建设是取得了一些成绩的。当 1909 年借款威胁出现时,湖南公司就开始了从长沙伸展至株洲的 50 公里的修路工程,萍乡煤矿在当时就是长株萍线路的终点。1911 年 1 月,这条路线竣工了,但修筑质量不怎么好,有些地段离河太近。1911 年山洪冲垮了线路,直到秋天都不曾加以修复。修复之后,火车行驶的时速仍然不能超过 12—15 英里。② 此外,公司的资金远远少于原计划的水平。它所积累的这些资金,不是现时掌握公司大权的自由绅士股东的股份,而是从大部分人口中勒索来的租股、盐税和对城市商店、住户的税课收益。1911 年实行国有化之前,原来拟议的 3 000 万元股款总数(匡算约 2 300 万两),公司仅收集到 500 万两。在这 500 万两中,80% 来自各种新设税课,只有 20% 是认购的股份。③ 实际上,城市绅士是在通过省谘议局,来建议增加新的捐税,以便资助一条将由他们掌握并从中牟利的铁路。

湖北的情况与湖南有所区别。这首先在于,湖北省谘议局从不乞灵于租股,到 1910 年年末,它只决定征课城市房产税。这样,铁路事业一直没有征集到一笔像样子的资金。据报道,湖北铁路协会的 69 个分会已在全省建立,通常设在地方绅士的钱庄里面,但是没有收集到多少钱。④ 湖北的护路运动主要由刘人祥在操纵掌握,英国总领事写出如下文字时,可能距离事情真相不远了:"刘及其友人们曾经沿着铁路所经线路优先购买土地,并且希望确保图样所定的迹线不至更

---

① TDH,第一二九号(1910 年 4 月 30 日)第 44 页。
② 吉尔士(长沙),1911 年 4 月 27 日、7 月 15 日及 10 月 12 日,都收入于 228/1798;HNLSZL,1959 年第二期第 104—105 页。
③ YSJ,第 162 页;TDH,Ⅱ:14(1911 年 7 月 20 日),第 30 页。
④ 《公论新报》,1910 年 5 月 26 日,收入法磊斯(汉口),1910 年 6 月 6 日;以及同上,1910 年 9 月 5 日,收入唐勒(汉口),1910 年 9 月 24 日,两件均收入 F.O.228/1761。

改。"①至少,铁路公司的一个方面,正是刘人祥的许多地产投机勾当之一。

但是,1910年,江堤溃决和长江沿线洪水为灾,使汉口陷于深刻的经济衰落之中。在经济困难的严重情况下,刘人祥想亲自从一家外国银行弄到一笔400万元的借款。② 在汉口,全然没有任何可资利用的地方资金,作为铁路投资。1910年夏季,当时正任武昌膏烟大臣的柯逢时(武昌绅士中一个杰出的、富有的成员)被选举为公司的总经理。省谘议局副议长刘心源试图劝阻北京接受一笔外国借款。但是,柯逢时很快辞去了经理职务,而刘人祥在为企业吸收任何绅士资本方面了无成就。最后,公司选举了一个满人做经理,他碰巧是新任武昌总督瑞澂的亲戚。人们寄希望于他能运用其影响阻止向外借款。③ 到最后,湖北省境内事实上只铺设了宜昌以上的轨道——而这却是四川公司经办的。

**国有化和外国借款** 1911年春,整个收回铁路的运动终于失败了。早在5月间,铁路就被收归国有;1911年5月20日,宣告缔结了一笔同英、法、德、美一个银行财团的借款。如果光从经济逻辑来立论,这个借款议案既是合理的,也是必不可免的。中国贫穷,又缺乏资金。钱庄用高额利率,就是把地方上所有的资金征集到手,也是无济于事的。如果我们把事实上存在着的、地区性的变化不居情况略而不谈,根据1910年的一份日本报告,中国的平均利率是12.5%—14.8%。④要兴办铁路和其他现代化企业,就必须对私人投资许以类似上述标准的报酬。比较地说来,工业化的国家都有一笔剩余资本。这

---

① 法磊斯(汉口),1909年1月7日,F.O.228/1730。

② 法磊斯(汉口),1910年3月31日;《中外日报》,1910年3月29日,加法磊斯的注释,收入法磊斯,1910年4月14日;所有都收入 F.O.228/1761;TDSC,Ⅱ:9(1911年5月5日)第32—33页;Ⅱ:12(1911年6月20日)第37页;《民立报》,1911年1月16日。

③ TDSC,I:5(1910年8月30日),第46页;I:7(1910年9月30日),第39—40页;I:8(1910年10月15日),第45—46页;I:9(1910年10月30日),第48页;田原天南,第567页,第660页。

④ TDH,第一三一号(1910年5月30日),第3页。

笔剩余资本,通过现代化的银行系统予以集中,变成有利的对外放债,可以向中国提供,而利率尽量低至4%或5%。正是这个事实引导这些公司,诸如汉冶萍煤铁公司、大冶水泥厂和汉口水电厂,转而向外国寻找利率低的资金。正像一个英国外交官员所说,在铁路建设中,中央政府注定在最后有它的办法,因为它"掌握了王牌:它能够向外国借到利率5%的资金"。① 只要资助和控制中国现代经济发展的斗争,按照自由企业的规章正大光明地办事,帝国主义金融家就会占到优势。

两湖地区的报界和学生团体,在反对国有化和外国借款的问题上,发动了一次强烈的爱国主义的抗议运动。满洲政府的所作所为,肯定地有助于1911年革命情绪的增长。但是和四川相比,湖南和湖北的城市上流阶层还是特别安静沉默的。理由很明显:在这两个省,商人的所有铁路股份都得偿还。诚然,人民付出了"租股"一类的附加税而一无所获,但城市绅士总算把本钱弄回来了。他们的尊严和爱国主义感情,虽然受到了冒犯,在本省范围内,他们虽然丧失了掌握铁路并从中获利的机会,但他们在经济上没有吃亏,所以接受政府决定。②

四川与两湖的基本差别在于:四川公司一方把自己的大部分金钱储存在上海钱庄,卷进了1910年的橡胶投机。那些钱庄倒闭时,钱丢了,而中央政府拒绝补偿四川公司那些股份。假如政府偿还了那些在投机中损失的钱的话,四川绅士是可以保持沉静的。他们的抗议文件,就隐约包含了这个意思。③ 自然,四川的抗议是在爱国主义和反对外债的辞藻中暗示出来的。不出所料,在湖南和湖北也听到了类似的辞藻。但是,在后面这两个省内,没有人丢失一文钱财,辞藻还是辞藻,并未见诸行动。

---

① 康伯耳,1910年4月25日,F. O. 371/863,第546—547页。
② 戈菲(汉口),1911年7月31日,F. O. 228/1802;TDSC,Ⅱ:13(1922年7月5日),第32—33页;李时岳,第20页;HNLSZL,1959年第二期第110—115页。
③ 菊池贵晴,第536—538页。

## 立宪运动

清末,在政治上,再也没有比立宪运动和省谘议局的建立更为重要的发展了。正如收回利权运动帮助我们概述了新的城市上流阶层的经济面貌一样,立宪运动将能帮助我们勾勒出那个阶层的政治形象。省谘议局成为城市改良派上流阶层的政治权力在制度上的表现形式。他们的这种权力,在辛亥革命过程中,引导这个阶层起了决定性的作用。

**为宪政而斗争的公众压力** 1898年康有为鼓吹维新变法期间,宪政主义的原则在中国第一次得到传播。1900年,自立军的重要政治口号是:在光绪皇帝统治下实行君主立宪。但是,仅在1904年以后,倾慕立宪政府的感情,才成为社会舆论的一个重要方面,反映在中国的新的报纸上面。这种社会舆论逐渐开始影响着满清朝廷。此外,朝廷接受了这种解释:1904—1905年俄日战争中日本的胜利,是立宪主义对君主专制的胜利。既然立宪主义曾使得日本强盛起来,同样,立宪主义也就可以强化中国国家和民族。立宪政府可以保证,使人民能够更大、更普遍地关心国家事务;保证中央政府的法令,能够有效地贯彻执行;消除贪官污吏对地方政府的控制。① 不过,从1906年9月1日颁布预备立宪的上谕之后,朝廷并没有作出付诸执行的公开动议。反过来,朝廷效法日本明治维新模式,缓慢地、有条理地解决向立宪政府逐步过渡的问题。② 1907—1908年,要求尽早颁布宪法的压力,从官僚政权机构的里里外外发展起来。作为避免革命与混乱的唯一可资采择的办法,立宪主义被日益广泛地提出来了。按照端方(在政府内部鼓吹立宪主义的首要人物之一)的说法,加速颁布宪法,有益于"俯

---

① 孙任以都:《1905—1906年的宪政任务》,《近代史杂志》第三期(1952年9月)。
② 见埃斯特·摩里逊的纪念性的博士论文:《儒家官僚政治的现代化》(拉德克里夫,1952年)。

从多数希望立宪之人心,以弭少数鼓动排满之乱党"。①

1907—1909 年,报纸和地方绅士以其巨大精力献身于宪政事业。在湖南,杨度领导组成了宪政公会,在它的常务委员会中,包括了胡元倓,龙璋和后来被选进省谘议局的长沙的其他一些人。② 差不多同时,湖北建立了一个宪政筹备会。③ 观点基本上一致的报纸,更加激切地要求立宪。1907 年 12 月,一家汉口报纸提出警告:"当人民已经觉醒,需要一部宪法的时候,他们将会坚持到底,即令流血也在所不辞。"④朝廷于 1908 年 8 月宣布了预备立宪的九年计划,新闻记者和城市上流阶层的不耐烦情绪,仍然难于缓和。一家报纸把清朝关于立宪政府的计划比喻为"一副治疗危症的良药,要等到患者能吃能睡,能走路,能直立,能做事,能四处活动——事实上能像一个健康的人一样行动的时候,医生才肯配给这剂药"。⑤

**宪政准备**　1908 年 1 月,在改良总督赵尔巽的领导下,湖北开始了 1909 年选举省谘议局的准备工作。在巡抚和其他在省城的显要官员领导下,谘议局创办所建立起来了。秋间,讲述立宪政府的人员(他们当中许多人是从日本回国的留学生),被派到全省各处解释即将到来的选举的意义。⑥ 湖南的行动稍迟一点,是在 1908 年的 12 月,但进行的程序大体一样。政府机关由高级省政官员领衔,筹备成立省谘议局的事宜,会办人员中也包括了由王先谦和谭延闿领导的绅士在内。黄忠浩被指定负责选举调查研究所的工作。⑦

绅士确实大量地插手了行将建立于每一个县、城、镇、乡的地方自

---

① 《政治官报》第一卷第一期(1907 年 10 月 26 日),第 278—279 页;也见袁世凯的奏折,同上书,第 278 页。
② 王闿运,1907 年 12 月 20—25 日,第 884 页;TDH,第一○五号(1908 年 8 月)。
③ 张朋园,第 9 页。
④ 《中外日报》,1907 年 12 月 21—22 日,翻译收入法磊斯(汉口),1908 年 1 月 17 日,F.O. 228/1697。
⑤ 《东方时报》,无出版日,翻译收入法磊斯(汉口),1908 年 9 月 23 日,F.O. 228/1697。
⑥ TDH,第九八号(1908 年 1 月),第 30 页;第 114 号(1909 年 5 月),第 37 页。
⑦ HNJBN,第 252 页,王先谦似乎被人称为:湖南高等绅士领袖的表率,没有材料能够证明他实际参与过立宪筹备工作。

治政府议会的筹备工作。在湖北,赵尔巽于省法政学堂内开设了一个研究自治政府的班级。地方官员选送"开明士绅"到武昌参加特别训练会议。随后,建立了一个独立的自治研究所,从每一个县调集四五个绅士进行训练。商人家庭出身的进士,曾经到日本补习过文科,并在日本法政学堂取得学位(以后任湖北省谘议局局长)的汤化龙,被延请回到武昌,负责地方自治政府的筹备工作。① 与此同时,地方上的知县经常召集绅士并派遣其中若干人去省城进行训练。他们回来之后,就可以登记符合条件的选民和进行选举工作。选举之后,就在原先的保甲公所召集代表会。这是某种说明,即,地方自治会和较早的地方绅士权力设置(即保甲局)之间,存在着意味深长的延续。②

**省谘议局** 每一个省谘议局的人数,是根据各省旧有的秀才名额的 5% 来决定的。后来根据各省运京漕粮的情况作了适当调整,并从驻在某些省份的满洲旗军中增加了若干代表。湖南省有 82 个谘议局议员,湖北则为 80 人。在每一省内,按照绅士和地方官员决定的选民数目,代表被分配在各个地方行政单位中选出。在湖南,长沙附近地区的代表非常多。82 名议员中的 31 名,是从长沙府选举出来的。③ 在湖北,符合条件的选民在全省范围内分布得比较均匀。80 名代表之中,只有 5 人是从包括武汉三镇的三个县选出来的。但是,我们将会看到,从别的选区选举出来的许多代表,事实上也都是武汉的居民。④

**选民** 1909 年省谘议局的选举分两个阶段进行。第一阶段,候选者是从各个县选举出来的。在第二阶段,谘议局的成员,是由这些候选者从他们自己的总额当中选举出来的。\* 选民条件既复杂、又严格。

---

① TDH,第一一五号(1909 年 6 月),第 28—29 页;汤化龙,《蕲水汤先生遗念录》(无出版地点,1919 年,台北再版,1969 年),第 9—10 页。
② 《麻城县志》,余晋芳编辑(无出版地点,1931 年),续编,第九卷第 1—8 页。
③ TDH,第一一五号(1909 年 6 月),第 50 页。
④ 《湖北通志》,杨承禧编(上海,1934 年),第 3274 页。
\* 译注:当时的选举采用了复选制,初选以厅、州、县为单位,复选以府、直隶厅州为单位,初选额数为议员定额的 10 倍。

有权选举谘议局议员的选民,须是满25岁的男性,并包括下述条件之一:有举贡生员以上之出身者;曾在本国或外国中学堂及与中学平等或中学以上之学堂毕业,得有文凭者;曾任实缺职官,文七品、武五品以上未被参革者;在本省地方有5 000元以上之营业资本或不动产者;曾在本省地方办理学务及其他公益事务满三年以上著有成绩者。除了年龄需要提高至30岁以外,对候选人的要求也是一样的。有任何一种德行上的缺点的人,都是不够条件的:假如他是不堪信任的,或者在立身处世上不真诚老实的;假如他是"刚愎自用的,或者不够诚实的,无人理落的,或者专横独断的";假如他吸食鸦片,精神错乱,或者出身卑贱低微的(例如娼妓、优伶或仆婢)。①

选举合格条件的实际效用,是把选民限制在保有功名的绅士和他们的进过新制学校的极少数儿子这个范围之内。财产合格条件很难用于保有功名的人,因为一个人具备了条件中所要求的功名,他就一定会在那个基础上来选择合格的条件,那个基础比向政府提供一份财产证明书要胜过一筹。因为,这么一个证明书很可能引起政府注意,让它向选民要求"捐款"。假如他是一个没有功名的商人,他甚至于更易受到官僚政治苛捐杂税的垂青,这样,他通常宁可采取丧失其选举权的办法,而不公开宣布自己的财富。② 有些选民由于完成了中等教育而取得合格条件,但是,因为这些学堂仅在选举前七年才兴办起来,所以这类选民一定极少。进过新式学堂或出洋留过学的选民,最经常的是这样一种人:他们早已获得秀才功名,并在那个基础上符合选举条件。候选人更为如此:因为他们必需年满30岁,所以,当1902年这批新学堂建立起来的时候,他们已经22岁了。最后,对于一个选民关于德行方面合格条件的规定,不仅说明这样一个事实:西方的宪政主义羼入了儒家修身教义的原则,而且也允许负责登记选民的地方绅士,拒绝那些与绅士立宪派形象不合格的人们。其结果是产生了一个

---

① 张朋园,第13—15页。
② 肖承巽,第6页,收入《湖北地方自治研究会杂志》第十一号;张朋园,第17页;《中兴报》,1909年3月16日,翻译收入于法磊斯(汉口),1909年5月6日,F.O.228/1730。

受到严格的条件限制的选民阶层。它反映：一个小的、全部男性绅士上流阶层，居于社会金字塔的顶端。在其关于立宪运动的杰出研究中，张朋园估算，选民仅占人口总数的 0.42%。湖南和湖北略低于这个平均数，分别为 0.36% 和 0.38%。①

1909 年，选举终于举行了。群众对此漠然置之，有关这类人民态度的报告，其内容几乎是普遍一致的。在宜昌，1 000 名合乎条件的选民，只有不到一半的人投了票。在包括武汉三镇在内的三个县，选举第一阶段中到会的总数仅为 4 222 人。结果，在选举的第二阶段应该有的 50 个候选人中，只有 21 个人得到必需的票数。② 谘议局的席位，根本用不着特别激烈的竞争。一个获选的成员指出，候选人彼此谦让，为的是在他们的府里达到更加平衡地选出代表。③ 有些高级绅士拒绝接受被选上的席位。这种漠然冷淡的理由是不难忖度的。一方面，顽固绅士一丁点儿也没有被吸引到立宪政府的西方观念中去。王闿运认为："宪法备于本朝，何容求之海外？"④这样的人纯然呆在一边，或者拒绝接受谘议局的席位。王先谦、王闿运、张祖同和叶德辉，如果他们真的想要当选的话，他们都具备足够的权力和威信得以当选。可是，在省谘议局议员的名单上，他们的名字竟然突出地消失了。另一方面，对于改革甚为积极的许多人，开始并不相信，一个纯粹谘询性质的省谘议局，值得引起兴奋的激情。最后，报纸抱怨，1907 年的削弱公众集会和讨论权利的法令，使得有意义的竞选运动成为不可能的了。⑤

尽管选举时遇到了最初的漠然冷淡的反应，但是，谘议局很快地成为各省政治生活中的关键性机构。城市上流阶层从中发现这是一个有影响力的讲坛，通过这个讲坛，可以表示他们对政府的不满情绪。

---

① 张朋园，第 16 页。
② 力托(宜昌)，1909 年 6 月 30 日，F. O. 228/1729；《中外日报》，1909 年 6 月 15 日，翻译收入于易士兹(汉口)，1909 年 7 月 2 日，F. O. 228/1730。
③ 钟伯毅(钟才宏)访问录，收入于《中国口头历史课题研究》。
④ 王闿运，致游士牧函，收入日记，1907 年 11 月 15 日，第 881 页。也见 1907 年 12 月 24—25 日，第 884 页。
⑤ 《东方时报》，1908 年 10 月 6 日，翻译收入于法磊斯(汉口)，1908 年 10 月 24 日，F. O. 228/1697。

正如我们曾经看到过的,谘议局变成了保路运动的中心。从那以后不久,省谘议局领导了向朝廷请愿缩短九年立宪预备期、及早召开国会的全国性运动。

**请愿运动**　在江苏绅士实业家和江苏省谘议局议长张謇领导下,1909年12月,请愿运动发端于上海。包括从湖南和湖北来的大型的、有力量的代表团在内,16个省谘议局的55名议员参加了请愿。1910年1月24日,他们呈递了第一次请愿书,要求速开国会,立即成立责任内阁。请愿即开国会同志会组织起来了,若干位省谘议局议员留在北京,保持对朝廷的压力。1910年6月16日,第二个请愿书呈递上去了,在请愿书上签名的,不仅有各省谘议局,而且有各省商会、教育会和海外华侨团体。请愿者仍然没有取得成功。现在,省谘议局的请愿者们自己组织起来,成立了谘议局联合会。汤化龙被选任为该会会长,预备在秋天组织一次更大规模的请愿运动。资政院——它的一半成员是由省谘议局所指定的人——于1910年秋天第一次在北京召开,并支持请愿。许多省的显要官员,如两广总督袁树勋、湖广总督瑞澂和大多数巡抚(包括湖南的杨文鼎),对请愿活动表示支援。这一回,运动取得了某些成功:原定以九年为筹备期限召开的国会,被缩短为六年,但离即刻召开还是差得很远。再有,敕令要求:取消请愿组织,请愿者离开北京。①

这次请愿运动及其失败的重要性,很难过高评价。张朋园曾经论证,在1910年年末第三次请愿失败之后,请愿者中的许多人变为顺从于革命了。② 这对于当时的英国驻京代办,是不足为奇的。恰好在第三次请愿以前,他在报告中说出了如下的话:"与中国官员和其他人最近的会谈似乎表明,从摄政王方面发表出来的对加速立宪要求的又一次拒绝,定将给朝廷带来灾厄危机,并要促成一次革命。"③

---

① 张朋园,第63—77页。
② 同上,第105—113页。
③ 马克思·穆勒,1910年10月27日电报,F.O.371/858。

特别是在 1910 年的后半段时期,所有的注意力都被集中于国会问题上面。对许多人说来,宪政主义已经成为医治中国各种疾病的灵丹妙药。一个日本的特工情报人员是这样说的:

> 至于立宪派政党,他们之中的绝大多数人则胡乱相信,只要有了一个立宪国会,一切都是可能办到的:宪法一经制定,国会一经成立,失政误国的岁月就将立刻一扫而光,财政竭蹶可以补救,国债可以偿还,军备可以扩充,国力将进而充沛,人民权利将被恢复,而多年来中国所蒙受的民族羞耻将被扫除,国家的威信将广被全世界。①

对于议会能够解决中国一切问题的信心,毫无疑问是一种"胡思乱想"。但这种"乱想"确是真实地存在着的。请愿者的坚持斗争以及报纸在这个问题上的热情宣扬,就是这种"乱想"的凭证。这种渴切信念的渊源,一部分必需从省谘议局的经历中去寻找。通过谘议局,城市上流阶层曾经能够对省政当局施加显著的影响,但是,他们发现自己却屡次败于北京当权者手中。他们无疑感到,一个国会可以使他们控制北京政府,这样就搬掉了横在国家复兴再造纲领中的路障。

1910 年收回铁路运动的部分胜利(当时各省被给予最后一次机会,依靠自己的力量来建设铁路),是省谘议局权力的最富戏剧性的论证。但那不是独一无二的。在湖北,由于瑞澂提出的预算案含混渺茫,以及他的按察使违反司法改革敕令,允许在法庭上动用肉刑,使他不得不在省谘议局的牢骚怨言之前败北让步。② 在湖南,英国领事报告称,在省谘议局的领袖面前,省政大吏表现得诚惶诚恐和软弱无力。③ 1910 年,当巡抚未经取得省谘议局的同意而发行了一连串省公

---

① 远藤久吉报告,日本外务省档案,1—6—1—4:2—1—1,第 260—261 页。
② 《民立报》,1910 年 12 月 8 日。
③ 休勒特,摘引入康伯耳:《一九〇九年十月的省谘议局》,F.O. 371/858。

债券的时候,一场争论出现了。在资政院内,此事成了一个热烈争辩的题目:军机处站在巡抚一边,把这种行动当做"疏漏"而予以摒弃,资政院还提出了一个弹劾军机处的议案。① 最后,省政大吏对召集国会的第三次请愿书的支持,部分地归因于省谘议局的压力,这也就是它们的影响的明证。

每一次朝廷被迫对省谘议局采取最后的反对立场,它就加深了自己和改良派上流阶层之间的裂痕。早在 1909 年 11 月,当朝廷试图平息关于铁路借款问题的争论,禁止在省谘议局内部讨论外交事务的时候,一张汉口报纸就这样说:"今日之政府,是一种与吾辈隔绝之物,是一种与吾辈利益南辕北辙的独行其是的集团,因而与吾辈针锋相对。"②反映人民和政府疏远,要找出这样一句更有表现力的话,那真是难于设想的。

**作为反对派政党的立宪派**　1910—1911 年,立宪派组织起来,成了朝廷的反对派。谘议局联合会成为宪友会的基础。从 5 月 16 日至 6 月 4 日,来自 16 个省的 40 个代表在北京集会,正式组织政党。两湖地区的立宪派特别突出:一直到谭延闿被选为正式主席为止,汤化龙都是会议的临时主席。在北京的会议结束后,宪友会宣布正式成立,简短地发表了纲领:"本会以发展民权,完成宪政为目的。"为了达到这个目的,宪友会进一步规定了一系列的原则,其中包括:"尊重君主立宪政体"、"督促联责内阁"、"讲求国民外交"以及"提倡尚武教育"。但是,报纸注意到,在政党的新的曲调中,有些与众不同的音弦。其中之一是强调"地方分权",这是省谘议局理论体系中的一个重要部分。另一个是侧重发展经济。最后,在政党的议论中,报纸注意到了它意味深长地强调"自卫",并且提倡强化民团。有若干假说,认为这些民团是立宪派将要用来对付北京朝廷的。③

---

① 张朋园,第 86—101 页。
② 《东方时报》,1909 年 11 月 17 日及 20 日,翻译收入于法磊斯(汉口),1909 年 12 月 1 日,F. O. 228/1730。
③ 张朋园,第 115—120 页。

且不管北京集团的企图究竟怎样,我们所关注的是这个新党在湖南和湖北所起的作用。关于湖北,我们仅仅知道,汤化龙成了省份会的首领,由省谘议局副议长张国溶协助。① 湖南的资料更为完整和有趣。湖南分会于7月间建立,它不但包括了省谘议局的杰出议员诸如谭延闿(他是当然的干事)、龙璋和陈炳焕(谘议局的副议长),也包括了非谘议局的成员如黄忠浩、廖名缙(前江西巡防营统领,在收回铁路运动中表现突出)和姜济寰(教员,长沙地方自治运动中的积极分子)。② 通过这些新的政党,立宪派可以超越省谘议局的范围,在更大规模上把城市上流阶层组织起来。

1911年夏天,另一个立宪派团体——辛亥俱乐部——在北京成立。虽然人们认为它在某些方面比宪友会温和一些,但是,它的原则包括同样的"提倡军国民教育",同样的"主张保护政策,以振兴实业",以及同样地强调地方自治。在湖南,至少有相当可观的成员交叉跨党,既加入了辛亥俱乐部,又加入了宪友会。如果说,和其他的组织相比较,辛亥俱乐部是略为偏右的话,那么,这也仅仅是在同一个城市阶层内部,在政治观点上的微小差别而已。黄忠浩是它的支部长,李达璋(一个前任知县和现时湖南商务总会的领袖)是副支部长。还包括其他杰出的成员,如陈文炜、龙璋和一大群谘议局的议员。③

截至1911年夏季,城市改良派上流阶层曾经领导过收回工业、矿业和铁路利权的运动。他们进入了省谘议局,并且把它改造成为符合他们自己的经济和政治纲领的讲坛。当他们所坚持的关于立即召开国会的要求遭到拒绝时,他们转而组织公开的政党,以便将他们的权力从谘议局扩大到城市上流阶层的其余部分中去。这个上流阶层不是一个静止不变、具有固定成分的人民团体。它是出现在历史事件过程中的一种团体。这个团体由两种因素来确定其范畴:部分地由于

---

① 张朋园,第126页。
② HNJBN,第272—273页。
③ TDSC,Ⅱ:13(1911年7月5日),第22—23页;蔡寄鸥,第12页;HNJBN,第274页。

其成员的居住地点和阶级背景这些社会现实,部分地由于其政治和经济活动这些历史事实。

## 城市改良派上流阶层的本质和成分

在为城市改良派上流阶层下定义的尝试中,一个很自然的出发点就是省谘议局。我已经把省谘议局描述成为"城市改良派上流阶层的政治权力在制度上的表现形式"。从而,省谘议局的成员,将要对这个上流阶层的组成成分提供某些概念。在省谘议局内部,一个突出的现象是,有功名的"绅士"占优势。张朋园曾经收集来自奉天、山东、山西、湖北和四川各省谘议局议员的真正完整资料。根据他的资料,90.8%的议员保有官府功名。① 在湖北,77人保有科举功名,其余17人则是现任或候补官吏,而这类人都必须保有官府功名,其中一个是候补军官,一个是中学毕业生,一个是日本法政学堂的毕业生。②

稍微进一步精细地研究这个问题,我们可能提问:这些成员是"较高层"的绅士还是"较低层"的绅士呢?张朋园遵循了一个普遍的说法,他称进士、举人及贡生——即,三种最高功名的持有者——为"较高层的绅士",而生员(或秀才)是"较低层的绅士"。尽管他对一种功名的解释有微小错误,但是,他的资料仍然说明,54%的成员是"较高层的绅士",而36.9%是"较低层的绅士"。说得更精密准确一点:4.7%是进士,18.7%是举人,26.7%是贡生,3.8%充任政府官职(这种人被假设为至少属于贡生一等),以及36.9%是生员③(关于湖南和

---

① 从张朋园的材料中计算出来的,第248—312页。
② 《湖北通志》,第3274页,载有基本资料,我从几个地方杂志和张朋园第277—280页中引用材料加以补充。
③ 从张朋园第248—312页中计算出来。在张自己的计算中(第27页),他明显地把所有的廪生当做贡生计算进去了。这的确是一个错误:廪生(除非他们花钱买到了贡生的功名并由此成为廪贡生)仅仅是生员,他们接受政府的薪俸[见何炳棣:《中华帝国成功的阶梯》(纽约,1964年)第30页;张仲礼:《中国绅士:他们在19世纪中国社会中的作用的研究》(西雅图,1955年),第17—20页]。

湖北的对比资料，见表3）。

表3　湖南、湖北省谘议局议员的科举功名和官阶地位

|  | 湖北 | 湖南 |
| --- | --- | --- |
| 进士 | 8 | 6 |
| 举人 | 13 | 4 |
| 贡生 | 29 | 2 |
| 生员 | 27 | 4 |
| 京官 | 5 | — |
| 现任或候补的地方官吏，县知事以上 | 4 | — |
| 知县级以下地方官员 | 8 | — |
| 军官 | 1 | — |
| 中学毕业生 | 1 | — |
| 日本学校毕业生 | 1 | 1 |
| 缺材料 | 2 | 67 |
| 总数 | 99 | 84 |

资料来源：张朋园，第277—284页以及该书所引用的资料；《湖北通志》，第3274页；田原天男：《清末民初中国官绅人名录》（北京，1918年；台北再版，无出版日期）。总数多于最初规定的省谘议局议员的定额，因为它包括若干轮换补充人员。

官府功名是决定社会地位的重要因素。议员们本身就倾向于恪遵进士和举人的领导。省谘议局63名议长和副议长中，有30人（47.6%）是进士，18人（28.6%）是举人。在湖南和湖北，最早充任的所有6名议长和副议长都是进士。① 虽然如此，官府功名，并不见得永远是社会地位的确切尺度。不应当这样设想：在谘议局中，生员和贡生所占的极大百分比，说明了意义深远的新的社会流动性，即，较低层绅士进至权力和影响较高的地位。完全有点像是：假如科举考试不曾废除，省谘议局中的许多生员，就是将会继续追求较高功名的年轻一辈。

省谘议局议员的重要特点之一，是他们都相对的年轻。年岁较大的顽固派人士弃权了，这肯定有助于形成谘议局里较低的平均年龄数。这也有点像是：绅士中的较年轻的成员，在适应这种新型的政治

---

① 张朋园，第28页，第277页，第281页。

事业中,是较为灵活和成功的。张朋园曾计算谘议局成员的平均年龄是 41 岁。对湖南和湖北的 23 个人,我掌握了关于他们的年龄的资料,其平均年龄为 40 岁。具体分布有如下①:

表 4

| 年　龄 | 人　数 | 年　龄 | 人　数 |
| --- | --- | --- | --- |
| 29—35 | 8 | 45—49 | 2 |
| 35—39 | 3 | 50—54 | 2 |
| 40—44 | 3 | 55—59 | 5 |

我和张朋园的典型数据,包括了所有选入资政院的省谘议局议员。由于那些人应该是适宜于充任领导地位的年纪较大的人物,这些资料大概偏于夸大了平均年龄。因此,对于谘议局成员中的一般青年,使我们这样设想:某些保有较低功名的人,很可能并不是较低绅士家庭出身的,而是在废除科举考试制度以前,尚未取得较高功名的杰出的绅士家庭的儿子。

不过,在这一点上面,我们必须承认,科举功名极少或没有告诉我们有关个别人物所属的社会经济阶级。我们必须尽力跨越这种"较高层"和"较低层"绅士之间的显而易见的差异,而进入到一个资料残缺、统计数据毫无裨益的领域。有必要这样提出问题:为什么这些特殊人物被选入省谘议局?一部分原因是,在选举当中,有些人根本就弃权了。这是一些年岁较大的顽固绅士,他们干脆拒绝做候选人,这样,一些年事稍轻的人就插手了。有些地区,很明显,人们是作为世家贵族的代表者而被当选的,他们的宗族地位垄断了官府功名,若干世代以来,就控制着地方政治。② 在另外一些地区,有的人由于在最近时期兴办地方学校或民团中显赫发迹而当选。③ 一个似乎异常重要的因素

---

① 张朋园,第 277—284 页;TDSC,I:5(1910 年 8 月 30 日),补充;田原天南,各处。
② 《汝城县志》,卢纯道编(无出版地点,1932 年)中的第二八卷的氏族表与第二三卷的考试、选举表的比较。
③ 见《枣阳县志》,王荣先编(武昌,1923 年)第二七卷第 8 页;钟伯毅访问录,《中国口头历史课题研究》。

则是,这些人都住在省城里面。

　　判定一个省谘议局议员的实际居住地点,是极端困难的。在这方面,只有 15 个湖南和湖北的议员留下了足够的传记资料。不过,这 15 个人包括了最出色的成员。可以说,他们是替整个谘议局定调子的人物。这 15 个人里面,有 3 个人在原籍就很活跃。① 4 个人的原籍是省城,并且是从那里选举出来的。② 8 个人由其他县选出,但他们是省城的事实上的居民。湖南的谭延闿和龙璋,以及湖北的汤化龙,就是这种情况的最为突出者。③ 毋庸否认,例证的确是少了。尽管如此,在 15 个可以确定其居住地点的省谘议局议员中,12 个人原来就是省城的居民。从这里可以做出两个推断:第一,某些偏远县份的绅士合乎逻辑地决定,在省城里,他们的利益可能由一个一直住在那儿的人最好地反映出来;第二,在省谘议局内,省城居民有一个极大不均衡的代表团,特别是在领导层里面。

　　省谘议局被这些人所控制,似乎是无可争辩的。在湖南的英国领事报告:

　　　　在议局里,两个人物显眼地突出:谭延闿先生和陈文炜先生。前者是政治上的权威,而全部商务实际上掌握在后者手里。但是,就有关的其他人来说,多数人从来没有出过省,某些人现在才得到头次访问长沙的机会。④

领事强调大多数人的褊狭经历,无疑是夸张的,但是,领导权被城市上流阶层掌握,这个事实似乎是否认不了的。

---

① 见注释①及上页注②。
② 他们是:陈文炜(佐藤三郎:《民国之精华》(北京,1916 年),第 384 页);罗杰(《最近官绅履历汇录》,第 248 页);吕逵先[杨玉如:《辛亥革命先著记》(北京,1957 年),第 79 页];米长之(费行简,第 65—66 页)。
③ 其他的人是:胡瑞霖(《最近官绅履历汇录》,第 85 页);余荫容(《麻城县志》,前编第九卷第 63 页);刘邦骥(童愚,XHSY,第一辑第 111 页);时象晋(李廉方,第 2 页);以及易宗葵(佐藤三郎,第 143 页)。
④ 休勒特(长沙),摘引收入康伯耳,《一九○九年十月的省谘议局》,F. O. 371/858,第 242 页。

能不能够撇开省谘议局的城市统治一事,说出有关谘议局所代表的经济利益的某些情况来呢?商务总会会长、长沙电灯公司创办人陈文炜,是谘议局关于商业事务的喉舌。据此,英国领事的意见暗示,在城市区域,谘议局及其成员存在着极其重要的经济利益。一本中国最近的湖南历史著作,毫不暧昧地指出了这种情况:

> 立宪派是与封建统治者具有较多联系的上层资产阶级与正在向资产阶级转化的地主阶级的政治代表。①

为了支持这个见解,确实有许多话可以说。我们早就注意到了龙璋和陈文炜的重要的工业企业。此外,作为发展矿业的出色人物,有5个湖南的省谘议局成员曾被论及。②* 至少有13个湖南省谘议局的议员,在兴修铁路的奋斗中表现活跃,因而被报纸提到过。③ 在湖北,虽然省谘议局在收回铁路中表现主动积极,但是,没有证据表明其成员在现代经济部分有重要的利益。相反,根据英国总领事的说法:"有条文的限制,在每个县只以本地人口为选民。结果,在汉口(这里的主要商人,都来自广州、宁波和汕头),一些众所周知的、最杰出的人被排斥在候选人之外。"④但是,甚至在湖北(那里,外省人控制了通商口岸的经济命脉),至少有一个省谘议局议员在发展工业方面是特别积极的。曾在日本留过学的前补任知府胡瑞霖,回到武汉以后,成了武汉劝业奖进会坐办,武昌商品陈列所总办,南洋出口协会坐办,汉口银行讲习所坐办,并任劝业公所商务科长等要职。⑤

不过,把大部分省谘议局议员说成是资本家,这是没有必要的。那肯定与事实不符。毫无疑问,他们的大部分财产,仍然还是地产。

---

① HNJBN,第300页。
② YSJ,第30页。
\* 译注:这5个人是:曾继辉、锺宏才、罗杰、黄忠绩、石秉钧。
③ HNLSZL,1959年第二期第101—107页。
④ 法磊斯(汉口),摘引收入康伯耳,《一九〇九年十月的省谘议局》,收入 F.O.371/858,第238—239页。
⑤ 《最近官绅履历汇录》,第85页。

就城市居民这一点来说，他们是在外地主。与其说是资本家，倒不如说他们是教育工作者。一家汉口报纸报道："湖北省谘议局的绝大部分普通议员，在地方和武昌的学校里面供职。"①湖南的普遍情况也极其类似。这个教育工作者的巨大数目能够预示：既然儒家强调教育，把教育作为改革社会的一种手段，那么，当代新制学堂的重点，就要为新中国培养一支现代化的上流阶层队伍。但是，许多议员是教育工作者这个事实，并不证明谘议局仅仅反映了一个新的、原儒家知识界的阶级利益，——这同美国国会议员以律师为主这个事实一样，并不说明美国的国会，就只是反映了职业法律界的利益。

在评价省谘议局代表了刚出现的资产阶级这个论点的时候，我们仍然必须面对事实：湖南、湖北许多最杰出的工业资本家，并不是议员。在汉口，宋炜臣和许多其他的外省人是没有被选资格的。刘人祥有被选资格，虽然在收回铁路论争中，他和省谘议局的议员曾经紧密合作过，但他却明显地不愿意介入。在选举时刻，袁树勋和熊希龄两人都身任政府的重要官职。人们预测，他们将很不愿意放弃那个官职，而参加一个纯粹谘询性质的、其权力和影响尚属未定之天的省谘议局。尽管如此，这并不意味着，省谘议局不能代表这些人的经济利益。谘议局不是城市上流阶层的小圈子集团：它是这个阶层的代表机关。

那么，省谘议局用什么方式来代表城市改良派上流阶层的经济利益呢？他们曾给这个新阶层的经济发展计划以什么形式的政治支持呢？而且，新阶层对发展经济的探索，其政治后果又是什么呢？新阶层的经济发展战略，和其先行者（诸如早期的实业家盛宣怀）有某些相似之处。为了取得资金补助、纳税利益和市场垄断，两者都依赖与政府的密切关系。省谘议局就像触媒剂一样，必须为这种一致的公私利益服务。举例来说，湖南谘议局为了极力强调需要防止外国对中国内河轮船航运的控制，建议政府正式宣布成立一个新的轮船公司，批准

---

① 《公论新报》，1910年9月16日，翻译收入法磊斯（汉口），1910年10月15日，F. O. 228/1761。

它在一定航线上的专利,并保证以每年6%的红利,用来吸收私人投资。① 这个情况就和铁路一样,城市上流阶层不能依靠自己的力量,来负担铁路兴修计划的资金,这样,它们就转向谘议局求助。

不过,转向省谘议局,有别于转向官僚政权本身。谘议局能经常影响官僚政权,但它本身不是官僚政权的一个部分。因此就出现了这种可能:城市上流阶层成员,为了他们的事业而谋求政府的支援,不至使他们自己变为官僚资本家,不至使他们的事业在制度上与官府纠缠在一起。正是在这个意义上,这个新团体有别于盛宣怀之类的人。盛完全委身于公和私、官僚政权和资本主义的融合。在铁路论战中,城市上流阶层为铁路由公家资助、私人经营而斗争。1911年,它们的对手冤家,就是那拥护铁路由外国资助、政府经营的邮传部尚书盛宣怀。

省谘议局支持私人企业反对政府的斗争,还有着别的例证。1911年年初,税务局在汉口建立一家大的造纸厂之后,武昌总督瑞澂下令,所有学堂和政府机关从这家新厂购买文具用品。这样做,使较小的私人造纸厂和私人纸商面临被逐出本行业的威胁。在跟着发生的论战中,省谘议局捍卫了这些私人企业的利益。② 在大冶,汉冶萍煤铁公司开发了它的铁矿以后,地方绅士对于在这个地区开挖其他矿产资源,包括一个锰矿,渐次发生了兴趣。政府宣告,这个地区所有的矿砂,统属于盛宣怀的汉冶萍公司。这个纠纷最后发展成为一次暴乱,并且派遣了新军部队去进行弹压。在为私人发展这个地区的矿产资源的运动的组织者当中,最突出的是来自大冶的省谘议局的代表。③

露了面的城市改良派上流阶层的形象,是由个别人物渐次联合起来的一个集团。所有这些人物都具有传统绅士的威望信用。他们居住在省内的城市中心。其时,在西方的和日本帝国主义者的冲击下,

---

① 湖南谘议局:《湖南湘汉航业核议案》。
② 《民立报》,1910年10月30日;《公论新报》,1910年12月21日,翻译收入戈菲(汉口),1911年1月19日,F.O.228/1801。
③ TDSC,Ⅱ:2(1911年1月30日)第44页;《民立报》,1911年1月14日。

那些城市中心正在成为学生们领导的活跃的反帝运动的集中地点。开初,他们是那些学堂(正是那些学堂把学生们带进城市里来的)的居首的发起人。其后,当学生和当权者发生矛盾时,他们成了学生们的开明的保护者。这些城市开明士绅,渐次以收回经济利权和发展地方工业的反帝运动的领袖姿态出现。当宪政运动开始时,他们能够运用省谘议局,把自己的政治权力制度化起来。他们的政治理论是改良主义的和宪政主义的。透过省谘议局,他们看到了一种模式:假如把谘议局作为一个整体推广应用于全国,并赋予它以真正的立法权力,那么,这种模式就能把中国从无数疾病当中挽救回来,并且使她有力量反击帝国主义者的猛烈进攻。

在经济领域中,虽然许多城市改良派上流阶层人士无疑的是外出地主,但他们也是发展工业和铁路的幕后首倡者。他们运用谘议局来支援他们的实业计划,经常采取向一般人民征税的办法来资助企业。虽然如此,他们仍然坚持经济事业要摆脱政府的干预,并尝试运用省谘议局来抵制官僚政权对他们的企业的控制和统治。

一言以蔽之,他们是开明的城市上流阶层改良派。他们是那些保有功名的地主绅士阶层成员。这些人迁入城市,刚刚在这里谋求发迹的机缘,又碰到了帝国主义者要统治这些城市中心的威胁。在进行自卫时,他们的响应行动,应该说是进步的、爱国主义的。他们是沿着西方路线进行改良的真诚的拥护者:私人企业与立宪政府。但是,他们和他们所采取的西方模式,两者都基本上属于高层社会地位,对群众则存在着镇压的潜在倾向。虽然近来的美国历史著作,对于上流阶层改良措施镇压民众的本质,经常保持视而不见的态度,但是,当时的西方观察家,却不是那样做的。1910年,驻汉口的英国总领事用这样的词汇描述过湖北省谘议局的特征:

> 改良的计划错综纷繁,就像御史和官僚的普通建议一样,并不考虑可资利用的财政来源。地方报纸悲叹议员们的观点狭隘短浅,并且指出:他们不是绅士、就是现任或候补官员。因此,他们并不真正

同情群众,而是准备加重群众的负担。①

在下一章里,对这样一个上流阶层的改良纲领的某些后果,我们将要进行考察。

---

① 法磊斯(汉口),1910 年 1 月 14 日,F.O. 228/1761。

# 第四章 新政与群众

美国关于亚洲历史的著作,对于改良,经常有着一定程度的偏爱。人们宁愿喜欢改良所固有的渐进主义(特别是这种改良的模式,是从西方借鉴过来的),而不喜欢激进的革命。在研究日本的明治维新运动中,这种偏颇最为显见。日本的历史学家,已经从明治维新运动中,发现了日本在20世纪时期的帝国主义的根源,可是,美国的历史学家,却从那里面找到了一个亚洲的成功实例。中国的改良活动,从来也没有像日本明治时期那样获得"成功"。但是,在清末,人们看到,中国以极其旺盛的精力,按照日本模式,从上而下地努力从事改良活动,这就是所谓新政。新军、新学堂和新兴工业,省谘议局和向着立宪政府的进展,收回利权和爱国主义,所有这些,似乎预示着中国的一个新时代的黎明。用已故的、偏爱改良观点的芮玛丽的话说:"假如有过一个长距离赛跑的话,那么,在这个长距离赛跑中,中国很可能会遵循日本的模式;当时,她似乎落后不到20年,但她是能够赶上时间的。"①

这种见解的缺点,来源于它对群众、对在社会较低阶层活动着的社会政治力量,采取了漠然不顾的态度。美国的改良观点的支持者,和中国的上流阶层一样,有着忽视群众的相同倾向。例如,芮玛丽教授就做出了"'中国人民'与构成人口80%的农民之间的不合逻辑的但

---

① 芮玛丽:《革命的中国》,第26页。

是真实的区分"。很快,这种区分等于把"农民"从人民的范畴中排除出去了。因此,"人民意指那显而易见的20％"。① 由于忽视了群众,对改良抱着乐观观点的瑞德教授和其他附和者,也就忽视了清末新政的最大的反对力量。事实是,农民和城市贫民并没有从新政中得到好处,他们实际上因新政所强加的经济负担而备尝痛苦。他们反对只对上流阶层有利的新政,而这种新政却在日益西方化,似乎干着"洋化"中国的帝国主义勾当。这样,城市上流阶层愈益厉行新政,它就使自己愈益脱离群众。这种情势孕育出来的普遍不满,爆发为大规模反对新政和反对帝国主义的风潮。

在上一章里,我们考察了清朝新政运动与城市改良派上流阶层的关系。现在,我们将要看一看新政与人民群众之间的关系。新政运动一直伴随着一大堆强调"民权"的辞藻前进。省和地方的谘议局是要代表人民的,新制学堂是用来教育人民的,新军是为了保卫人民,以防外国侵略的。但是,"民权"的辞藻,掩盖了日益提高的绅士权力的实质。省谘议局于1910年由绅士们选举了出来。地方自治团体,从制度上和法律上,把绅士在地方社会上的统治确立了。集中设置在城市地区的新制学堂,与其说是为了扩大一般公众接受教育的机会,毋宁说是为了训练中国将来的上流阶层。由所有人民出力资助的收回铁路利权运动,特别有利于控制省谘议局和新制学堂的同一个城市上流阶层。

我们早已看到了新政运动的某些方面。现在,有待于我们把新政的内容当作一个整体来加以总结,并更加严密地观察一下诸如地方自治的这些方面;有待于我们评价一下这些新政的经济负担;最后,有待于我们细细想一想,人民反对新政的本质和程度。作为人民反抗的结论性的例证,我们将要稍微详尽具体地考察一下1910年的长沙抢米风潮,和这次风潮的意义深远的性质。这次人民义愤的爆发,在我看来,是人民群众反对新政措施和反对帝国主义联结一起的结果。

---

① 芮玛丽:《革命的中国》,第43页。

## 清末新政的本质和内容

上面,我已经把某种看法定性为对清朝新政运动的乐观观点,并且对此提出了疑问。我这样做的意图,并不是要说,新政活动的范围小了,成绩小了。我主要是希望,提请人们对新政的阶级特征的注意。新政诚然是全面彻底的,是蔚为壮观的,甚至是含有革命意味的。它们试图把中国再造刷新,而且,它们也确实获得了相当成果。可是,另一方面,正由于它们涉及了广阔的社会领域,它们所付出的代价,就一定很昂贵。而这种重负,则是由一般百姓来承担的。

且别说那些新政的阶级本质——诸如改变统治阶级的政治制度,改变训练和征集上流阶层的办法,贯穿一切新政措施的主要内容,就是西方化。别的人宁肯采用"现代化"这个词儿,并且推论:西方经验是放之四海而皆准的,因而,西方的现代化经验,在世界上任何地方实现现代化时,都是必不可缺的模式。[①] 我宁愿避开这类"现代化"的理论。这不只是因为,别的模式似乎也存在着;而且因为,20世纪初期,没有一个中国人会怀疑,他们所推行的改良模式不是西方的(或由日本作媒介的西方模式),或者他们的改良活动,在事实上不是西方化的实例。人们说到西学、洋务和洋学堂,这种新政措施的专门名词,就指出了它们的外国渊源。

最早的改良活动是在教育领域内进行的。它牵涉到广泛设置相当新的课程科目。它既包括经典和中国古代史的传统课程,也包括如科学、数学和近代历史这类学科。关于这些改良活动的特征,按照一种最近的说法是:"对经典著作的学习研究并未摒弃,但是,它被自觉地冲淡了。政府现在致力从西方搜寻特别的技术和知识。"[②] 上流阶层不再以它的对古代经典的精通纯熟和高等文化的礼仪节度见称,而将

---

[①] 举例来说,见芮玛丽:《革命的中国》,第5—7页;或米切尔·革士特:《中国政治现代化中的改良与革命》,收入于芮玛丽,第67—96页。

[②] 杨格:《爱国主义,改良与共和革命》,收入于詹姆士·B·克劳列,《现代东亚:解释论文》(纽约,1970年),第158页。

要以它的专门化知识及其运用的功利主义的标准来规范。

新政活动被规划为使中国能够抵抗帝国主义。在这方面,最重要的改革,就是建立一支有战斗力的、装备良好的军事力量。军事改革在1894—1895年中国惨败于日本手中之后开始,在1900年义和团大灾难之后,才获得了充分的动力。目的是效法德国和日本,建立一支现代化军队,到1912年,军事力量计划达到36个师。形式上,兵部负责对新军的统一指挥和调度;事实上,这些军队是在每省的基础上募集和训练起来的。举例来说,湖北有一支包括一个步兵协和一个混成协的较大的军事力量,但大部分限定驻扎在武汉。湖南有一支一个协的较小的军队,全部驻扎在长沙。当然,要找到嘲笑中国军队的外国记载,确实不费吹灰之力,但是,相当多的证据表明,中国已在军事现代化的长征中前进了不少。①

也许更为重要的是,在此时期,军事职业的地位是被自觉地、实质性地提高了。报纸提倡尊崇军事。立宪派政党都有"提倡尚武教育"的纲领。新军的军官,特别是那些在日本高级的士官学校受过训练的军官,被大规模地从保有功名的绅士家庭征集。② 湖南和湖北有若干例子,新的上流阶层文官的儿子,成了新军中的军官,及至成为军事上流阶层的一员。③ 这样,和新的教育政策一样,征集上流阶层的方式改换了,并且出现了多样化:军官的职业,正好和在官僚政权服务的文官一样值得尊敬。身着西式军装的自尊的青年,取代了受人轻视的头戴草帽、脚穿芒鞋的"油渣"军人。

至少,在制度的外表方面,和军事上完全一样,文官政府正在迅疾地实现西方式的现代化。除了立宪运动不说,我们还可以指出:创建了邮政局;介绍进来了独立的司法系统;首先严谨地按照西方法律,制定了一部全新的刑法,虽然这种刑法对西方法律作了某些增订,纳入

---

① 见芮玛丽,第27页,第35—36页;腊夫·L·鲍威耳:《中国军事力量的兴起,1895—1912》(普林斯敦,1955年),各处。

② 苏堂栋:《云南军队的兴起和衰落,1909—1925》(剑桥大学博士论文,1970年),第23—25页,第51页。

③ 见传记,收入田原天男,第88—89页,第205页。

了一定的中国的道德伦理观念；以及在省的官僚政权里，出现了巡警道、劝业道和交涉使一类的专门化职能机关。在省城内，创办了巡警学堂。大部分的现代警察力量，虽说仍然被限制在主要城市中心，但是某些城镇里的地方保甲公所，至少被更名为巡警公所了。①

用认真态度和饱满精力从事改良活动的最好例证，也许是清朝试图在中国消灭鸦片种植。要停止从印度向中国输入鸦片这种有利可图的贸易，英国人提出来的先决条件是：中国自己必须消灭鸦片种植。芮玛丽写道："禁烟运动可能是世界历史上扑灭一种现存社会祸害的最大的、最有生气的努力。"依赖"嗅觉锐敏的英国观察者"的报告材料，她估计，"到1911年为止，种植罂粟的80%的土地，已经改种粮食作物，凡是继续吸食的鸦片，都是秘密的。"②这种估计，很可能是过于乐观了。英国人不像一度干过的那样热衷于鸦片贸易，这是因为：在国内，有一个新的自由党的政府，和一个正在兴起的禁烟运动；在国外，英国的其他出口贸易有所增加，为了平衡它对中国的贸易，鸦片走私不像19世纪那么重要。③ 其实，他们的观察家用不着"嗅觉锐敏"。日本的调查者发现，1911年6月，在汉口，仍有1 492家烟馆营业；在湘西和湖北，罂粟还在继续种植，甚至组织了种植者联合会，以抵制禁烟法令。④ 情况尽管这样，但禁烟运动，特别是在主要种植鸦片的西南省份，仍然雷厉风行地开展，这反映了一种自上而下立法，按新的、进步的面貌重建中国的认真努力。

在前一章里面，我强调了城市改良派上流阶层及其主要改良设施在省城里的集中。不过，这不应该设想为，清朝的新政活动，全部局限于省城里面，而远离中心的地方不受影响。倒不如说，明显的方式是，

---

① H. S. 布隆勒及 V. V. 黑格尔斯特朗：《当代中国政治组织》，A. 柏琴柯和 E. 莫南翻译（无出版地点，1911年，重印于台北，无出版日期），第395—423页；埃斯特·摩里逊：《儒家官僚政治的现代化》；关于警察学校；TDH，——五号(1909年6月)，第34—35页；关于农村警察，王阎运，1909年5月18日，第917页。

② 芮玛丽，第14页。

③ 见波多野善大：《辛亥革命前夕的农民抗议》，《东洋史研究》，13：1,2(1954年)，第90页。

④ TDSC，Ⅱ：8(1911年4月20日)，第36页；Ⅱ：12(1911年6月20日)，第26页，第42页；吉福奥四郎报告，日本外务省档案，1—6—1—4：2—1—1，第一卷第352—353页。

在省城里的一省的城市上流阶层,控制了诸如省谘议局这样的机构,和范围涉及全省的铁路公司。这也就是他们领导全省范围的新政运动。通过在省城里的自治研究所、巡警学堂、技术和高等教育学堂,这个上流阶层试图为全省较小的城市训练(或重新训练)一个从属的改良派上流阶层。这个第二级的上流阶层,将要统驭控制地方上的新政活动。不过,地方上的新政活动,从未取得像省城里的新军、新学堂、省谘议局或现代经济企业等方面的广度和出色成绩。地方上的新政,一般的被限制在发展新的学堂制度、地方自治会、警察以及禁栽鸦片这些领域之内。

  自然,在每一个地方,新政活动也不是以同样的技术和精力来推行的。一般来说,新政活动实行得最彻底的是府城。湖北肯定就是这种形式。在长江上游的府城荆州,从日本归国的留学生和新制学堂的毕业生领导运动,建立了新学堂、巡察和自治机构,还进行了预备选举的人口普查。在汉水流域,襄阳、安陆和德安所有这些府城,都进行了最有生气的新政活动。至于其他地方,精力则集中于建立学堂、巡警和自治机关上面。意味深长的是,并非府城的那些商业中心,像天门(安陆府最繁盛的城市)、老河口(汉口之上的汉水流域最热闹的城市),却以它们在着手新政活动方面的落后状态而闻名。①

  这种方式的含义是很清楚的。府城是绅士们集中的自然地区,是旧式儒家书院、定期官府科举和地方政治权力中心。另一方面,可以贡献出新的财富资源的喧扰的商业中心,却难于给定居的绅士们提供任何政治和文化的报偿。更有甚者,作为秘密会党活动的中心,常常是那些不守法度和难于驾驭的城镇。绅士中的迂阔迟钝之辈,是不会被集中到这里来的。这样,虽然教育或警察新政活动的实行家,常是受过西方化教育的年轻人,但是,他们能够最有成效地开展其改良活动的地区,却是既定的绅士势力中心。新鲜血液正被喷射注入早已建立起来的绅士权力的河渠。假如一个商业中心不也是一个府城或省

---

① 吉福奥四郎报告,日本外务省档案,1—6—1—4;2—1—1,第一卷第 332—334 页,第 403—405 页,第 437—438 页,第 448—450 页,第 467—468 页,第 480—481 页。

城,那么,商业活动的繁盛与新政活动的进步之间,就没有什么关联作用——或者甚至有一种相反的关联作用。自然,这样的论断,就和把这些地方上的新政活动的特征作为"资产阶级"的提法大相径庭了。

传统的绅士设置和新政设置之间的连续一贯性,在地方自治团体当中最清楚地看得出来。这些都是被保有功名的绅士们所控制的。湖北的城议事会和城董事会的数字透露:出身于绅士的人,分别占其成员的 98.6% 和 99.5%。可以预料得到,"较低层绅士"成员甚至比在省谘议局还更为突出,在城议事会占 55%,在城董事会占 48%。① 自治团体拥有类似那些经常由绅士们担负的职权:教育、公共事业、公共卫生、慈善救济事业和发展经济。不过,这样一来,就扩充了计划项目和西方化的内容。举例说,在教育部门里:自治社团负责指导初等小学、孤儿院、教育协会、劝学所、讲演会、图书馆和阅报室的创设建立。在发展经济方面,自治团体是应该致力于促进农业、手工业和畜牧业的改革;寻求解决失业问题的方案;指导水利工程;以及建立提高工业生产的工厂和技术学校的。② 如果这种完满计划(再加上人们盼望着的公共卫生设施和公用事业)得以实现,那么,中国的面貌就真正重新改换了。然而,这类新政太全面、太彻底,难期即时完成。到辛亥年为止,除了一个自治议会、若干所学校和一支警察力量以外,绝大部分地区都进展不大。有些地方,甚至还没有达到这个程度。根据《湖北地方自治研究会杂志》的一篇文章所说:

> 吾见近日各厅、州、县所办之城、镇、乡地方自治,大都敷衍了事,有名无实。指定一公产房屋,高悬一自治牌衔,非不冠冕堂皇,震耀乡愚之耳目,而内容腐败,条规不备,体制不完,不知自治之性质,不谙自治之规程,非迟延冷淡,即好事纷更,予官吏以人民无自治程度之口实。③

---

① 寺木德子:《清末民国初年的地方自治》,《茶道史学》,V(1962年)第 16—17 页。
② 肖仲勋,第 3 页,收入《湖北地方自治研究会杂志》,第十一期。
③ 同上,第 1 页。

这是当时的一种抱怨:自治团体啥事儿也没干,全然无用。另一种普遍批评指出,"劣绅"利用自治机构,猎求非法利益:

> 由多数人民公选合格士绅,担负公法上之义务,有兴利除弊之责任。……则中选士绅,多半为平日城、镇、乡中最占势力者,试问未办自治以前,平日在城、镇、乡中不武断乡曲者,能有几人乎?一般忠厚耄老者流,不知自治为何物,类皆畏缩而不前。狡黠之徒,乘机而起,乡愚无识,平日蜷伏于其威权之下,无有敢直指其为章程第十七条之消极资格者(指劣绅之当选,引者注)。一旦厕身其间,滥膺斯选,势必视自治公所为鱼肉乡民之具,借官恃势,假公报私,名为自治,实以自乱,只知吞款,而不知捐款,只知欺贫,而不知恤贫。①

报纸上充满了对自治团体的这一类批评。这里有一个惟妙惟肖的比喻:"自治政府结果比老办法还要坏,老办法只是把绅士当做可以调动的老虎官员的狗腿子,现在绅士却成了坐镇一方、不可调动的老虎了。"②在通商口岸的报纸上,和在省内改良派领袖们的机构内部的这一类批评,是重要分歧的指示仪表,它把省里的城市改良派上流阶层和自治议会的绅士们分割开来了。这样就出现了上流阶层一分为二的情况:把城市改良派和地方绅士区别开来了。城市改良派试图在自治研究所替全省各地训练一个从属的改良派上流阶层的努力,只取得部分成效。地方绅士从来也没有对于西方型宪政主义的同样的进步热情,对于发展现代经济及收回利权,他们也不表关切。这些情感,都曾经由城市改良派上流阶层发挥出来。它甚至可能如市古宙三所曾揣测的:"一般来说,……掌握地方自治政府职权的绅士们,是对西方化一点不感兴趣的顽固派人士,他们只对有益于自保身家的宪政改革产生兴趣。所以,他们总是假借地方自治的名义征税,并把税款

---

① 肖仲勋,收入《湖北地方自治研究会杂志》,第十一期,第2页,第4页。
② 《政治评论》,1909年11月16日,翻译收入法磊斯(汉口),1909年11月24日,F.O.228/1730。

落入腰包。"①

不过,地方绅士的保守主义,意味深长地符合于他们参加新政机构的原意。他们彰明昭著地为关怀一己、保持自我而进行活动(当然,也难期望他们能为别的什么目的而活动):绅士们扶植新学堂,用来培养他们的子孙;支持地方警察,用来保护他们的生命财产;拥护地方自治设置,以行使比过去任何时候可能做到的更广的对地方政府的形式上的统驭。保持他们的上流阶层地位的顽固企图,运用新政设置来完成任务的灵活愿望,这两者的结合,使新政措施对于人民群众明确地具有压迫的性质。学堂、自治团体和巡警,是为了替上流阶层服务而设计的。虽然它们的代价昂贵可观,并在实际上要求增加税收。我们将会看到,这一类税收的负担,落到了一般人民的头上。由于税收从全县征集,而学堂和其他新政设置集中在县城和省城,因此,尽管按照地方上的水平征税,却仍然存在着为城市而朘削榨取农村的趋势。②

## 资助新政措施

精确地测定晚清新政措施的真正代价,可能是永远也办不到的事情。有关分析这种代价的最基本的资料,是 1911 年向中央政府呈送的各省的财政说明书。当然,这些说明书也还有若干缺点。第一,它们大部分根据 1908 年的数据,因而没有包括 1909 年省谘议局成立后征课的为数可观的新税。第二,它们经常漏报了学堂建设、巡警和地方自治的资金开支。这种资金是由各县征集和保管的。因为只有新军开支超过了新学堂的开支,这就是资料中的一个重要差距。尽管这样,省财政说明书和其后制定的省预算,为一个最低限度的估计提供了足够的资料:在清朝统治的最后几十年期间,总税额增长了 1 倍。

---

① 市古宙三:《绅士的作用:一个假说》,收入芮玛丽:《革命的中国》,第 302 页。也见孔菲利:《近代中华帝国时期的起义和它的敌人》,第 216—225 页。
② 见汤化龙,第 4—5 页,收入《湖北地方自治研究会杂志》,第十一期;及第 1—2 页,同一期的瑞澂的报告。

也许这种增长的半数反映了通货膨胀的形势,但是,大约从 1906 年开始,税收增长的比率,就明显地超过了通货膨胀的比率。①

湖南财政说明书表列了 19 世纪中期的省税收入粗算为 200 万两。这个数字肯定估低了,但并非必然就是一个最严重的低估。王业键最近关于湖南 1753 年田赋的估算,恰好提供了同样的数字。由于 19 世纪中期田赋占了税收总额的 75%—80%,因此,我们可以推断,在 19 世纪 50 年代,湖南的税收总额是 250 万两。② 镇压太平天国的支出,使那个数字增加了,而新政措施甚至增加得更多。到 1911 年为止,省决算显示:收入为 6 745 000 两,支出为 8 317 000 两。③ 报告中的赤字,毫无疑问是省向中央政府要求得到减轻其义务的一种典型手法。如果这样想的话,税收则是报低了的。因此,太平天国以来税收增加了 3 倍,并且,作为晚清新政措施的结果,税收增加 1 倍,这样的估算似乎不是没有理由的。在湖北,张之洞在武昌作为总督执政的任期内,据报告,税收正是这样增加了 1 倍的。从 1889—1907 年,省税从 700 万两增加到 1 500 万两。④

主要是新政使税课增加。在湖北,日本总领事报告,从 1910—1911 年,为军事、教育、法律、巡警、行政、自治政府、工业和铁路等新政措施年支出总数为 1 000 万两。⑤ 庞大的湖北新军,在决算中是最费钱的项目,据估算占了省支出的 50%—60%。⑥ 湖南的财政说明书提供了由该省负担的新政用费的某些印象,有如表 4 所示。

这些数字虽然相当可观,但是,它们明显地低估了清朝最后数年的新政措施的总代价。一个显著的遗漏,就是加到田赋上面的"租股"。这笔款项在计算时作为铁路公司的、不作为省的税收。根据原

---

① 王业键:《中华帝国的地租:1750—1911》(剑桥,马萨诸塞,1973 年),第 115—128 页。
② 湖南清理财政局编辑:《湖南财政说明书》,"摘要"(曾效)第 1 页;王业键:《中国地租征收的估算:1753 和 1908》(剑桥,马萨诸塞,1973 年),表 27;费维恺:《关于 1870—1911 的中国经济》,第 64 页。
③ 杨文鼎奏折,摘引入 HNJBN,第 265—266 页。也见唐乾一,卷二第 111 页。
④ 恒慕义,第 29 页。
⑤ 菊池贵晴,第 505 页。
⑥ TDSC,Ⅰ:3(1910 年 7 月 30 日),第 46 页;法磊斯,1908 年 10 月 15 日,F.O.228/1697。

来的规定,这些租股估计为每年提供 1 137 000 元(818 640 两);根据 1909 年省谘议局通过的累进税方案,每年为 3 000 000 元(2 160 000 两)。学校经费 40 万两,仅仅用于长沙的高等学堂和维持留学生费用。这样,既存在着地方警察和地方自治团体的可观的附加开支,也存在着各县所扶植的初等学堂可观的附加开支。

表 5　　　　　　　　　　湖南新政措施的代价

| | |
|---|---|
| 海军 | 90 000 两 |
| 新军(在中国北部) | 200 000 两 |
| 新军(在湖南) | 400 000 两 |
| 学堂(省办) | 400 000 两* |
| 巡警 | 100 000 两 |
| 收回铁路 | 500 000 两 |
| 立宪准备 | 44 000 两 |
| 人口普查 | 16 000 两 |
| 总　　计 | 1 750 000 两 |

资料来源:《湖南财政说明书》(长沙?,1911 年),各处;杨文鼎的奏折,摘引入《湖南近百年大事纪述》第 265—266 页。

在负担这些新政措施的开支中,各省感觉掣肘的是这样一个事实:有些新政措施自然地减少了税课收入。最显著的是,禁烟运动使湖南每年失掉鸦片烟税收入 24 万两,湖北则为 9 万两。[①] 除此之外,人民负担额外税课的能力,被实质上附加的税课(即人民已在支付的辛丑赔款)所限制:湖南每年赔款 70 万两,湖北每年则为 120 万两。

在资助新政措施时,湖北比湖南更为困难,最后被迫举借外债。这里有若干条理由:它的新军比湖南大 3 倍;张之洞的工业企业开销花费大而无利可图;以及湖北没有湖南从其官办矿务局征收来的那种税款。1908 年,总督陈夔龙被迫从中外商人手中举借一笔为数 300 万

---

　　* 译注:据《清宣统政记》第三九卷第 29—31 页,杨文鼎奏折中称:"……又游学暨学堂经费,原指拨赈粜米捐、铜圆余利;今米捐改拨,铜圆停铸,少银四十余万两,……"

　　[①] 关于湖南,《湖南财政说明书》,卷六第 1—14 页;关于湖北,TDSC,Ⅰ:3(1910 年 7 月 30 日),第 46 页。

两的借款,用以支付新政措施增长着的费用。次年,该省打算出售240万两的公债。最后,1911年,当年度资助费用和偿付债务的总额达到1 706 588两的时候,新上任的满族总督瑞澂,同意从六家外国银行团接受200万两借款,年率7%,用来整理和支付该省正在增长的债务。省谘议局发出呼声,反对举借外债以资助新政措施,但总督还是借了这笔钱的。①

除了举借外债的治标方法以外,正在增长的新政措施费用和对外赔款的负累又怎样承担呢?湖南和湖北用不同的方法处理了这个问题。这种区别,始于解决辛丑赔款的方式。湖北在田赋上面增加为数20%的超征。不久,张之洞减免了这笔资金,把它移作地方上扶植新学堂的用费。巡警和地方自治这些新政措施,也同样地是由超征的田赋来维持的。加于田赋的百分比还弄不清楚。一份当时日本人的报告,指出超征的比例为10%—30%,王业键最近的研究,则假定增长比率为35%。②

在湖南,当怎样解决辛丑赔款支付问题需要做出决定的时候,王先谦率领士绅们反对增加房税和田赋。对于这个问题,王先谦是这样说的:"吾恐扰民"。但是,很明显,他所谈到的"民",并非一般百姓,而是地主士绅,因为他的代替建议是,"为计口收捐之议,仍取之盐价,每斤加收四文"。③ 结果是一个实际上税率递减的税课方案,但这个方案终于被采择了。把大部分赋税负担从自己转嫁给一般百姓,高级士绅们总算是胜利了。整个这段时期,湖南在避免增加田赋方面也是非常成功的。④ 湖南得以从盐税中取得为支付辛丑赔款所需的巨大数额,使那种方式成了资助新政措施开支的方式中最普遍的一种。1911年,

---

① TDH,第一二〇号(1909年11月),第79—80页;法磊斯(从汉口)致朱尔典,1909年12月8日,1909年12月18日,F.O.371/859;TDSC,Ⅱ:10(1911年5月20日),第31页;Ⅱ:15(1911年8月5日),第48—50页;Ⅱ:17(1911年9月5日),第51页;Ⅱ:18(1911年9月20日),第47—48页。

② 山田胜治报告,日本外务省档案,1—6—1—4:2—1—1,第196页;王业键:《估算》,第19页;魏颂唐:《湖北财政纪略》(湖北,1917年),卷一第19页。

③ 王先谦,中卷第68页;也见YSJ,第10页。

④ 王业键:《估算》,第19—20页。

湖南财政说明书列举了 26 种不同的盐税征课。① 但是，在盐税的这种有如梯形的增长中，湖南并非只此一家、无可匹敌的。在全国范围内，盐税收入从 1900 年的 2 400 万两，增加到 1911 年的 4 000 万两。②

增加财政收入的第二个主要办法是铸造铜币，也就是说，使这种穷人使用的货币出现通货膨胀。从湖南和湖北造币厂取得的财政收入总数，是不可能测定出来的。根据革命后的一份记载，从 1902—1911 年，省政府从湖南造币厂提取了 400 万两，主要用来维持新军。据 1911 年湖南财政说明书称，1908 年以前，所有新政措施和新军经费，都从铸造新币而来。光是 1908 年，湖北造币厂就表示，有着一个粗算为 725 000 两的纯收益。什么样的明确的数字，大可不必理睬，人们普遍断言，新政规划中开支最大的新军，是由增加盐税和铜币通货膨胀来维持的。那个断言是毋庸置疑的。③

盐税和通货膨胀是财政收入的最重要的新来源。但是，苛捐杂税的激增，也成了人民十分不满的根源。正在辛亥革命前夕，驻长沙的英国领事，概括了新政措施强加给人民的赋税负担：

> 全省各县在量入为出方面，似乎发现了极大困难，这主要是由于介绍进来的无数新政措施的开支引起来的。他们动了很多脑筋，考虑实行新的税收方式，来解决地方自治、巡警和教育经费的开支。这些新的税收中有：根据田赋、漕粮和田房契税的附加税；向商店、房屋和租房的课税；宰杀猪、牛税；生铁、纸张、兽皮、木材、煤炭、豆类、食盐、烟叶、食油和轮船票的税；出口的大米、生猪、陶器、烟酒等税；手推车和青楼妓院的税；以及对于送请仲裁的案件的税。毫无疑问，

---

① 《湖南财政说明书》，第四卷第 1—12 页。
② S. A. M. 艾德敩：《中国盐政管理的现代化》（剑桥，马萨诸塞，1970 年），第 25 页，第 43 页。艾德敩的数字表示，盐税收入的更重大的增长，是在清统治下出现的，不是在他的研究中所赞美的外国经理的盐务机构下出现的。外国盐政机构所做的，是将一个省的财政收入，转交给袁世凯和军阀的北京政府。
③ 见菊池贵晴，第 505—511 页，及 TDH，第一○一号（1908 年 4 月），第 44 页；《公论新报》，1909 年 12 月 31 日，翻译收入法磊斯（汉口），1910 年 1 月 15 日；同上，1910 年 1 月 15 日，收入法磊斯，1910 年 1 月 21 日；法磊斯，1910 年 3 月 9 日，所有都收入 F.O. 228/1761；TDSC，Ⅰ：7（1910 年 9 月 30 日），第 37 页；唐乾一，第二卷第 11—12 页。

> 税收是陡增猛涨的,特别令人痛惜的是,征集的钱都不拿来做一丁儿好事,这就使得新的税收加倍不得人心了。①

湖北拟就的1912年的预算,其中来自激增的特别税收的财政收入总数,提供了某些资料。在那个预算里,从前占政府财政收入75%—80%的田赋收入,现在只占1/4了,其余的3/4,来自盐税、杂捐和表列为"临时收入"的与新政措施有关的"捐献"。②

在资助改良派上流阶层的计划——新政措施——的过程中,不只是税收增加了,而且,税收事实上偏离了造福于穷人的纲领。其最著者是湖南从该省出口的米谷上面征集的"米捐"。这种"米捐"的初意,是资助公共谷仓,以便在饥荒时候开仓赈济人民。不过,1907年,所有这些资金,都转移到收回铁路利权上面去了。③ 在地方上也经常出现改良派卖掉仓谷,用来资助新学堂的情况。④ 这类政策的致命后果,我们将会从1910年的长沙抢米风潮中看到。

资助晚清的新政措施,显示出改良派绅士权力提高了的某些重大社会后果。在清王朝的最后数年里,官僚政权与绅士之间的权力的微妙平衡被破坏了。官僚政权限制绅士向一般人民征收捐税的能力丧失了。清政府再也不能发挥朝廷政权的正统作用——保卫穷人,免遭地方"封建"势力的过度压榨。在铁路国有化和取消铁路公司的租股时,中央政府重申那个作用:"际兹新政繁兴,小民之负担已重,倘不量加体恤,将此项无益于民之举革除,农田岁获,能有几何?"⑤* 但是,铁

---

① B. 吉尔士(长沙),1911年10月12日,F. O. 228/1798。
② TDSC,Ⅱ:14(1911年7月20日),第24—25页。
③ 《湖南财政说明书》,第八卷第1—2页。
④ 王闿运,1908年10月8日,第903页。
⑤ 上谕收入 HNLSZL,1959年第二期第110页。
  * 译注:这是1911年5月22日(阴历四月二十四日)的上谕;目的是为了停止川、湘两省租股,将铁路干线收归国有。上谕还有"此外如有另立各项名目捐作修路之款,一并查明请旨办理"之语。看来,原意不仅仅在于取消租股,还旁及其他。上谕责成"该督抚迅即刊刻誊黄,以不负朝廷体恤民艰之至意"。这个上谕反映了清王朝中央集团和地方绅士集团之间的矛盾,中央集团的真正意图是,垄断铁路兴修权利,彻底卖国,与"体恤民艰"是了无关系的。

路国有化仅仅是对绅士权力的有限、短暂的削弱。在数月之中,辛亥革命之际,权力愈加从中央政府转向绅士一边去了。直到1949年,中国的中央政府才重获权力,保护中国人民免遭地方绅耆的税捐勒索。

## 民众反对新政

清朝的新政,是属于上流阶层、服务于上流阶层的设施:反映他们的利益,训练他们的子侄,替他们维护治安。但是,新政带来的苛捐杂税和通货膨胀,首先影响了绝大多数人民。新政的后遗症是:普遍的不满,报纸的抱怨,和最后的暴动抵制。新政缺乏实际的利益和显见的进步,导致了接二连三的谴责:"铜钱硬币的铸造和出口禁令,……使物价上涨,而这只是填满了少数贪婪的大官们的钱袋。"[①]甚至1908年一次暂时的停铸,也不足以制止通货膨胀。1910年暴动迸发的浪潮席卷全国,北京的英国代办提到,"由铜币贬值引起的物价上涨",是骚乱的首要原因。[②]

没有物价上涨的系统报告,来衡量两湖地区通货膨胀的比率。王业键最近曾经估算,把全国作为一个整体,在1895—1910年之间,银价上涨了67%。[③] 1908年,驻宜昌的英国领事发现,在前十年之内,用铜币购买芝麻油、皮棉、小麦、大麦、酒类、食盐和猪肉,其价格上涨几乎接近了100%。[④] 从汉口来的一份报告显示,依据铜币——穷人的常用货币——计算,米价的通货膨胀实质上大于其他交换手段。[⑤]

---

① 《中外日报》,1906年3月29日,翻译收入法磊斯(汉口),1906年4月7日,F.O.228/1632。

② 马克思·穆勒:《年度报告:1910年》,F.O.405/201,第57页。

③ 王业键:《清朝时期物价的长期趋势(1644—1911)》,《香港中文大学中国文化研究所学报》,第五卷第二期(1973年),第361页。

④ H. A. 立特(宜昌),1908年7月25日,附录D,F.O.228/1693。

⑤ 特纳(汉口),1910年8月6日,F.O.228/1761。

表6

|  | 1885年<br>价格/担 | 1910年<br>价格/担 | 1910年的价格<br>（以1885年的价格为100） |
|---|---|---|---|
| 铜币价 | 2 000文 | 8 000—9 000文 | 400—450 |
| 银币价 | 1.98元 | 6.00—6.70元 | 303—338 |
| 英镑价 | 7先令2便士 | 10先令6便士—<br>11先令8便士 | 145—161 |

依据英镑计算，当米价只上涨大约50％的时候，如果改用银币，米价上涨3倍，铜币则上涨4倍。这种通货膨胀并不局限于主要商业中心。日本人的报告提到，由通货膨胀引起的骚扰，实际上遍及于湖北的每一个角落。①

可以断言，对于脱缰野马似的通货膨胀的抱怨，和对于增加捐税的抱怨，是同样普遍的。最一般的话题是，不管捐税增加多少，但新政没有一点实际利益。一家大体上算是克制的汉口报纸写道：

> 命令下来，征集印花税和军需开支，不考虑人民的负担能力。所有这些，都是在无人敢于反对的一片改良的喧哗声浪中进行的。……但是，绝大部分的新政仅是赝品，我们尽其所有的千百万钱财花掉了，却没有得到一点实际报偿。这样的新政，仅仅是一个蒙蔽我们的弥天大谎，以此作为由头来经常榨取我们的财富而已。……②

这样的怨言真是不胜枚举。许多改良设置明显的是假东西。毋庸置疑：贪官污吏和绅士，把资助新政征集来的财政收入塞进私囊。但，无法否认的事实是，新政仍在继续进行：新军的规模和力量在发

---

① 见吉福奥四郎报告，日本外务省档案，1—6—1—4：2—1—1，第一卷第335—336页，第355—356页，第371—372页，第476—479页，第485—486页；山田胜治报告，同上，第194—196页也论述了通货膨胀。在1904—1910年之间，日用必需品的上涨价格，据说从最低限度20％—30％至最高极限200％。

② 《公论新报》，1910年1月9日，翻译收入法磊斯（汉口），1910年1月15日，F.O.228/1761。

展;新学堂在兴起;邮政局和法庭建成了;省的和地方的自治团体正在创设,并在厉行地方上的其他改良规划。然而,除了少数参与新政设施的改良派上流阶层之外,对于老百姓来说,新政运动的成果依旧是可望而不可即的。

中国需要一支现代化的军队,以抵御帝国主义的入侵,对此,没有任何人提出反驳疑难。可是,事实上,从来没有人见到过抵抗帝国主义者的新军。相反,人民看到过,1906年,军队镇压了民众的萍浏醴起义;人民也看到过,1910年在长沙、1911年在汉口(见下),军队保护帝国主义者的商业、领事馆和租界地区。省谘议局是城市绅士权力的最重要的新的设置,但是,没有人能够指出,他们亲自从这类设置里得到过什么好处。警察通常是被看成为没有受过教育的游民,和旧式民团比较,只是多费财力,并不多见成效。至于新学堂,穷人既无时间,又无金钱上学;小商人的"中间层"和富农认为,初等学堂不适于在社会上发迹,就他们的微薄收入而言,中等和高等学堂又过于昂贵。此外,新学堂和新学从不提及农民的需要,和村塾老师的更为灵活的传统制度相比,它们似乎距离更远,指望更少。① 1927年,毛泽东这样回忆在当时一间湖南新学堂做学生的亲身经历:

> "洋学堂",农民是一向看不惯的。我从前做学生时,回乡看见农民反对"洋学堂",也和一般"洋学生"、"洋教习"一鼻孔出气,站在洋学堂的利益上面,总觉得农民未免有些不对。民国十四年在乡下住了半年,这时我是一个共产党员,有了马克思主义的观点,方才明白我是错了,农民的道理是对的。乡村小学校的教材,完全说些城里的东西,不合农村的需要。小学教师对待农民的态度又非常之不好,不但不是农民的帮助者,反而变成了农民所讨厌的人。故农民宁欢迎私塾(他们叫"汉学"),不欢迎学校(他们叫"洋学"),宁欢迎私塾老师,不欢迎小学教员。②

---

① 山田胜治报告,日本外务省档案,1—6—1—4;2—1—1,第151—153页。
② 《毛泽东选集》(北京,1964年),第一卷第41—42页。

对新政的不满既广泛,又深刻。新政被看做是"对人民施行暴政的罪恶政策"。① 对新政的反对,经常导致暴动:

> 新政愈益实行,财政资源愈益枯竭,而人民则愈益痛苦。常常因为这一点,人民和官府之间的矛盾增长了。学堂被破坏,巡警局被破坏,教堂被破坏。人民的愤怒甚至扩大到外国商人。天哪! 新政对人民毫无好处,相反,只是伤害了他们! ②

如这一节所列举的,开始时指向西方化新政的暴动,尔后经常波及西方势力的象征——教堂和外国商业。我们将要简短地分析一下在公众观念中把新政和帝国主义联系起来的这种趋势。在目前,提供关于暴动的普遍性某些说明是必要的。

从 19 世纪临近结束的年代开始,普遍性的暴动,从土匪到秘密会党的"原始造反",再到群众暴动,似乎在不屈不挠地发展。如果王闿运的日记有某些参考价值的话,早在 1895 年,对农村绅士来说,人民暴力就成为一个主要问题了。王虽然认为,"盗窃风波,客中所有,携家远游,非计也"③,但这正好反映,有钱的人从农村的乱哄哄之中逃走,农村的治安发生问题,给了绅士上流阶层的城市化以进一步的推动力。和人一样,钱也从农村地区消失:"各地的富家翁,正在把金钱存入外国银行。"④

新政负担越来越重,地方上的骚扰不安也就迅速增长。中国历史学家的最近研究提到,1909 年的"反抗斗争"有 113 次,1910 年 285 次,其中有 90 次集中在长江流域的中下游。⑤* 当时的报告,也指出了

---

① 山口,日本外务省档案,1—6—1—4:2—1—1,第三卷第 1361 页。
② 山田胜治报告,日本外务省档案,1—6—1—4:2—1—1,第一卷第 150—151 页。
③ 王闿运,1895 年 11 月 19 日,第 627 页。
④ 山田胜治报告,日本外务省档案,1—6—1—4:2—1—1,第一卷第 155 页。
⑤ 汪诒荪:《辛亥革命时期资产阶级与农民的关系问题》,收入 HXWSLW,上册第 135 页。
\* 译注:据汪诒荪:《辛亥革命时期资产阶级与农民的关系问题》一文称:"初步统计,1909 年的人民反抗斗争有 113 次,到 1910 年骤增为 285 次。除边远地区之外,各省普遍爆发抗捐、抢米、反饥饿的斗争,仅长江下游和两湖一带在这一年发生抢米风潮就有 90 余次之多"(见《辛亥革命五十周年纪念论文集》,上册第 135 页)。

这种动荡不安的上涨浪潮。1910年5月,一家香港报纸表列了29次足够引起注意的暴动事件。① 一份日本杂志记录了1910年春季和夏季发生的11次重大事件,并且做出结论:"中国人有一种走向暴动的强大趋势。"②到1911年为止,这类事件变得更加频繁,所以同一份杂志在其"政治报导"里开辟了一个题为"各省群众骚动"的新栏。③ 日本外务省的档案,充满了关于正在兴起的动荡混乱、骚扰不安、造反暴动、"革命"活动和秘密会党力量的令人吃惊的报告。1910年夏季,在北京的日本大使对群众不满的爆发将招致王朝的结束这一点如此深信,以致他派出侦探,来评价"动荡不安(特别是在华南)迹象的连续出现"的意义。④

这类普遍的暴动采取了多种形式。随着新税的增长,主动抗税成了最流行的斗争方式,这种斗争方式,把农民和商人都卷进来了。在湖北和湖南,官方文献记载的抗税事件有:1905年在宜城,1906年在武昌和新堤,1907年在南漳,1908年在湘潭,以及1911年在长沙。⑤ 在各处,人们担心,与立宪新政相关联的人口普查,会引起增捐加税,因而掀起了广泛的反对浪潮。学堂和自治公所这类新政设施,经常被挑选出来,当做暴烈行动的打击目标。⑥ 由于增加税课和自然灾害剥夺了许多农民的生计,大批的人浪荡江湖,这样,土匪四处蔓延,无法根绝。甚至在1910年长沙的主要暴动以及尾随而至的较小纷乱到来之前,这个相同的因素,就已经激起一系列的抢米风潮了。⑦

---

① 见山口,日本外务省档案,1—6—1—4:2—1—1,第三卷第1342—1346页。
② TDSC,Ⅰ:5(1910年8月30日),第1—4页。
③ 同上,Ⅱ:14(1911年7月20日),和随后各期。
④ 伊集院(北京),1910年5月5日,收入日本外务省,1—6—1—4:2—1—1,第一卷第4—6页;山田胜治、吉福奥四郎、山口及远藤久吉就是这些代理人,他们的任务包括湖南和湖北,他们的经常被摘引的报告,是伊集院关于王朝结束的预兆的成果。关于动荡不安的较早一些的报告,见日本外务省档案,5—3—2—1,第四号,各处。
⑤ 李时岳,第39页,第47页;吉尔斯(长沙),1911年4月11日,F.O.228/1798;TDSC,Ⅰ:5(1910年8月30日),第2—3页,第42—43页;及Ⅰ:6(1910年9月15日),第22—25页。
⑥ 波多野善大:《辛亥革命前夕的农民抗议》,第78—80页;寺木德子,第19页;《中兴报》,1909年3月16日,翻译收入法磊斯(汉口),1909年5月6日,F.O.228/1730。
⑦ 1907年10月14日的敕令,《政治官报》第十一号,第一卷第一期160页;《民立报》,1911年1月18日;林,1908年7月6日,日本外务省档案,5—3—2—1第四号;休勒特(长沙),1909年10月25日,F.O.228/1726。

## 城市贫民

19世纪的最后几年和20世纪的最初几年,是中国主要城市迅速发展成长的时期。城市人口(特别是在主要通商港口)以3.5%—9.8%的年率在增长,它大大超过了0.4%—0.5%的人口每年平均增长的比率。① 汉口的地面,扩张到了长江以北、汉水以东一片新近把水排干净了的土地;作为新开放的商埠,长沙在老城墙外面,也进行了相应的扩张。和城市一般商业和工业发展的同时,农村地区的过剩人口,特别是在洪水或饥荒时节,都被吸引到城市地区来寻找职业。

清末的通货膨胀和增加税收,再加上长期的租佃问题以及人口增长对土地的压力,使许多农民的生计下降到了最低极限。② 他们没有一点积蓄,一次水旱灾害带来的农业失收,就有可能使他们举家毁灭。在1908—1910年,经常出现这样的情况:一系列自然灾害袭击两湖,大批难民流向城市。1909年洪水后,据估计有10万人在汉口寻求救济。③ 1910年,湖北沔阳一群数百余人的难民,从一个城市流浪到另一个城市,乞讨求援。④ 同一年,大帮饥民从湘北水灾地区和省会以南的旱灾地区涌入长沙和常德。⑤

在正常岁月,城市经济(特别是船工、搬运工这些劳力集中的运输系统)能够吸收这批实际上是流氓无产阶级的人口。但是,1909—1910年这个巨大数目的难民群,超过了城市经济安排接纳的能力。张之洞的脆弱的工业王国,厂矿企业接二连三倒闭,早就使武汉三镇捉襟见肘,接着,它又受到了1910年经济衰退的袭击。在这里,不但是

---

① H.O.孔:《六大中国城市人口的增长》,《中国经济杂志与公报》,20:3(1937年3月),第301—304页。
② 举例说,见山口关于中国农民问题的分析,日本外务省档案,1—6—1—4:2—1—1,第三卷第1312—1341页;第1353—1354页。
③ TDH,第一二七号(1910年3月30日),第13—17页。
④ 吉福奥四郎报告,日本外务省档案,1—6—1—4:2—1—1,第一卷第204—205页;第421页。
⑤ 李时岳,第39—40页;TDSC,I:5(1910年8月30日),第3—4页。

找不到职业,而且,工资收入没法子和螺旋式上升的物价并驾齐驱,通货膨胀的严重危机,对于城市贫民的打击,比对任何人都要厉害。失业人群的涌塞和飞速的通货膨胀,产生了一种极不安定的城市环境。

在两湖地区最大的城市汉口,骚扰纠纷与日俱增。1908年5月,行将离任的总督赵尔巽,打算到汉口去作一次告别访问。巡警下令:叫卖小贩、肩挑商人和零售摊贩,都要在街道上闭市回避。命令是12日发布的。第二天,一个警察局受到袭击,并被捣毁。到14日为止,在小商小贩积极分子的压力下,全市商店闭户罢市。有些日本人和英国人开设的商号拒绝闭户罢市,结果受到袭击。新军部队被调来弹压这次纠纷。只是在新任总督陈夔龙取消了拆迁摊贩命令之后,秩序才恢复过来。① 1905年和1907年,铜匠和铸币工人为了反对降低工资组织罢工。②* 1908年5月,标志着罢工浪潮的开始。据英国总领事说:

> 这一年来,在小摊小贩、后湖土地(指城市北郊排干了水的土地,在这些土地上,出现了一连串地产纠葛)、鸦片规章和布匹商店店伙工资等问题上,都发生过罢工事件。在每一事件中,当局都曾经声称,要进行胁迫和镇压,但是,在每一事件中,抗争者都如愿以偿。③

1909年12月,地产投机商和收回铁路的领袖刘人祥想把一片土地的地基升高,把地面上的"非法棚户"赶走,结果,他的家遭到了袭击。一名警察被杀害了。④ 同月,由于生活费用上涨,9 000名砖茶厂的工人持续罢工。1910年4月,由木工领导的这同一批工人再次罢工,他们

---

① 高桥(汉口),1908年5月14日、15日、16日及18日,瓦森致海军部,1908年5月15日,两者都收入日本外务省档案,5—3—2—1,第四卷;法磊斯(汉口),1908年5月22日,加附件,F. O. 228/1697。

② 李时岳,第44页。

* 译注:李时岳:《辛亥革命时期两湖地区的革命运动》原文为:"1905年汉口铜货帮3 000多工人为反对资本家克扣工资而罢工;1907年汉口铜币局工人为反对降低工资定额而罢工。"

③ 法磊斯(汉口),1909年4月15日,F. O. 228/1730。

④ 法磊斯(汉口),1910年1月14日,F. O. 228/1761。

当中的 3 400 人袭击了一家设在英国租界上的俄国砖茶工厂。也是在 4 月,武昌棉纺厂的工人为抗议他们当中的三人受体刑虐待而罢工。6 月,兽皮商和他们的工人组织了一次短暂的骚扰活动,以抗议一个未曾付款即行潜逃的美国商行买办。①

1911 年年初,罢工和骚动浪潮进入高峰。最重大的事件,发生于城市贫民和帝国主义之间的矛盾。1 月 21 日下午,英租界巡捕房的一名侦探,下令一个在租界码头上坐在自己车里的人力车工人走开。没有等到回答,他以用脚来踢的方法,"查明"这个工人有病,并把这个工人带到巡捕房。在他看来,巡捕房似乎就是一个安顿病人的临时地方。这个工人在路上死了(根据中国和日本报纸记载,可能是被殴致死的)。按照通常惯例,像倾倒垃圾一样,这个工人的尸体被抛出于租界门外。死者家属在大约 200 左右的人群支持下,立刻赶来要求一定的赔偿费。他们谴责捕房巡警,说巡警是杀人凶手,但他们被粗暴地赶出了租界。第二天早晨,全市人力车和轮船苦力罢工,一大群人齐集巡捕房,对人力车夫的死亡表示抗议,要求赔偿。英国的海军陆战队,从江面一艘炮舰上被调来现场,把群众赶出租界。早晨后,英、德义勇兵支援海军陆战队,一艘德国炮舰也来帮忙。群众再一次试图接近租界巡捕房。当他们被外国军队阻挡前进的时候,抗议者们开始扔掷石块,进行抢劫。

那天下午,据英国关于这次事件的简洁摘要说:"他们用石头扔向外国军队的警戒线,最后试图冲击。一排英国水兵为了自卫,被迫开枪。总计,暴徒中有 11 人被杀死,还有其他的人受伤。外国人没有被杀死的。"②英国总领事认为,死人事件是"令人遗憾的,但这是不可避免的。如果我们的警戒线被突破,我们就肯定会被淹没压倒"。③ 一个钟头以后,镇统张彪和新军前来保护租界。虽然他们遭到了石块的猛

---

① 法磊斯(汉口),1909 年 12 月 7 日,F. O. 228/1730;李时岳,第 44 页;邓勒(汉口),1910 年 7 月 21 日,及《公论新报》,1910 年 4 月 24 日,翻译收入法磊斯(汉口),1910 年 5 月 14 日,两者都收入 F. O. 228/1761.
② 拉姆随:《第一方面的情报摘要,1911 年》,F. O. 405/205,第 25 页.
③ 戈菲(从汉口)致朱尔典,1911 年 1 月 23 日,F. O. 371/1085.

击,但还是有效地把群众赶出了租界。到第二天(23日)下午,人力车工人和苦力回去上工,暴乱告一结束。不满和互相歧视虽说延续了若干时候,但汉口却在表面上恢复了正常。①

不过,这个城市动荡不安的浪潮宣告,城市生活再也不可能真正正常如故了。动荡不安的基本原因在于:城市贫民的人口骤增拥塞和处于失业状态;通货膨胀对于他们工资所得的毁灭性的后果;以及他们被控制在工厂和外国人手中,在租界内所受到的残酷虐待。对于这些人,任何时候,帝国主义的种族歧视和压迫,都是很厉害的,而他们的抗争,也就经常带着反帝色彩。除了巡警向他们征税或新军为保护外国人而向他们袭击,新政措施没有涉及他们的问题,也没有最直接地影响过他们。

这一章已经讨论:清末新政运动的阶级特征和实际代价;穷人们为这种代价所负担的程度;人民对于新政措施的普遍反对;晚清暴动的上涨浪潮;以及中国城市中心的特别不安定。现在,我们将要转到一个特别事件,这个特别事件,将以实例来说明上述这些问题。1910年的长沙抢米风潮及其全部反应和支流,是辛亥革命前民众暴动最重要的例证。它把反帝国主义和反改良主义联结在一起,作了清楚说明。它的这种巨大规模,在城市上流阶层人们的头脑中留下了永久印象。很快地,所有的湖南人都耳闻并议论这件事情。在湘潭,一个年轻学生正是被群众这种激怒情绪所感动。毛泽东后来回忆时,称这次暴动为"影响我的整个生活……的事情","它给了我深刻的印象,……我永远忘不了它"。②

# 1910年长沙抢米风潮

在长沙作为通商口岸开放之后的数年间,本地人并没有向外国人

---

① 我的记述一般的根据英国拉姆随的说法(注70)或戈菲的说法(注71)。
② 摘引入埃德嘉·斯诺:《西行漫记》(纽约1961年),第129—130页。

表示敌意。长期以来,湖南被看做是中国人反对帝国主义的策源地和心脏地区,现在本地人表现如此,外国人不能不感到震惊。甚至在学生运动处于高潮时期,外国人也没有产生生命财产将要出现危险的感觉。①

不过,事情开始逐渐变化。帝国主义列强在湖南进行的商业和文化的一般渗透,是由增长着的外国居民打头阵的:传教士、商人、教师、外交人员和海关官员。到 1908 年为止,在长沙共有日本人 1 395 人②,美国人和欧洲人可能是一个大体相等的数目。这些外国人很快成了人民公开表示恶感的对象。到 1908 年秋,英国领事不得不抱怨他"每天受到恶毒的辱骂",他妻子乘坐的轿椅,受到了石头块的扔击。一艘英国炮舰的舰长被通知,"在湖南,风波正在酝酿",他自己也逐步"了解到一个十分显著的变化"。③ 英国领事 W. 梅立克·休特勒是这样的一个人,他坚决相信,"没有女皇陛下的一艘炮舰,法律和秩序是维护不了的"。④ 他要求,在 1908—1909 年的整个冬季,有一艘炮舰留驻长沙。因为在这段时期,湘江水位下降,从汉口上溯长沙的炮舰不能航行。⑤ 在第二年中,英国炮舰访问长沙 8 次,英国领事把每次访问看做是"强行决定未解决的案件的有价值的杠杆"。⑥ 这种无耻的炮舰外交,不但增长了湖南人民的反帝情绪,也迫使巡抚岑春蓂接受了脱离一般群众的外国要求。⑦

人民中一个特别惹是生非的部分是泥工和木匠。从长沙作为一个通商口岸开放之日起,它就开始了一个重要的蓬蓬勃勃的营造洋式建筑物的时期:教堂、海关建筑、领事馆和学堂。自 1906 年以来,这类营造的绝大部分,都由来自汉口的有盖造洋房经验的工人来承担。湖南泥工和木匠的愤懑激剧上升。而且,这种愤懑,大都指向外国人。

---

① 见白岩龙平与安井正太郎,第 6—7 页。
② TDH,第九八号(1908 年 1 月),第 47 页。
③ 所有三个摘引都来自休勒特(长沙),1908 年 10 月 12 日,F. O. 228/1695。
④ 休勒特(宜昌),1911 年 10 月 30 日,F. O. 228/1803。
⑤ 休勒特(长沙),1908 年 10 月 12 日,F. O. 228/1708。
⑥ 休勒特(长沙),1909 年 9 月 24 日,F. O. 228/1726。
⑦ 见休勒特(长沙),1909 年 1 月 7 日及 4 月 28 日,两者都收入 F. O. 228/1726。

因为，首先把湖北人带到湖南来的，是外国人，而且，外国人正是造成湖南工人失业的这种建筑形式的根源。1908年末，泥工们把一家大丝绸店的一堵灰墁墙，制成一幅美观的、逗人喜爱的泥塑艺术品。这个作品的内容是：外国人背着贡品到中国来。它描写的特征，是一个从越南来的法国人或其他人（明显的是英国人），领着一个裸体齐腰的外国女人。这年冬天，很凑巧，休特勒领事有炮舰撑腰，他对这幅泥塑艺术品提出抗议，要求把它搬开。①

1909—1910年，建筑工人的愤怒更加现实和可怕了。这段时期，出现了对学堂建筑的袭击，掠夺了工具；也出现了当时由广东工人承建的怡和、太古商行仓库的抢劫。预先罢工的传单，到处散发。省谘议局通过了一个议案，这个议案支持所有在长沙的建筑工程，由湖南人专利营造。最后，巡抚同意，在当时正在施工的学堂建筑完工之后，遣散湖北工人。不过，巡抚不能保证外国人一定会雇请湖南人来干这些工程。② 1910年3月，泥工和木匠两次向英国领事申请，要求答应由他们建造已经设计好了的英国领事馆。在第二次会谈中，休特勒同意雇请湖南苦力和石工，但是不肯雇请熟练泥工——他称他们是"最不可救药的愚昧无知的"人。最后，据休特勒说："他们不肯作任何妥协，走了，正如我立刻告诉我的书记员的一样，他们是存心捣乱的。"4月5日，休特勒从"某间学堂"接到一个可能发生暴动的警告，最后，到4月7日，按照他的记载，"如果我不满足他们的要求，泥匠们在信中恐吓要组织暴动"。③

一个星期之后，暴动爆发了。休特勒把它看做是他和泥匠、木工发生争执的必然结果。在他看来，泥木工只是被当作湖南绅士的工具而已。这些绅士正阻挡着外国势力在湖南的任何进展。事实上，这种共谋的说法是完全错误的。日本领事发现，他的同行有一点魂不守

---

① 休勒特（长沙），1909年1月7日，F. O. 228/1726。
② 休勒特（长沙），1910年1月25日，F. O. 228/1758；汉口中文附件第一四号，1910年，F. O. 228/1768。
③ 休特勒（从长沙）致穆勒，1910年4月28日，F. O. 371/867。也见休勒特的回忆性的记载《在中国的四十年》（伦敦，1943年），第49—71页，及岑春煊1910年4月17日的奏折，收入JDSZL，1955年第四期第16页。

舍:"由于外国人在分析中国事情时有极大困难,他们似乎在心理上变得很敏感,总爱轻易地丧失稳定性。"①不过,休特勒的缺乏分析的敏锐能力,不只来由于此。他,一个旧式炮舰外交的信奉者,正面临着一个正在兴起的人民不满的浪潮。这个浪潮导源于新政与帝国主义的联合冲击。他自己脱离群众,他与群众之间存在着利益冲突。这就使得他对群众的困境,不可能有任何同情的了解。其结果,在解释一个十分复杂的人民暴动时,他依靠了一个过于简单的共谋说法。

  营造业工人们的委屈不平,并非暴动的唯一推动因素。1909—1910年冬春,是这些强烈的、有声有色的反帝国主义情绪的浪潮之一的高峰,这种反帝情绪反复地席卷整个中国。在湖南,自从1905—1906年的学生运动以来,这是第一个重要浪潮。反对外国铁路借款的激动情绪,是这个浪潮的一部分。绅士们抵制一家英国商行(国际出口公司)在长沙郊区购买土地,使这个一般的反帝国主义浪潮高涨起来。② 此外,还有许多谣言:满洲已被日本占领;俄国、法国和英国正在准备入侵中国的其他部分,以便完成这个长期以来令人担惊受怕的列强对中国的"瓜分"。③ 所有这些溪水,都倾注流入反对帝国主义的大潮之中。但是,长沙的暴动是以抢米风潮发端的,大米问题必然是它的根源。

  湖南有洞庭湖富饶的农业生产地区,是一个出口大米的传统省份。俗话说:"湖广熟,天下足。"在长江沿岸大通商港口增加时,湖南供应了大量大米来养活这些城市的居民。外国轮船定期开班,运送湖南的粮食。外国人和其他粮商,在绅士严格控制的长沙市场购买大米。虽然还不能准确地弄明白这些绅士到底是谁,但是大米交易作为

---

  ① 村山(长沙),秘密,第八号,1910年6月3日,收入日本外务省档案,5—3—2—68,第一卷。在长沙的英国领事们似乎特别偏向于这种趋势。从1905年以来,休勒特是第四任了。第一任死于疯病,第二任得了神经衰弱病而离职,而第三任患了间歇性疯癫(休勒特:《在中国的四十年》,第50页)。
  ② 休勒特(从长沙)致穆勒,1910年4月28日,F.O.371/867;松村(汉口),第三一号,1910年4月31日,日本外务省档案,5—3—2—68,第一卷。
  ③ 1910年1月19日敕令(按:此为宣统元年十二月初八日军机处寄湖南巡抚岑春蓂及各省督抚电旨,译者),收入XHGM,第三卷第513页。

绅士的一种更为传统的商业行业,似乎是掌握在顽固绅士手中的。①这类绅士米商最突出的人物,就是王先谦和他的门徒叶德辉。叶德辉生于1864年,他是一个地方官吏的儿子。这个官吏下任以后定居长沙,成了一个食盐和纺织商人,积攒了一大笔可观的财产。叶德辉本人接受了全面的经典教育,考中了进士,成了吏部主事。他很快回到湖南,在湖南,他以藏书和出版罕见书籍见称。他是《觉迷要录》这部反动书籍的编撰者。《觉迷要录》攻击参与1900年自立军暴动的改良主义者。叶德辉的为人,似乎完全不惹人喜爱。日本领事是这样来描述他的:"贪婪淫荡。常常为一己私利,包揽地方词讼;或者强占妇女,以为己室。再没有这种豺狼般的兽行,更比叶德辉的作为可鄙了。他以天花瘢痕带来的'叶麻子'为世所知。"②最后,叶德辉罪有应得:1927年,在共产党领导的湖南农民运动中被镇压。③假如王先谦和叶德辉是控制长沙大米市场这一类型绅士中的典型,那么,与新的工业企业相对照,城市经济这一个商业部门属于省的顽固派集团,而不是属于城市改良派的。

1909年,两湖地区发生了严重洪水灾害。按照英国人的估计(这种估计一般较中国资料更为谨慎),湖北的粮食作物有60%失收。④在湖南,虽然外国报告把全省年景称之为"记录年成",⑤但是,在南部有干旱,在围绕洞庭湖的盛产大米的低洼地区,出现了毁灭性的洪水灾害。1909年秋冬,有由于谷物全面短缺,以致大米市场停业的报告;有人民啃树皮,卖小孩的报告;有死尸沿着路旁堆积,人吃人的报告。光是滨湖地区的澧州,饥民人数据估计就有30万—100万之多。⑥一般说来,洪水立竿见影的后果:在湖北,造成了严重的饥荒情况;从湖

---

① 中村义第一次在他的《辛亥革命的若干问题》,第2页提出这个结论。
② 村山(长沙),秘密,第十号,1910年6月7日,日本外务省档案,5—3—2—68,第一卷。
③ 松畸鹤雄,第31—35页,109—121页;布尔曼,第四卷第35—37页,日新报告,1910年5月7日,收入日本外务省档案,5—3—2—68,第一卷。
④ 易士兹(汉口),1909年8月10日加附件,F.O.228/1730。
⑤ 休勒特(长沙),1909年7月29日加附件,F.O.228/1726。
⑥ 李时岳,第39—40页;HNJBN,第264—265页;TDH,第一三〇号(1910年4月15日),第42—43页;山口的报告,日本外务省档案,1—6—1—4∶2—1—1,第三卷;《长沙日报》,1909年12月13日、19日及20日,收入 HNLSZL,1958年第三期第121—123页。

南的受灾地区,大群饥民拥入长沙和其他城市地区。无疑,湖南粮食集中产区严重失收,削弱了该省解决湖北急需的能力。但尽管如此,假若分配公平适当,湖南总收成,供应本省人口需要,可能还是足够的。

到1910年年初,两湖地区全境的粮食价格一反常态地飞涨。造成这种上涨的因素有三。一是所有各类商品普遍涨价,特别是在铜圆价格方面。1910年的3—5月——正是长沙抢米风潮时期——铜圆通货膨胀达到每两1 840文的暂时高峰(可比较一下1909年每两1 620—1 700文的兑换比率)。① 二是由于水灾减少了谷物的供应量。最后,至少在湖南是这样:绅士们囤积居奇,严重促使粮价上涨。控制粮食贸易的绅士们估算:把粮食买回来,阻止向湖北水灾区出口,到1910年春夏青黄不接,当该省需粮急迫时再抛出去,可能捞到更多油水。结果,1909年冬的谷物出口,仅及1908年水平的一半。② 农村地区的情况也是这样,虽然随着谷价上涨,农民赚的钱也多,但是,通过囤积粮食和在粮价上涨中获利最多的则是绅士。1910年1月,王闿运在他的日记中写道:

> 振湘来云,乡人闻当借钱争求放利,一呼可数千金,可知谷贵之利。责其加佃,令速。③

拒绝增加租金的佃户,都被辞佃了。④

大米价格飞速上涨,加上贫困难民潮水般地涌入长沙,很快就严重危害了公共治安。当时,提出了两个缓和形势的措施:一是建立义仓,二是禁止粮食向湖北和长江下游出口。这两个措施,都引起了顽固绅士和政府官员之间的矛盾。义仓是一个问题,因为,为此目的所

---

① 1909年的数字根据《长沙日报》,1909年11月26日—28日,HNLSZL,1958年第四期第152—153页;1910年的数字根据TDSC,Ⅱ:2(1911年1月30日),第17—18页。
② 休勒特(长沙),1910年1月25日,F.O.228/1758。
③ 王闿运,1910年1月24日,第934页。
④ 同上,1910年8月31日,第947页;1910年10月28—29日,第950页。

征集的税收资金,早就转用于收回铁路利权上面去了。巡抚岑春蓂总是注意到省里的财政问题,希望绅士们资助义仓。王先谦和叶德辉领导的绅士们抵制这个建议,但是,在口头上,他们仍然支持开放义仓。根据若干报告的说法,他们寄希望于义仓能以固定低价出卖粮食,这样,就给了他们一个购买和囤积更多粮食的机会。无论如何,巡抚和绅士之间,在为资助平粜的规章上无法达成协议,这一点,一直等到风潮爆发,都妨碍着义仓的建立。①

禁止粮食出口的政策,把地方绅士、湖南巡抚、驻武昌的总督和英国人,带进了一连串复杂的矛盾当中。禁止粮食出口,这是和英国人把关系弄得紧张起来的一个经常性的原因。英国人从来就坚持,要严格遵守1902年中英商约的条款,即,禁止出口,自宣布之日起,至正式实行止,其中必须保留有三个星期的时间。1906年,在大洪灾(这次大洪灾为萍浏醴起义准备了前提条件)之后,驻长沙的英国领事曾经这样解释:"对于减轻饥民痛苦的任何措施,我虽然表示同情,但是,监督条约规章的执行,仍是我的本职。"②1909—1910年,中国官员建议,除非其目的在于解除湖北饥荒的以外,禁止湖南出口任何粮食。但是,对中国提出来的几件这一类的规章,英国当局事实上都提出了抗议。他们坚持认为,只有一个由北京下达的、在发令与实行之间有三星期间歇的全面禁令,才是条约所许可的。最后,1910年3月6日,这样一个禁令公布了。③ 当然,不管怎样,从禁令发布至执行的三个星期的时间内,一定会出现粮食出口的一股洪流。测定出口量是很困难的,但是,3月27日,粮食需求的增长,足以把长沙的米价,从每升三四十文的通常水平,上涨到了七八十文了。④ 一首当时的民间歌谣,对此事提

---

① HNJBN,第256页,第265页;HNLSZL,1958年第三期第126页,第132—133页;王闿运,1910年3月19日,第939页;王先谦,下卷第5页,第7—8页。

② B. 吉尔士(长沙),1906年7月23日,F.O.228/1628。

③ H. 菲利浦备忘录,1910年4月22日,F.O.371/867。

④ YSJ,第135—136页;JDSZL,1955年第四期第46—47页;《东方杂志》,1910年第五号,收入XHGM,第三卷第501页。《时报》,摘引入HNLSZL,1958年第三期第127页。也见英国外交档案所称,在这21天的时间内,英国商行至少出口"有也不多"的粮食。收入于菲利浦,1910年4月22日,F.O.371/1867,第395—402页。

出了指责：

> 遇籴频遭大吏嗔，
> 一腔官话说交邻，
> 湖湘自是膏腴壤，
> 升米何妨八十文！①*

和英国人结合起来，反对湖南禁止大米出口的人，是湖广总督瑞澂。他首先关心的是，挽救湖北的饥民。湖南与湖北之间在大米出口问题上的矛盾，一如湖南和英国之间的矛盾，是长期存在着的。湖北报纸充满了攻击湖南人对于她的北边的更穷的邻居缺乏同情的反诉。这种情况在1907年出现过，1909年又再次出现了。② 1910年，瑞澂使劲地反对湖南的出口禁令。他断言，湖南某些地区的收成不好，但是，这类歉收，还"不至于值得禁令出口"。当汉口米价超过长沙的最高价格，涨到90文一升时，湖北政府委托人到湖南去采购大米，并且相应地降低厘金税，用以鼓励私商向湖北运输粮食。③

列阵反对瑞澂及其英国支持者的大米出口政策的，是坚决站在反对出口立场上的湖南绅士。在这一点上，开明士绅和顽固人物取得了一致。1909年秋天，省谘议局提出了全面禁运的议案。④ 但是，到1910年年初，起着最突出作用的，仍然是顽固绅士，这大概反映了他们

---

① YSJ，摘引自第149页。

* 译注：这首竹枝词是从杨世骥《辛亥革命前后湖南史事》一书中引用的，杨世骥是根据湖南的一些抄本、前人笔记和日记以及当时健在的老人的回忆口述材料整理的。这首竹枝词有一个原注如下："岑抚（春煊）签约允洋商来湘籴米，入春省垣米价上腾至升八十文，谓系通贸睦邻，且云不日即将下降，毋庸过虑。"

② 《湖北新闻》，1907年3月15日、16日，翻译收入法磊斯（汉口），1907年3月23日；《汉报》，1907年5月2日，收入法磊斯，1907年5月27日；及法磊斯，1907年3月26日，所有都收入F.O.228/1664；《公论新报》，1909年2月16日，《汉报》和《武昌商业新闻》，1909年3月5日，收入法磊斯，1909年3月19日，F.o.228/1730。

③ 日新报告，1910年5月7日及松村，秘密第一六号，1910年4月16日，收入日本外务省档案，5—3—2—68，第一卷；法磊斯（汉口），1910年4月14日，《公论新报》，1910年2月1日和3月13日，翻译收入法磊斯，1910年3月8日及23日，所有都收入F.O.228/1761。

④ H.菲利浦斯备忘录，1910年4月22日，F.O.371/867，第395—402页。

在粮食市场上的重要地位。一眼瞥来，绅士们反对粮食出口，似乎和他们的经济利益有矛盾。但是，一般推测，他们会赞成增加对湖南粮食需求量的任何一种政策，因为，只是这样，才能迫使一种几乎由他们垄断了的商品(粮食)的价格上涨起来。不过，在一二月份，卷入粮食贸易的绅士们，似乎仍在收购和囤积粮食，希望到1910年秋收之前，谷物行情持续上涨。①

此外，出现了走私偷运。出口禁令阻拦从省内装运粮食的汽船在湘江下游行动。但是，从这种行业获利最多的是外国轮船公司。禁令所停止不了的是偷运走私，它平常通过小民船来往，取道松滋河和太平口，从湖南的澧州一直到达长江边上的沙市。在垄断走私贸易中，由于绅士们居于比较有利的地位，所以，出口禁令迫使粮食贸易另觅线路，对他们是极其有利的。减少了出口总量，也保住了湖南的粮价。这样，假如一切照计划进行，在增加湖南和汉口或上海之间的粮价差距(绅士们是依靠这种差价牟利的)的同时，可以避免本地人民的不满。②

在粮食出口的论争中，和其他所有牵涉到绅士、外国人两者利益的事务一样，巡抚岑春蓂总是站在中间地位。岑是岑毓英的第五个儿子，岑毓英是19世纪中期的出色官员，他曾经在云南领导过对回民起义的镇压。岑春蓂是岑春煊的较幼的弟弟，岑春煊从1903年—1906年充任两广总督，其时为袁世凯等人所迫，辞官归隐。岑春蓂自己是张之洞的"被保护人"，从1906年起任湖南巡抚。不过，到1910年，张之洞已经去世了。接替他做湖广总督的是瑞澂。对于岑的困境，和张之洞所显示出来的同情相比较，瑞澂是大为减色的。③ 湖南绅士习惯于要求巡抚言听计从，和这些人应接来往，岑的作风似乎特别不相适应。按照驻在长沙的日本领事所说：

---

① YSJ, 第133—134页; 山口报告, 日本外务省档案, 1—6—1—4: 2—1—1, 第三卷第1363—1364页。

② 见《国风报》, HNJBN 摘引, 第256页; 关于一个顽固绅士抗议走私, 见 JDSZL, 1955年第四期第45页; 有关1911年走私行为的描写, 可以在《中国中部邮报》, 1911年9月11日找到, 附入戈菲(汉口), 1911年9月21日, F. O. 228/1802。

③ YSJ, 第155页; 恒慕义, 第742—746页; 布耳曼, Ⅲ, 第305—308页。

　　　　岑巡抚在处理政务时谨小慎微,性情温和,但他是一个极其被动的人。他一般不乐于接待客人,不表露个人意见,或接纳别人的忠告。在财政改革方面,他孤傲独断地行事。

跟端方这类巴结奉承"老派和新派"的巡抚相比,岑则失掉了两者的欢心。① 最后,岑的最大问题,来自他的处于绅士和帝国主义之间的致命的地位。一方是炮舰外交官的休特勒。他认为,在促进英国商业和传教事业侵入湖南方面,岑巡抚是真正友好的,有用的。另一方是湖南绅士,包括开明的和顽固的人士,在反对外国的这种入侵中,他们联合起来了。对于岑和外国人的关系的怀疑是如此强烈,以致在1910年,许多人相信岑已经被外国利益收买来破坏绅士们促成的湖南粮食出口的禁令。②

由于他自己官场圈子里的人在内部进行反对,岑春蓂的地位,被弄得加倍危险。反对力量的首领,就是布政使庄赓良。1910年,庄早已70多岁,在湖南做官43年了。1906年,对学生活动提出严厉规章的,就是此人。据休特勒领事说:"他对巡抚的恶感是人所共知的,这两个人从来就合不来。再有,从巡抚的观点来看,由于这个老头在湖南做官多年,他在大部分绅士中是太得人心了。"③1909年夏天,岑春蓂好像试图要把庄赓良搬掉,因为后者奉召赴京面复一件关于他吸食鸦片成瘾的参劾。不过,参劾没有切实的可靠性,凭着高龄时的庄的活力,这老头很快被免罪开释回来了。④

到1910年4月份为止,长沙的一般形势是:西方化新政的代价和它们的有利于上流阶层本质,已经在穷人中造成了深刻和持久的痛苦。爱好炮舰外交的英国领事,以及他所代表的增长中的一群外国居

---

① 村山(长沙),秘密,第八号,1910年6月3日,日本外务省档案,5—3—2—68,第一卷,也见王闿运,1908年2月12日,第888页。
② YSJ,第133—134页;HNJBN,第256页。
③ 休勒特(长沙),1909年7月23日,F.O. 228/1726。
④ 同上,关于庄和绅士,也见村山(长沙)专电,第45—2号,1910年5月2日;秘密第七号,1910年6月1日;秘密第八号,1910年6月3日,所有都收入日本外务省档案,5—3—2—68,第一卷。

民,遭到了普遍敌视和公开侮辱。劳动人民中的某些成分,特别是泥工和木匠,当他们在新兴建筑事业(这种新兴建筑事业,是伴随外国入侵和新政设施而来的)的利益中被排除出来的时候,他们对外国人和政府官吏,就产生了特殊的不满。这段期间出现的湖南人(不论是绅士或老百姓)和外国人之间的争论中,居间调解的人,就是巡抚岑春蓂。他发现自己越来越和绅士们脱离疏远了,而恰恰是这批人,是他必须与之合作共事以便统驭全省的对象。

1909年的自然灾害,替矛盾的展开安排了舞台。当绅士囤积谷物和粮食外流,驱使米价涨到前所未见的高度时,饥民们像潮水般地流到长沙来了。最后,3月16日,禁止粮食出口,但是,禁令在三星期以内还不能见诸实行。就在这段期间,米价升腾到80文一升,甚至还有超过。王先谦率领绅士要求立刻停止出口。巡抚答复,那是办不到的,但他答应镇压群众,"以保地方治安"。① 甚至到了4月7日,出口禁令最终生效,可是米价继续上涨到了一个顶峰,每升84—85文。

4月11日,住在南门外(从农村来的大部分饥民都集中在这里)担卖沙水营生的黄某的妻子,拿了丈夫卖水得来的钱,打算去买1升米。米商发现硬币里面有几文不通行的制钱,要求她斟换。她照样做了。当她刚刚换钱回来,米价却上涨为85文一升了。通货膨胀使她备受折磨,忍无可忍,她采取了无力抵御的最后一着,自杀了。她的丈夫下工回来,带着两个小孩跳入水塘,跟在妻子之后自杀了。这个悲剧很快在饥民中间传播开来。某种资料把这件事称做是"农民气质"促使他们充满激情地、粗暴地进行反抗。② 但是,这件事确也引起了和通货膨胀的受害者团结一致的一种锐敏的同感。这个家庭的邻居们,要求米商替四个死者备办棺材。③

第二天,另一个妇女和一个米店老板发生了争吵,一群同情的人

---

① 岑春蓂致王先谦等人,1910年3月31日,收入 JDSZL,1955年第四期第47页。
② TDSC,Ⅰ:5(1910年8月30日),第3页。
③ YSJ,第136—137页。这个资料,部分地根据收入在 JDSZL,1955年第四期第50—55页的文献,包括了镇压抢米风潮的最完整的记载。它也和当时两个最好的记载的描述十分符合:日新报告,1910年5月7日,及村山,秘密第七号,1910年6月1日,收入日本外务省档案,5—3—2—68,第一卷。也见 HNJBN,第257—258页。

们,迅速从附近戏院里聚拢来支持她的立场。他们恐吓这个店老板,最后把他的店子捣毁了。巡警队被调来进行弹压,他们逮捕了一个率众暴动的木匠,但是,群众制止了巡警把这个木匠带走。善化知县马上赶来平息这场纠纷。他立刻受到群众包围,答应次日开仓平粜。这个许诺太轻率了,使他从巡抚那儿讨来了一场扎扎实实的训斥。因为,在巡抚的头脑里,还保留着先入为主的省预算的紧张状态。就像法国大革命时玛丽·安托易勒特的著名诗句:"让他们吃饼子去吧!"岑春蓂对他的属官们说:"现在一壶茶要价100文,他们尚且不抱怨,不嫌贵,米是人人要吃的,只卖80文!80文岂算贵了?!"①

13日,义仓没有开放。预料到会要发生骚乱,粮店也关了门。一群乱糟糟的群众,聚集在南门外原来那个闹事地点。人们的威胁和恐吓,直接指向了巡抚,因为头天下午他讲的那些混账话,已是尽人皆知的了。有一个名叫刘永福的木匠当场被捕,为的是他辱骂了那个凛然不得侮慢的巡抚。这件事进一步激发起众怒,只好派了巡警道赖承裕去恢复秩序。

赖道台也许是被派去平息狂怒的饥民和城市贫民的最不合适的家伙。他,一个江西富商之子,功名是花钱买来的,对穷人的贫困境遇,毫无怜恤之情。现在,一个老头子了,在维护治安的问题上,还是一个十足的顽固派,坚决反对以平粜手段来防止人民的骚动。更重要的是,正如一个日本领事所发表的意见,虽然他的巡警是"无组织的和不称职的",但他们执行所谓"财政改革"即征集新税的时候,则是十分卖劲的。在当时的情形下,向优伶和娼妓征税,是"积怨"的一个显著原因②,所以,巡警道成了千夫所指的对象。当他最后拒绝立即释放木匠刘永福的时候,群众狂怒了。不过应该强调,一种妨碍对人类生命的真正威胁的含蓄的道德规范,经常抑制着人们的正当愤怒。赖承裕逃命躲进附近一个巡警岗亭,又被人群拖了出来,捆着发辫悬挂在树

---

① 《东方杂志》,1910年第五期,XHGM,第三卷第502页;YSJ,第136—137页;日新报告,1910年5月7日,及村山(长沙),秘密第七号,1910年6月1日,两者收入日本外务省档案5—3—2—68,第一卷。

② 村山(长沙),秘密第八号,1910年6月3日,日本外务省档案,5—3—2—68,第一卷。

第四章 新政与群众

上。群众把暴怒转向近在身边的新政的象征,他们把巡警岗亭砸烂了,还扎实揍了赖道台一顿。赖的随从马弁大部分溜走了,但有一个人脱了制服,佯装站在群众一边,建议群众把斗争锋芒,直接指向巡抚。这个想法立刻被人们接受了,他们释放了赖道台,人数骤增至1万以上的群众,波涛汹涌地穿过城门,直奔巡抚衙门,要求释放刘永福,立即开办平粜。①

群众走向巡抚衙门这个步骤,符合中国和西方抢米闹粮的古典形式。第一着一定是,要求地方官吏帮助人民确定一个公平粮价。在19世纪90年代,后来又在1906年,长沙都出现过类似事件。每次事件中,巡抚都顺应民情,把老百姓"召至公座前,温言抚慰",然后官府下达命令,定出一个稳定的较低的米价。②岑春蓂巡抚最后也按这个办法行事,但是,他从来也不肯说一句"温言"。他首先发布牌告,表示答应五日后开仓平粜,米价60文一升。群众撕破了这个牌示,他又答应第二天义仓大米售价每升50文。他还答应释放刘永福,但这个人早已被带到城外去了,因此,他的承诺既不可行,又不足信。总之,他的让步太小了、太迟了。群众捣毁了通向巡抚衙门的辕门、照壁,但被守卫的军队打了回来,然后,他们散开采取群众行动,以便解决缺粮问题。一些粮店被袭击和劫掠,但是,总的来说,采取这种形式,只是为了要逼出一个新的较低的米价而已。到了13日黄昏为止,大米被迫降到33文一升。③紧随前此抢米风潮的模式,这种骚乱的目的,仍然在于强迫定下一个恰当的米价,并非存心偷盗和抢劫粮商。

不过,到了4月13日晚上,越出了一次抢米风潮的正常规格,抗议骚动开始遍地开花。城市贫民的反帝波涛,英国人妄图破坏粮食出口禁令,火上加油,集中发泄到最方便的外国设施——教堂——上面。

---

① YSJ,第136—139页;JDSZL,1955年第四期第57—59页;日新报告,1910年5月7日,及村山,秘密第七号,1910年6月1日,收入日本外务省档案,5—3—2—68,第一卷;《时报》论文,重印入HNLSZL,1958年第三期第119页,第134页;《东方杂志》,1910年第五期,收入XHGM,第三卷第501—502页。

② 王先谦,下卷第3页。

③ 日新报告和村山,秘密第七号,收入日本外务省档案,5—3—2—68,第一卷;瑞澂与杨文鼎会奏,收入HNLSZL,1958年第三期第130页。

到半夜,威思内扬教堂被抢劫;14日晨,中国内地会教堂和瑙威江教堂受到袭击。当这些袭击的消息传到外国居民时,所有的外国人都安全地疏散到江中的船舰上去了。①

14日,暴动满腔怒火地爆发了。清晨,群众重新在巡抚衙门集合,很明显,他们的要求是:释放刘永福,建立正规的义仓制度。为了支持这些要求,走脚报讯的人全城四出,号召所有商人罢市。在巡抚衙门执行警卫任务的新军,一反常态,失去控制,他们向群众开枪,当场打死百姓14人,打伤40余人。群众理所当然地立即愤怒地进行反击,放火焚烧,除了少数接待室以外,整个巡抚衙门统统化为灰烬。②

官府权威的象征——巡抚衙门——被这样破坏,群众仍然不可控制。于是,顽固绅士们在长沙中心的一间祠堂开会,密谋对策。岑春蓂巡抚平日并不见好于绅士,此刻,衙门被焚,他发现自己的地位摇摇欲坠,站不住脚,只好电请瑞澂辞职。可以看得很清楚,如果顽固派绅士不是迫使岑春蓂辞职的事实上的策划者,那么,他们至少在内心里是赞成他电请辞职的。王先谦的朋友黄自元,一个罕见的顽固派,省谘议局议员,起草了一个致瑞澂的电报,要求让庄赓良接替岑春蓂的巡抚之职。在绅士们的秘密核心会议上,王先谦本人并不在场,但是,在绅士们签署的名单上,他是名列首位的。③

从1898年以来,湖南的顽固派,是一个以王先谦和叶德辉为首的、界限分明的、相对统一的集团。在关于建立义仓和禁止粮食出口的整个论争过程中,那种统一和领导权继续保持着。毋庸置疑,在4月14日危机期间,那种同样的情况(指统一和领导权——译者)仍然存在。十之八九是,王先谦保有对这个集团的领导控制力量,但他宁愿不在公开场合露面行事。尽管如此,在危机期间,还是有两个别的人物露了面,并且起了显而易见的作用。这两个人就是:孔宪教和杨

---

① 休勒特(从长沙)致穆勒,1910年4月28日,F.O. 371/867。
② YSJ,第138—140页;日新报告及村山(长沙),秘密第七号,收入日本外务省档案,5—3—2—68,第一卷。
③ 王先谦,下卷第7—8页;以及王对日本领事的说明,收入村山(长沙),秘密第十号,1910年6月7日,日本外务省档案,5—3—2—68,第一卷。

巩。孔宪教是进士，又是翰林编修，新近充任长沙书院的学长。日本领事描述他"不是一个坏人，但是极端保守和固执"。在其屡次对教育改良的攻击中，他总是把改良派当做"革命派"来看待。早在1910年，巡抚曾经有过要求绅士资助义仓的计划，孔宪教曾是这个计划的比较喧哗多嘴的反对者。杨巩是一个后补道台，曾经和张祖同一起，资助过顽固绅士的某些早期工业活动。同一个耳目灵通的日本领事，说他是"特别残忍和邪恶之辈，人民素称'杨豹'"。①

顽固绅士秘密核心会议结束时，杨和孔陪着他们的候补巡抚庄赓良去见岑春蓂。他们的意图很快变得十分明朗：利用群众反对新政和反对帝国主义的愤怒激情，在湖南地区，既打断新政运动的进程，又把帝国主义赶走。根据一份报告所称，他们要求岑巡抚停止构筑铁路，关闭学堂，把巡警换成保甲，遣散新军，运用节省下来的资金开办义仓。②* 对穷人来说，这也许是一个颇得人心的纲领，但岑春蓂却是难于接受的。这一回，无论如何，顽固派通过群众暴动的压力，实行其反对新政的纲领。对此，岑春蓂实在是无力阻止了。事情的发生正是如此。整个4月14日的下午、晚上，顽固绅士和暴徒一道行动，摧毁破坏新政和帝国主义的大厦。据日本领事说，结果是"无异于一次兵燹"③，是"整个清朝前所未见的紊乱"。④ 一首脍炙人口的诗形象地写道：

祝融余兴复扬扬，
焚罢洋行又教堂，

---

① 村山（长沙），秘密第十号，1910年6月7日，收入日本外务省档案，5—3—2—68，第一卷；TDH，第132号（1910年6月15日）。

② 休勒特（从长沙）致穆勒，1910年5月9日，F.O. 371/867；《东方杂志》，1910年第五期，收入 XHGM，第三卷第509页。

\* 译注：据《东方杂志》，1910年第五期所载："孔（宪教）于初五日（即4月14日）抚署未焚之顷，假饥众胁要岑抚（春蓂）六事：一、停修铁路；二、停办学堂；三、撤警察，复保甲（警察素不利于游民，为此言者，适合其意也）；四、平粜；五、开皇仓；六、撤常备军。无知者传为美谈。"

③ 村山（长沙），电报第九号，1910年4月14日，收入日本外务省档案，5—3—2—68，第一卷。

④ 村山（长沙），秘密第八号，1910年6月3日，收入日本外务省档案，5—3—2—68，第一卷。

> 不是此君威力大，
> 那能玉粒满城厢？①*

在争取群众支持方面，顽固派行动很快。他们怂恿巡抚，对被新军所杀的死者家庭，各付 200 两抚恤费，对受伤者各付 40 两养伤费。当庄赓良由两个参加了他和巡抚会谈的绅士代表陪同来到的时候，他命令新军全部停止对群众的射击。这是一个发给群众特许证的命令，他们正好需要这样一个命令，来发泄反对新政和反对帝国主义的愤怒。最后，报信的人在全城宣布，庄赓良新任巡抚。然后燃放鞭炮，表示庆贺。② 这样，在 4 月 14 日下午的某一时候开始，全城获悉：顽固绅士掌权了。在此关键时候，暴动进入了新的、明确的阶段。

粮食不再是主题了。13 日黄昏强迫出售之后，粮价有所回升。但是，整个 14 日——粮店开门营业——米价总在每升 50 文上下，这似乎是大多数人能够接受的价格。③ 题目变了，参加的人也就变了。按照一份报告所说："此次变动之原因，先起于乡民，而游民借之以暴动。"④日本领事在描写谁是"游民"时较为准确，他认为，在穷苦难民首次抢米风潮之后，"工人和小商联合起来，形成了一次排外暴动"。⑤ 最重要的支持者就是石油商人，他们以半价把煤油卖给纵火的人。⑥ 还有一支神秘的"青兵"。休特勒把他们描写为"一帮全身着黑的人，披襟敞胸，黑色短上衣，黑色短裤，用白色宽带子绑着踝子骨"。说话的

---

① YSJ，第 153 页。
* 译注：此处有一个原注为："饥民焚抚署后，自初五日（即 4 月 14 日）薄暮至初六（即 4 月 15 日）早，继焚洋行、教堂、趸船、堆栈，火势复炽。庄藩（赓良）出动大兵，横肆屠戮，无辜牺牲极众。各绅亦狐假虎威，助桀为虐。"此君，指祝融，实际上是群众放火。
②《东方杂志》，1910 年第五期，收入 XHGM，第三卷第 504 页；YSJ，第 138—140 页；休勒特（从长沙）致穆勒，1910 年 5 月 9 日，收入 F.O.371/867。
③ YSJ，第 140 页。
④《时报》，无日期，一个湖南通讯员的报道，收入 HNLSZL，1958 年第三期第 116 页。
⑤ 村山（长沙），专电第十五号，1910 年 4 月 17 日，收入日本外务省档案，5—3—2—68，第一卷。
⑥ 松村（汉口），秘密文件第十七号，1910 年 4 月 20 日，收入日本外务省档案，5—3—2—68，第一卷。

腔调显示,他们"肯定不是长沙本地人"。① 他们很可能是到湖南来修铁路的北方人。②

"青兵"的出现,对于英国外交官来说,足够地证明:暴动完全是绅士阴谋的结果。"青兵",或者英国人有时称之为"拳匪"的人,是"绅士的雇佣兵"。③ 按照这种说法,"某些有权力的势力抓住机会就进行排外勾当,这种行动,是早就认真准备好了的。……暴动是绅士们直接教唆发动的。"④

14日的事件给这种观点以若干支持。主要财产的毁损,发生在绅士和庄赓良掌握官僚政府机构一事已为众所周知之后。通常报道还说,孔宪教和杨巩在街上指挥过破坏行动。杨巩利用他负责地方公用事业的地位,似乎帮助建筑工人投入了骚扰,又运用他在消防队的影响,使消防队按兵不动。叶德辉具结开释了两个被抓获的纵火者,声称那是他所雇请的伶人。⑤ 但是,绅士指挥操纵这次暴乱,最有说服力的证据,是4月14日的破坏方式。很明显,破坏的目标是经过选择的。下列被毁的清单,是根据英国人所收集的资料,加上相片辅助编制的。⑥

**长沙风潮的目标**

一、建筑物全部被焚或被毁

　　巡抚衙门

---

① 休勒特(从长沙)致穆勒,1910年4月28日,F.O.371/867。也见日新报告,日本外务省档案,5—3—2—68,第一卷;B.吉尔士(从长沙)致穆勒,1910年5月11日,F.O.371/867。岑春蓂电报,1910年4月20日,收入JDSZL,1955年第四期第64—65页。
② 远藤久吉报告,日本外务省档案,1—6—1—4;2—1—1,第310—311页。
③ B.吉尔士(从长沙)致穆勒,1910年5月11日,F.O.371/867,第508页。
④ 穆勒,1910年5月2日,F.O.371/867。本书最后校订时出现的一篇最近的论文,接受了许多把暴动作为绅士阴谋的理论。见亚瑟·L·罗森堡:《绅权和1910年的长沙抢米风潮》,JAS,第三四卷第三期(1975年5月)。
⑤ 《时报》,无日期,收入HNLSZL,1958年第三期第127页;瑞澂奏折同意,1910年5月27日,同上,第132—133页;休勒特(从长沙)致穆勒,1910年5月4日及7日,收入F.O.371/867;《东方杂志》1910年第五期,收入XHGM,第三卷第509—510页;村山(长沙),秘密,第十号,1910年6月7日,日本外务省档案,5—3—2—68,第一卷。
⑥ 资料来自休勒特(从长沙)致穆勒,1910年6月4日,F.O.371/868,第59—63页。

5　政府学堂

　　7　教堂(外国所有)

　　2　英国轮船公司趸船或仓库(外国所有)

　　2　半外国旅店及海关公廨住宅(中国所有)

　　4　与外国有关的商店(中国所有)

二、内部损毁或严重破坏,但建筑物完好如故

　　大清银行(政府)

　　海关银行和职工住宅(政府所有)

　　巡警局

　　日本领事馆和邮局(租用)

　　10　外国商行和住宅(全部租用)

　　8　日本商店(租用)

　　1　教堂(租用)

　　威思内扬教堂(外国所有,但于13日被袭击)

　　100以上　米店

三、仅被劫掠

　　华昌炼锑公司

　　4　外国商行和住宅(全部租用)

　　这里最重要之点是,房产实际上属于外国人所有与房产纯属租用之间的区别。除了威思内扬教堂于13日受到袭击、自后暴徒一直再未光临这个例外,全部外国所有的教堂都被焚毁了,至于租用的教堂,则只捣毁建筑物内部的东西,而对建筑物本身并没有触动。这个同样的区别,也适用于外国商业:外国所有的建筑物都被火焚,租用的则只破坏其内部。还有,人所共知,纵火者能够弄清楚房产的租用和所有之别。邻居们渴望救出他们的屋子,免遭火灾蔓延,于是在靠近耶鲁教堂附属医院的墙上贴出招贴,这张招贴声称(其实是假称),这所医院"确系租用之住房"。① 正是绅士曾经领导抵制外国购买长沙地

---

① 从休勒特(长沙),1910年6月4日,F. O. 371/868,第103页中,可以找到一张告示的照片。

产,也正是绅士掌握了外国所有和租用的建筑物坐落地点的材料,这样来选择目标,就强有力地显示,破坏的指挥者正是绅士。非长沙土著的"青兵",肯定不可能作出这种选择。此外,有长沙顽固绅士,特别是有叶德辉的重大利益在内的日本轮船公司幸免于难,而两家英国公司的设备则全部被破坏了。这说明,在选择暴徒袭击的目标时,顽固绅士确实起了重要作用。①

不过,作为一个整体,英国人断言暴动是由绅士安排和操纵起来的这种说法,显然言过其实了。英国的报告对下述事实并不了解:纷乱从抢米风潮开始,而跟随初期暴动接踵而至的,是一般粮食风潮发展的典型形式。还有,早在13日袭击巡警道和袭击首批三个教堂的时候,暴乱者就表示了反对新政和反对帝国主义的情绪。14日,顽固派一旦掌握政权,个别人物(既包括"青兵"的神秘队伍,也包括工人、手工业者和小商)的不同团体实行了更加特殊化的破坏行动。不过,这些个别人物并没有改变暴动的基本方向,或者,从整体而言,走向了城市贫民基本倾向的反面。毫无疑问,穷人是支持他们的行动的。举例来说,甚至当他们还没有主动卷入系统的破坏行动时,如英国人所承认的,建筑工人就明显的是"同情的旁观者"。②

顽固绅士的作用,是为暴徒的破坏激情开辟了途径,并把它集中起来,但它并不能制造暴动。像长沙那样的群众暴动,不是没有头脑的,或者是被任何一个拢边的集团所能操纵得了的。长沙的抢米风潮,一般地符合群众活动的某些公认标准。我早就注意到了,抢米风潮的开始阶段,自发地符合既定形式的做法:先礼后兵,师出有名。同样,群众尚且经常地需要一个社会学家所称的,"从既定秩序代表人物身上所表示出来的容忍"。这位社会学家是这样写的:"……为了赋予集体行为以合理性和合法性,在既定的文化内部,社会准则的矛盾或社会准则的变化,以及某些秩序的代表人物的背叛或支持,一般的

---

① 《华北捷报》,1910年5月13日,剪贴附入 F.O.371/867;吉尔士,1910年5月11日,收入 F.O.371/867,第506页;日本公司断言,之所以免于破坏,归功于军队的保护(日新公司东京办事处的报告,1910年5月10日,收入日本外务省档案,5—3—2—68,第一卷)。
② 穆勒,1910年5月21日,F.O.371/867,第466页。

都是必要的。"①在长沙,意味深长的事情是,顽固绅士支持和指挥暴徒的特别热心和能力。改良派上流阶层不可能起到这种同等的作用。在此,城市贫民和顽固派吻合:既反对新政,又反对帝国主义。因此,城市贫民愿意遵循顽固绅士的领导和调度。跟着改良派进入战斗的暴徒,倒是不会有的。

无论是日本的和中国的分析家,都和英国人不同,他们都把长沙的抢米风潮看成是人民对新政和帝国主义深刻不满的明确标志。五所政府学校的被焚,不仅仅是顽固的儒家学者所左右的一种反动行为,也是城市贫民反对新政的颇堪玩味的确证。用日本领事的话说:

> 焚烧学堂的意义在于:近年来,为了解决教育经费的巨量开支,地方百姓的负担大为加重。新政引起通货膨胀,使米价激剧升腾,但是,穷人子弟并未在新学堂里得到任何好处。②

在对外国商行、住宅、教堂以及外国管理的海关房屋的彻底破坏中,暴徒的反帝国主义锋芒是准确无误的。英国人是这样笔录的:"夜阑人静,在城墙四绕的长沙市内,袭击爆发了。无数的外国人毫无自卫能力。但是,没有任何迹象表明,暴徒有杀害任何外国人的意图。"③事实上,在混乱时刻里,死亡的外国人,只有三个西班牙的传教士,而他们是4月15日被英国炮舰蓟号撞击沉没了船只而堕水溺毙的。④在对外人生命的关切方面,长沙市的反帝国主义的暴乱者,明显地有别于早期的排外分子,例如毫不犹豫地屠戮外人的义和团。这种不同,基本上是出于一种策略上的考虑。这个策略告诉他们,杀害外国人的生命,在赔偿外人损失和外人借端寻衅方面所付的代价是大大不合算的。因此,他们注目于外国势力存在的象征:教堂、领事馆、商行

---

① 拉弗·H·邓勒:《集体活动》,收入于罗伯特·E·L·费厄斯编辑:《现代社会学手册》(芝加哥,1964年),第397页。
② 村山(长沙),秘密第七号,1910年6月1日,日本外务省档案,5—3—2—68,第一卷。
③ 法磊斯(从汉口)致穆勒,1910年4月18日,F.O.371/867。
④ 穆勒,1910年4月21日,F.O.371/867。

和外国人的住宅。袭击这些象征性的目标说明：反帝国主义的行动，较之单纯地在文化方面反对基督教，有着更多的内涵。现在看得出来，帝国主义者在政治上和经济上的卖命使劲，和基督教的文化颠覆，是一样险恶的。

反新政和反帝国主义的联结，是长沙抢米风潮最明显的特征。诚然，这是可以从完全不同的渊源追寻出来的不同感情。新政惹人恼怒，因为它对普通百姓费而不惠。帝国主义之所以遭到反对，因为它把中国人置于外国人控制之下，外国人看不起中国人，把中国人当做可以朘削其国家和经济财富的鱼肉。而且，人民对新政和帝国主义的反对，通过一系列重大途径联结在一起了。致汉口报纸的一份投书，确认了田赋倍增，然后，分析了人民奋臂揭竿、骤然而起的原因：

> 但是，现在什么东西都得上税：棉花、谷物、食油、燃料、牛，不管什么——并不光是一个田赋问题。官吏们在征收这些税课时竭泽而渔，他们的下级僚属，以"灯钱"、"证券勒索"、"检查税"和无计其数的、荒诞怪异的恐吓威胁，竟相效尤。教育、巡警、自治政府被定为这些勒索苛征的由头，但是，在边远地方，学堂对孩子们又有什么用场呢？至于巡警局，那是盗贼的渊薮，是敲竹杠的机关，一切都坏透了。简单的乡下人在其委曲不满中，认定新政就是邪恶的，并不是改良派。至于外国人，作为启蒙的介绍者，那也是责有攸归的。①

按照这种分析，反对新政，就孕育着反帝国主义。外国人被诟斥为改良方式的根源。但是，因果关系的链条，也能从相反的方向发生作用：以反对西方化的形式，反帝国主义，就能加强对于新政的反对。把西方课程介绍到学堂里面来，并且，把这种学堂作为仿效西方的新教育制度的一部分，按照西方建筑形式建设起来，改良派的行事，常常

---

① 《东方时报》的投书，1910年5月5日，翻译入法磊斯（汉口），1910年5月24日，F.O. 228/1761（加了重点）。也见《东方时报》1910年4月17日，收入法磊斯，1910年5月4日。F.O. 228/1761;《时报》，无日期，编入 HNLSZL，1958年第三期第117—118页。

表现为和西方人没有什么差异。还在很早的时候,王闿运就曾对改良的张之洞发过怨言:"何藐视疆臣如此,岂亦西人耶?"①毛泽东有一次回忆起一个湘潭教员:一个头戴假发、身着西服的日本留学生,被人们轻蔑地叫做"假洋鬼子"。②他们的政治观点尽管是进步的,但是,这种人严重丧失了中国人的骨气。他们是被外国文化收买下来了的一伙败类。

在大城市,对军事改良的不满,是因为经常使用新军部队保护外国人的生命财产而引起的。新军的宗旨,据说是保卫国家,免受帝国主义的侵略,但是,它们常常面对本国人民,专门保卫帝国主义。在湖南,与外国人保持最密切、最友好的关系的人,就是这个正在兴办一所新学堂和正在指挥全面新政的巡抚。许多绅士感到,外国领事和外国顾问,正在夺取绅士作为地方官吏首席谘议的权威。在这种情况下,新政和帝国主义被联成一块,当作人民和顽固绅士骤然迸发的目的物,就几乎是可以断言的了。最后,还有当时一个最简单的事实:新政和帝国主义突然一起出现,威胁着正常的生活方式,甚至威胁着这种生活方式本身的存在。两种威胁不二时而并至,它们带来了同样的赋税,戴上了同样的西方文化面具,贫苦大众一齐反对它们,这就是势所必至的了。

## 风潮的余波

到4月15日,长沙风波大体上已经告一段落。所有明显的目标都被袭击过了,进一步的破坏,一无所得。还有,绅士们也许被他们自己怂恿放纵的暴徒的狂怒吓得往后退缩,特别是在几个富有绅士——铁路公司的余肇康就是一个——的家宅被暴徒袭击以后。14日,新军和巡防营似乎没有露面,15日,他们再次出现,并且开始重整治安。纵

---

① 王闿运,1900年7月13日,第712页。
② 摘引入埃德嘉·斯诺:《西行漫记》,第132页。

火者就地正法的严令已经下达,这个命令被数次执行之后(肯定出现了某些枉杀无辜的情况),无秩序的混乱状态,最终被镇压下去了。17日,听到第一个暴乱消息立即从汉口派出的英国、日本和中国炮舰开始到达。中国船只还从湖北运来了新军部队。①

不过,到这时为止,湖南还没有巡抚。瑞澂对岑春蓂的不悦,始于两人对粮食出口禁令的持论不一。这种不悦之情,达到了如此严重的程度,以致瑞澂从未答复岑春蓂 13 日、14 日的紧急电报,只是一味致电北京,请求将岑革职。② 17 日,瑞澂得到朝廷批准,以当时的湖北布政使杨文鼎充任新的湖南巡抚。但是绅士们(这次,既包括了顽固派人士,显然也包括这样一些改良派的领袖如谭延闿和龙璋)不知道这个任命,他们再电瑞澂,指控岑春蓂"枪毙农民,致激众愤,请求另易妥员",批准庄赓良充任巡抚。这个提议不仅进一步激怒了瑞澂,也是带来尔后落在顽固派领袖头上的严厉惩罚的一个因素。③ 与此同时,对几个被控的纵火者(几乎全部是手工业工人)给了严厉判决。木匠刘永福(他的被捕触发了这次风潮)和两个泥工一道,于 4 月 27 日被杀害了。5 月 1 日,一个理发匠和一个皮匠跟着被处死。④

长沙的秩序逐渐恢复正常,但是,从暴动发出的冲击浪潮,波及了这个地区的较小集镇和城市。总计,21 个县受到动荡不安的影响。⑤ 有些纠纷,特别是"吃大户"事件,在长沙风潮爆发之前就开始出现了。举例来说,4 月 14 日岑春蓂巡抚就曾报告:"湘潭、衡州、醴陵及宁乡各邑,穷人占住富人住宅,吃大户,毁坏碾米房事件多有出现。"⑥不过,只是紧随长沙风潮之后,事件的次数和严重程度才直线上升。粮食风潮转为对新政的指责攻击,在地方上也有这种明显趋势。

---

① HNJBN,第 260 页;YSJ,第 140—144 页;法磊斯(从汉口)致穆勒,1910 年 4 月 18 日,收入 F.O. 371/867。松村(汉口),1910 年 4 月 14 日、15 日、16 日的十、十一、十二号;寺西中校致参谋长,1910 年 4 月 18 日;日新报告,所有资料收入日本外务省档案,5—3—2—68,第一卷。

② 松村(汉口),秘密第十七号,1910 年 4 月 29 日,日本外务省档案,5—3—2—68,第一卷。

③ YSJ,第 140—144 页;村山(长沙),秘密第八号,1910 年 6 月 3 日,日本外务省档案,5—3—2—68,第一卷;王先谦,下卷第 3 页。

④ YSJ,第 140—144 页;《时报》,无日期,收入 HNLSZL,1958 年第三期第 142 页。

⑤ 龚书铎及陈桂英,收入 XHWSLW,上册第 209 页。

⑥ 岑春蓂电报,1910 年 4 月 14 日,收入 JDSZL,1955 年第四期第 58 页。

这些事件中的最出名者,发生在长沙西北部宁乡、益阳和安化三个县。4月16日黄昏,三县中最贴近长沙的宁乡,两间教堂、三所学堂和一个巡警局受到了袭击。从此出发,西至安化,北及益阳,冲击扩张开来了。4月24日,一个劝学所、高等小学、自治公所以及民团教练所在安化被焚。次日,更多的政府衙门和若干间教堂又遭袭击。4月25日,在一次由粮食出口问题引发的事件中,益阳的官钱局被捣毁了。这个地区的紊乱骚扰,至少持续到5月底。①

我们掌握了大体相似、稍欠详尽的关于湖南全省纠纷骚扰的报告。根据不同报告,有一群佩戴红色、黄色或绿色头巾的排外的袭击者在宁乡进行活动。②1910年6月,一位拳师召集一群秘密会党成员,对沅江县城发动了一次流产的袭击。③4月16日,通往常德的电话线路被切断,据报,在该县出现了纵火事件。④1910年秋天在湘乡发生一次动乱之后,英国领事的笔记这样写着:"许多中国人考虑到,在湖南的绅士和较低阶层之间的相当大的、并在日益增长的恶感,迟早一定要导致捣乱。"⑤

湖北的骚扰纷乱同样频繁。在崇阳,和长江港口武穴附近的龙平,以及吉福奥四郎于1910年夏天访问过的其他八个地点,都有抢米风潮和强迫开放义仓的暴乱。6月,沔阳的灾民是这样骁勇出奇,甚至敢于和新军部队对抗战斗,而这些新军部队恰恰是被派去平息袭击富户的骚乱的。⑥

---

① 岑春蓂电报,1910年4月20日,收入JDSZL,1955年第四期第64—65页;《东方杂志》,1910年第四期,收入XHGM,第三卷第500页;村山(长沙),文件第四八号,1910年5月28日,及日新报告,1910年5月7日,日本外务省档案,5—3—2—68,第一卷;《时报》,无日期,收入HNLSZL,1958年第三期第135—136页;YSJ,第145—146页。

② 村山(长沙),文件第四九及六二号,1910年6月5日和2日,日本外务省档案,3—5—2—68,第一卷;YSJ,第146页。

③ 远藤久吉报告,日本外务省档案,1—6—1—4:2—1—1,第298—299页;山田报告,第179—183页。

④ 松村(汉口),文件第二四号,1910年4月21日,日本外务省档案,5—3—2—68,第一卷;YSJ,第147页。

⑤ B.吉尔士(长沙),1911年2月2日,F.O.228/1798。

⑥ 《东方杂志》,1910年第四、五、六期,收入XHGM,第三卷第511—512页;吉福奥四郎报告,日本外务省档案,1—6—1—4:2—1—1,第一卷。

让我们再回过头来叙说长沙吧。在这里，抢米风潮留下了永远擦拭不了的痕迹。在其他事物之外，痕迹之一是，风潮结束了顽固绅士领袖们的权威。在英国当局鼓舞下，瑞澂坚持自己的方针，把整个事件的大部分责任诿诸绅士。岑春蓂、庄赓良和一些级别较低的官员被革除职务。当然，这是一次大规模风潮之后的肯定结局。但是，对绅士们的惩罚，却是反乎寻常的。王先谦、叶德辉、孔宪教和杨巩都被控：囤积谷米，教唆风潮，妄图指定以私人庄赓良接充岑春蓂的巡抚职务。所有的人都黜降了官阶，革除功名和后补官职。① 尽管这种处置对于他们在地方上的财富和权力，不曾有过一分的触动和剥夺，但是，他们的威信却严重地受到损害，以致他们再也不可能同改良派绅士较量了。到 1911 年，保守主义威信扫地，王闿运在日记中写道："巡抚不敢改建存古学堂。"② 顽固绅士们在囤积粮食，阻止巡抚兴建义仓时，装模作样，装扮为穷人的保卫者。在公众渐次了解到他们所起的这种伪善作用时，嘲讽这四个顽固派头目的打油诗出现了。③ 1910 这个年头，可能对顽固绅士将来领导群众的能力给了致命的损伤。

自然，这并不是说，省谘议局的改良派是无可疵议的。相反的，一首闾里传诵的竹枝词责骂他们："事变发生，议员满堂，噤若寒蝉，无一仗义执言之人。"④* 但，一般来说，正是因为谘议局的成员"噤若寒蝉"，理当不受责备，所以也就幸免于难了。当他们的顽固对手被赶出舞台之后，改良派上流阶层就有着一条登上极峰的明确道路了。

在对绅士厉行惩罚中，英国人的作用发挥到了顶点，而且，冗长的谈判，和英国人在赔款问题上的纠缠，导致了继风潮之后出现的紧张状态。最后，无可奈何，中国政府倾全力答应给列强赔款总数 88 万

---

① 日新报告，1910 年 5 月 7 日，及村山(长沙)，秘密第十号，1910 年 6 月 7 日，二件均收入日本外务省档案，5—3—2—68，第一卷；TDH，第一三二号(1910 年 6 月 15 日)。
② 王闿运，1911 年 1 月 28 日，第 956 页。
③ 见 YSJ，第 154—160 页所收集的竹枝词。
④ 同上，第 155 页。
* 译注：据杨世骥所辑竹枝词有一首云："编查宪政冀维新，议局宏开仗国民，八十二员情脉脉，桃花三月岂夫人。""原注：自行预备立宪，谘议局于焉成立，议员82多以运动当选，且有以重金贿赂者，流品蓁杂。事变发生，议员满座，噤若寒蝉，无一仗义执言之人。"

两。这笔赔款资金的来源几乎是可以预测的:即从湖南出口的粮食中每担抽取税金 200 文,这和原先为了资助穷人创设义仓所规定的税金,数额是同样的。①

一般来说,局势仍然很紧张,因为肇致骚乱的根本原因没有消除。帝国主义者一如往昔,带着同样强大的力量回来了。6月,米价回涨到82文一升。据传,叶德辉还是照旧囤积粮食。建筑工人正在酝酿,替那些受指控的顽固绅士发动一次罢工。同时,又加进来了一个新的因素——新军军官们的不满。新军军官们认为,对于束缚新军手脚和玷辱新军一事,顽固绅士应负责任。②

在这种局面下,秘密会党利用每一个机会来散布他们的反清信息。从五月以来,经常使用隐语的秘密会党的传单开始在长沙出现。这些传单之一,在谈到了1906年起义的龚春台和姜守旦之后,介绍了秋天的一次兴起:

> 人人都要头裹白巾,每人都须手持杀敌刀剑一把。此次战斗非比寻常。不久以后,宣统即将长大成人,因之,我们必须现在采取行动。中国十八行省,将在中秋节回到黄帝神农子孙之手。将来的日子没有领袖。人们倘要生存,就只有应邀参加义举。果如此,大汉复兴有望。③

虽然,传单攻击了当时那些拍外国人马屁的"官方走狗";但是,别的传单提醒,不要袭击外国人的商行和教堂,它企图把所有的仇恨,直接指向满清。④

从城市改良派上流阶层的观点来看,秘密会党这种传单的出现,并不都是威胁恫吓性的。秘密会党反对王朝的信息,带来了一个把对

---

① B. 吉尔士(从长沙)致朱尔典,1911年2月11日,371/1087;YSJ,第144—145页;《民立报》,1911年1月10日。
② 休勒特(从长沙)致穆勒,1910年6月6日,F. O. 371/868。
③ 附入村山(长沙),第四八号,1910年5月28日,日本外务省档案,5—3—2—68,第一卷。
④ 同上,也见村山(长沙),秘密第八号,1910年6月3日,日本外务省档案,5—3—2—68,第一卷。

于新政不满转向满洲王朝自身的机会。虽然还没有愿意一跃而达到反满革命的改良派人士,但是,若干事态将要出现的征候是明明白白的,这就是:王朝已经命在旦夕。有的人定会考虑到这种可能性:在将来的危机中,挽救城市上流阶层及其改良纲领,必须牺牲满洲王朝。

改良和革命之间的关系多种多样。前面数章,我们已经看到了若干可能性。从1898—1900年,主题是挫折:改良派受挫,为达其目的而转向革命。从1901—1906年,主题是触媒剂:为了挽救国家危亡而拟议的改良措施,创造了新的社会集团(在此场合,主要是学生),这个集团加速了政治安定局面的崩溃,促其进入甚至更为严重的危机。在这两种情况下,暴力革命行动的基本冲动力,是改良运动在实现其所揭举的目的方面的失败。至于那些目的,以及改良运动的方向,是并没有严重问题的。

1907年以后,另一种形式出现了。改良运动本身受到指责:穷人们的暴力行动,现在直接和新政的基本纲领方向相反。对于普通老百姓来说,新政是费而不惠的。在某些情况下,资金甚至从原来拟订帮助穷人的计划,直接转移到上流阶层的改良计划。一言以蔽之,新政是上流阶层的。此外,在反对帝国主义和抵制西方的斗争正在兴起的节骨眼上,新政引进了从西方的一整套观点和机构。结果,就出现了一种明显趋势:人民暴力被指引到既反对新政、又反对帝国主义的方向。而在反对帝国主义的斗争中(反对帝国主义,这是所有中国各阶级共有的一种感情),穷人的暴力抵抗,甚至和上流阶层的文饰辞藻,有某些完全不同之处。正如一张中国报纸所说的:

> 在我们的国家里,社会的较高阶级和较低阶级是广泛地分割开来的,而且不在思想方面、就在行动方面缺乏一致关系。……较高阶级争论收回利权,但是我们争论的事情,至今尚未结束;争论只通过舌战笔争进行,并不打乱社会和平。真正打乱社会和平的事变,都来自较低阶级。[①]

---

[①] 《中外日报》,1906年3月31日,翻译入法磊斯(汉口),1906年4月7日,F. O. 228/1632。

总而言之,群众注重行动,上流阶层多尚空谈。

1910—1911年,新政结构的生命力,步入危险之境,四处呈现日薄西山的征兆,而报纸则毫不踌躇地秉笔直书。然而,在长沙抢米风潮到辛亥武昌首义之间的一年半里,其他事件迭兴,把一般舆论的注意力,从人民群众对于改良主义——新政——的反对,转移到清王朝本身去了。

## 第五章　革命的来临

　　长期以来,研究辛亥革命的中国史学家认为,这次革命是"中华民国国父"孙中山及其政党同盟会领导的一长串暴动中的最后成功之举。由革命党人执笔的关于这次革命的绝大部分著述,充满了对这次革命宏图的秘密仪式、策划、谋略的细节描写。西方学者也轻易地接受以孙中山和以东京为基地的同盟会为中心的观点。例如,一本有权威的教科书,做出了这么一个结论:"辛亥革命大部分是在日本组织发动的。"①在我的分析中,革命策划仅仅起了极小部分的作用。我对密谋策划说抱着怀疑态度,不管持此说的是革命党人自己(如在此所举之例),或是右派反革命(如在西方常见的关于法国、俄国或其他革命的密谋策划说的情况)。我在这次研究中断定,较深刻的社会政治力量,在革命前的十多年时间中,曾在中国内部发生作用。特别是,我要分析一下改革中国国家和社会的措施,以及这些改革措施所产生的社会、政治效果。

　　但是,我们现在碰到了辛亥革命本身的起源问题。这个革命是由新军士兵和下士组成的两个革命团体所领导的。它于辛亥年10月10日以武昌的军事政变开始。事实上,存在着一个推翻政府的密谋。不过,湖北的图谋者跟同盟会只有薄弱的联系。他们中的大多数人,是通过一个社团来进行活动的。在孙中山的政策问题上,这个社团已和

---

①　费正清、赖肖尔及艾伯特·M·克雷:《东亚:现代转变》(波士敦,1965年),第631页。

同盟会明显地决裂了。更为重要的是,在军队中的革命党人虽然从1904年起就表现主动,但到辛亥年为止,一直没有达到足够的数量以形成一支真正的威慑力量。1911年,一系列的因素:经济衰退,自然灾害,由新政引起的不满,打击士兵和学生最厉害的政府开支的削减,对铁路国有化的愤怒,以及立宪运动的踯躅不前,所有这些,联合起来创造了一种不满现状和丧失前途的气氛。这种不满,最后集矢于中国的最高当局——满清王朝。在辛亥年的新的不满心情中,军队革命党人的力量迅速发展壮大。同样重要的是,所有各阶级的不满,产生了一个普遍信念,那就是,清王朝已临崩溃边缘。当文职的、军事的上流阶层逐渐产生这种信念时,他们准备,一旦革命来临,就唾弃满清王朝,支持革命事业。这种支持,对于革命事业的成功来说,是绝对不可少的。

有一种历史学说值得注意。如果论到革命原动力,我个人对这种"不满现状和丧失前途的气氛"(换言之,革命的环境)是相当强调的。这种环境似乎极快地变为现实,并且是在各有所本的经济、政治、社会和意识形态多种力量相结合的产物。它是1789年在法国、1917年在俄国、1911年在中国的特征。当然,这些革命的更深刻的根源,可以往回追溯若干年或数十年。但是,社会冲突和政治动荡,仅仅在那种比较短暂的历史时刻,才能产生革命。在此时刻,广大人群存在一种共同的认识:有必要在政治结构内部,进行某些根本性的改革,就令只有暴动一途才能解决问题,也责无旁贷,义不容辞。我认为,这一点,对于研究中国革命,意义极为重大。因为,在1911年以前,这种认识上的一致是不存在的。然而,西方著作里,关于中国革命起源的结论,经常以关于1900—1907年这些年份的中国激进党人或孙中山的研究为根据。他们偏于不了解这个事实:在1911年,作为一个统一的、指挥灵活有效的组织,同盟会基本上并不存在,甚至被孙中山本人所抛弃。① 要理解辛亥革命,我们还必须对1911年的中国形势进行大量的

---

① 刘基湘:《为民主而斗争:宋教仁和中国辛亥革命》(伯克利,1971年),这是一本优秀的近代历史著作,它深入阐明了同盟会的分裂。

更具体的研究。

## 湖北军队不满的根源

从1895年孙中山在广州举起革命大旗起,中国革命党人就一直进行颠覆政府的活动。每一次,基本战略都是联合秘密会党,并利用那些会党作为革命的突击部队。每一次,暴动起义都被数量、装备和训练俱占优势的政府军队所粉碎。我们早就看到了在湖南和湖北的三次这样的革命尝试:1900年的唐才常自立军起义,1900年黄兴在长沙的暴动计划,和1906年的萍浏醴起义。在湖北,甚至在动员秘密会党的努力继续进行的时候,某些革命党人就早已决定在新军内部进行组织工作了。如上面已经提到的,科学补习所和日知会的某些重要成员参加了新军,还有些人特别为了酝酿革命而加入新军。

萍浏醴起义之后对学生运动的灾难性的血腥镇压,加速了激进分子在军队内部展开工作的趋势。当组织起来的秘密会党进行了工人、农民对抗官府、绅士的阶级暴动的时候,当权派的镇压就表现得很清楚:1904年,他们曾经容忍过绅士子弟出身的激进学生进行活动,现在,他们可就再也不能容忍这类活动了。从而,一方面,革命党人关怀自身生命的安危,另一方面,想寻找一个更有希望的革命战略。结果,他们离开了秘密会党,把注意力集中于新军。显然,这是一个非常成功的策略。

毫无问题,革命党人在湖北新军中的渗透,较其他任何一省都远为深刻和更著成效。1911年,虽然新军在许多省内——特别是江西、陕西、山西、云南、广西和福建——在领导革命方面起了关键作用,但是,在每一情况下,领导人只是少数军官,经常是那些在日本受过训练的新的军事上流阶层成员,而不是革命政党和在士兵行列中的根本力量。湖北军队里面革命党人的不同凡响的力量,可能完全是事出偶然。不过,湖北和全国其余各省的对比如此鲜明,我们就应该找出一个更能令人满意的答案。

湖北和其他各省的区别，似乎有三个方面：它的新军的规模和文化水平；军队在主要通商口岸集中；省内的学校系统，没有能力吸收全省所有的受过部分教育的、有革命潜势的青年。除了中国北部地区之外，湖北有数量最多、教育水平最高、训练最精的新军——一个完整的镇和一个混成协。它是在军事改革方面堪与袁世凯北洋军的成就相匹敌的唯一省份。还有，湖北的军队集中于武汉三镇，报纸上对清廷的反复批评，激进的学生活动，复兴中国的普遍热情，帝国主义列强势力在租界地区经常的、令人恼怒的存在（这是一种只能激起爱国青年士兵的正当义愤的存在），都深刻地影响着他们。在北方，按照庚子条约，新军禁止驻屯在最重要的通商口岸天津。这样，北洋军就只得驻扎于较偏远的农村地区，在那里，从来就不产生感染普遍不满情绪的城市政治气氛。南方城市，尤其是上海，虽然经常有着激烈的学生活动，但是，这些城市由老一些的、受教育较少的、通常是较保守的军队单位驻屯保卫，就是说，驻屯保卫的单位，经常是巡防队，而不是新军。①

　　湖北新军的建制规模、文化水平和集中驻扎于城市，这三者，足以使它在中国南部难于匹敌。北洋军的规模数量，肯定有这么大，几乎（但不完全）像湖北军队一样受过良好教育，而保定（北洋军绝大部分集中于此）也并非完全与当时席卷中国的改革风气隔绝。那么，为什么北洋军培育不出革命政党来呢？除了满清在北方控制更加严密，南方的传统反满情绪较为高涨之外，我宁可设想，问题的答案在于：直隶省新政的活力和一般成就。普遍创设新学堂，在新学堂里，或在其他新政机构里的就业机会，为直隶省的有志青年打开了许多条前进的道路。在湖北，情况恰恰相反，思想情绪变易不居的青年，其雄心壮志经常受到挫折压抑。甚至在新军里面谋一份差事，也不能满足愿望，因此，这些人就形成革命运动的核心力量了。

---

① 腊夫·L·鲍威耳：《中国军事力量的兴起》，第 219—224 页，第 229—234 页，第 228—229 页；冉枚烁：《早期中国的革命党人：上海和浙江的激进知识分子，1902—1911》（剑桥，马萨诸塞，1971 年），第 207 页。

有人揣度,军队中的革命运动,反映了"农民的不满"。① 不过,资料说明:湖北新军中的革命党人,是出身于富农或较贫绅士家庭的有文化的年轻人。他们不满的产生和发展,来源于当了军人以后,壮志未酬,屡受颠挫,较之来源于农民的竭蹶困苦要多些。把这些人带进军队里来的决定性事件,是 1905 年颁布、1906 年实行的废除科举考试制度。新政措施要求人们具备法律、行政、经济、技术、国际关系、外国语文、医药卫生、军事科学、植物农艺等专门学科的实际知识。但这些都不在经典科举的范围之内。为了满足这些新的需要,新学堂撤换了从前教育中国青年应考的私塾老师、乡村教员和城市里的书院。取得学校文凭和熟练掌握某些实用部门的知识,开始代替作为进入政界先决条件的科举考试的功名和经典古籍的学习。

在缺少任何可靠统计资料的情况下,从阶级流动性的角度,来判断改变了的选拔征集上流阶层的方法的效果,是极为困难的。举例来说,人们定会猜测,许多新学堂的建立,为富农或中农子弟琢育充实自己,并由此升腾到上流阶层,提供扩大了机会。不过,在 20 世纪的第一个十年,除了像直隶这样特殊的省份以外,新学堂的数目仍是十分小的。1908 年湖北的 1 200 所初等小学表明,每 24 000 人口当中,不到一所也许只配备两名教员的学堂。还有,学校在城市地区集中,使它们更难接近绝大多数的人民群众。中等小康之家出身的、颇具抱负的农家子弟,以其一半时间从事耕作、一半时间就读于乡村教师(俗称"半耕半读"),寄望于有朝一日,通过科举,然后沿着通向做官发财之道前进,这已经是再也不可能的了。现在,进入上流阶层地位的机缘,只对这样的人是适用的:他们的家庭,有能力把他们输送到城市里面去,供他们食物、衣服和住宿津贴,并交付学费、书籍费和学校补给费用。经常有意见反映出来,新教育制度降低了社会的阶级流动性,和

---

① 见波多野善大:《新军》,收入于芮玛丽:《革命的中国》第 382 页。也见他的《辛亥革命前夕的农民抗议》,《东洋史研究》XIII:1,第二号(1954 年),以及《民国革命和新军——特论武昌新军》,《名古屋大学论集》,第十四号(1956 年)。

旧式科举制度比较,甚至更加有利于富人。①

许多比较穷的学生发现,自己不可能通过新学堂发迹。同时他们发现,稍具文化知识的年轻人,在新军里面有获得迅速进取的机会。还有,当时的爱国主义强调,军队有保卫国家、抵抗帝国主义的第一线的重要性,军事职业的身份地位陡然增高。关于青年学子参加军队当兵、希望迅速出类拔萃的故事,真是不胜枚举。同样的事情,虽然在中国北部也出现了;但是,张之洞对于征集选拔有文化教养的人投身军队的特别期望,以及湖北中、高等文官学堂制度不发达,就使这种现象在湖北特别普遍。正如一个从军者以典型的夸张语气所说:"凡知识分子,见科举已停,贫士无进身之阶,遂相属投军。"②另一个人这样叙述了他的经历:

> 1906年(光绪丙午),我年19岁,认为男儿无路请缨,须当有怀投笔,乃奋志投入武昌新军第三十一标前队充当士兵。③

特别在1905—1906年,正当科举考试制度废止、较多新制学堂尚未建立之前,有一群为数可观的秀才在湖北参加了军队。一个前士兵回忆,1905年和他一起在黄陂应募入伍的96人中,有36人是廪生或秀才。④ 另外一个人表列了40个参加军队的秀才名单,这些人后来都成了革命党人。⑤ 有一条常见的、经常为人引用的成语,描绘这种现象是:投笔从戎。一个自己就这样做了的人说道:"庚子以后,士人多投笔从戎,不以苍头为耻。"⑥

废除科举考试,堵死了旧有的荣身之途。与此同时,好几种新政机关打开了新的前进道路。不过,许多人认为,经济上的因素,决定着

---

① 见《公论新报》,1909年12月17日,翻译收入法磊斯(汉口),1909年12月21日,F. O. 228/1730;蔡寄鸥,第29—30页。
② 朱峙三,XHSY,第三辑第128页。
③ 方孝纯,XHSY,第三辑第100页。
④ 陈孝芬,XHSY,第一辑第68页。
⑤ 朱峙三,XHSY,第三辑第142—143页。
⑥ 张难先,第234页。

一个人究能选择什么样的道路。最富有的人,和那些有着最好裙缘关系的人,能够出洋深造,特别是到日本去。中等富裕家庭的人,进本省的学堂。一般粗通文墨的最穷困的人(他们至少也该是富农)参加军队。① 许多年轻人来到武昌,打算在那儿进一所新学堂。他们发现,不可能通过入学考试入学,也没有足够的钱注册入学。这样,他们就参加军队了。其他的人发现,要做一个教师,必先读完六年初小和六年中学。他们认定,参加军队要强得多。在军队里,一个有文化教养的年轻人,在极短年限内,就可以被提拔为下级军官。②

事实上,湖北军队里面革命政党的所有领袖,也可能是大多数成员,都是从这个有志向的、年轻的(他们中的绝大多数不到 30 岁)、有文化的士兵中募集的。他们出身于农民的最高层和上流绅士的低层家庭。可能有 80% 的领导干部,出身于较低绅士、地主或富农家庭。③再有,革命党人集中的特种兵单位,显示了他们在军队内的上流阶层本质。根据所有记载,在招募军队时,二十一混成协协统黎元洪,较第八镇统制张彪更加坚持要求一定的文化水平。全军的工程兵和炮兵单位要求有特殊技能的专家,这就在事实上使文化知识成为不可或缺的了。正是在这些单位,革命党人的力量最强。外国观察家把第八镇工程营看做是湖北新军的"训练最好的军队"。④ 但是,它也有众多的革命党人。按一个成员的说法,占全营人数的 40%。黎元洪的混成协也相差不远。⑤

一个有文化的年轻人一旦参加了军队,晋升的最快道路就是进陆军特别小学。这所学校的"学兵",从军队队列内部选拔。生活和隶属于正规的军队建制单位,可是白天上学。全国只有张之洞在湖北办了这样一所学校,但它达到了募集有文化的士兵的宗旨。不过,陆军特

---

① 江炳灵,XHSY,第一辑第 2—3 页。
② 朱峙三,XHSY,第三辑第 142—143 页;熊秉坤,KGWSNWX,第二编第一册第 272—273 页。
③《改良、革命和反动:辛亥革命在两湖》(加州大学,伯克利,1971 年)(按,这是作者 1971 年的博士论文,译注)。
④ 穆勒:《年度报告:1910 年》,F.O.405/201,第 72 页。
⑤ 熊秉坤,XHSY,第一辑第 26—37 页;李廉方,第 111 页。

别小学的毕业生极少人获得他们所期望的向军官阶级的提升。他们的上进道路被老一些的在职军官所阻,这些军官是武昌和保定武备学堂的毕业生和归国的上流的日本士官学校的毕业生。根据一份记载,在陆军特别小学 1 500—1 600 名毕业生中,大约只有 100 人在革命前被提拔为军官。实际上,这所学校产生了一批愿望受挫的、心怀不满的年轻士兵和下士的毕业生。① 革命情绪正是从这一类愿望受挫折的人们中萌发出来的。一个革命军人回忆道:

> 军官都由上级派来,一般当兵的没有升任的希望,即使升迁,也只有极少数人,并且充其量至多到排长地位,绝大多数的士兵,只能终身充当士兵,这种不满的思想,都已埋藏在每个士兵的脑海中间,如能利用这一情况,进行宣传,必定容易深入,收到极大效果。②

由于士兵发现他们的升迁机会被他们上面的军官所阻,他们渐次了解在新军中划分军官和士兵的基本裂罅。新军军官大致属于两种形式。有些人是从绅士家庭募集来的,并且成了在军事方面与改良派文职上流阶层地位相当的人物。他们在生活方式与身份地位上,和士兵们迥不相同。用北一辉(日本泛亚细亚主义的对中国革命的支持者)的话说,他们纯系"美食轻裘这一类。他们不具冒险的胆量"。③ 其余的人缺少正规教育,他们是从旧军队中升腾起来的。爱国青年对这些人嗤之以鼻。一家报纸对此指出:"较高层的军官依然不学无术(像王德胜及其同类),有才智的人,类皆屈居人下。军官们粗暴野蛮达到顶点,而部队则从内心里骄傲和愤怒。"④这些人的财富(大概是非法所得)和上流阶层的身份地位特别惹人恼恨。举例来说,1910 年,对武昌

---

① 吴孝葵,KGWSNWX,第二编第一册第 141—142 页;居正:《居觉生先生传记》(台北,1954 年),第 533—534 页;章裕昆:《文学社武昌首义纪实》(北京,1952 年),第 3 页;童愚,XHSY,第一辑第 110—111 页。
② 李白贞, XHGMHYL,第一集第 506 页;关于湖南的一个类似记载,见余韶,XHGMHYL,第二集第 159—160 页。
③ 北一辉,收入日本外务省档案,1—6—1—4;2—1—1,第三卷第 63 页。
④《民立报》,1911 年 10 月 3 日。

十五协协统王德胜征用士兵营造大公寓,并为他私邸服勤务,就啧有烦言。另一个暴发户军官是第八镇统制张彪,他与一个前县长(他的赌友之一)合作开办了一个钱庄。① 这是一批显眼的人们,他们的财富、朋友结交和一般生活方式,把他们和营房里的普通士兵们强烈地隔绝起来。军队里的革命党人,深知把他们和军官割裂的鸿沟。日知会被镇压后,他们再行组织自己的革命政党时,就曾明确规定,军官是被排除在外的。

在许多省份里面的新军,无疑都存在着下述情况:年轻士兵具有文化,招募来的士兵的升迁志愿受挫,以及分离军官和士兵的社会裂罅。和湖北一样,在湖南,也存在着这种情形。我猜想,进一步的研究将会发现,在其他省份内,也将有类似现象。不过,湖北军队集中于城市,部队的文化程度,以及独一无二的陆军特别小学,加深了湖北士兵不满的问题的严重性,并且提供了一种条件,在此条件下,这类不满可以变成对清朝的革命反抗的政治规范。

## 湖北的革命团体

从 1904 年开始,湖北就存在着革命团体。科学补习所参与了当年黄兴的长沙暴动计划;它的后继者日知会,则关涉到 1906 年的萍浏醴起义。不过,这类团体都不足以称为"革命政党"。它们没有正式的组织,几乎没有什么纪律,"成员"总数也许不会超过激烈的"街谈巷议"的聚会或星期日演讲比较经常的到会人数。在革命运动的一定阶段,即,在学生运动处于激进学会正在全国教育中心形成的阶段,这些团体是很典型的。1907 年,那一时期告一段落。继萍浏醴起义之后,在湖南和湖北,学生运动遭到了残酷镇压。在长江下游,安徽巡抚被刺,浙江激进知识界的暴动计划败露了,这同样导致了镇压恶浪。② 在

---

① 《民立报》,1910 年 10 月 18 日,1911 年 1 月 10 日,1911 年 11 月 17 日。
② 见冉枚烁:《早期中国的革命党人》,各处。

中国南部,出现了广州预谋暗杀水军提督,以及由孙中山的同盟会发动的在广东和云南的一系列武装起义。所有这些事件,引起了可以预期得到的政治迫害。

**在湖北军队里土生土长的革命政党**　紧随汹涌澎湃的1907年革命怒潮之后,清王朝和官场人物,一般的都带着可以理解的疑虑,来看待激进学会。因而,作为革命组织的可行的这一类社团形式,在一段时期内停止了活动。还有,属于日知会的军队革命党人感到,整个说来,它的组织过于松散:当日知会的一个成员成为告密者时,日知会也就随之瓦解了。这个告密者是一个文人。军人们发现,在学生和知识分子中,那种不负责任的无耻败类并不鲜见。① 这样,1908年出现的一个新的革命团体湖北军队同盟会,就是一个专门在军队中的组织。它虽然有着同样的名字,但它和全国同盟会并无明确关系。湖北军队同盟会于1908年7月26日由一个名叫任重远的兵士和七个日知会的前成员所建立。它有34个可以确认的成员,几乎全数加入了后来在湖北的革命组织。但是,湖北军队同盟会只存在很短时间。任重远被调到四川,在它制定了一个章程或甚至正式决定会名之前,湖北军队同盟会的成员就各自离散了。不过,它是在湖北军队内部向建立一个革命组织前进所跨出的重要一步。②

几个月之内,湖北军队同盟会被一个新的革命组织群治学社接替了。佯称致力于研究政治理论和扶植自治政府,学社于1908年12月13日正式成立。首批成员的绝大部分,是从四十一标来的士兵和陆军特别小学的学兵。军官——虽然许多曾是日知会的成员——被明确地排除在外。严密的组织和严格的入会手续,限制了学社成员的总数。很可能不到60人参加了学社。③

本质上,群治学社是一个军队组织,但它和政界却保持一定接触。

---

① 杨玉如,第39页;潘康时,XHSY,第三辑第36—37页。
② 李廉方,第9页,第21页,第27—36页;张难先,第145—146页;章裕昆,第4—5页。
③ 章裕昆,第5—12页;李廉方,第6页,第9—11页,第28—39页;张难先,第147—152页;李春萱,XHSY,第二辑第114—115页。

最出名的是三个年轻记者,他们合作出版了一份《商务报》。这份报纸的主编是詹大悲,一个可能由于政治上的某些不慎而被中学开除出来的优秀学生。1908 年,詹刚刚 20 岁,已是一个狂热的爱国主义者了。不过,他并非不愿在合法机构里服务,他本是在以汤化龙为所长的地方自治研究所工作的。他的革命热情始终没有衰竭。在 1911 年前后的不同类型的革命组织中长期从事活动以后,他于 1927 年作为共产党的同情者被杀害了。① 协助詹大悲的是何海鸣,他以前供职四十一标,能为报纸撰稿,批评新军军官内部的腐败现象。后来,刘尧澂又加入詹、何一起。刘当时 25 岁,以前是湖南的一名学生。从 1903 年以来,他在湖南、湖北和上海等地,曾经不断地参加激进活动。1909 年,他来到汉口,在《商务报》工作。从那时起,报纸的论调日趋激烈。1910 年,刘尧澂本人参加了军队,《商务报》几乎逐渐成为群治学社的宣传机构。②

1908—1909 年间,明显的革命骚乱减少了,收回铁路利权和立宪运动的改良主义活动,成了新闻中心。这时,清政府对待反对者的政策,带有某些自由主义色彩。其结果,作为存在 20 个月以上的革命外围组织的群治学社幸免于难。在湖北革命运动的历史上,这是存在时间最长的一个激进组织。然而,1910 年带来了新的动荡不安,它最后导致了群治学社的倾败。首先,在刘尧澂、何海鸣和群治学社首领李抱良因为袭击杨度(刚回国的立宪派学生,是一个主张向外国借债以修筑铁路的直言无讳的鼓吹者)在英租界被捕之后,《商务报》被迫关闭了。③ 这三个革命党人很快就被释放,但以后不久,长沙抢米风潮爆发,谣言四起,说是湖南已被革命党人占领。湖北的革命党人计划于 4 月 24 日在湖北举行起义,即长沙抢米风潮的新闻传到湖北之后的第 10 天。长沙风潮很快遭到镇压,起义计划也就随之放弃了。但是,汉

---

① 张难先,第 168—169 页;卢智泉,XHGMHYL,第二集第 47—49 页;包华德,第一卷第 9—11 页。

② 章裕昆,第 10 页;陈春生,KGWSNWX,第一编第十二册第 213 页;张难先,第 262—263 页。

③ 章裕昆,第 12 页;邓勒(汉口),1910 年 7 月 21 日,F. O. 228/1761。

口破获了一些制造和贮存炸弹的案件,使当局侦悉,在湖北新军内部有革命党人。暴动计划的领袖们远逃了,群治学社的社员没有一人被捕。① 很快,社团又在表面上改了一个名字,叫做振武学社。振武学社正式成立于1910年9月18日,在其核心组织中,至少包括了群治学社的34个成员,大部分是从四十一标吸收来的。不过,它很快又在各单位迅速发展组织,到10月中旬,成员超过了240人。②

振武学社只存在几个月,但它保留并改进了早期湖北革命团体的组织结构。和以前一样,学生是被拒于门外的。而且,学生是作为对军人一无用处的无行文人看待的,无论如何,他们对革命组织的安全和保密工作,带有极大危害。这个社团还保留了首次见之于群治学社的评议部,其目的在于力图保证社团成员在思想观点方面的某种一致性。最有意义的革新是,小组在每一营内建立,只有一个代表能和中央组织保持接触。只有标的代表,才能参加干部会议。任何一个普通成员,不可能了解到本营之外的社团成员的情况。这种类似细胞的组织结构,暗含了列宁主义的原则。但是,资料表明,这种组织结构,是在湖北革命运动内部独立地发展起来的。③*

尽管在组织上作了改进,振武学社也没有逃脱被侦破的厄运。当一个军官发现了这个社团,并把三个领袖革除的时候,社团的领导权就转入到蒋翊武的手中去了。蒋翊武当时才21岁,是四十一标的湖南学兵。早在1904年,他就和激进组织发生联系,并和刘尧澂一道,作为新闻记者,在上海度过一段时光。1909年,他跑到湖北参加军队,不久,就在那儿的革命运动中取得优异成绩。④

在蒋翊武领导下,革命党人重组团体,于1911年1月30日,即阴

---

① 李春萱,XHSY,第二辑第115页;黄元吉,XHSY,第三辑第82—83页;杨玉如,第16—17页。
② 章裕昆,第13—16页;张难先,第152—154页。
③ 李廉方,第12页;张难先,第153页。
\* 译注:据张难先:《湖北革命知之录》一书称:"凡干部会议非标代表不得参与,各营不得互知其内容,以防宣泄;惟承代表之命,分途进行,并传达命令而已。"又该书录振武学社简章,其第三章职责称:"评议专员指导本社同志学问研究,撰拟问题,纠正错误之责。"
④ 章裕昆,第11页,第16—17页;李廉方,第11—13页;张难先,第166—168页;龚霞初,收入XHGM,第五卷第72—73页。

历新年时候,正式创立文学社。正是这个团体,和共进会联合一起,发动了成功的武昌首义。它的组织结构和成员,与它的先行者毫无二致:各个标所选出来的代表没有更动。不过,新闻记者和以前做过新闻记者的人,起着更加重要的作用。蒋翊武本人以前是新闻记者,现在又是文学社社长。评议部长是刘尧澂,从《商务报》关闭以后,他就参加了军队。还有詹大悲,他把《商务报》复活为《大江报》,并且是文学社的文书部长。这些人能够拔众超群,毫无疑问,反映了他们的比较广博的经验,和比较强大的政治鼓动力量。但是,作为一个整体,他们一点也没有冲淡这个军事团体的特征。文学社仍然是一个属于士兵的、服务于士兵的组织。这个组织的成员,像詹大悲这样的从来没有参加过军队的人,恐怕只有略少于一打的数目。①

对于文学社的普通士兵来说,社员资格意味着,能够参加基层细胞内的讨论集会。这种讨论集会,经常由一名弁目或某些经验稍多的成员担任领导。集会讨论的题目,可以从文学艺术(这是文学社佯称关心的事物)转入军事策略。革命小册子被介绍进来,有些小组订阅了地方或上海的自由主义或激进的报纸。本质上,细胞组织基本上是亲密无间的小组,讨论会也许和小组("街谈巷议"的聚会)没有多大分别。文学社不大注意思想理论问题,一个反复申述的思想路线是:反满革命("种族革命")。而要进行反满革命,就有必要发挥人民群众的爱国精力。②

武昌起义爆发时,文学社成立还不到一年。它是1904年科学补习所的直接继承者。每一个后继的革命团体,在整个链条中,都尽可能地包括其前身的成员,以便在湖北的土生土长的革命运动中,保持一种真正的连续一致性。运动的土生土长的特征,极为意外。黄兴曾和科学补习所建立过接触。以东京为据点的同盟会也曾派出代表和日知会合作。但是,这两次接触,都不曾和湖北革命团体产生有拘束力的组织联结。③ 在日知会失败以后,军队里的革命运动,由于对非兵

---

① 章裕昆,第18—21页;张难先,第158页。
② 鲁祖轸,XHSY,第二辑第89—90页。
③ 张难先,第81—82页,第119页;李廉方,第6页;蔡寄鸥,第20—21页;卢智泉,XHGMHYL,第二集第47—48页。

士的笼统的怀疑和鄙视,直到1911年为止,都完全地和同盟会隔离开来了。

**共进会** 湖北还有另一个重要的革命团体,它是从东京的革命运动中产生出来的。这就是共进会。这个团体于1907年秋天在东京创立。其时,孙中山不在日本,出现了一系列事件,向孙的领导权挑战,并且威胁同盟会的统一。这一群长江流域的革命党人,反对孙的注重在沿海地区和广东、云南边界地区组织武装起义的南方战略。更重要的是,这些人是对于组织秘密会党力量发生兴趣的积极分子。他们反对同盟会的缓进政策。当时,作为煽动革命的长期计划的一部分,同盟会正强调宣传活动和在海外华侨中募集资金。共进会认为,革命运动必须建立在中国内部,而不是在华侨中间,而自我支持的国内革命运动,其自然基础则是秘密会党。真是相当微妙,正好这个时候,在萍浏醴起义的余波被悲惨地扑灭以后,中国本部的革命运动,离开了秘密会党,转而集中注意力于新军方面。不过,在东京的共进会认为,秘密会党仍然是将来的高潮。这也许是因为它的成员们受萍浏醴和其他起义所鼓舞,但是没有直接体验到它们的流血后果所致。也是最近才放弃这个策略的同盟会领袖们,则指责共进会是"反文明而复野蛮"。尽管如此,为了反击落在这个分裂团体头上的责骂,积极分子们继续前进,发誓要和对于在中国以秘密会党为依据的反满革命感兴趣的任何人共同前进。共进会就是这样取名了。①

大约100人出席了共进会在东京的成立大会,湖南、长江流域和中国南部的代表都出席了,但是绝大部分出席的人来自四川和湖北。四川人张伯祥被选为会长。共进会采取了与同盟会类似的一系列组织,有三等九级的军制,还有八个分立的部:交通、军务、内务、外交、评议,等等。组织就绪后,又推举成员于革命后分任各省都督。它采

---

① 李白贞,XHGMHYL,第一集第497—498页;章炳麟,收入张难先,第213页;张国淦:《辛亥革命史料》(上海,1958年),第43—44页;谭人凤,JDSZL,1956年第三期第39页;《共进会宣言》,JDSZL,1957年第二期,第94—98页。

用反映长城之内十八行省的十八星旗。从一切方面来看,共进会都在把自己创立成为在东京留学生内争取支持的、同盟会的一个直接对手。①

从一开始,共进会的方向,就朝着中国内部进行革命活动,并没有朝向东京的中国留学界。这样,张伯祥和该会会长的继任者,都于1908年返回中国。那年秋天,共进会的领导权移交给了湖北的刘公(刘仲文)。刘公并不是一个很得力的领袖,但他被选为会长颇易解释:"推戴刘公为总理,不过是因为他家财富足。"②1911年,这个有道理的方针的聪明可取之处就被证实了。那回,刘公回到武昌,他家里给了他5 000两银子,用来购买官爵。别的革命党人风闻这笔汇款,经过不多的论辩和小小诈术,他们说服了刘公,把这笔钱捐赠出来,赠送给当时几乎是一文不名的革命事业。③

在湖北,共进会的真正领导权掌握在孙武手里。他是1908年秋天回到武昌的。孙武出生于夏口县一个颇为富有的地主家庭,那时才28岁。他是湖北武备学堂的前学生,认识几个自立军的湖北领袖,也可能他本人就曾经参加过1900年的暴动预谋。从那时以后,他广泛旅游:1903年到了日本,后来到上海,然后转回湖北参加科学补习所和日知会,又到北京、香港,再回到东京参加共进会。④ 正当孙武在汉口为共进会建立指挥机关时,1909年1月,领导湖南革命运动的焦达峰和他携手合作了。

像很多湖南革命领袖一样,焦达峰也是浏阳县人。1909年,他刚刚23岁。他出生于一个富有的地主家庭,他的父亲可能获得秀才功名,并是一个地方民团的头领。有一个时期,焦达峰曾经写信,要"先从家庭革命始"。这可能表达了焦达峰的愿望,从朽旧地方绅耆的父

---

① 李白贞,XHGMHYL,第一集第502页;杨玉如,第14—16页;也见刘基湘,第74—76页。有一份试图否定共进会和同盟会的矛盾的充满事实谬误的记载是,邓文翚,JDSZL,1956年第三期第10—16页。
② 李春萱,XHSY,第一辑第13页。
③ 李春萱,XHSY,第二辑第131—133页;李白贞,SXGMHYL,第一集第513—514页。
④ 谢石钦,XHGMZL,第488页;张难先,第189—191页;胡祖舜,KGWSNWX,第二编第一册第119—122页。

亲的淫威下获得解放。①* 尽管如此,焦还是使用家庭财物,来支持自己为革命事业奔波流荡之需。到1911年为止,他家里的大部分土地已经变卖出去了。从儿童时代开始,他就显示了对于军事技术的浓厚兴趣。当他在浏阳还是一个小学生时,谭嗣同和唐才常的榜样,就开始激发他的革命思想。1904年,焦移住长沙。在那里,他熟悉了像禹之谟这类激进领袖。他也是1906年参与萍浏醴起义的学生中的一个。萍浏醴起义被镇压,他立刻远洋日本。当时,自费学生在日本被禁止进入任何军事学校学习。因此,他入了铁路学校,成为一个不怎么抛头露面的学生。1907年,他参加同盟会,不多久,又和它决裂,参与创立共进会,并在共进会内担任湖南省的首领。由于1906年的活动,使他有组织秘密会党的一定经验,1908年回国之后,1909年在汉口和孙武联合之前,他开始和湖南的秘密会党建立联系。②

贯穿于共进会全部历史的,是在湖南、湖北革命运动之间,起了重要联系作用。1909年春天汉口会议之后,共进会的指挥机关在法租界建立起来,着手组织秘密会党的活动。孙武和其他的人与汉口长江水师的一个秘密会党首领建立了联系,还制定了计划:在长江和汉水的湖北战略据点上建立五支军队,在湖南建立另外五支军队。1909年秋,洪水和饥荒在两省为害,秘密会党领袖开始了散发性的、突起突落的各自行动。革命党人终于没有能力控驭他们自己的流氓无产阶级部队。③ 几个月后,为了响应长沙抢米风潮,焦达峰提出了一次起义计划。但是,抢米风潮一旦被镇压下去,在湖北的(并非在焦达峰领导下的湖南)共进会的注意力,就断然地转向新军方面去了。④

1909年秋,秘密会党"军队"中的纪律被损坏之后,孙武离开湖北,

---

① 《民兴报》,1911年10月4日;李时岳,在第97—98页上,他摘引了这些话,并作了这个说明。

\* 译注:据冯自由:《革命逸史》第二卷记载,焦达峰的父亲是土豪劣绅一流的人物,是"邑庠生","某乡团总","有田五百余亩"。

② 尚秉和,第四十一卷第1页;曹亚伯,第二卷137—138页;刘心源:肖汝霖《浏阳烈士传·序》第3页;肖汝霖,第20—23页;阎幼甫,XHGMHYL,第二集第130—131页。

③ 张难先,第179—180页;杨玉如,第16—17页;胡祖舜,KGWSNWX,第二编第一册第120页;李春萱,XHSY,第二辑第113页;曹亚伯,第二卷第138页;李廉方,第17页。

④ 梁维亚,XHSY,第一辑第100—101页;李白贞,XHGMHYL,第一集第504—508页。

到了广西,然后又到了香港。在香港,他似乎说服了同盟会的某些人:共进会和其他革命团体在长江流域正取得重大成就。① 1911 年 2 月,同盟会派遣谭人凤携带 2 000 元资金,帮助长江地区的革命组织发动起义,以配合紧张筹备着的 1911 年春的广州黄花岗起义。谭人凤是一个旧式的、真正的、反满的革命党人。他以前是一个学校教员。长期来,他在湘西从容自若地活动于非正统的秘密会党和正统的绅士民团之间。到 1911 年时,早是一个拖长辫、着长袍、五十开外的白发老人了。他珍惜关切革命事业的正义和荣誉,极少受到来自西方的新思想潮流的影响。②

在湖北,共进会和文学社的领袖,和谭人凤举行了一次会议。这次会议,进行得并不完全顺利。谭人凤把他碰到的一些革命党人描述为"……田舍翁,……老学究……及……贵公子"。③* 另一方面,孙武在从南方的归途中,刚刚游历了长江下游一带。在他看来,湖北革命组织的力量在全国是最强大的,因而,提出要求湖北响应广州的想法,是荒唐可笑的。从此可以看出,把同盟会和湖北革命党人分割开来的鸿沟,并没有全部消失。但是,谭人凤给了这个团体 800 块钱,然后去湖南参加类似的会议。④

在长沙,谭会见了主要由教员和军人组成的一群人。至少从 1910 年年初起,若干位湖南的革命党人,就在军队内部进行组织工作。其中一人是陈作新。他是军队里的一名排长,长沙风潮之后,因涉嫌革命活动被革除;但是,直到他在辛亥革命期间再次突出时为止,都保持着和军队的联系。⑤ 为了把军官吸引到革命事业中来,人们付出了短时间的努力,之后,陈的继任者采取了湖北的办法,只集中注意力于士

---

① 张难先,第 189—191 页;胡祖舜,KGWSNWX,第二编第一册第 119—122 页。
② 谭人凤,JDSZL,1956 年第三期第 26—33 页;章炳麟的传记,收入于张难先,第 212—214 页;北一辉,收入日本外务省档案,1—6—1—4:2—1—1,第三卷第 62 页。
③ 见章裕昆,第 27 页。
\* 译注:据杨玉如:《辛亥革命先著记》:"……石屏见翊武如田舍翁,土头土脑;长龄如老学究,腐气熏天;良骏如贵公子,纨绔未脱;心初不慊,颇漠视。"(第 33 页)石屏,谭人凤;翊武,蒋翊武;长龄,李长龄;良骏,罗良骏。
④ 谭人凤,JDSZL,1956 年第三期第 44 页;杨玉如,第 31—33 页。
⑤ HNJBN,第 286 页;彭菊恒,KGWSNWX,第二编第二册第 3 页。

兵和正、副目官,并且取得了重大进展。在谭人凤的访问过后不久,68个军人,主要是正、副目,于1911年3月31日,在长沙一家著名饭店集会讨论战略计划。革命运动似乎既在军队里,又在长沙知识界中发展起来;但是,这次便宴会议,引起了当局的注意。在随后而至的镇压中,军队中的许多领袖人物被迫离开了湖南。①

所有这些有组织活动,是作为支持同盟会的广州起义计划而安排的。在那次起义行动于1911年4月27日全面失败以后,两湖地区的活动,仍然按照自己的计划继续进行。5月3日,两湖共进会的领袖们在汉口举行了一次善后会议。焦达峰和许多湖南人决定继续注重秘密会党中的工作。不同的小组,负责在湘西、湘南和湘中地区,进行组织活动。② 当时革命经费十分困难,焦亲自领着一些人到山上一所庙宇里去偷贴金菩萨,结果徒劳无功;另一个湖南革命党人打算抢夺他婶娘的首饰,后来又决定对她的儿子进行绑票,索金800元。③ 在为革命经费作出这些拼命努力以后,湖南人又转回去做秘密会党的工作去了。

概括1911年湖南革命运动的特征,较之湖北革命运动更为困难。湖北的革命运动明显地集中在军队里。但在湖南,焦达峰和他的最亲密的伙伴,努力与哥老会建立联系,特别是在他的家乡浏阳县。1911年,焦达峰声称,他的部下达十万之众。这可能有严重夸张。其中有一些人,是由焦达峰在长沙建立的四正会带进革命运动中来的。④ 这个会党从店员、手工业工人、正目副目甚至少数稍微高级军官中吸收成员。许多手工业工人和军人,似乎早就是秘密会党成员。湖南革命

---

① 邹永成:《湖南辛亥光复记》,第1—3页(这个小册子重刊于HNLSZL,1959年第一期第159—167页。我的引文是根据台湾国民党档案馆所藏的原版本)。也见邹的更充实的口授记录,收入于JDSZL,1956年第三期第95—96页;谢觉生,KGWSNWX,第二编第三册第8—10页;安定超,KGWSNWX,第二编第三册第17页。
② 彭菊恒,KGWSNWX,第二编第三册第4页;邹永成,第4页。
③ 居正,第485—492页;邹永成,收入JDSZL,1956年第三期第98—99页。
④ 这个名称的含义有些模糊不清。字典上似乎没有合适的词汇来表达"四正"的意义。在秘密会党成员中间,大概"四正"有为正统资料所不予记载的一定含义。当焦达峰任湖南军事都督时,他用了带有"四正"二字的图章,并被人们误解为等同于秘密会党暗号的"罡"(把"四"和"正"联合在一起)(唐乾一,XHGM,第六卷第151页)。

党人运用的外围机关有：一家灯铺、一片裁缝店和一个矿务公司。这说明，某些小资产阶级是支持革命事业的。知识界至少在六个学社、两间书店、一个内科诊所和一个体育社进行组织活动。① 这样，湖南的运动代表了一种各式各样的联合：店员、手工业工人、士兵和长沙学生界；以及秘密会党成员——大体上是手工业工人、码头苦力和从浏阳这种特别骚动不安的地区募集来的农民。

有必要强调指出，除了革命活动相对地显著集中于新军这一点，在此谈到的反清活动，和其他时候、其他省份的革命活动，并没有明显不同。有许多革命政党的形成和再造，有许多革命领袖的南来和北往，有会议和密探，有侦破和失败。而且，除了紧随长沙风潮而设想的一次起义计划之外，从来没有一个真正发端于革命的暴动预谋。甚至辛亥年春同盟会代表带着广州起义消息到来时，也没有证据表明，湖南和湖北的革命党人，为了响应起义，做出了什么具体准备。实际情况是，对于广州起义，革命党人一直未作统筹安排。

只是到了1911年，政治气候出现了一个普遍性的转换的时候，革命社团才广泛地在军队内部建立，约在一支15 000人的军队中，发展为少数几百人。因此，有必要从我们关于革命阴谋的故事，转入革命政党赖以存在的经济、社会和政治环境中去。只有在那种情况下，才能理解辛亥革命运动突飞猛进的原因，以及当革命于1911年10月10日爆发时，人民的其余部分愿意接受革命的原因。

## 革命的前夜

关于湖北革命政党活动的文字记载真是连篇累牍。但是，它们都给人一种印象：好像革命密谋就发生在真空里面。在汉口和武昌少数几间举行过会议的房子内，或者，在革命党人生活过和组织过力量

---

① 阎幼甫，XHGMHYL，第二集第112—113页，第117—118页，第212页；粟戡时，XHGM，第四卷第552页；邹永成，第4页；YSJ，第181—182页。

的军营中,历史正在发展进行。在这些记载中出现的人物,无一不是革命党人、军官或镇压革命组织的官吏。似乎除了革命图谋策划之外,什么也不存在了。其实,一次真正的革命,比一般的图谋策划,有着更丰富的内容。10月10日政变骤然爆发,确实是令人震惊的,但是,它也充分地表示了笼罩两湖地区的抑郁心情以及对满清王朝的丧失信念。重新体味那种心情和信念,虽然是很困难的;但是,为了充分想象1911年的那种抑郁和信念,我们现在必须描绘一个互不联系的片断的大杂烩。

**经济** 银行倒闭,收回利权新兴年代的终结,洪水泛滥,饥馑遍地,内政纷扰,所有这些因素联合起来,使1910年在两湖地区,特别是在它的经济中心——汉口,成了经济萧条的一年。1911年,尽管汉口的外贸,由于京汉铁路的原因,有所增长,但就整体来说,经济仍然是停滞不前的。从1910年钱庄倒闭的冲击中全面恢复的局面,始终没有到来。汉口和长江流域的特大洪水灾害,淹没了号称包括汉口本身在内的有250万人口的广大地区,并且严重挫伤了群众在经济上的信心。除此以外,在禁烟勒令开始生效之前,大批金钱耗竭在资助内地最后一次鸦片贸易中去了。其结果,据外国人掌握的海关税务司说:

> 贯穿这一年的头九个月,有许多财政上的衰落不景气;一个巨大数字的资金被投入本地鸦片贸易中去了;由于缺乏现钱,许多比较富裕的中国人处于破产边缘。银行家在收回抵押财产的契约。因此,土地很不吃香,价格低于1910年的25%—50%。①

像汉口这样一个发展的城市中,如果地产价格能够下降到这个幅度,那么,受苦受难的岁月即将来临,就是准的没错了。

---

① 中国海关,《海关贸易报告,1911年》,第310页。也见 TDSC,Ⅱ:3(1911年2月15日),第39页;Ⅱ:5(1911年3月15日),第23页;Ⅱ:13(1911年7月5日),第40—41页;东亚同文会,《支那省别全志》,第四卷第836—839页。

长沙的形势并非很不相同。对外贸易继续增长,但是,几家地方纸币发行人的破产导致了严重的财政危机。有一个时刻,日利率达到20%,可是把钱外借的人还颇为难找。革命前夜,禁止粮食出口,引起商业普遍下降,经济普遍衰落。汉口和长沙商界的心情,反映了经济萧条的景况。在这些情况下,政府为了搜罗财政收入,继续增加国内消费税,用以资助新政,因而进一步和商人们脱离了。①

**省和地方政府** 1911 年,要安然无恙地领导湖南和湖北,必须有一个非常强有力的和安定的行政机关。但是,这个地区的官僚政权,明显缺少的正是这种安定。有如王闿运在革命爆发前两个月的日记中所写的:"官场紊乱,未有如今日者。"②这种不安定,一部分归因于清朝新政纲领的本质。财政和军事的中央集权,从上面削弱了省政大吏的权力,而宪政改良则从下面给绅士以一种机构,使省政大吏为之掣肘。正好在这两种挤压之下,许多巡抚丢官去职。湖南的岑春蓂就在这样一种处境中被绊住,在其无力防止长沙暴动的时刻摔倒了。稍后一年多,他的继任者杨文鼎,在政府实行铁路国有计划和省谘议局予以反对的夹缝中又被绊住,最后被迫辞官。结果,湖南领导人迅速更迭(在辛亥前十年之内八易其人),直到革命爆发为止。清朝的最后一任湖南巡抚余诚格,于 9 月 10 日到任视事,刚好是武昌起义之前一个月。③

在湖北,有一份汉口报纸称,1907 年张之洞离任之后,总督连串替换,总是在"风传革命"之时,"使人寒心沮丧"。④ 但是,1910 年 4 月 4 日,湖北获得了一个有生气、有能力的总督,这就是众人唾骂的满洲人瑞澂。在历史书中,瑞澂的形象是:一个衰弱的肺痨病人,革命党人在武昌开始起义时,就急不暇择地弃职远洋了。其实,这并不是一个

---

① TDSC,Ⅱ:12(1911 年 6 月 20 日),第 37—41 页;Ⅱ:15(1911 年 8 月 5 日),第 27—28 页;Ⅱ:20(1911 年 10 月 20 日),第 55 页;戈菲(汉口),1911 年 10 月 5 日,F.O. 228/1802。
② 王闿运,1911 年 8 月 10 日,第 968 页。
③ B. 吉尔士(长沙),1911 年 10 月 12 日,F.O. 228/1798。
④ 《公论报》,1908 年 3 月 13 日,翻译收入法磊斯(汉口),1908 年 4 月 1 日,F.O. 228/1697。

公允至当的形象。瑞澂是19世纪时闻名的外交家和大官琦善的孙子。他仅仅是一名贡生,是晚清官吏务实派中的一员。务实派官员在官僚政权中的升腾,与其说是在学问文章上下工夫,倒不如说是建立在事功的基础上面。在上海道任职时,外国人就对瑞澂发生了好感。他从上海道调任江苏巡抚,在那儿不久,又调任武昌总督。在武昌,他被人认为是"深受官员、百姓……尊崇和敬畏"的人物。① 英国人原先设想,瑞澂可能易于共事,但这种期望毫无根据。1910年,在和英国总领事几次交换了激烈信件之后,他打破了中国福音教协会在汉口召集大会的计划。同年,有一本风行的通俗小册子,赞扬瑞澂在下面两件事上所起的作用:一件是,强迫外国人把四门瞄准武昌的大炮,从租界内搬走;另一件是,迫使帝国主义者在租界内设置公共厕所,据说,总督进行微服私访时,发现公共厕所是必需的。瑞澂似乎赢得了能够使帝国主义者顺从其意志的颇孚众望的盛名。②

新总督最重要的成就,是厉行清朝新政和根除贪官污吏。正是瑞澂,他把张謇带到武昌,复活了官办的纺纱厂,促使建成了一家官办的新纸厂,而且有力地把教育和巡警等新政措施推向前进。正如一本记载所说,瑞澂"剗弊剔蠹有能,负时誉"。③ 他拿来开刀的最有名的牺牲品是省巡警道冯启钧。此人罪恶昭彰,贪赃枉法,同时也是"臭名远扬的为各阶层大众所不齿的"地产投机商。④ 当然,瑞澂也罢免了一大批地方官吏。1911年夏,湖北81个知府、知县中,有32名榜列开缺。⑤ 事实上,瑞澂拆卸了张之洞在湖北经营的官僚政权体制。这种体制设壕固守,腐败透顶,在张之洞离任和去世之后,幸免于难。据日本总领事的评价,瑞澂对这种体制所进行的打击,只不过使老官僚们暂时销

---

① 戈菲(汉口),1911年7月31日,F.O.228/1802。
② 清史编纂委员会编纂:《清史》(杨明山,1961年),第七卷第5080页;朱尔典(北京),1909年11月27日,F.O.371/643;法磊斯(汉口),1910年11月24日,11月30日,及12月5日,F.O.228/1761;中文附件1910年第五二号,F.O.228/1768。
③ 尚秉和,第三卷第1页。
④ 法磊斯(汉口),1908年10月15日,F.O.228/1697。也见《东方时报》,1910年6月14日,翻译收入邓勒(汉口),1910年7月5日,F.O.228/1761;TDSC,Ⅰ:1(1910年7月19日),第32—33页。
⑤ 荣宝斋与荣禄堂编纂:《大清最新搢绅录》(北京,1911年夏)。

声匿迹,他们在等待时机,妄谋反扑。①

1911年,湖北官僚政权陷入混乱之中,因为,领导它的强有力的改良派,威胁了官僚政客加意防范的利益。湖南就是苦于没有这么一个足够强有力的巡抚,即令是这个巡抚在该省九死一生。不过,湖北、湖南这两种情况都说明了:想用新政来改造中国,这是有困难的,甚至是不可能的。新政给人民带来了动荡不安;一个软弱的巡抚,无力控驭绅士的权力机构;与此同时,一个有力量的改良派,面对那些同样的问题,再加上自己官僚政权圈子内的、年事较高的、现任官吏的反对:我想,甚至是最干练当行的官僚也不可能解决这些矛盾。

**城市激进主义:报纸和学生** 整个20世纪的头十年,通商口岸的报纸,在提高人们对国家大事的认识中,在对政府政策和人物进行批评中,曾经起过重大作用。到了1908—1910年,汉口报刊的声音,可能由于某几家更为尖锐的报纸被迫封闭(其中有《商务报》),变得多少有些沉默了。不过,当时,有一个人们内心憎厌的军官,犯了血族通奸的丑行,一家报纸揭发了这件事,这个军官决定要破坏这家报纸的出版。对此,瑞澂下令,进行了一次有利于新闻记者的严密查究。结果,1911年的报刊明显地更为自由,变得日益直言无讳和尖锐激烈了。对英国人在云南边界的寻衅滋事,和俄国人在东三省的干预,报纸经常进行抨击。对1911年1月的人力车夫事件,向英国人进行了严厉批评。关于国内事务,对新军军官的贪污舞弊和败坏道德的男女隐私行为进行攻击,变得日益普遍。②

在激烈的政治评论中,走在最前面的是詹大悲的《大江报》——《商务报》的后继者。在这张报纸之前,通商口岸的报纸,和美国所谓"东部自由主义报纸"起着类似作用。它们只是用保卫不同政见者的公民自由,和批评政府在每一种动荡不安情况之下,去寻找和责备造

---

① 松村(汉口),1910年5月15日,日本外务省档案,6—1—6—36。
② 朱峙三,XHSY,第三辑第145—146页;胡祖舜(本人也是一个报人),收入 KGWSNWX,第二编第一册第240—241页;《中外日报》,1910年9月18日,翻译收入法磊斯(汉口),1910年10月27日,F.O.228/1761;居正,第483页;《民立报》,1911年9月30日及10月3日。

反分子的做法,来间接地帮助革命党人。① 到 1911 年 7 月份,《大江报》向左前进了一大步。它发表了一系列从日文译述的关于社会主义的论文,和两篇题为《大乱者,救中国之妙药也》和《亡中国者和平也》的特别强烈的无政府主义论文。这两篇文章使瑞澂再也按捺不住了。这家报纸横遭封闭,詹大悲与何海鸣被捕系狱,直到革命后才获得释放。②

学生是最倾向于响应激进报刊的城市居民中的一部分。1910 年,人们又看到可与 1904—1906 年相媲美的学生运动的苏醒。根据一个英国人的报告:"学生们——一个吵吵嚷嚷的、不负责任的、狂热恣肆的阶层——已经猛烈地激动起来。"③武昌是学生们骚动不安的主要中心。在保路运动怒涛中,武昌学生起了主要作用。1910 年,在学生们因抗议日本人在东北修筑铁路而被捕之后,武昌有好几间学堂继续罢课。④ 到 1911 年 3 月,瑞澂被迫不得不断然严行压制:所有学生集会一律停止。此后不久,全国剪辫成风,学生们把这个行动,看做是摆脱满洲野蛮奴役的象征。瑞澂下令,所有学生须于三日内恢复长辫。⑤ 当然,不只武昌有这种情况。在长沙,紧随抢米风潮和对日、韩合并的巨大震动,学校墙壁上也出现了标语口号:"革命排满!"⑥

除了对新政纲领普遍丧失幻想以及清王朝无力抵抗帝国主义侵略之外,还有一些特殊情况,增长了学生的激进思想。这些情况之一,是在年轻的教职员中,出现了对革命的同情者。他们之中的许多人是从日本归国的学生。这在湖南是特别普遍的,在那里,革命党人至少

---

① 举例,见《时报》,收入 HNLSZL,1958 年第三期第 117—118 页;《中外日报》,1910 年 3 月 9 日,翻译收入法磊斯(汉口),1910 年 3 月 23 日,F. O. 228/1761。
② 章裕昆,第 27—28 页;卢智泉,XHGMHYL,第二集第 49 页;《民立报》,1911 年 8 月 5 日,和 1911 年 10 月 8 日。
③ 爱德华·S·立脱报告,1910 年 1 月 15 日,F. O. 371/863,第 472 页。
④ 同上,第 473—476 页;也见总督陈夔龙的抱怨,收入法磊斯(汉口),1909 年 12 月 7 日,F. O. 228/1730;吴啸魁,KGWSNWX,第二编第一册第 143 页。
⑤ 戈菲(汉口),1911 年 3 月 15 日及《中部中国邮报》,1911 年 5 月 31 日,附人戈菲,1911 年 6 月 9 日,二件均收入 F. O. 228/1802。关于湖南剪瓣子的事,见《民立报》1911 年 1 月 4 日。
⑥ 陶菊隐,XHGMHYL,第二集第 192—194 页。

在长沙的十间学校里担任职员。① 在湖北教育机构内，纯粹的革命党人似乎在数量上略少，但在行政方面，对学生的激进活动予以放纵宽容，则是习以为常的：

> 辛亥前的几年间，在我们学校里，很多禁书都流行着，学校当局视而不见。他们认为禁阅的书刊，不过是宣传排满革命，于自己无直接利害关系，所以懒得过问。②

因此，学生有机会接触激进理论。青年中的很多人发现，官场事业的前景破灭了。他们开始把革命看做解决问题的途径。僧多粥少，谋职不易，通货膨胀加深了失业学子们的困难。1910—1911年，学生们的境遇明显地每况愈下。在武昌，省政府财政困竭，迫使一些学校停课，有些学生的学业半途中断。其后，1911年7月17日，教育部停止实行所有中等学校毕业学生予以就业的规定。③ 在这些情况下，有如一个日本侦探所评述的："稍有头脑、毅力的人，都以激进思想为主了。"④

**军队** 毫无疑问，城市气氛普遍激化，和有文化的新军士兵的参与有关。当然，这些士兵的不满，也有其具体原因。长期以来存在着的官兵矛盾，有迹象要转化成为暴乱。革命前一年，至少有一名士兵被军官鞭挞致死，另一名士兵对这类酷刑进行报复，在实弹射击中把一个军官打死了。⑤ 而且，士兵们的薪饷很低，被捆绑在一根无情的财政绳索上面。物价出奇上涨，迫于财政拮据，当局扣发士兵月俸。扣

---

① 冯自由，KGWSNWX，第一编第十二册第285页；邹永成，第4页；唐乾一，第一卷第2—3页。
② 李健侯，XHGMHYL，第一集第81页。
③ 《民立报》，1910年10月14日，及1911年1月16日；TDSC，Ⅱ：19(1911年10月5日)第28页。
④ 山田胜治报告，日本外务省档案，1—6—1—4；2—1—1，第一卷第143—144页。
⑤ 《公论新报》，1910年10月23日，翻译收入法磊斯(汉口)，1910年11月29日，F.O.228/1761。

发的幅度究竟有多大,现在还弄不太清楚。一份也许最可靠的报道说:1911年春,张彪曾经下令,要减发20%—30%。① 1911年夏、秋,武汉粮价飞速上涨,兵士们受打击最为严重。一方面,募来的士兵要买回自己的口粮;另一方面,在他们中间,80%—90%的人举家待哺。黎元洪试图从湖南购进军粮,但是,9月间,湖南发布了一个粮食出口的新禁令,这样,武汉的粮价由8月份的每担5 000文,到9月份,上升到每担7 000—9 000文了。②

统计数字显示,1911年春有261个逃兵。这个事实,透露了军队的不满。③ 逃兵中的许多人,是由于反对风传调往东北抗御俄国入侵而潜逸的。但是,对于士兵生活的普遍不满,也是一个因素。1911年夏季,武昌兵营中发生了一次枪击事件。军官们对自己部下的驯服忠诚没有把握,他们把士兵持有的全部弹药运走锁起来了。④

**人民的不满**　通货膨胀迫害新军士兵,同样也打击绝大多数穷人。此外,帝国主义的入侵,日益增长的赋税,和上流阶层的新政措施(上一章所述有关暴动爆发的同样因素),在1911年继续存在着。和1910年一样,自然灾害造成了普遍不安。1911年6月,汉水、长江同时发水,泛滥成灾,武汉三镇的绝大部分低洼地区全被淹没。汉阳兵工厂和铁厂、地毯厂、煤矿局和武昌纺织厂被迫停产。在湖北南部和西部沿长江流域地区,大部分秋粮失收。9月份,在汉口的天主教教堂报告说,湖北有200万饥饿贫困的人民。⑤ 和以前一样,其中许多人涌

---

① 《中部中国邮报》,1911年4月24日,收入戈菲(汉口),1911年5月4日,F. O. 228/1801。报纸摘录收入 F. O. 228/1761,228/1801,以及228/1802,充满了关于军饷和随之而至的不满的报道。
② 《公论新报》,1911年6月7日,翻译收入戈菲(汉口),1911年6月29日;同上,1911年8月22日,翻译收入戈菲(汉口),1911年9月5日;《中西报》,1911年9月25日,翻译收入戈菲,1911年10月9日,都收入 F. O. 228/1802。
③ TDSC,Ⅱ:8(1911年4月20日),第59页。够有趣味的是,最高逃亡率发生在某些革命力量最强大的单位,如工程兵第二十一营和马队第八标。
④ 曹亚伯,第一卷第378页。
⑤ TDSC,Ⅱ:15(1911年8月5日),第30页;《中部中国邮报》,1911年9月12日,收入戈菲(汉口),1911年9月21日,F. O. 228/1802。

向武汉就食求救,这就造成了那儿城市环境的不安定。

湖南的形势更是一样。湘北和湘中很多地区遭受洪水灾害,长沙本身也在短时期内面临威胁。可以预测得到,紧接着出现的是人民骚动和盗匪横行的疾风骤雨。在全省范围内,人民袭击富户的粮食仓库和食盐官运局,盗匪四处滋事。① 5月1日,朝廷下令:因为需要这些部队拘勒防范正在兴起的骚动浪潮,预定裁撤防、绿多营的计划暂缓执行。8月,湘西和湘中骚动,迫使巡抚只得从裁撤旧式军队转为加募新兵。② 如前所述,人民的不安不满,新政措施应负极大责任。一份日本报告解释湖南四个县的官府衙门遭到袭击时说:"以苛暴的新政作为借口,官府和绅士们激起了人民的愤怒。"③到1911年秋天为止,被禁止进入长沙城内的成千上万的饥民,蹲在城墙外面。同时,头年暴动前夕的事件,似乎再次出现了。英国领事接到匿名警告:人民将组织暴动,反对外国人,反对学堂,反对最近国有化的、外国资助的铁路。④

湖南秘密会党在1906年全面失败后,在清朝最后一二年里,似乎又在恢复活力。为了革命事业,焦达峰正以大部精力进行组织秘密会党的活动。1911年,他大概为征集力量找到了肥沃土壤。有关会党的可信资料,确实少见,但是,一个调查过1910年情况的日本侦探写道:

> 列强从外部进行压迫,在国内,中央政府失去威信。分散在沿海和内地各处的许多秘密会党,渐次注意到倾向全面统一。其力量日益增长,现在已具有一个反对清朝的、巨大的、潜伏着的敌国的姿态。⑤

**清王朝天命绝灭,政权倾堕** 和积极主动的人民反清活动同样重

---

① TDSC,Ⅱ:15(1911年8月5日),第30页;金城:《湘汉百事》(无出版地,1912年),第1页;李时岳,第40页;吴玉章,XHGMHYL,第一集第94页。
② 1911年5月1日上谕,收入XHGM,第六卷第168页;《民立报》,1911年8月6日。
③ TDSC,Ⅱ:12(1911年6月20日),第23页。
④ 吉尔士(长沙),1911年10月12日,F.O.228/1798;《民立报》,1911年8月29日。
⑤ 远藤久吉报告,日本外务省档案,1—6—1—4:2—1—1,第232页。

要的,是人们的普遍信念:经过267年,满清王朝终于走完了自己的历史途程。西方化的知识分子,可能用"丧失了国家主权"或"背叛了代表制宪政府愿望"这一类的词句,来表示他们对清王朝的心灰意懒、幻想破灭。但老百姓还是根据"天命"概念来思考问题,并且深信,清朝已经失去了天命。清朝不可避免地要倾堕覆灭,这种信念,是日本侦探山田胜治在一份出色的、有预见性的报告中的主要论点。这个日本人于1910年夏间旅游过两湖。

山田认为,海外的革命党人并没有给清王朝以威慑:"他们似乎乐于从海外华侨商人和其他流亡者那里取得衣食,而且已经忘记回归祖国。"① 山田发现不了在中国内部组织革命的任何证据。但他还是指出:"在中国目前的危机中,虽然没有革命党人的活动,但革命思想正在普及。……人民预见国家将要大乱,预言满清一定垮台。"② 山田看到了反对满清统治的无数理由:新政失去人心,王朝无力遏制帝国主义得寸进尺,对满洲鞑虏怀着种族仇恨,相信西方民主自由学说。所有这些正在兴起的不满,产生了一种普遍信念:清王朝的末日迫近了。

> 如果向一个愚昧无知的人去问及国家大事,他会说:"要改朝换代了!"或者会说:"这个王朝早就持续100年了。"很明白:市井小民的感情和文人学士的内心是一致的。他们共同归结于一个简单观点:满清王朝覆灭。这并不单纯是衣食无着的穷苦下流人的感情。就是那些有名气、有文化的大绅士,也知道王朝的覆灭是不可避免的。③

**改良派上流阶层的作用**　经济萧条,教育的夭折,报纸上的激进思潮,军饷的扣减,通货膨胀,新政的昂贵代价以及自然灾害,是1911年商人、学生、士兵、工人和农民郁积不满的重大原因。上述因素,没有一条直接损害威胁城市改良派上流阶层。但是,有两条原因使上流

---

① 山田胜治报告,日本外务省档案,1—6—1—4:2—1—1,第一卷第160页。
② 同上,第116页。
③ 同上,第167页。

阶层参加了反满联盟：一条是，举借外债，修筑铁路；另一条是，他们的宪政目的，被1911年4月满清"皇族内阁"所破坏。修铁路，借外债，这是一个特别有利的争执点。上流阶层可以运用这个题目，在报纸上，在学生、商人和士兵中间，鼓动起强烈的反政府的爱国主义热情。反对举借外债的正义激动，就这样导致了一个反对清王朝的、进步的、城市各阶层的联合。

在为建设立宪政府的斗争中，改良派上流阶层有一个最坚决的要求，就是建立和选定责任内阁。他们把中国的第一个国家内阁，看成是走向立宪政府的重要一步。1911年4月，那个内阁终于诞生了。但是，它的组成成员是：8个满族人，1个蒙古旗人，只有4个汉族人。这对于改良派上流阶层为代议制政府顺利过渡的希望来说，是一个严重的挫折。宣布组成"皇族内阁"，有力地推动了1911年春建立立宪政党的活动。这种立宪政党，是作为北京政府的对立面创立的（见第三章）。同样重要的是，现在阻挡立宪派人士掌权的力量，就是新内阁中居统治地位的满洲贵族。这样，反对政府，就变为反对满洲皇族了。

新内阁的宣布，有助于集中对满洲皇族的反对，但是，新内阁的任命，并未和铁路国有化及对外借款一样，发展成为这样热烈的争论。1911年春，一系列的迹象预示：政府要对外借款了。改良派上流阶层迅速组织抵制。3月，长沙自治公所举办了一次巨大的反对铁路国有化的大会。夏季，这个主要由教师和商绅组成的立宪派团体，在组织上流阶层反对政府的活动中，起了越来越大的作用。① 4月，改良派领袖组成了湘路协赞会，它包括了商务总会的李达璋和陈文玮，以及省谘议局的粟戡时、左学谦、龙璋等人。意义重大的是，某些刚和谭人凤会晤过的革命党教员，也参加了这些改良派的活动。这是湖南的改良派和革命派重要合作的第一步。② 在日本，改良派和革命党之间，存在着经常

---

① 阎幼甫，XHGMHYL，第二集第115—116页；粟戡时，XHGM，第四卷第551页；YSJ，第185页。
② 彭菊恒，KGWSNWX，第二编第三册第4页；谢洁生，KGWSNWX，第二编第三册第11页；HNLSZL，1959年第二期第105—108页；邹永成，JDSZL，1956年第三期第100—101页；HNJBN，第280—281页。

指出的严厉抗衡。在中国内部,这两个集团却不管这些,它们的社会背景和政治信念似乎有类似之处,以至产生了一种实质程度的合作。

5月20日,公布了外国铁路借款的消息,学生们立即坚决抗议,激进思潮变得更加显著。除了一二间以外,长沙所有的学堂都罢课了,学生们在全城散发煽动性的传单。商人罢市和抵制捐税的议论四处传播。抗议怒潮高涨,以致日本和英国都派遣了炮舰来到长沙。① 当学生们在五六月间上街示威的时候,最出色的改良派上流阶层人物保持观望态度。谭延闿早就到北京去了,部分原因是去运动反对铁路借款,但也是为了去参加创建全国立宪政党的会议。6月,王闿运在他的日记中称,"组安留京不还,以避争路风潮"。② 龙璋和其他几个激进的改良派教员坚持反对学生罢课,主张在商人中进行宣传活动,这样,就把学生从运用他们的最激烈的战术中引开去了。没多久,学生迫于期终考试的压力,改良派的铁路股份,得到适当赔偿的保证,群众抗议的大部分活力消失,学生罢课也就夭折了。③

不过,激烈的春天在湖南留下了它的痕迹。长沙的保路风潮,和春天洪水之后在省内边远地区出现的聚众骚扰闹事活动同时发生。这些情况联结一起,首当其冲的则是杨文鼎。杨为湖南绅士的胁迫所屈,又无力驾驭这些人,只好向朝廷奏请辞职。④ 杨的请求终于得到批准,革命前夕,湖南换了一个新巡抚,但他同样无力抗拒革命洪流。

湖北的形势并非十分不同。汉口报纸转载了反对向外国借款的小册子,并攻击策划借款的盛宣怀。据这类小册子之一说:

> 为了达到目的,我们全体必须把命运掌握在自己手里,组织起一种恐怖力量,来反对那个出卖我国铁路的贪官。……学生们必须停

---

① HNLSZL,1959年第二期第113—114页;《中部中国邮报》,1911年5月28日,收入戈菲(汉口),1911年5月31日,《中西报》,1911年6月28日,收入克其(汉口),1911年6月13日,所有各件收入 F.O. 228/1802;TDSC,Ⅱ:12(1911年6月20日)第28页。

② 王闿运,1911年6月5日,第965页。

③ 曾杰,摘入 YSJ,第175页;《中部中国邮报》,1911年6月28日及7月4日,收入克其(汉口),1911年7月13日,F.O. 228/1802。

④ TDSC,Ⅱ:15(1911年8月5日),第23页。

课,商人们必须闭市,全体人民必须抗付捐税。①

到 6 月为止,报纸报道,"所有的学堂已经罢课,所有的商店罢市了"②,这个报道的后一半,至少是夸大了的。同湖南一样,当时的改良派似乎在挫伤学生的积极性。商务总会和教育协会都把罢课、罢市当做导向暴动的手段而予以劝阻。结果,这种做法不能持久。6 月以后,湖北在外表上保持平静,但是,报纸公开坚持声援四川人的日益扩大的、暴烈的保路运动。一份英国人的报告说:

> 除了每天发表论述四川形势的长篇报道之外,本地报纸经常发表同一主题的社论。在这些文章里面,四川人的爱国精神和自我牺牲的责任感受到推崇赞许。而湖南人和湖北人则因为他们的奴隶性格和对社会福利的麻木不仁受到指责。③

铁路问题论争,对于两湖革命的爆发,其基本意义颇难估价。我已经在前面强调这个事实:两个省的改良派上流阶层,因为没有受到与四川铁路股东同样的经济损失,在反对国有化斗争中,并不如四川人那样大喊大叫。事实上,这正是湖北报纸的抱怨所在。但是,在保路运动论争的关键时刻,对于城市政治气氛的普遍激化,报纸和学生都作出了极大贡献。在这种激化过程中,满清王朝正走向结局这种普遍化的信念——这是从长沙抢米风潮以来就开始发展起来的——慢慢地转换成为王朝定将覆灭的希望。在学校里,在报纸上,在军队中,这种希望无疑是最强烈的;但是,改良派上流阶层,甚至某些改良主义官吏,也日益抱有这种希望。谭延闿的顾问和心腹,描述了随长沙风潮和其后的铁路国有化而来的这种转换:

---

① 《中西报》,1911 年 5 月 23 日,翻译收入戈菲(汉口),1911 年 6 月 9 日,F.O. 228/1802。
② 《中西报》,1911 年 6 月 14 日,收入戈菲(汉口),1911 年 6 月 6 日,F.O. 228/1802。
③ 戈菲(汉口),1911 年 10 月 5 日,F.O. 228/1802。

自是人心愈愤,仇视清吏若眼中钉,必去之而后快。其革命潮流,竟成为一般人民之普遍心理矣。是时各省谘议局联合会成立,辛亥俱乐部纷起,虽未侈谈排革,窃见清室贵胄专横日甚,则亦愿革命之早成。盖从前持此义者,在上流人物不过少数,至是官吏者亦复乐为之。革命党人乃不啻得一大协会。清祀不绝,其在是乎?其在是乎?①

**一味新的灵丹妙药:反满革命**　1910年,立宪党人曾经认为,一个国家议会,一个责任内阁,就可以医治中国的百病。那年,这套理论似乎远近风传,但,基本上说来,这套理论,似是而实非。肯定,它极少反映了农民和城市贫民的要求。农民和城市贫民从立宪、新政吃到的苦头,比获到的好处要多得多。1910年年终,当改良派的宪政计划被朝廷挫败时,议会这味灵丹妙药,似乎销声匿迹,很少为人提到了。一味包医百病的新药——反满革命——代替了它。

1911年的革命反满,不只是仇恨压迫汉人的野蛮部族的一种种族感情。在大量的革命宣传品中,那一类的种族主义确是常见的。但是,1911年的真正问题,是在政治上对于满清朝廷幻想破灭。只有这个问题,才能够把各个阶层的不满情绪联合起来。虽然,对于西方化新政的客观好处,城市上流阶层和广大人民群众,持有完全对立的观点。但是,为了各自的原因,每一方都能在反对满清王朝的问题上取得一致。中国的统治者,满清朝廷可以被指责为:不能抵抗帝国主义的入侵,接受外国铁路借款,破坏立宪政府,克扣军队粮饷,关闭各类学堂。朝廷还可以因为通货膨胀、经济萧条、上流阶层新政耗费昂贵而受到指责。最后分析起来,朝廷要对所有这些问题承担责任。在湖南和湖北,一个满洲总督就以其自身表明了满洲统治者与地方局势的联结。

由于每个集团和阶层,都是为了各自的理由反对满清统治的,所以,辛亥革命的反满主义,并没有统一的理论含义。革命社团当然是最早主张反清排满的,正在兴起的反满情绪,对它们是最为有利的。但是,这些社团的理论,确实十分单薄无力。在这里,有必要把海外同

---

① 唐乾一,第一卷第4页。

盟会和国内革命党人的理论加以区分。后者,作为实践家和活动家,与东京的理论家和宣传家比较起来,在理论问题上更少兴趣。在海外的革命党人中间,无政府主义和社会主义,两者都赢得了某些支持,但从来不曾进入湖北社团的纲领之中。中国本土的革命组织致力于推翻满清,建立民国,别无其他。在辛亥革命前夕,一个革命军人在武昌被捕并受到讯问。当局者问他是不是真正的革命党,他回答说:"我只晓得以排满流血为宗旨,我也不知道我是不是革命党。"①

在共进会中,为了适合于推翻满清,将目标加以狭隘集中,对同盟会纲领作了明显改动。孙中山所称的"平均地权",被换为"平均人权"。共进会在东京创建时,这个最初的改动被解释为:为了对于秘密会党的流氓无产阶级更有号召力。苦力、船工和流浪汉这些被人瞧不起的阶层,早就丧失了土地。人们设想,他们对人权平等这个问题,较之对孙中山的颇为复杂的土地改革计划更感兴趣。不过在国内,这个新的口号被解释为仅仅意味着满族人和汉族人的平等。\* 实质上,在当时,"平均地权"这个口号,可能对革命党人和改良派阶层两者中间的地主阶级造成恐怖和压力。所以共进会舍弃了这个口号,代之以人人易于接受的更加单纯的反满的"平均人权"。②

共进会纲领也显示了一种趋势,即,用反帝国主义来支持更广泛的反满要求:

这满人,他只顾请洋人来保护他做皇帝,……我们若不早点把这

---

① 龚霞初,XHGM,第五卷第60页。

\* 译注:关于改口号的问题,杨玉如:《辛亥革命先著记》有一段记载较为可信。"玉如转问仲文(即刘公):'共进会口号是本同盟会的,你们何以将平均地权改为平均人权?'仲文谓:'这是张伯祥的意见。他是长江一带会党的首领,他以为中国的人阶级太多,太不平等了。中国人除视官僚为上品外,士农工商都有地位,独视会党为下品,为江湖流派,所以社会上多有称会党为汉流的,伯祥乃主张革命成功后,无论各界的人,一律平等相待。所以他改为平均人权,他是见好于会党,俾努力革命的意思。'"(见该书第37—38页)

② 杨玉如,第37—39页;张难先,第179—180页;江炳灵,XHSY,第一辑第2页;李书城,XHGMHYL,第一辑第182页。许多作者指出,中国革命党人的上层阶级的本质,是放弃孙中山土地改革口号的原因。见市古宙三:《乡绅与辛亥革命》第96页;岛田虔次与小野信尔:《辛亥革命的思想》(东京,1969年),第256—257页;刘基湘:《为民主而斗争》,第75—76页。

满人打开,再过几年,就会把我们的中国和盘送给洋人,最后落到洋人手中,那洋人的手段,又狠又辣,我们受当得住么?……但是我们只要把满人杀尽,把中国整顿好了,那时他也就不敢欺凌我们了。①

这个论述也好,任何其他的论述也好,都不能说明:为什么满清王朝终结,会突然促使外国终止对中国的不平等待遇?用雷耳·司默瑟的词汇来说,这是一种"逻辑上的捷径"②,把解决帝国主义的问题,和推翻满清联系起来。顶多有一种普遍的神话,人们存在着一种模糊不清的信念,即,满洲的覆灭,将使人民爱国主义献身热情的普遍浪潮奔腾起来,以致国家会获得统一和整顿,而帝国主义将被抵制。

革命社团反满理论的意义,在于它能够(虽然是暂时的)围绕一个政治纲领,把所有不满阶层统一起来。共进会光复堂的一首诗,用一个广泛的统一战线总结了这种宗旨:

维新守旧原无二,
要把恩仇认得真。③*

在这里,反满主义是用秘密会党的传统术语,即,对于满洲人早年屠杀中国人的报仇雪恨来表达的。虽然如此,信息仍是明明白白的:在推翻满清王朝这一点上,所有的人都能够一致起来。

革命派所主张的代替满清统治的新政权的性质,还是相当模糊不清的。正因为如此,所以几乎任何人都可以接受他们的主张。日本侦

---

① 共进会的宣言,摘引入李白贞,XHGMHYL,第一集第 499—501 页。加着重号,比较:JDSZL,1957 年第二期第 94—98 页。

② 见司默瑟·雷耳·J:《集体活动的理论》(纽约,1962 年),第 79—130 页。

③ 摘引入 HNJBN,第 249 页。

\* 译注:共进会主要是从会党入手开展革命活动的,其组织亦仿照会党办法,设山、水、堂、香四种名目。其山叫中华山,水叫兴汉水,堂叫光复堂,香叫报国香,每字下又系以诗一首。凡会员在内地要拜会各处码头者,先要记熟此山、水、堂、香名称,还要能背诵所系的诗,然后才能够得到一切帮助和照顾,否则便认为是假。这里摘引的诗,是光复堂的系诗,共是四句,一二两句为:"堂上家家气象新,敬宗养老勉为人。"以上见邓文辉:《共进会的原始及其若干制度》,载《近代史资料》,1953 年第三期。

探山田对于在中国内地所了解的革命形势作了这样的分析：

> 一般来说，他们所寻求的是推翻专制，建立民国。他们的最终目的是将西方的自由民主思想和中国固有的民本主义理论结合起来，以便粉碎满洲的压迫专制政体，在民主共和的政治制度下，恢复古代圣帝明王的光荣秩序。这似乎不仅仅是孙中山及其同伙的思想观点，也是一般受过教育的公民的思想观点。①

革命党人的观点的大部分号召力，本于这个事实：在民主共和政体下，他们还没有对"人民"这个术语的内涵加以规范阐释。因为许多革命党人是纯粹的士兵，或者是正在努力组织秘密会党的人，所以，靠拢革命党人的较低阶层的人们，相信自己属于"人民"行列，并且会从革命中得到好处。可是，他们从新政这条途径，未曾得到过什么利益。另一方面，城市改良派上流阶层成员，可以从革命党人学堂的教员或从绅士家庭出身的军官中看出，并且相信，他们自己的上流阶层地位，在革命后可能安然无恙，而"人民"一词，将同清末立宪规则里的"人民"一样地给予解释。革命在武昌一经爆发，事实上，正是这个革命纲领的模糊之点，成了各个不同集团支持革命的积极诱因：每一个集团都寻求参加和控制革命政府，以便在对于自己的利益更为有利的方式下来解释"人民"一词。这就把改良派上流阶层带进了革命联合之中，而终于让它掌握了革命后的政府。

## 革命政党的成熟

在 1911 年的过程中，两湖地区政治气氛的普遍转变，对军队中的革命政党产生了影响。克扣军饷和通货膨胀，使许多士兵陷入严重的经济困境，骚动和不满增长起来。军队的普遍政治化——一部分，这

---

① 山田胜治报告，日本外务省档案，1—6—1—4：2—1—1，第一卷第 157 页。

是在一个变化不居的城市集中大量有文化的年轻人的自然结果;一部分,这是当权者为了激发新军的爱国主义精神而鼓舞起来的趋势——使兵士们的不满,带有政治意义。除此之外,清廷接受外国铁路借款所引起的普遍骚乱,使许多兵士受了影响。正如一个革命军人说的:"在时势需要革命而已人同此心之时代背景下,吸收同志甚易。"①

**革命政党成员的增长** 7月初,保路风潮十分直接地影响了湖北的军队。步兵第十六协的大部分和端方一起被调往四川。端方是一名精力旺盛的满洲官吏。此刻,此人刚从被迫隐退之所召回,担任镇压由四川绅士们发动起来的保路运动。其他的湖北部队被派赴岳州、宜昌和襄阳,用以阻止四川风潮的蔓延。② 这些军队的调度产生了种种结果。在军队调度中,拥有积极的革命党人的新军单位,被部署在一些战略据点上面。正是在这些战略据点,他们领导了10月10日以后的革命活动。而且,更为直接的是,部队调遣到四川,在军队内部引起相当大的愤懑,因为这些士兵被调去镇压一次爱国运动,而他们当中的许多人,恰恰是支持这个爱国运动的。最有意思的是,新的调度也许在武昌军队内部,相对地留下了比以前更为强大的革命党人的力量。端方从张彪的相对可靠的部队中随身带走了一个协,但是,革命党人更高度地渗透的黎元洪部队,和第二十一工程兵营以及炮兵部队都留在武昌了。再有,属于调往四川和别处的单位的"学兵",奉命仍留武昌。结果,在革命来临时,这些革命组织程度较高的单位都亲自投入了战斗。③

甚至在军队调度之前,武昌革命党人在军队内部的组织工作就做得特别成功。1911年春初的某一时候,革命社团的成员就有一个迅速和壮观的发展。准确的数字弄不清楚。根据一份报告,在湖北军队内的革命党人,由1909—1910年的2%,增加到1911年的20%—30%。④ 他们

---

① 李华新:《湖北文献》,第六卷第9页。
② 李廉方,第77—80页;杨玉如,第48—49页;曹亚伯,XHGM,第五卷第118—126页;张国淦,第67—69页。
③ 许楚珩,XHSY,第一辑第195页。
④ 陈孝芬,XHSY,第一辑第70页。也见熊秉坤,KGWSNWX,第二编第一册第267页;郭寄生,XHSY,第一辑第93页。

的总数可能达到 3 000—4 500 人之间。文学社的成员们后来声称,到 1911 年春为止,光是他们的组织就有 3 000 成员,到 7 月则已超过 5 000 人。① 另一资料还声称,在军队中的革命党人总数为 5 000 人和 1 000 名学生,并且记载,为了 10 月 10 日军队起义之用,准备了 5 700 块做标志用的布片。② 因此,根据这些资料设想,1911 年,在湖北军队内,有大约介于 3 000—5 000 之间的革命党人这样一个数目,这是能够令人取得一致看法的。和 1910 年年终振武学社表列的 240 人相比较,可以说明 1911 年期间的极大增长。

**革命运动在组织上的统一** 革命运动的统一,随其组织规模的发展而来临。事实上,1911 年许多成员的增加,毫无疑问应该归因于吸收了早就存在于湖北军队内部较小的分裂的党派。除了共进会和文学社以及它们的先行者,在湖北军队内部,至少存在有 26 个其他同一类型的团体。它们都把自己命名为学社,而且,事实上,这里面的许多团体,可能完全不是政治性的。它们的命名,如兰友社,是不招人忌刻的;如种族研究会,是暗示反满意志的。正是因为这种学社在军队里面盛行,使革命政党在那种保护色的掩护下,才有可能保存下来。根据一个士兵回忆:"同志们各以私人友谊及同乡关系,结合为小团体多起。"③ 不过,从这些非正式的学社发端,较大的和政治性更强的团体出现了。在 1910—1911 年,这类团体的绝大多数,或者与文学社、或者与共进会合并,这就大大增加了这两个团体的成员人数。④

在革命阵营内部,使文学社与共进会取得一致,是一个最大问题。踌躇不决的会谈,早在 5 月间就开始了,但双方存在着很大程度的互不信任。共进会的领袖们把文学社视为致力于"抬营主义"的充满头

---

① 《民族报》,1912 年 10 月 7 日,重印收入 KGWSNWX,第一编第一二册第 270—271 页;李廉方,第 15 页;章裕昆,第 27 页。
② 谢石钦,XHGMZL,第 448 页,第 493 页。
③ 范鸿勋,XHSY,第一辑第 78—79 页。
④ 杨玉如,第 22—23 页,第 26 页;胡祖舜,KGWSNWX,第二编第一册第 118—119 页;章裕昆,第 27 页,第 69 页;诸义平,XHSY,第二辑第 57—62 页;方孝纯,XHSY,第三辑第 101—103 页;黄元吉,XHSY,第三辑第 81—82 页。

脑简单的士兵的组织。① 相反的,文学社的社员们则不愿意接受控制共进会的、从日本归国的、文化水平较高的、较高阶层出身的学生们的领导。文学社社长蒋翊武提醒参加联合会谈的人说:

> 孝芬*,我们都是丘八,他们都是穿西装的洋老爷,穿长袍套马褂的秀才老爷,计谋又高,派头又大。他们也瞧不起我们,我们也缠不赢他们,你当心,莫上他们的当咧。②

有一个时候,由刘公的 5 000 两银子支持其经费的共进会,建议两个团体的财政需要由其负责承担,以此收买它的对手的支持。文学社的反应是,坚持它的确认的较多成员的数字,认为它有资格领导这个联合团体。③ 最后,1911 年 9 月 14 日,举行了一次两个团体的领袖的联合会议,军事的和文职的联合组织形成了。一般来说,在军事指挥机关,共进会保持了较大的权利。不过,从根本上说来,湖北革命的全面领导问题并没有解决,部分地由于这个原因,9 月间,两个代表派赴上海,邀请黄兴或宋教仁来担任这次计划中的起义的指挥。④

**武汉的革命党人和同盟会**　湖北的革命党人必须转向同盟会去寻找统一的领导,对于他们的境遇来说,这确实是一个小小的嘲弄。因为同盟会这个组织本身,在那个时候,就遇到了最严重的内部分崩离析的痛苦局面。章炳麟和光复会对孙中山的领导进行了攻击,1910

---

① 杨玉如,第 39 页。

* 译注:据蔡寄鸥《鄂州血史》所载,这段话是蒋翊武对陈孝芬说的,原书称"孝芬"为"铁侯"。按,陈孝芬又名彰友,字铁侯,湖北红安县人。据陈孝芬的回忆文章则说:"孙武去后,蒋翊武执我手曰:'铁侯!合作固好,但是他们出了洋的人是不好惹的,我们一定会上他们的当。'我说:'只要大业可以成功,将来上当不上当哪能固定? 我想是不会的。'"(见《辛亥首义回忆录》第一辑)

② 蔡寄鸥摘录,第 56 页;也见陈孝芬(谈判者)自己的记载,收入 XHSY,第一辑第 70—71 页。

③ 居正,第 497 页;章裕昆,第 24—25 页;李廉方,第 71 页;李春萱,XHSY,第二辑第 125—127 页。

④ 杨玉如,第 46—48 页(杨是两个代表之一)。关于联合指挥部成员的不同的表,见章裕昆,第 28—29 页;杨玉如,第 51—52 页;李白贞,XHGMHYL,第一集第 518—519 页。

年 6 月,孙中山曾经短期秘密地回到日本,并且告诉宋教仁说:"同盟会已取消矣!"①宋教仁拒绝接受孙中山这种专断的解散意见,代之而行的是,他着手建立一个中部中国同盟会。这个会的一个关键性的组织原则是集体领导,与孙个人的甚或独裁作风明显对立。在摆脱孙的海外华侨的资助、取得财政独立的努力中,宋的集团酝酿了一个计划,把湖南新化锑矿的矿品专利权卖给日本。这个计划后来失败了。但是对于宋教仁的爱国主义威信来说,应该算是一大幸运。1911 年 7 月 31 日,中国中部同盟会终于建立起来了。当时,许多活动于中国内部的革命党人,给了重要的推动力。这应该大大归功于中部同盟会的这些创建人,比方,就应该归功于谭人凤的革命精神的复振。因为,4 月间广州起义失败,谭人凤这些人曾经一度心灰意懒。②

对于湖北请求领导一事,中国中部同盟会的反应并不怎么热情。按照他们自己的计划,到 1913 年为止,他们还都不准备组织革命起义。此外,日知会的系狱成员胡瑛,给宋教仁写了一封秘密信件,信件断言,湖北军队中革命党人的力量不大,尚不足以发动起义。据此,宋教仁搁置了湖北代表关于支援武器和经费的要求。宋并且表示,至少在起义初步成功之前,他没有兴趣到湖北去。③

黄兴从香港来的反应甚至更为冷淡,他的反应,可能更接近孙中山同盟会一派的观点。湖北情况的报告到达黄兴手中时,他似乎很高兴,并对湖北革命运动的巨大进展惊诧不置。但是,他意识到,同盟会渐次介入地方上的革命运动,是有困难的,而对于他所不熟悉的军队,他极不愿意承担领导指挥之责。10 月 5 日,他在一封信里面写道:

> 吾人之纯然注重于两粤,而不注意于此者,以长江一带,吾人不易飞入,后来输运亦不便,且无确有可靠之军队,故不欲令为主动耳。

---

① 谭人凤,JDSZL,1956 年第三期第 42 页。
② 邹永成,JDSZL,1956 年第三期第 93—99 页;曾杰,收入 YSJ,第 177—178 页;谭人凤,JDSZL,1956 年第三期第 42—49 页;刘基湘,第 78—103 页。
③ 杨玉如,第 53 页;谭人凤,JDSZL,1956 年第三期第 49—51 页。

最后,他决定,同盟会必须给湖北提供经济援助,但他对于此事所持的理由,也是饶有趣味的:"总之,此次据居君(居正,派赴上海的代表之一)所云,势在必行,……是势成骑虎,欲罢不得。"①

**革命党人的计划** 黄兴的分析只有一半是正确的:两湖地区的革命老虎确实奔驰放任了,但黄兴并没有驾驭着这只老虎。他的建议——任何起义必须推迟至 11 月,以待他在其他各省做好准备——并没有被湖北同志接受。② 代替这个建议,革命党人有着自己的计划,在五六月湖南、湖北革命党人汉口会议之后,这个计划已经逐步成型。按照这个计划,焦达峰将在湖南领导一次起义,并且在十天之内,湖北将要响应参加。③ 整个这一段准备时期,湖南和湖北革命党人都把他们的运动看做是统一一致的。焦达峰本人仍然致力于秘密会党活动。他是否准备在 1911 年秋领导一次起义,仍是一个悬而未决的问题。但,在长沙知识界和新军中的革命力量正在增长。两个原是日本留学生的营指挥官,表示同情革命事业,并保护了革命党人。9 月 4 日,大约 200 个革命党人——几乎全部是士兵——集会准备行动。④ 10 月 6 日,中秋节,是最初决定起义的日期,但是焦决定,他不可能及时完成准备工作,要求推迟至 10 月 16 日。⑤ 不过,当这个日期行将到来之时,事态迫使湖北的革命党人首先发难了。

**清朝的预防措施** 从 9 月初以来,武汉形势变得日益紧张。清朝官吏了解到新军队伍里面的日益不满。其实,他们不能不了解,如英国总领事在 10 月初所报告的:"在过去三个月时期中,地方报纸连续

---

① 黄兴致冯自由信,1911 年 10 月 5 日,录入冯自由,GMYS,第一卷第 352 页。
② 李廉方,第 74—75 页。
③ 湖南被设想为首先动手的证据,见刘英致孙武的信,摘录入张难先,第 199 页;谢石钦,XHGMZL,第 487 页;阎幼甫,XHGMHYL,第二集第 119 页;以及邓玉麟,XHGM,第五卷第 100—101 页。
④ 谢洁生,KGWSNWX,第二编第三册第 10—12 页;安定超,KGWSNWX,第二编第三册第 17—18 页;邹永成,第 5 页;唐乾一,XHGM,第六卷第 148 页。
⑤ 邓玉麟,XHGM,第五卷第 100—101 页;李廉方,第 74—75 页。

报道初步的兵变、抗命行动和逃兵增长的情况,恐怕也出现了革命党人。"①9 月中旬,张彪被迫下令,除非紧急情况,取消一切离队的请假,禁止兵士一人以上同时离开兵营。② 9 月 24 日,为了替一个离开炮兵第八标的河南士兵举行告别宴会,一个不得人心的军官妄图在兵营中禁止喝酒,结果发展成为一个有若干革命党人参与的小兵变。由于缺乏弹药,而计划又被革命政党的领袖(碰巧,革命领袖们在同晚也参加了宴会)所阻挠,妨碍了兵变的发展。而且孙武正在联络几个同情革命的军官,控制了官方对此事件的调查,使革命密谋免于暴露。不管怎样,紧随这次事件之后,当局就加强了预防措施。③

多时以来,瑞澂就从北京、日本和中国别的省份接到关于在武汉的一次革命暴乱阴谋的报告。9 月 29 日,他把这类报告之一通知外国领事,报告称,有 1 000 革命党人正从广州出发前来。④ 30 日,英国人报告说:"在武昌的美国教会本日从一个中国学生处获知,军队哗变和袭击总督衙门迫在眉睫。"⑤焦灼的外国领事们,立即安排更多炮舰停泊汉口。

到了 10 月初,武昌革命的条件已经成熟,每一个人似乎都了解及此。至于革命将会带来什么后果,那是另外一个问题。因为,长期以来,政府曾着力将"革命党人"和最暴烈的窃贼、盗匪一类联系在一起。许多人,特别是官吏们,似乎害怕最危险的事情即将到来。城市惊恐忧虑,几乎是居无宁日。当然,政府越是采取预防措施,城市气氛就越是惊恐忧虑:

> 癸卯(阴历 1911 年 9 月 30 日),瑞澂忽下戒严令,凡衙署皆驻重兵守卫。文昌、汉阳二门,薄暮闭。商民不知,自汉口归者数百人,露立门外终夜。行李筐箧,检而后入。……而协统王德胜获炮兵照片(9 月 24 日事件以后),中一人酷类黄兴,告密瑞澂,愈疑炮标谋变。

---

① 戈菲(汉口),1911 年 10 月 2 日,F.O. 228/1802。
② 《中部中国邮报》,1911 年 9 月 16 日,附入戈菲(汉口),1911 年 10 月 19 日,F.O. 228/1802。
③ 曹亚伯,第一卷第 385 页,及第二卷补编第 2 页;李廉方,第 80—81 页;张文鼎,XHSY,第一辑第 126 页;李春萱,XHSY,第二辑第 147 页。
④ 戈菲(汉口),1911 年 10 月 5 日,F.O. 228/1802。
⑤ 戈菲(汉口),1911 年 9 月 30 日电报,F.O. 228/1802。

橄步兵两营,托演夜操防之。张彪则禁营兵私语,凡剪发者皆除籍(这可能是谣言,并非事实);禁逗留。炮标愈恐,愿者越墙逸,犷悍者叫嚣,于是市肆惊扰(这个地方,本来就是播散谣言的场所),讹言革党与炮标中秋起事。迁徙奔匿,官吏眷属随之。盖瑞澂于数日前得粤、宁总督及外交部详电,革党正集中武昌。惊恐因之成为事实。①

到了1911年10月,两湖地区只短少了可以燃起燎原巨焰的火星。这个火星不久就会到来。湖北军队内部的革命运动,基础既深且广。湖南方面,在军队中,在秘密会党中,在长沙的高等学堂中(这里,许多革命党人和城市改良派上流阶层人物建立了紧密联系),革命党人都十分活跃主动。在对清王朝失掉信心的观念滋长起来的时候,革命纲领的号召力随之滋长。这种情况,和当初对清王朝心灰意懒、失掉信心的原因,无关无涉。不管人们对清朝新政有什么看法,大家都得承认:新政失败了。工业方面的收回利权运动,在一片经济萧条的声浪中凋谢了。收回铁路利权运动,在实行国有化和举借外债中夭折了。预备立宪,只产生了一个"皇族内阁"。内阁中,满人以半数优势胜过汉人。省和地方的新政代价,引起赋税倍增和通货膨胀。甚至由此引起:军队裁减军饷,学堂被迫关门。无力使受自然灾害袭击的受苦难者得到温饱,当局者坐视,城市里面拥塞着了无秩序的饥民群。在外国侵略军横扫城市无辜民众(他们正是为同胞兄弟的死亡继续进行斗争的)时,清当局只能调集军队,站在外国人一边,麻木地默认,中国人只有死亡一途!

能够容忍这类情况存在的王朝,是注定要遭灭顶之灾的。没有问题:清王朝已经寿终正寝了。大多数人还未主动投入革命,但是,这并不要紧。顷刻之间,武昌的新军就要点燃星星之火。其他的人也清楚地认识到:识时务者为俊杰。聪明之途,在于加入革命,以免在行将烧焦清王朝的烈火中与之俱焚。

---

① 尚秉和,第三卷第2页;也见郭孝成:《中国革命纪事本末》(上海,1912年)第一部分,第3—5页;《民立报》,1911年10月7—12日。

# 第六章 革 命

　　辛亥革命是突然爆发的、意外地不流血的、几乎完全发生在城市里的一次革命。它从武昌的一次军事政变开始,扩大到湖北的府城,然后到县城,并波及其他各省省会和通商口岸。到 11 月底为止,通过一般几乎不流血的政变,15 个省宣布了对中央政府的独立。1911 年的军事活动,基本上是效忠清王朝的北洋军和长江诸省及山西省的革命军之间的内战。革命暴力并不多见。应之而起的是,在武昌首义、湖北的文职和军界上流阶层迅速掌握新的革命政权之后,各省同样的城市改良派阶层,进行谈判和密谋,终于依附了革命。

　　在中国这么一个农业国家里,这次革命的城市特征是比较明显的。从前,在每一次封建王朝的覆灭中,都是农村痛苦无以言状,农民起义轰轰烈烈,起着关键作用。或者是农民战争直接把王朝拉下马来,或者是北方的民族侵略者和地方上的军事领袖,提供了改朝换代的机会。在辛亥年以后,广东和湖南的农民协会,为 1926—1927 年胜利的国民革命作出了具有重大意义的支援。自然,中国共产党的胜利,已经成为 20 世纪农民革命的典范。但是,1911 年,除了很少例外①,农村只对城市来的革命原动力报以反应。积极主动性开始于大城市,向府、县所在地的城市之网铺开,最后才到达中国的集镇和

---

① 谢文孙:《三合会、食盐走私贩和地方起义:关于 1911 年惠州起义的社会和经济背景的考察》,收入谢诺编:《中国的人民运动和秘密会党》,第 145—164 页,提供了以农村为据点的革命力量的最勉强的例证。

农村。

清朝覆亡之速,反映了遍于全社会各阶层对满清统治的深刻不满。改良派上流阶层肯定具有反满情绪,但是,它在革命中所起的优势作用,并不说明,它之摆脱清王朝,较之其他团体和阶级摆脱清王朝更为厉害。毋宁说,革命在新的上流阶层面前,同时摆着两件事情:一个挑战和一个机会。假如革命在秘密会党革命组织者的控制之下来临,或者,即令它仅仅削弱其政治权威,足以容许秘密会党或其他群众成分各行其是,那么,社会治安和上流阶层本身的社会地位也将受到严重威胁。另一方面,假如上流阶层能够抓住革命政权,它就能实行它自己的西方化改良计划,而不必更多地担心北京的打击。武昌的政变迫使上流阶层进行选择,而且间不容发。上流阶层很快地意识到,清王朝完蛋了,转向新的革命政府,以此保持上流阶层新政所必需的至少表面上的国内和平,是一个最可靠的办法。不过,在这样做的时候,上流阶层对于维持治安的关切,胜过了中国革命的爱国主义和民主共和观念。

辛亥年湖南和湖北的经验,既有相似之点,又有相反之点。两个省都能代表上流阶层取得革命政府控制权的策略,以及民政和军事上流阶层在这种活动中的合作。但是,在湖北,军界在这个同盟中是较高级的角色,黎元洪手下的新军军官统驭了省内政治。这是辛亥革命的一种形式,也是云南、江西、山西和福建所本的范例。① 在湖南,相反地,谭延闿领导下的文职的上流阶层,很快就攫取了革命政府的领导权,这是改良派绅士统治的另一种革命形式,这种形式在四川、广西、浙江和江苏重演。② 在两个省的新的革命政府内部,都曾有过纷争。不过意味深长的是,这些矛盾,从来不是军界和文职成分之间的斗争。合作是普遍的,而且重演了收回利权和立宪运动的早期合作。这两个集团的互为补充,它们的相互需要,它们都作为新的城市上流阶层的

---

① 在云南,文职上流阶层人员几乎没有起到什么作用,见苏堂栋:《云南军队的兴起和衰落:1909—1925》,特别是第95—101页。

② 张朋园,第131—236页。

一部分这个共同的身份地位,所有这些,减轻了矛盾的根源。最大的矛盾在于两种力量之间:献身于以秘密会党为基础的革命的革命党人,例如焦达峰;以及对任何人民革命力量都感到畏惧的、城市的文职和军事上流阶层的领袖。虽然,在腹地,地方绅士有时也运用秘密会党来进行革命,但是,城市上流阶层更加倾向于依靠新军在军事上的支持,并且,在大城市里,上流阶层与人民革命成分之间的矛盾十分尖锐。在长沙,那种矛盾导致了第一任省军政府都督焦达峰的被杀。宪政派领袖谭延闿兴起,接替了焦达峰的职位。

## 武昌起义

到 1911 年 10 月,武昌的紧张状态濒于惊恐万状。瑞澂下令,中秋节提前一日于阳历 10 月 5 日庆祝,以防止军队在预期的起义日期离营。① 中秋节太平无事过去了,城市总算喘过来一口气。不久,大约 10 月 9 日中午,一颗炸弹在俄国租界爆炸了。共进会事实上的领袖孙武,在一个秘密革命机关部混合炸弹药粉,火药突然爆炸,把孙武的脸部炸伤了。他的朋友们把他拖到一间日本医院的安全地点,并未被人察觉。但是,俄国租界巡捕房的巡捕进入机关部,发现了革命旗帜、宣言,可能还找到了一份革命党人的花名册。② 这样,事情开始了最后的关键性的转折。

文学社的领袖蒋翊武,9 日从岳州回来(他所属的四十一标的一个营被调至岳州驻防)。当炸弹爆炸的消息传来时,蒋翊武正和其他的革命党人在武昌会商事情(到会的主要是文职人员,因为大多数兵士都被限令呆在他们的军营中)。蒋刚刚获悉黄兴的建议:把一切起

---

① 章裕昆,第 31 页。在中国历史中,武昌起义,是一个有最多文献记载的事件。在这里,我只摘录最主要的资料,以及那些对忠实可信有某种特殊要求的资料,至于一个用英文写作的、更加详尽的、但较为不可想象的、甚至是不正确的关于起义的记载,可见悦德雅·普拉卡斯·大特:《革命的第一星期:武昌起义》,收入芮玛丽:《革命的中国》第 383—416 页。

② 谢石钦,XHGMZL,第 489 页;杨玉如,第 54 页;戈菲(汉口),1911 年 10 月 10 日,F. O. 228/1802。

义计划推迟到 11 月。但是,刘尧澂坚持认为,因为革命机关部的暴露,需要立刻采取行动。这个理由说服了大家。下午 5 点钟左右,蒋向军队各部下达原计划的起义命令:所有起义部队等待午夜从炮队八标发出的排枪为信号。不过,信使到达炮队的时候,革命士兵早就睡觉了。这个信号从未发出。①

**警察搜捕** 由于汉口的爆炸事件,满清当局更不懈怠了。俄国人把从汉口机关部搜获的罪证文件移交出来,中国警察立即开始捕人行动。不过,搜捕并未按照革命政党的花名册进行。代之而行的是,警察搜捕革命社团的集会地点,包括蒋翊武和其他人刚刚开会的武昌机关部。蒋本人早已离开,但是,刘尧澂和一个宪兵革命成员被逮捕了。至少有四个分散的据点遭到搜查,32 个成员被捕。第二天早晨,刘尧澂和另外两个人惨遭杀害。瑞澂满有信心地向北京报告:"现在武昌、汉口地方一律安谧,……此案破获尚早,地方并未受害。"②

瑞澂毫无疑问知道他自己的电报是不正确的。机关部的搜捕,并没有触及军队内部的革命网络:它只打击了平民党人和当时没有留在自己军营的少数革命士兵。这种逮捕可能经过了深思熟虑:在省的行政机关内部,持强硬路线的人和持缓和路线的人达成了妥协。指挥巡防营的营务处首领满洲人铁忠,主张对新军中的革命党人进行一次全面清洗。其他的人对于在军队内部进行大规模逮捕的危险性比较敏感,建议将革命党人的花名册毁掉。他们不但渴望避免进一步激怒一触即发的部队,而且也意识到,在自己负责的单位,居然揭发出来了一个巨大革命密谋,这对于他们的官宦前程,很可能是灾难性的。新军军官们同意了,瑞澂最后决定,对于军队内的革命党人,按照缓和路线办事。③ 不过,这里有一个极其重要的例外。刘尧澂和其他人在 9 日被捕的武昌革命机关部,就是步队三十标排长张廷辅的家。10 月

---

① 章裕昆,第 32—34 页;李春萱,XHSY,第二辑第 137—138 页;杨玉如,第 54—57 页。
② 1911 年 10 月 10 日瑞澂的电报,XHGM,第五卷第 289—290 页。也见章裕昆,第 34—35 页;李廉方,第 82 页。
③ 曹亚伯,第一卷第 386 页,第 391—392 页;张国淦,第 85 页;章裕昆,第 36 页。

10日早晨，张在他自己部队的操场上被捕。他的同志们目击了在新军内部那一次关键性的捕人事件。①

对于湖北革命党人说来，10月10日是作为凄凉的一天破晓的。强大的风雨对这一天的事件预示了不祥的征兆。刘尧澂和其他两个年轻革命党人清早就被枪决了。革命机关被破获，领导陷入全面混乱之中：刘公藏匿汉口，蒋翊武向上溯汉水大约30英里的汉川方向逃逸，而孙武正在医院养伤。②几十个人被逮捕。当人民都揣测满清官吏搜捕的性质时，谣言就在市场和兵营里散布开来。特别在张廷辅被捕以后，大多数人深信，当局已经掌握了革命党人的花名册，并将慢慢逮捕册上有名的人。有人相信，官吏们正在编制所有汉族士兵的假名册。更加普遍的谣言是：凡是没有留长辫子的，不论何人，都得依法逮捕和杀头。那天早晨3个被杀的人，全都没有长辫，这件事实使这个故事更加可信了。③

10月10日大风中飞播的谣言，促成了新军内部的两个并行的发展。各个单位革命基层组织的领袖们意识到，有必要在10号晚上执行9日已经流产的起义计划。除非迅速行动，否则，搜捕最终将会落到自己头上。这样，革命事业，甚至自己的生命，都全部告终了。少数士兵得以离开军营，和外边的学生们一道，在各种新军单位的革命党人之间，建立了最简单的对应组织。④不过，革命党人在新军中仍是少数，他们要保证起义成功，还有待于第二个发展：即，在非革命党人那一部分士兵中间，恐惧增长起来，担心自己将受到不分青红皂白的逮捕的牵连。在谣逐纷传的时候，新军中的任何一个汉族士兵，特别是在辛亥年年初剪辫子成风时期去掉了发辫的人，都容易相信，豁出去投身革命，比单纯坐待逮捕，危险性更小一些。⑤

事实是，革命在武昌已经成熟。瑞澂下令采取的措施是经过仔细

---

① 吴醒汉，XHGM，第五卷第78—79页。
② 曹亚伯，XHGM，第五卷第105页；章裕昆，第38—39页。
③ 杨玉如，第59页；蔡寄鸥，第77页；戈菲（汉口），1911年10月10日，F.O.228/1802。
④ 杨玉如，第60—65页；第71—72页；曹亚伯，XHGM，第五卷第110页。
⑤ 蔡寄鸥，第77页。

考虑的,是十分明智的。但是,它们终于阻挡不了滚滚洪流。除了一个已知的例外情况,当局者避免在士兵中间进行带有刺激性的逮捕。他们搜捕革命机关部,关闭城门,撤销部队请假制度,以免革命党人互通声气,这些措施,都是顺理成章的。但是这些枝节的治标措施,也足以制造一种恐惧和不信任的气氛,造成一种想法,认为满洲人瑞澂正在汉人中间乱行逮捕。对于不了解武昌革命政党规模的士兵和文职人员来说,就是32人的被捕和3个人的立即正法,都能造成一种大规模报复性的恐怖,不管你有罪无罪,都同样受到威胁。10月10日武昌的心情,是恐惧和同情(对于在满清镇压下牺牲的年轻人的同情)的混合物。

**武昌政变**　早在黄昏时刻,革命的第一枪在工程第八营打响了。一个军官发现有两个人携带武器,他走上前去威胁地质问,竟被打死了。立刻,全营事实上进入了公开暴动。企图顽抗的军官都被击毙。少数目兵领着士兵们穿过大街,奔赴名叫楚望台的军械库。在那里,他们和其他革命党人联合起来。这些革命党人是:从步队二十九标和三十标哗变的官兵,从测绘学堂来的学生。在城外北边,二十一混成协的工程营和辎重营参加起义,拥入城内。在城外南边,炮兵八标组织了暴动,然后击退了来自附近的骑兵第八标和步兵第三十二标忠于王朝军队的并不卖命的攻击。

在当时的武汉地区,大约有7 000名新军士兵,加上大约1 500名警察和1 000名巡防部队。在数量上,革命党人也许大约和清王朝的支持者相等。支持清王朝中的许多人,来自满洲人居优势的队伍,如步兵第三十标,宪兵和总督卫队。除此之外,地方警察、辎重第八营以及大约900名巡防营部队,继续忠于清朝。一般来说,受过较高的专门训练的部队,例如工程兵和炮兵,都支持革命;至于旧式军队,警察和辎重部队单位(可能大部分是没有文化的苦力),则倾向于效忠王朝。① 事件参与

---

① 在云南也是如此,巡抚的卫队,军事的和文职的警察界,运输和骑兵单位,是忠于王朝的基本力量(苏堂栋,第91页)。

者的绝对数字,是很不清楚的。但是,有一个合理的估算:革命党人达 3 595 人,清军为 3 049 人。①

革命党人的第一个目标是军械库。这个目标没有经过战斗就拿下来了。但是,当革命党人准备突袭城西边的总督衙门时,他们发现自己由于缺乏指挥领导而大受妨碍。由于军队内部革命基层组织具有独立性,所以,没有一个人能够承担齐集在军械库的不同标、营的全面指挥责任。特别是,文学社革命党人不肯听从共进会领袖的指挥。这个领导危机暂时解决了。有人发现藏在灌木林中的、原来属于日知会的工程营队官吴兆麟,并说服他担任攻击总督衙门的指挥。②

随后而至的战斗,既不是可以轻易一击取胜之战,但是,在瑞澂和张彪过早逃离后,也不是毫无指望转入胜利的攻击。双方都付出了重大伤亡。在攻取有机关枪掩体扼要守卫的总督衙门的战斗中,数百革命党人牺牲了。在政府一方,以旗兵为主的步队第三十标,在似乎接近于种族屠杀的情况下被扫荡了。③ 最后,瑞澂的地位摇摇欲坠,站不住脚。除了警卫衙门的部队以外,唯一忠实的军队都在城外。而且,革命党人切断了电话线路,联系已经中断了。革命党人在蛇山安排的大炮,向总督衙门发射。瑞澂很快发现,除了从武昌撤退,寄望于过江到汉口收集余部以外,别无它计。11 日早晨,他由手下最高军官张彪陪同过江。至此,武昌牢固地落入革命党人手中。④

## 湖北军政府的建立

10 月 11 日早晨,武昌——整个湖北和湖南的行政中心——呈无

---

① 邵白昌,收入《湖北文献》第九卷第 21—22 页。也见曹亚伯,XHGM,第五卷第 115—116 页,第 125—127 页,第 135 页,第 154 页;李廉方,第 94—95 页;张国淦,第 67—69 页。

② 熊秉坤,KGWSNWX,第二编第一册第 291—292 页;张难先,第 253—254 页;曹亚伯,XHGM,第五卷第 107 页(曹亚伯的记载,根据得自吴兆麟的一本日记和官方文献)。

③ 曹亚伯,XHGM,第五卷第 127 页;李廉方,第 109—110 页。关于革命的因果,见张难先,第 259—260 页。

④ 曹亚伯,XHGM,第五卷第 114 页。

政府状态。两个集团,即,新发现的领袖吴兆麟领导下的革命军队,以及在谘议局议长汤化龙领导下的改良派上流阶层,都要求立刻成立新的政府机构。关键问题是:新的革命政府以谁为首?奇怪的是,两个集团选定了同一个人:黎元洪。黎是二十一混成协协统,是在收回铁路利权这类问题上与文职上流阶层合作的同盟者,是一个以募集和爱护有文化的士兵而享有盛名的军人。而这类士兵形成了革命政党的支柱。

黎是一个军官的儿子,辛亥年已经 47 岁。1889 年,他毕业于天津北洋水师学堂,中日战争中北洋海军覆灭之后,他转入陆军。后来不久,得到张之洞的赏识。1896 年,张之洞把他带到湖北协助建立现代化军队。他三次被派赴日本考察军队现代化情况,1906 年,被任命为二十一混成协协统。虽然黎元洪在自己的士兵当中颇得人心,但是,在湖北,他总是屈居第八镇统制张彪之下。张彪之所以保持有利地位,多半是由于他对张之洞的拍马奉承,但也是由于他自己的军事才能。① 满洲朝廷取消湖北两镇新军部队的计划(只给黎留下一个混成协,代替他自己的镇),以及瑞澂继任总督以后对黎的参劾,在一定程度上,是黎元洪对满洲王朝不满的原因。② 另一方面,他铁定不是革命党人。正是 10 月 10 日黄昏,此人就砍死过一个革命信使。这个信使奉派赴四十一标,动员力量支援起义。③

确定黎元洪领导新的湖北军政府,这恐怕是在武昌起义过程中作出的最关紧要的选择。一直到 1913 年年终,黎元洪都控制统治着湖北,成了袁世凯在长江流域的重要同盟者。更重要的是,他创立了一种由军界上流人物与绅士及官僚的支持者结合起来的统治方式。这种方式直接延续到军阀时代。

为什么这个人被选来制定革命航线?早在辛亥年 4 月,几个为首

---

① 见香海剑客(化名):《革命总统黎元洪小史》(广州,1911 年),第 2—3 页;蛰隐生(化名),《鄂乱汇录新编》(无出版地点,1911 年),章目标题为"黎元洪小史"的第 1—3 页;居正,第476 页。

② 见章炳麟,传记,收入张难先,第 292 页;李春萱,XHSY,第二辑第 162 页及第 223 页上的编者按语。

③ 曹亚伯,XHGM,第五卷第 113 页。黎元洪承认,野蛮的屠杀,是在他的命令下,当着他的面发生的,但是,他否认他亲自执行了这致命的一击(见张国淦,第 86 页)。

的革命党人,讨论过选定黎元洪来领导新的革命政府的问题。① 9月间,两个革命团体组成联合政治准备委员会时,似乎放弃了这个计划。不过,现在,孙武受伤,蒋翊武和刘公远洋,革命党人没有最高领导。因此,他们被迫在自己队伍外面去寻找。但是,这个困境有其积极的一面。正如一部革命历史著作所论:

> 起义之日,幸孙武、蒋翊武或病或逃,均不在场。设孙、蒋在场,一涉权利之私,则党内交哄,根本动摇,安能成事?②

就像头天晚上的吴兆麟一样,黎元洪是一个能够联合两个互争雄长的集团的领袖。

但是,黎元洪的被选定,不仅仅是革命队伍内部继续分裂的产物,它也反映了这样的事实:参加起义的士兵,并不全部是革命党人。有许多是在10月10日谣言四起的气氛中卷入兵变的,因为,参加兵变,似乎是最安全、最机灵可行的一着。这些兵士对于革命领袖并无忠诚感情,最易接受早就认识的军官的领导。③ 由于军官被排斥在革命政党之外,这样的领袖就必须在革命队伍自身以外去罗致。人们一旦得知,黎元洪并没有逃走(始终在武昌城内藏着),他在部队中早已建立起来的人望,就使得他成为领导新的军政府的革命士兵的自然选择对象。

我们知道,并不只是革命党人在武昌寻找领袖。改良派上流阶层注视着危机的发展,就像一些对现存政权机构进行批评的激进分子一样,他们也对10月9—10日的逮捕和屠杀忧心忡忡。无论如何,政变一旦完成,他们至高无上的利益,就是安定。正如汤化龙所说:"最初,黎元洪和我都明确地不是革命党人。但是,当我们看到瑞澂的残酷屠

---

① 万鸿阶,XHSY,第一辑第122—123页;张国淦,第86—87页。
② 曹亚伯,第二卷第108—109页,比较,李时岳,第75—76页。
③ 曹亚伯,第一卷第384页;熊秉坤,KGWSNWX,第二编第一册第291—292页。

杀和专制行为时,我们为情势所迫,负起稳定局面的责任。"① 湖北的革命党人是不知名的,不可预测的,而且,因为他们和秘密会党有早期的合作,也可能是暴烈的和危险的。另一方面,在收回铁路利权运动中,黎元洪由于采取合作态度而深得人心。事实上,和谘议局议员一样,他是城市改良派上流阶层的一员。但是,他专长军事,而那些人则是搞政治的。很明显,黎元洪不会干扰已经确立了的社会秩序。有如一个革命党人的看法:"至于谘议局议员方面,无不赞成立宪派的改良主张,以为黎一上台,可以减少社会震动,免除革命痛苦。"②

有些革命党人是毫不勉强地和立宪派领袖合作的。至少有三个人进行了分头活动,以便把汤化龙找出来,延揽他的支持。这三个人是:吴醒汉,一个排长;李作栋,一个学生;陈磊,经营一个革命集会的地点。③ 意味深长的是,这三个人都是共进会成员。共进会的很多人,是日本留学生和在武昌有名望的学校中就读的学生,和文学社的士兵比较起来,他们更加和自由主义者上流阶层接近。这三人中没有一个查明了汤化龙的去向,因为10月11日早晨,他正在和谘议局的其他议员商量问题。谘议局议员中有一个叫刘赓藻的人,是黎元洪原籍黄陂的代表,他被派遣去找黎,请他就任新的革命政府的领导。④

吴兆麟独自派遣一个名叫马荣的正目,去探访黎元洪的下落。在汤化龙的密使到达之前,马荣把这件差事干得很顺利。黎被发现藏在他参谋军官的家里,和他的执事官王安澜一起。黎穿一件灰色长袍,坠入惊慌的预感当中,担心落入革命党人手中的恐怖命运。马荣请黎和他一起去革命军事指挥机关楚望台,吴兆麟正在那儿等着他们。黎刚一到达,"面带愁容,极形烦恼"⑤,他向士兵们说,北方清兵和长江水师可怕得很,他敦促士兵们赶快回到各自的军营里去。马荣的反应是

---

① 与南京领事吉原会谈,收入铃木致内田,1912年1月8日,日本外务省档案,1—6—1—50,第一号(已加重点)。
② 李春萱,XHSY,第二辑第161页。
③ 胡祖舜,KGWSNWX,第二编第一册第349页;吴醒汉,XHGM,第五卷第81页;李春萱(作栋),XHSY,第二辑第160—161页。
④ 张难先,第266—267页;章裕昆,第43—45页。
⑤ 曹亚伯,XHGM,第五卷第128页。也见杨玉如,第73—81页;蔡寄鸥,第90—91页。

施以恐吓,要把黎元洪当汉奸杀掉。但是,吴兆麟阻止住了,又低声劝告黎,要他保持容忍和冷静。

正在这个时刻,一位谘议局的重要议员胡瑞霖来了(那天早晨稍晚时,他拨放了5万元谘议局的资金,用来供应部队粮秣之需)。① 他把汤化龙的请柬交给黎,请黎去谘议局担任新的军政府的领导。② 就这样,胡、黎、吴兆麟和主要革命领袖离开了楚望台,同去谘议局。就我所知,那是一个重要的象征性的提议,这种提议,在响应革命的每一个省里重复着:新的军政府在绅士改良派权力的象征机关——谘议局大厦组成。那次在谘议局召集的会议于11日下午1:40开始,有好几百人参加:至少包括6个谘议局的居首的议员,还有其他改良派上流阶层的居首领袖人物如柯逢时(武昌督办土药税大臣,保路运动领袖之一),以及至少两名高级官吏,湖北提法使和武昌知府,他们都是被革命军队带到会议上来的。③ 汤化龙这个人,诡诈多于诚恳,首先发言说:"革命事业,鄙人素表赞成。"他主张把武昌起义胜利的消息通知各省,还建议,"在军事时代",需要一个军人来领导军政府。吴兆麟拾人牙慧,接着发言,推荐黎元洪任湖北军政府都督,汤化龙为湖北民政总长。④

不过,黎元洪对于领导革命并不怎么热心。他的反应,大大越出了辞谢高级官职时惯常使用的客气话的规格。按照一条记载:

黎曰:"勿害我!勿害我!"固执不允。李翊东(军事测绘学堂的学生,共进会会员)即持长枪指黎曰:"汝作满奴,当杀。今不杀汝,反举汝为都督,而汝犹不允,汝甘心为满奴耶?予当杀汝,另举吴兆麟

---

① 居正,第506页。
② 熊秉坤,KGWSNWX,第二编第一册第298页。
③ 《民国报》第一号,摘引入李时岳,第76—77页;李剑农,收入 XHGM,第五卷第173页;曹亚伯,XHGM,第五卷第129页。
④ 曹亚伯,XHGM,第五卷第129—130页。有一次,汤化龙曾经资助文学社一个成员20元,革命新闻记者詹大悲在他的地方自治研究所工作过,但是,这两起和革命党人有关的事件,个人方面的性质多于政治方面的性质。它们以实例说明,革命党人和改良主义者有着相似的社会地位,并不说明汤化龙赞成革命运动(见李廉方第13页,第15页;卢智泉,XHGMHYL,第二集第47—48页)。

为都督。"黎大骇,陈磊、蔡济民(一个革命的排长)即将李翊东阻止之。于是众议禁黎于一室,仍用黎名义出示。①

这个建议被接受了,于是,李翊东在湖北军政府第一个宣言上面签署了黎元洪的名字。会议宣布:以谘议局为湖北省军政府。更名国家为中华民国,宣誓"改政体为五族共和",采用五色国旗,并称1911年中华年号为黄帝纪元四千六百零九年。②

**汉阳和汉口** 汉阳和汉口的光复,实质上是武昌政变在次日的重演。汉阳有战略性的兵工厂和炼钢厂,而这两个城市由四十二标的两个营负责守卫。这两个营中的革命党人,绝大部分是文学社成员。军官们把士兵都困限在兵营里面,但是,11日,至少有一个革命兵士胡玉珍得以潜逃,并计划在那天晚间响应起义。晚8:30,胡把部队召集到操场上,对空鸣枪三发,宣布革命开始。大部分军官都逃走了。像武昌的吴兆麟一样,前日知会会员、队官宋锡全,开始时冲动起来,想镇压兵变,但他被抑制下去,并被大家说服,起来领导革命力量。几个钟头之后,一连串的事件在汉口重复展现。经过迅捷的政变,另一个队官林翼支被授予指挥权。这样,两个城市,兵工厂和炼钢厂,不费一枪地拿下来了。第二天,宋锡全授权全面指挥两个城市的部队。③

从8月12—14日,汉阳和汉口的秩序相当混乱,到处抢劫、纵火和偷窃。④ 革命军队当然没有参加这些勾当,但是,他们似乎发现,要维持治安是有困难的。主要的满清官吏都逃跑了,汉口商人(那个商业城市的上流阶层)渴望恢复秩序。汉口商务总会会长蔡辅卿(一个候补道台)和副会长李紫云,都资助了革命党人的汉口军政分府。总之,汉口商人对革命的公开支持,较他们在武昌的同行更为积极主动,

---

① 曹亚伯,XHGM,第五卷第130页。也见李翊东,XHSY,第一辑第10页。
② 曹亚伯,XHGM,第五卷第130页;李翊东,XHSY,第一辑第10页。
③ 王缵承,XHGMHYL,第二集第24—31页,第35—36页;章裕昆,第46—48页;杨玉如,第90—91页。
④ 金城:《湘汉百事》,第6—7页。TDSC,Ⅱ:21(1911年11月5日),第48页。

其财政资助则更为慷慨大方。① 但是,尽管在某些方面有程度上的不同,汉阳和汉口一般地都遵循了武昌的方式:士兵哗变,队官参加领导,在城市上流阶层成员支持下,建立军政府。

**黎元洪接管领导权** 汉阳和汉口对革命的附从,虽然可能使黎元洪对革命前途更加乐观,但他仍然不愿意承担指挥责任。当他开始绝食时,革命队伍里关于怎样对待他的问题,出现了重大的意见分歧。许多激进革命党人,由共进会的张振武领导(张是省教育局成员,1913年在黎元洪的命令下被暗杀),建议把黎元洪杀掉,把吴兆麟提升为军政府都督。按照张振武的说法:"革命非彻底将清廷余孽大杀一次,将来必为国家之祸,革命仍是有名无实。"他指出,用黎元洪名字签署的宣言,尚未分发到其他各省,并认为,"不如先将黎元洪斩首示众,以扬革命军神威"。②

张振武和同意他的人提议,要和中国王朝的过去实行全面分裂。他们认为,新的民主共和政治结构,和清朝一样的官吏、一样的军官,冰炭不容,不能像他们在清王朝下所作所为一样行使权力,否则,就不能保卫自己。张振武建议,杀一批旧王朝的官吏。他相信,这种象征性的行动,定将鼓舞军队和群众,把革命往前推进,直至胜利。虽然他的理论不太完整,却是一个人民暴力革命的十分明确的观念。不过,张振武是少数,他甚至遭到唯一可以替换黎元洪的领袖吴兆麟的反对。

吴兆麟抗辩的本质是意味深长的:"兄弟资望太浅。即以湖北军队而论,多数尚未响应。而带兵官位居我上者,必不肯服从,即与我同级者,亦未必悦服。"③他甚至没有想象到,这是一次为群众热情所推动的革命。相反,他的倾向是,为了中华民国,请新军军官来领导士兵,正如他们以前替清朝指挥军队一样。吴兆麟建议(大多数湖北的革命

---

① 卢智泉等,XHGMHYL,第二卷第51、52页;章裕昆,第49页;《夏口县志·军事志》,第15页;曹亚伯,第二卷第105页,第279页,第303页。

② 曹亚伯,XHGM,第五卷第133页。

③ 同上,第133页。

党人也同意),保留军队和社会两者的等级结构,只把那个体系的领袖们改造成为为民主共和事业服务。

不过,吴兆麟的计划,须要黎元洪和其他文武官员上流阶层的支持。当黎不肯给予支持时,武昌的气氛变得日益紧张起来了。虽然革命队伍自己有着顶呱呱的纪律,但是,犯罪分子仍然在整个武汉三镇抢劫和捣乱。11日晚上,有一个效忠于清王朝的营长妄图发动反革命政变。12日,有谣言说,张彪正在计划运用从北方调来的新部队袭击武昌,而武昌城里的汉奸,又在酝酿第二次反革命政变。①

紊乱不安,滋息繁衍了一种力量,正是这种力量,最后产生了黎元洪控制下的一脉相承的军政府。武昌的文职上流阶层采取了第一批行动。在10月12日出现的集团中,作为一种组织力量,商务总会较谘议局显得更加重要。但是,出现了一种有趣的情况:武昌的商务总会,被从事商业的、可以正确地称之为"商绅"的绅士们所控制。这一点,反映了武昌自身的本质:它是一个绅士城市,是文职官僚政权的所在地。拿它和通商口岸、商业中心的汉口来进行对比,那就完全清楚了。在汉口,商务总会严格地只涉及商业事务,它的居首的领导者,从来不是任何与绅士控制的文官上流阶层有紧密联系的人物。汉口商人对革命的支持,相对地强一些,这可能反映了他们的更加纯粹的资产阶级特性,以及他们与清朝官场相对地疏远。清朝的最后数年,汉口商人坚持反对政府在铁路借款和预备立宪中的政策,和他们在武昌的同行比较起来,是更为明显易见的。

10月12日,武昌商绅的领袖们在时象晋家里会晤。时是举人,从枝江县选出的谘议局议员,至少自从1904年起,当他还是张之洞幕府的文案时,就住在武昌了。② 其他在场的人中,有汤化龙和胡瑞霖。胡是一个候补知府,32岁的日本法政大学毕业生(像汤本人一样),似乎是在武汉地区谘议局议员中对发展工业活动最积极的人。③ 吕逵

---

① 李剑农,XHGM,第五卷第 171—175 页;曹亚伯,XHGM,第五卷第 136 页;张难先,第 268 页;杨玉如,第 86—87 页。
② 见李廉方,第 2 页;郭寄生,XHSY,第一辑第 91 页。
③ 《最近官绅履历汇录》,第 85 页。

先,一个前京官,1911年时任武昌商务总会会长①,是参加会议的第四个谘议局议员。还有另一个武昌商绅的重要成员:李国镛。像这批人的大多数一样,李国镛并不是本地人,他是为了追求财富和权力而搬到武昌来的。辛亥年时,李国镛已经47岁了,他是一个曾经在教育改革、发展工业、立宪活动和护路运动中表现积极的商人。虽然不是谘议局议员,但从各方面来说,他是改良派上流阶层的一个典型人物。②

这一伙人在12日会晤时所作的首批决定之一,就是建立一个保安社,以维持武昌的治安。为此目的,12日稍晚,在武昌医院举行了一次较大的会议,会议由富有的督办土药税大臣柯逢时主持。然后在13日,1 000以上的人,主要是绅士、前官吏和候补官吏,正式开会建立维护治安的团体。他们避免使用拥戴革命的词句,宣布这个团体"专以守中立、保治安为宗旨",李国镛被选为社长,后由柯逢时接充。在城市里面,绅士住户组织巡逻队维持秩序。③*

保安社的组成表明,改良派上流阶层首先关心的是社会安定,但是,12日的会议也同样导致了其他行动。其中最重要的,是李国镛建议拜访黎元洪,李国镛说:

> 此次革命实为种族问题,铁路起点。黎公既为都督,我等与黎公同是铁路协会职员,事成我等则生,事败必俱罹党祸。不如同谒黎公,相机为之。④

---

① 杨玉如,第79页;《湖北通志》,第3274页。
② 见李国镛日记,收入 XHGMZL,第499页。
③ 同上,第499—500页;编者按,收入 XHSY,第二辑第223页;郭孝成,第一卷第22页,第53页。
\* 译注:"保安社"为武昌起义时的反动组织。《李国镛日记》:8月21日与吕逮先组织"保安社"。22日集合"保安社"同人在南楼蒲圻庙开会,到会者千余人,公推镛为社长。内有满清旧日司道府县及候补人员,当即布告此后办法:"专以守中立、保治安为宗旨。定总社、分社,由各社绅族所派居民,夤夜逡巡。"又云:"30日召集'保安社'社员报告战胜情形,自问不能守中立,请辞社长,当推柯先生逢时为社长。"徐陶生所作武昌"保安社"调查,谓吕逮先实始终其事。柯在汉阳战争时,即移居汉口租界。武昌军政府发行之中华民国公报,常有该社消息(《辛亥革命首义回忆录》第二辑第223页)。
④ 李国镛日记,XHGMZL,第500页。

改良派上流阶层的某些成员,尤其是汤化龙,早就于 10 月 11 日主动投入新的革命政府。其余的人,像李国镛(他后来成为黎元洪的主要外交政策顾问),首先考虑的是自我保护。由于担心自己与革命爆发有牵连,所以,他们参加革命,是为了既保证这个革命取得胜利,又能保全自己的利益。

从对黎元洪的拜访中,产生出许多具体后果。最明显的是,向汉口各国领事当局发出通知,以及汤化龙向全国各省谘议局发出呼吁支持革命的电报。① 但最重要的问题,是黎元洪本人的立场态度。会晤期间,他并未做出什么决定。但是,第二天,通过一系列来自革命党人的要求、恫吓和反驳而仍然保持沉默之后,黎元洪终于表示:"你们再不要如此激烈,我决心与你们帮忙就是。"② 我们只能这样论断:在黎元洪充任军政府领导的决定中,有一个意义深远的因素,这就是,他从改良派上流阶层那里,得到了使他心里感到踏实安稳的支持。

在随后的日子里,黎带来许多湖北官吏在身边,并且建立了由新军军官、文职改良派上流阶层人物、许多前清官吏和少数重要革命党人组成的军政府。大部分革命党人是共进会的留日学生,他们来往于上流阶层的能力,使其在 1911—1912 年的革命政治活动中获得成功。在下面一章里,我们将稍微详尽地考察在湖南和湖北两省的新的革命政权。不过,现在我们必须转向新政权在其宣言中所表述的理论观点,以及在响应那些宣言的过程中,革命事业的普及和发展。

**革命的理论观点**　　10 月 12 日,武昌的电讯联系恢复了,湖北军政府发布了它的第一批革命宣言。和其他任何方面来比较,那些宣言表现为更专心致志于反满问题。在某些宣言中,甚至没有提到:需要建立一个民主共和国,或者,需要建立一个强大到足以抵制帝国主义的国家。③ 平等主义的主题,仅在讨论到清统治下满族和汉族的不平等

---

① 李国镛日记,XHGMZL,第 500 页。
② 曹亚伯,XHGM,第五卷第 162—163 页。
③ 见宣言,收入曹亚伯,XHGM,第五卷第 138 页,第 141—142 页,第 147—149 页。

时才出现。这种对于社会和政治问题基本上漠不关心的态度,既是辛亥革命的长处,也是它的弱点。一方面,正如一位作者指出的:"其实起义之所以成功,正惟目的专求民族平等,不涉政治问题,故一发而群起响应。"①另一方面,社会及政治问题的湮没,延揽了已具地位的上流阶层,通过参加革命而保全了他们的权力。

对于上流阶层的延揽,是十分明白的。除了一个经过字斟句酌的对秘密会党的呼吁书例外,事实上,所有宣言都是针对上流阶层的:清朝官吏、部队军官、省谘议局、地方自治团体,以及那些在中国权力机构里不受欢迎的、不速的外来成分,外国列强。宣言立论的口气文风,似乎证实了一些人的论断:这不是出自革命党人的手笔,而是由进入新政府的立宪党人捉刀的。②

每一份宣言的祝词,其内容都为一定的听众着墨。在对清朝官吏的呼吁中,基本内容很简单:只有满族要对中国的厄运负责,凡与满族脱离关系的清朝任何官吏,欢迎他们在新政权中继续掌权。③ 另一个呼吁是针对军官而发的。它指出,清王朝"不重军人",让军官"受文官呵叱驱使,甚于仆隶"。④ 相反,革命答应给军人以更大的权力和更多的自由——一个在民国初年军阀时代极易满足兑现的承诺。

对于列强,坚定的原则是:至少避免对抗,最好争取支持。对秘密会党的呼吁带有严厉警告:"凡杀外人,焚毁教堂,劫夺良民者,杀无赦。"⑤起义刚开始时,吴兆麟就警告过士兵:我们的"举动更要文明,使中外人民共仰,知革命军为仁义之师,则外人必表同情。"⑥为了取得那种重要的外国支持或至少保持中立,10月12日致汉口领事的照会承诺:革命政权将遵守清廷签署的一切条约,革命前清政府所欠外债和赔款,一律照付,尊重列强"权利",保护外人生命财产。它仅仅警

---

① 李廉方,第 70 页。
② 李春萱,XHSY,第二辑第 166 页。
③ 见曹亚伯,XHGM,第五卷第 151 页;杨玉如,第 110—112 页。
④ 曹亚伯摘引,XHGM,第五卷第 145—146 页。
⑤ KGWSNWX,第二编第一册第 431 页。
⑥ 曹亚伯,XHGM,第五卷第 111 页。

告,凡外人给清政府以军事或经济援助者,概以敌人视之。①

在致湖北境内各地方当局的电报中,革命在政治方面进步,但在社会方面保守的含意就了然如画了。绅士驾驭的地方自治团体,被请来全面负责地方政务:

> 亟应将全鄂地方改为共和政体,所有各州府县政务及自治公所,妥筹办法,移请各该地方实行。②

但是,在很像一个恐怖危机、又像一个可嘉机运的革命时期,地方政府必须特别注意维护治安:

> 各该公所应办事务,以警政民团为第一要着。应即日兴办警察,以维持秩序,清查奸宄,惩治痞匪,保卫闾里为主,团练以驱逐乱民、抵御外侮为主。均不准借端讹诈,扰累无辜。并于外人生命财产切实保护,以酬其严守中立之谊。③

这份电报的要旨是足够明白的:在自治公所中的地方改良派上流阶层必须加强自己,以防止群众的暴烈行动。第二个电报警告:

> 唯念东南各省,迭遭水旱之灾。吾同胞流离颠沛,犹未能自复其生机。若义旗一举,则饥寒无告之民,必有乘机窃发,一施其抢劫之技者。④

可见,警政民团,只是为了对付这种饥寒无告、铤而走险的所谓动乱不安分子的。至于如何举办筹措警政民团,推荐的办法则是:"贫者效力,富者输财"。但是,对后者又给了逃脱义务的简易办法:"不妨将

---

① 曹亚伯,XHGM,第五卷第 152—153 页。
② 曹亚伯摘引,XHGM,第五卷第 139 页。
③ 同上,第 139 页。
④ 同上,比较致警戒电,第 142—143 页。

应纳钱粮,即日停解,即以此款为开办团练之需"。①

甚至在武昌革命爆发之前,晚清的预备立宪和自治政府的新政,就曾大大增长地方绅士的权力。现在,湖北军政府答应,通过下述办法,进一步加强地方自治团体的权力:责成他们担负地方政务的全部责任,以他们自己的团练来武装他们,使用以前归于国家和省政府的财政税收。许诺的财政税收特别引人,因为,时至 10 月,刚好就要征收地租,作为一笔可观的横财,对于支持革命的任何地方都是有用的。我们将看到,湖北的州府官员,毫不怠慢地接受了这种有所控制的、上流阶层领导的革命邀请。

## 革命在湖北的普及发展

在湖北各个地区的革命领导,没有任何统一的规范。在汉水下游,武汉的西北,革命党人领导的秘密会党控制了局面。往北和往西更远一点,在长江和汉水上游,派去防止四川铁路风潮蔓延的新军,为革命提供了关键性的领导。在东部,例如在黄州,立宪党人绅士,成为形势的主宰。在秘密会党发动革命的情况下,革命则由会党力量强大的商业城镇向外面发展。当军队或立宪党人是革命关键力量时,府城就成了权力的中心。不过,一般的方式是,地方解放的进程大体上是一府一府地发展的。还有,不管解放力量的领导差异,都有着一个全面贯穿的意图,即,和地方的上流阶层合作,如果可能的话,也和地方的满清官吏合作。

**汉水下游** 从汉口,沿汉水上溯的湖北中部地区,是该省卷入革命的第一个部分。那是一个无可匹敌的地区:在那里,老练的革命党人,依靠他们控制的秘密会党力量,取得了地方上的政治权力。不过,在这个地区活动的两个革命领袖,都是地方上流阶层的优秀成员。在

---

① 曹亚伯摘引,比较致警戒电,第 142—143 页。

他们所控制之下的秘密会党,是忠于其绅士保护人的私人军队。① 这些力量的革命反满思想,使他们被人看做是秘密会党,但是,从它们的社会性质来说,是和绅士领导的民团无异的。

1906 年被捕的日知会成员之一,是一个富商的儿子梁钟汉。梁和他的弟弟辉汉,都是日本留学生。1909 年,梁钟汉被转押到他家乡汉川的一所监狱。在那里,通过地方绅士中有影响的朋友的斡旋,他在宽容和舒适的环境下被禁押。即使身陷囹圄,梁钟汉在汉川,特别是在学生界,还是一个激进思想的出色宣传家。与此同时,他的兄弟辉汉在附近的商业中心系马口,正和秘密会党建立密切关系。辛亥年 10 月 11 日,武昌起义的新闻传到汉川。当天夜里,地方绅士的头面人物,商会会长和典狱长前来释放梁钟汉,请他帮助应付革命带来的危机。同时,梁辉汉在系马口举行了成功的起义,并率领了约莫 1 000 名秘密会党来到汉川。县正堂逃走了,但是,梁的一个远房亲戚、城防队队官欢迎革命队伍进城。

12 日或 13 日,汉川军政分府建立起来了,梁钟汉为总司令,还包括了他的弟弟和嫂子,以及一大批激进学生和秘密会党首领。到这时,绅士和商人多少有点害怕梁和他的秘密会党部下,他们不来参加会议,而城防队队官也溜走了。不过,很快地,地方绅士还是被说服参加了一次关于新政府财政问题的会议,而且对支援革命作出了贡献。革命党和地方绅士的谈判成功了,但是,由于上流阶层革命党人与秘密会党的关系,至少到 1911 年 11 月军政分府撤销和梁钟汉离开为止,汉川仍然是一个革命党力量特别强大的地区。②

在汉水上游稍远之处,从永漋河江岸商埠发端,类似的一连串事件重复演出。这里的主要演员是刘英。刘英是一个 32 岁的生员,出生于京山县一个最有钱财、最负声望的绅士家庭。1905 年,刘曾经东渡日本留学。在日本,他参加了同盟会,随后又参加了从同盟会分裂

---

① 见一批日本学生的有趣的记载,他们被这些秘密会党所抢劫,通过刘英的干预,收回了自己的财物[TDSC,Ⅲ:17(1912 年 9 月 5 日),第 51—53 页]。

② 梁钟汉,XHSY,第二辑第 16—23 页,第 28—29 页;张难先,第 278 页。

出去的团体共进会。1908年,他回到湖北,并带着从他父亲那里借来的1万块钱开始在永滁河经营一爿商店。运用金钱和影响,他很快成为沿汉水流域秘密会党的重要组织者,和京山南乡地方自治的主办人。据说,他的部下到1911年已达3万之众,并且,在地方自治团体中,刘英运用他的影响,把一部分秘密会党成员渗透到团练中去了。①

10月15日,在听到武昌事件之后,刘的力量袭击和压倒了驻守在永滁河的巡防队。其后数日,京山县知事宣布参加革命。然后,刘转移力量,袭击邻近的天门县。20日,他在那里发表了一个尖刻的反满宣言,在宣言中,以一种罕见的政治性口气,指责满洲"假设立宪,以剥民财"。* 在其后数星期内,刘英的部队次第收复潜江、监利、江陵及公安各县。就这样,把他的势力发展到南至长江一带。在许多情况下,县城的光复,似乎是相对地平和的。

刘英的一连串胜利,使革命党人控扼了湖北中部,在长江和汉水之间,设置了一道防线,以保卫武汉,免遭清军沿两河而下的任何攻击。对此,武昌革命当局肯定是感谢的;但是,刘英指挥一支为数5 000人的独立部队,使黎元洪有点坐立不安。直到辛亥年年终,刘英部队北调进攻河南为止,黎元洪总是感觉不怎么完全稳妥。② 然而,刘英的军事力量从来没有威胁过在湖北中部向来存在着的上流阶层的权力。事实上,刘英的军事力量,和武昌政府曾经鼓励上流阶层建立起来以保护社会治安的民团,并没有什么分别。③

**黄州** 黄州府城黄冈,在武昌正东大约30英里远的长江边上。黄州有许多明朝忠烈的历史,是经典文化和教育的著名中心。在日知会活动时期,它曾是传统的种族主义反满宣传的主要策源地。那时,最著名的反满思想家,是一个地方上的生员、中年学者吴贡三。吴因

---

① 张难先,第198—199页;田原天男,第669—670页。

\* 译注:这是1911年10月20日光复天门县时刘英等以"湖北荆襄国民军代表"名义发布的告示中的一句话。通篇告示历数了清王朝的罪行,语言比较尖锐。

② 杨玉如,第96—98页;张难先,第199—200页,第275页。

③ 意味深长的是,曹亚伯(第二卷165页)称刘英部队的一个分队为"民团"。

1907 年日知会一案被捕。辛亥年,他仍然被舒适地关在黄冈监狱里面。当武昌起义消息传到黄冈时,改良派上流阶层的两个成员——谘议局的黄冈代表,和一个地方自治团体的领袖——担任了努力"维持地方秩序"的领导。① 据说,正是他们和知县一道,把吴贡三从监狱里释放出来,也许甚至邀请过他担任新的县知事。满洲知府已经逃离该城。② 本质上,这是梁钟汉在汉川的经验的重演。

与此同时,从武昌军队中派了一个都是黄冈革命党人的 8 人小组,来慰问由于其长官贪污而没有得到俸饷的巡防营弁兵。好像是通过从富有的改良派绅士那里得来的某些资助,这 8 个人很快就把这支不满的巡防部队掌握起来了。10 月 18 日,黄冈正式参加革命,府署衙门的两个低级官吏被推选(似乎是由于巡防营的支持)为新的黄冈知县和黄州知府。在一段时期内,年轻的革命党人控制了这个地区的军队,而这支军队主要卷入了镇压土匪的斗争。政府的文官职务,则仍然掌握在绅士和前清官吏手中。

革命从府城黄冈发展到黄州府其他地区,并且越过长江,至少波及到武昌府的三个县。吴贡三由一支小部队陪同,周游了这个地区,说服其他各县归顺革命。除了使那些控制地方的官吏和绅士,改变自己的效忠对象以外,吴贡三似乎没有从事改变任何其他事物的努力。11 月底,他把整个湖北东南地区,扭转到革命事业的轨道上来,然后回到了黄冈。③

**宜昌和长江上游** 府城和长江上游的通商口岸宜昌,控制着湖北的西部。革命从那个城市开始,发展到宜昌府的其他地区,然后到东北方向的荆门州,和广阔的但是偏僻的、人口稀少的、在湖北东南角上

---

① 杨玉如,第 94—95 页。
② 张难先,第 100—101 页;编者按语,XHSY,第三辑第 31—33 页;冯自由,收入 KGWSNWX,第一编第一二册第 272 页;曹亚伯,第一卷第 196 页。
③ 张难先,第 101 页,第 284—285 页;杨玉如,第 94—95 页;李长庚(从武昌派来的一个革命党人),XHSY,第一辑第 175—178 页;蔡寄鸥,第 106—107 页。卢智泉和温楚珩(后者是参加者之一),XHGMHYL,第二集第 53—54 页,记录了在同一地区由革命党人领导的秘密会党起义的失败,这个起义后来由吴贡三成功地转化为革命。

的施鹤道的少数民族地区。宜昌的革命是由新军领导的,警察、商人、地方自治领袖和学生进行了紧密的合作。在辛亥革命中,无疑存在着强烈的地方感情。但由于湖南人所起的作用十分突出,所以宜昌的情况有些特殊。四十一标一营的副官唐牺之,是这些人当中的最著名者,是那儿的革命领袖。像在湖北的大多数湖南人一样,他是文学社成员。地方上流阶层接受唐牺之的理由似乎十分明显:在非常紊乱的城市中,他是能够维持秩序的唯一人物。

由于铁路国有化而被停工扣饷的五六万铁路工人,是骚动不安的主要源泉。在工人中进行活动的秘密会党,把不满情绪煽动起来了。武昌起义的新闻传到宜昌后,立刻组织了一个保安民团,但是,许多有钱的人都逃离了该市,商业活动事实上陷于停顿。由四川人带领的秘密会党,在这个地区开始了组织工作。作为预定于 10 月 19 日起义的第一个行动是:袭击新军,夺取枪械。

当秘密会党起义和社会骚乱不安的威胁增长时,唐牺之竭力把自己的革命计划向前推进。起义图谋正在发展,巡防营的满族队官逃离了宜昌。10 月 18 日——预定的秘密会党起义的头天——唐和他的部下和平地光复了这个城市。不过,革命党人杀了五个满族妇女,她们的鲜血被涂抹在官府衙门的大门上面。在新政权就职时,种族主义和大男子主义这样结合起来,把五个满族妇女的死亡,定为革命的恰当祭品。至于文职的当权者:"府官剪掉了他们的辫子,在新政权下官复原位"。① 通过商会和地方自治团体,商人和绅士们迅速地为新军做好了饷糈供应。他们的领袖在新的行政机关被授以官职。②

唐牺之在宜昌的新政权,主要是由年轻的、爱国的、受过现代教育的人掌握的。他们中的许多人,曾经在日本或西方留过学。英国领事把他们看做是"纯粹的小孩",从不试图掩饰他对他们的爱国主义的不

---

① 休勒特(宜昌),1911 年 11 月 2 日,F.O. 228/1803。
② 李一,XHGM,第五卷第 249—252 页;杨玉如,第 196—198 页;李廉方,第 190—192 页;休勒特(宜昌),1911 年 11 月 10 日,F.O. 228/1803;桥口(宜昌),摘引入春日致内田,1911 年 10 月 11 日收到,收入日本外务省档案,1—6—1—46,《湖北》第一卷。

满情绪。① 新政权反对帝国主义的态度,是相对地激烈的,但它的对内政策仍然注重法律和秩序。几个秘密会党的小组织,被宣布为民团,并被派去四川,使他们不能威胁宜昌。另一个小组织的头领在宜昌被杀,一支500铁路工人的苦力队伍,正由武昌派来的革命党人予以训练,也被强制性地遣散了。②

宜昌的形势一旦平静,革命就迅速地向邻近地区铺开。宜昌革命政府鼓舞府里的各个县,它们相继宣布归附革命。由于唐不打算更换任何地方官吏,所以各县全都很快地参加了革命事业。③ 在湖北省,唐的政府是无以匹敌的:它的影响远远越过了府界。通过电报招抚和私人特使联系,他说服了在施南府的新军一营的管带领导了那里的革命。10月28日,那个管带在地方绅士、商人和学生的支持下办到了这一点。不过,不到一个星期,巡防营的一个军官暗杀了唐的人,把自己的名字改为朱扬武,自称是明王朝的后代,任命自己为整个施鹤道的司令。但是,地方上对于朱的压迫更甚的统治,出现了严重的反抗。黎元洪迅即派出一个安抚使去施南,朱扬武逃跑了,整个施鹤道授予唐牺之管辖。④

在湖北西部,对革命的唯一的军事对抗,来自屯驻在荆州(宜昌的长江下游)的满洲旗兵。在大约一个月的攻城战斗之后,满洲将军都统请比利时天主教牧师做调解人乞降,12月16日,获胜的革命军队进入荆州城。⑤ 到此,湖北西部的光复完成了。在年轻的新军革命党人和留学生的领导下,革命政府建立起来,但也有着地方绅士和官吏的通常的紧密合作。

---

① 休勒特(宜昌),1912年2月2日,F.O. 228/1843。
② 休勒特(宜昌),1911年11月5日及10日,F.O. 228/1803;桥口(宜昌)致内田,1912年1月14日,日本外务省档案,1—6—1—46,《湖北》第二卷;李一,XHGM,第五卷第251—252页。
③ 杨玉如,第197页;曹亚伯,第二卷第540—541页。
④ 李一,XHGM,第五卷第260—261页;谢石钦,XHGMZL,第493页;许兆龙,XHSY,第一辑第163—164页。
⑤ 李一,XHGM,第五卷第253—260页;曹亚伯,第二卷第451—452页,第480页,第494—495页。

**汉水上游**　汉水上游共有三个府。11月间，它们个别地宣布归附革命。在每一个府，派去警戒驻防该地区的新军部队领导了革命。11月17日，二十九标三营管带张楚材在安陆宣布革命，满族安陆知府和它的全家自杀了。① 远在西北的郧阳，这同一个营的另一批军官于11月24日领导起义，迫使郧阳知府成为新的军政分府首领，这批军官自己，则在军政分府担任了重要的军事和民政职务。在少数几个星期之内，没有更换任何一个民政官吏，这个府的六个县都参加了革命。紧随革命之后，再次出现了某些秘密会党的抢劫和骚扰事件，但是，地方民团被重新组织到正规军队单位里面，而革命军队与保卫地方治安的力量合并在一起了。②

汉水上游地区的重要政治中心是襄阳府城，管辖汉水三个府的道台就设在这里。10月12日，武昌政变消息传到襄阳，清政府官吏和地方绅士领袖（都是通过地方自治议会和其他非正式的权力团体进行活动的），自任承担维护襄阳公共秩序和财政安定之责。在这里，武昌的革命被理解为：如果不是警察和新军之间发生冲突，就是革命党和匪党滋事暴乱。不管相信那一种说法，绅士明确地把武昌事件看做是恐怖事件，而且和清朝官吏全面合作，妄图建立地方民团以对抗革命。③

11月间，当清政府的地位在全国范围内继续恶化时，从武昌来的激进学生，逐渐地在襄阳府扩散革命信息。驻扎在老河口（襄阳上面濒临汉水的商业中心）的新军，是首先受到影响的。驻兵部队的士兵张国荃，和在巡防营的秘密会党合作，于11月28日光复了老河口和附近的光化县城。知县黄仁葵曾经积极组织绅士和商业民团，但是现在也参加革命以防止暴乱。当襄阳的官吏和绅士在继续修葺城墙以图顽抗时，革命军事力量直下樊城（从襄阳跨越汉水的商业中心）。在此时刻，满洲安襄荆郧兵备道台喜源弃职远洋。11月30日，黄仁葵和张国荃领着他们的部队，和平地占领了襄阳。激进学生手擎革命白

---

① 章裕昆，第63页；郭孝成，第一卷第57页。
② 曹亚伯，第二卷第591—592页；诸义平，XHSY，第二辑第78页，以及第80—81页上的编者按语。
③ 张玉恒（一位改良主义者绅士领袖），JDSZL，1963年第二期第6—9页。

旗,塞满了大街通衢。那天晚间,和知府、知县一道,绅士宴请了他们的解放者(也可能被称为征服者),并选出黄仁荄为新的军政分府首领,张国荃为这个地区的军事司令官。

出现了某些变化:绅士身份地位的某些象征,如表明科举考试门第的旗杆和门道,被搬走或被捣毁。但,这只是暂时的、肤浅的现象。清政府官吏权威的崩塌,在农村带来了匪盗的骤风暴雨。为了对抗这种捣乱,革命政府迅速将前不久替反革命效劳,并曾予以强化的民团和保甲设施,转换改造成为保安社。保安社仍旧由绅士领导,驻扎在地方自治公所,但它们现在为革命维持秩序。绅士把他们对清政府报效的忠诚,转而为武昌军政府服务。通过晚清新政运动建立起来的组织,绅士们继续统治着地方社会。①

到12月为止,仍然掌握在清政府手中的湖北的唯一部分,是该省的东北角。在那里,朝不保夕的控制,仍然抓在沿京汉铁路一线的北洋军队手中。麻城县自治议会的一个绅士领袖,预谋发动一次由民团领导的起义,并把计划事宜就商于县知事,但是另一个地方绅士反对这样做。县议会议员终于遇害了。② 11月底,一支革命队伍短暂地光复了黄陂,但又被清军赶跑了。③ 所有沿京汉铁路一线,从四十二标三营来的革命党人,在铁路工人、秘密会党、当地农民的重要支援下,执行了长时期的游击战式的袭扰任务,打击破坏了北洋军的补给线。④

这就是革命在湖北全境推广发展的历史。遗憾的是,在大多数情况下,关于新政权的社会基础,关于提到的作为新的地方革命政府的支持者的"绅士"或"商人"的本质,我们还缺乏详尽的资料和知识。不过,一般地说,府城所起的关键作用,地方自治团体领袖的经常突出,这两者都有助于说明,从清末新政中获得利益的同一个地方绅士上流

---

① 张玉恒(一位改良主义者绅士领袖),JDSZL,第11—13页;毛拔(黄仁荄的秘书),JDSZL,1955年第四期第94—102页,第119—120页;张难先,第362—363页;章裕昆,第62—63页;郭孝成,第一卷第57—58页。
② 谢石钦,XHGMZL,第492—493页;蔡寄鸥,第111—112页。
③ 王树枏,XHGM,第五卷第239—240页。
④ 刘化欧,XHSY,第一辑第83—85页;王缵承,XHGMHYL,第二集第31—35页;李时岳,第87页。

阶层,首先就是辛亥革命的受惠者。革命期间,军界也显得颇为突出(在此,我们看到了军阀时代的根苗),但地方上流阶层提高了权力,则是更为重要的。地方官吏不再是北京王朝的代表者,这样,就能够部分地限制地方绅士的权力。代替这一方式,他们现在正好成了权力大大地不受抑制的绅士上流阶层的代表者。更有甚者,对于这种民主共和革命,上流阶层表示毫不承担义务。在许多情况下,他们倾服于他们所喜爱的路线,也可能就是襄阳绅士曾经采择过的路线:站在清王朝一边,保卫自己的利益。但是,军队革命党人或秘密会党(或两者一起),使得地方上流阶层不得不选择:或者是抵抗革命队伍而大大威胁社会治安,或者是对革命力量妥协而附和革命。由于革命党人(大部分出身于绅士家庭)的主动,愿意和上流阶层联合,并且愿意献身于维系社会治安,这样,就使得这个选择成为比较容易的事情。所有这些政治原动力的后果,形成了这次革命:政治方面的进步,大大不如社会方面的退步。

## 湖南的革命

革命发展及于湖南,和湖北的革命发展类似。首先是电报,然后是谣言,再后是难民和革命党人把武昌政变的消息带到主要城市(在此场合,指的就是长沙)。随后出现了一个紧张的活动时期,如,官吏们运筹防止革命,革命党人图谋组织起义行动,而改良派上流阶层骗取地位,以便能够在革命党人推倒清王朝的场合下,捞捡到一些油水。湖南光复的特殊意义,产生于这样的事实:开始,改良派上流阶层没有继承已经覆灭的满清的权威。反之,一个25岁的青年革命领袖,自己把权抓起来了。实质上,这位领袖自从成年以来,一直献身于组织秘密会党的活动。这样,在湖南,至少存在着抵制城市上流阶层统治的具有足够群众基础的革命的潜在可能性。不过,上流阶层不容许那种潜在可能性存在下去,十天之内,上流阶层改良派杀害了革命领袖,把权力攥在自己手里了。因此,纳入这一章所阐述说明的,湖南是一个特别鲜明的例证：城市上流阶层对革命的支持,并不反映对民主共和革命原则的无限热情。毋宁说,上流阶层从革命中找到了机会,来提高它的早已强大的地方政治权力,并且,它对革命的支持,也是随它自己政治权力的获得而定的。

**紧随武昌起义之后的长沙**　在武昌起义后两个星期内,当革命的命运危在旦夕时,经常似乎是,所有的注意目光,都集中到了湖南方面。在反对太平军的斗争中,湖南曾经是清王朝主要依靠的省份;现在,它似乎最像要响应反满革命的号召。瑞澂曾经电奏朝廷,革命党人是把湖南当做最早支持革命的最有希望的地方的。①* 瑞澂完全正确! 毕竟,湖南的革命领袖焦达峰早就宣布过,他会于 10 月 16 日首先在湖南发动革命。武昌起义一经爆发,湖北的革命党人立刻派出代表到长沙促焦举事。

在辛亥年 10 月,恐怕再没有一个地方像长沙那样,成了滋生革命的最肥沃的土壤。骚乱不安的难民群集于长沙城外。作为省巡抚,余诚格刚刚上任一个月。指挥所有旧式军队的营务处,已于 8 月底撤销,没有给新巡抚留下一个军事参谋的现成组织。在湖南,新军只有一个协(共有部队 3 836 人),它的标统和至少三个营的管带都不在省里,他们到北方参加秋操去了。②

13 日,从武昌开来的第一条船抵达时,湖北革命的确息传到了长沙。长沙的气氛迅速变为高度地政治化和瞬息万变,既紧张,又显著地活跃。大多数学校自动停课。许多学生寻找机会和军队接触,以便协助酝酿军事政变。在新军内部,兵士们卷入了关于革命的纷纷议论之中,军官惧怕引起事变,不加干预。③ 16 日,从武昌驶来的搭乘日本轮船的上千名旅客,带来了湖北革命成功和秩序安堵的消息。这就帮

---

① 见 1911 年 10 月 10 日瑞澂的电报,XHGM,第五卷第 289 页。

* 译注: 宣统三年八月十九日湖广总督瑞澂致内阁军谘府陆军部请代奏电称:"此次革匪在鄂创乱,意图大举,将以鄂为根据,沿江各省均有伺隙而动,湘省尤为注意。"

② B. 吉尔士(长沙),1911 年 10 月 12 日,F. O. 228/1798;唐乾一,XHGM,第六卷第 159 页;谢洁生,KGWSNWX,第二编第三册第 9 页。

③ 邓介松,XHGMHYL,第二集第 204 页;余韶,XHGMHYL,第二集 161—162 页。

助在长沙制造了一个明确的更加不安定的形势。谣传说有些官吏已经逃逸。大街上,激昂的演说者和传单变得司空见惯,警察不愿意或不能进行干涉。① 事实上,整个城市正在积极地思考:湖南反满革命的可能性和客观需要。

在这种尖锐严重的形势中,三个团体互相作用,努力实现各自的彼此悬殊的目的:清朝官吏、革命党人和上流阶层改良派。巡抚余诚格意识到他自己的危险万状的处境,首先寻找某些忠于清廷的改良派上流阶层成员的支持,特别是湖南辛亥俱乐部支部长、采矿事业积极推进者之一黄忠浩的支持。黄有丰富的军事经验,包括:在庚子汉口起义时期的任职,和最近在广西镇压"盗匪"的重要作用。1911年,黄忠浩的母亲死了,他本人正在长沙服丧。武昌起义后,他被延请充任湖南巡防营统领。② 挑起保卫清王朝的担子,对于这件事情,黄忠浩是颇感兴趣的。黄忠浩认为,在长沙的新军,较之湖北的军队,并不见得更忠诚可靠。因此,除留600名新军部队驻守长沙外,他立刻开始调遣全部新军,并调来2 000名巡防部队到省城长沙。③

在政治矛盾的另一方,革命党人正在积极组织起来,并从改良派上流阶层左翼得到了相当重要的支持——特别是从开明的地方自治公所成员中得到支持。武昌起义时,湖南革命领袖焦达峰本人并不在长沙。他似乎留在家乡浏阳,从事他的革命专业:组织秘密会党。④ 这样,当第一批从武昌派来的革命代表于10月13日到达长沙时,他们会晤的是与改良派上流阶层最亲密的城市知识分子。这些人当中

---

① B. 吉尔士(长沙),1911年11月2日,F.O. 228/1798;阎幼甫,XHGMHYL,第二集第114—115页。

② 尚秉和,第五卷第2页,第四五卷第1—2页;左舜生:《黄兴评传》第75页;邓介松,XHGMHYL,第二集第205页。

③ 沈祖燕(时署湖南劝业道)致内阁函,收入XHGM,第六卷第169页;邹永成,第6页;余韶,XHGMHYL,第二集第160页。

④ 谢洁生,KGWSNWX,第二编第三册第12—13页,说焦在武昌;黄元吉,XHSY,第三辑第90页,简略地提到,起义之后,焦在武昌;邹永成,第7页,说他在浏阳;YSJ,第183页,同意此说。因为关于武昌起义的重要资料,没有提到焦在现场,还因为,当焦达峰回到长沙时,曾经许诺并宣布,重要的支援来自浏阳秘密会党。所以,我倾向于相信,为了在长沙进行突击,他正在浏阳组织队伍。

的一个就是阎鸿飞。阎是武昌的一个学生。在自治公所反对铁路国有化的激动中,他正巧在长沙家乡度假,并积极地参加了当时的活动。代表们带给了阎第一个关于武昌起义的确凿信息,阎鸿飞就领他们到谘议局议员左学谦的家里。在辛亥年的活动过程中,左学谦实际上激进化了。在这次会谈中,常治又参加进来。常治是一个长沙望族子弟,他与阎、左一起,是地方自治运动的积极分子。①

从10月13日起,一个团体(几乎一半是革命党人,一半是在改良派中的被某些革命党称之为"暂时投机"的人)正在积极图谋一次政变。② 有些人是谘议局议员,另一些人则在地方自治团体中表现活跃。许多人是长沙学校中的教员。他们大部分首先被春夏间铁路国有化的激动带到一起来了,他们本质上都是上流阶层的成员,革命之后,都相率成为省参议院的领袖。③ 阎鸿飞、左学谦和常治,就是这一团体中的佼佼者。这个团体打算通过一个受到革除的新军排长陈作新的工作,由新军发动组织政变。焦达峰虽然还没有回到长沙,不能和他商量所有这些问题,但是,18日已被确定为发动军事政变的日子。这个计划广泛地为人所知,那一天,外国领事馆甚至悬挂起一个预先安排好了的信号,使所有外国人从城市疏散了。不过,当城外一个军营发出政变信号时,清当局的预防措施,防止了任何人起而响应。④

19日,谣言在全城广泛播扬。日本领事报告说:"地方官吏似乎担心军事哗变和商人骚动。上级和下级(军官)都陷于巨大恐惧之中。

---

① 阎幼甫(鸿飞),XHGMHYL,第二集第121页;粟戡时,XHGM,第四卷第551页;YSJ,第182页。
② 邹永成,JDSZL,1956年第三期第101页。
③ 见谢洁生,KGWSNWX,第二编第三册第11页,第14页;安定超,同上,第18页;粟戡时,XHGM,第四卷第550—553页。
④ 这个时间,据B. 吉尔士(长沙),1911年11月2日,及电报第23号和第24号,1911年10月18日及19日,F. O. 228/1798。它们同时代的记载,把日期弄得有点是而非。关于起义计划的日期,中国的资料言人人殊! 邹永成(第6—7页),谢洁生(KGWSNWX,第二编第三册第3页),以及安定超(同上,第18—19页),说是10月17日;唐乾一(XHGM,第六卷第148页),说是18日;余韶(XHGMHYL,第二集第162—164页)及曹亚伯,第二卷第139页,说是10月19日;YSJ(第180—190页),明显地附和邹永成(JDSZL,1956年第三期第101—105页),说是10月20日;以及王闿运的日记(第972页)提到,19日谣传,政变将于20日发生。

万一出现紧急情况,我不相信他们足以依赖。"他要求一艘炮舰。① 在紧随流产政变之后的狂热气氛中,焦达峰回到长沙,指挥革命密谋的参与者。不过,他的革命计划,与上流阶层同谋者所预想的军事政变有某些不同。焦建议,重演前年的风潮,把巡抚衙门火焚;渴望可以依靠立即到达的他的2万名秘密会党部下,来实行长沙革命,并把它推广到全省。焦达峰正式宣告:"今日局势,只需十个洋油桶,十挂万子鞭(爆竹),即可将巡抚衙门攻下。"② 10月23日,被定为第二次计划起义的日期。③

焦达峰带着秘密会党革命计划来到长沙,给局势增添了新因素,特别是在改良派上流阶层的观感中。他吹嘘自己有2万名部下,人们并没有等闲视之。城门外面有着广大无数的饥饿难民,1910年风潮的再次出现,不是毫无可能的。分明为这种前景所困扰,上流阶层开始寻找代替方案。很明显,仅仅是在这样的时候,最杰出的谘议局领袖,例如谭延闿和龙璋,才主动介入设计筹谋活动,"画吉凶利害之状"。④ 他们的第一个决策,是说服黄忠浩宣布独立,脱离北京政府。这是革命者早经试过数次,但未臻成功的方法。不过,到19日,革命党人已不愿意再接纳黄了,至于黄忠浩本人,则仍然十分怀疑革命党人的军事力量能否抵御清军,因而不肯转变方向。不过,黄也没有采取任何行动,来打击邀请他干这件事的人,这一点倒是值得玩味的。⑤

对于上流阶层来说,形势很快就变得明朗起来了:谭延闿是取得成功的关键,新军则是焦达峰的秘密会党革命的唯一代替物。上流阶层的某些成员,早就在向士兵们宣讲革命。现在,谭延闿加入他们的行列了。

> 谭延闿为人天资高,明于利害,故持重。然见事势已亟,亦引大

---

① 大河平(从长沙)致内田,1911年10月29日,收入日本外务省档案,1—6—1—46(《湖南》)。
② YSJ,第188页引自黄瑛,一个"左"派改良主义者。
③ 谢洁生,KGWSNWX,第二编第三册第14—15页;安定超,同上,第20—21页;《湖南辛亥革命史料》(收入国民党档案中的一个匿名的未署日期的文件)。
④ 唐乾一,第一卷第5页。
⑤ 邹永成,第6页,及JDSZL,1956年第三期第104页,叙说了他三次访黄。也见YSJ,第188—189页;HNJBN,第288页;阎幼甫,XHGMHYL,第二集第123页;周震鳞,同上,第151页。

义以言于众曰:"文明革命与草窃异,当与巨家世族、军界长官同心协力而后可。"延闿故世家子,谘议局议长,物望之所归也。兵子闻延闿言,则群与欢曰:"谭翰林且言之,大事可行。"①

在一种适合其身份地位的姿态中,谭延闿避免了公开支持军队暴动的做法。但是,他既然把他个人赞许"文明革命"的观点,明确地表达了出来,那也就足够了。

谭延闿的行动和它们对新军的冲击力,当局者并非没有察觉。了解到革命党人定于 10 月 23 日发动政变的计划之后,黄忠浩将留驻长沙的新军限期 10 月 22 日一律调离。② 21 日,气氛明显地趋于紧张。王闿运在日记中写道:

街市清静。……(友人)云外国人已半走矣。……校经堂派巡警四人守门,盖恐效去年焚校故事。不知彼仇学生,此是学生仇满人,大不同也。③

王闿运的看法当然是正确的,因为革命知识界,大大不同于 1910 年反对新政的群众。不过,人们经常有着这样的恐惧:焦达峰所领导的秘密会党一旦撒手干起来,势将重演 1910 年反新政的行动。

**10 月 22 日长沙光复** 10 月 22 日是星期天。许多新军军官早餐后继续离营,或者,从星期六晚出去了,到早晨还没有回来。那天早晨,一个军队革命党人的领导者安定超,把留驻长沙的四十九标的士兵们召集起来,并且宣布湖南革命开始。他首先讲了"两百年来的满洲压迫",并表述他的信心,一旦满清被推翻,中国就有力量对付帝国主义者:"我们的救亡之道在于推翻满清,恢复我们的政治权利,然后

---

① 唐乾一,XHGM,第六卷第 148 页;比较尚秉和,第五卷。
② 《湖南辛亥革命史料》;安定超,KGWSNWX,第二编第三册第 20—21 页;HNJBN,第 289 页。
③ 王闿运,1911 年 10 月 21 日,第 972 页。

与列强作斗争。"①革命党人然后强行恢复了他们的弹药军火装备,并从东门进城。大约同时,另一群人在五十标举行兵变,经由北门进城了。部队一旦开始行动,若干个中级军官(队官等)加入了士兵的行列,但是领导权仍然保留在革命兵目手中。巡防营未作任何抵抗。有一次,在城内,部队会见了改良派领袖们(可能包括谭延闿本人)。改良派代表拜访了巡抚余诚格,要求他和平缴械投降,并宣布赞助革命。② 余诚格看到长沙城被革命党人安谧地夺取,感到吃惊,并且无疑地感到苦恼,他在一块白布上写了一个大"汉"字,退入另一间屋子,从后门蹓走了。③ 余走了,但是其他的人却没有这样走运。他的军事参谋、长沙知县和另外一个低级军官被捕。这些人拒绝支持革命,最后都被处决了。④

革命的最大祭品是黄忠浩。当他企图逃离城市时,被一批革命党人逮捕和杀死了。黄忠浩之被杀害,究竟是某些更激进的革命党人的预谋行动,还是黄自己决意抵抗至死,现在还弄不太清楚。⑤ 焦达峰后来下令礼葬了黄忠浩,但是,革命党人硬要把他干掉,似乎确有原因。正如一个改良派的史料所述:"原议举事后大会于谘议局,推谭延闿为都督,黄忠浩为镇统。"⑥因此,黄忠浩被杀,也许是某些革命党人,打算除掉谭延闿的一个有权力的军事上的同盟者。

长沙的改良派上流阶层,可能还有多数军队和一般老百姓,很希望谭延闿会领导新的革命政府。10月20日早晨发表的革命宣言,签署了他的名字,所有最初的报刊和外交报告都说明,谭肯定将任新的

---

① 引自邹永成,第9页;也见安定超,KGWSNWX,第二编第三册第20—21页;彭菊恒,同上,第4—5页。
② 同上(所有三个资料)加上余韶,XHGMHYL,第二集第162—164页;谢洁生,KGWSNWX,第二编第三册第14—15页;唐乾一,XHGM,第六卷第149页;邹永成,JDSZL,1956年第三期第105—107页。
③ 阎幼甫,XHGMHYL,第二集第122—123页;余韶,XHGMHYL,第二集第164页;HNJBN,第293页(根据粟戡时的记载);郭孝成,XHGM,第六卷第136页。唐乾一(XHGM,第六卷第148—149页)说谭延闿拜会了巡抚。邹永成(JDSZL,1956年第三期第107—109页)记载,有一次谭延闿拜访巡抚,但并不是去鼓动他支持革命。
④ 金城:《湘汉百事》,第13页;尚秉和,第四五卷第2—3页;唐乾一,XHGM,第六卷第151页。
⑤ 谢洁生,KGWSNWX,第二编第三册第15页;阎幼甫(XHGMHYL,第二集第133页)断言谋杀黄的人出于私人动机,但是余韶(XHGMHYL,第二集第164—165页)反对这点。
⑥ 唐乾一,XHGM,第六卷第149页;KGWSNWX,第二编第三册第26页。

军政府都督。① 不过,似乎是按照传统的不屑公开猎求高官厚禄的礼节办事,谭延闿呆在家里,等着一个新军部队的代表来延请他出任新的军政府的领导。可是没有人走上门来。

革命党人决定,不按传统的政治礼仪成规办事。一群六七十人的军政界的革命党人和改良派人物,齐集在谘议局大厅。省自治公所的常治、铁路学校的激进教员文斐主持会议。与会者中的许多人,对于焦达峰多不了解;事实上,在这天稍早一点的时候,他竟被一支不认识他的新军部队抓起来了。② 这时,焦达峰被当作同盟会的湖南代表,向大家介绍。根据一份记载,焦开口说:"吾在湘谋革命多年,当为正都督。陈作新运动新军巡防,功亦大,当为副都督。"③虽然那些话语,真是令人难以置信地单刀直入,但是,焦明显地意指,是他,而不是谭延闿,经过长期而艰苦的奋斗,创造了湖南的革命形势。现在,革命成功了,他理所应当地要取得胜利果实。这样,改良派上流阶层被一种完全意想不到的事情所袭击,焦达峰(秘密会党革命的首倡者)被任命为湖南军政府第一任都督,陈作新被任命为副都督。与会的谭延闿的主要支持者常治,只好站起来宣布,这个任命仅仅是暂时的。④

**焦达峰的统治** 焦达峰的新政权,不是一个能够取得改良派上流阶层支持的政权。焦和陈作新既年轻,在社会交往应酬中又天真烂漫。按照一个一般来说是善意的赞赏的记载,他们"已经有点陶醉于革命的初步胜利了"。⑤ 焦达峰穿着替自己设计的都督制服,骑在马背

---

① 郭孝成,第二卷第3页;沈祖燕的奏折,收入 XHGM,第六卷第170页;B. 吉尔士(长沙),1911年10月23日,F. O. 228/1798;《中部中国邮报》,1911年10月26日,组成附件第十号,收入戈菲(汉口),1911年10月26日,F. O. 228/1802。

② 邹永成,第11页。

③ 唐乾一,XHGM,第六卷第149页。

④ 关于这次会议的记载,见余韶,XHGMHYL,第二集第165页;谢洁生,KGWSNWX,第二编第三册第15—16;阎幼甫,XHGMHYL,第二集第123—124页;郭孝成,第二卷第2页;邹永成,JDSZL,1956年第三期第109页。

⑤ 周震鳞,XHGMHYL,第一集第151页,特别是用来描述陈作新时,"醉"这个词儿,可能被按照字面上来理解了。见邹永成,JDSZL,1956年第三期第102页;谭人凤,JDSZL,1956年第三期第53页。

上穿过大街,人们"见都督则齐声欢呼",明显地给他们留下了相当深刻的印象。① 朋友们和支持者们闻风而来,麇集都督府所在地。他们中的许多人都是秘密会党的成员,"出现了一种江湖作风"。② 焦达峰被称为"焦大哥",他的衙门被说成是"梁山泊"。③ 大约有400人出入都督府衙门,军人和秘密会党士兵,由于其在革命中所作的贡献,经常来要求报酬、荣誉、提拔和金钱,而这位年轻的革命领袖,都爽快地有求必应。从城市改良派上流阶层的立场来看,焦是一种不适合于充任都督的乡下佬:"焦达峰亦非有心凌乱者,特起自草茅,骤膺军国,遇事扞格,无当于是非。"④

毫无疑问,在焦达峰统治时期,有大量的行政管理事务是外行的、松弛的。他对公款的慷慨支出,很可能造成了财政混乱。某些关于他仅仅对朋友和门徒给予任命的批评,也可能有正确之处。他最接近的参谋,不是长沙上流阶层的人物,而代之以与同盟会中部总会有联系的两个年轻的湖南革命党人。⑤ 但是,行政管理上的某些混乱,依赖可以信得过的同僚,这种情况,在任何革命的首创时期,都是不可避免的。上流阶层对于焦达峰的反对,有着更为根本的原因。焦达峰混乱统治的背后,存在一条坚持不渝的政策:在大部分从秘密会党和城市贫民中招募的、新组成的军队里面,建立一种独立的权力基础。

革命后,焦达峰立刻宣布他致力于扩大湖南的新军,由一个协扩大为四个镇,即增加8倍。有些新军单位,纯粹是巡防营的改名换号,但还是进行了巨大广泛的招募活动。新招募的人有三种类型:城市贫民;由焦达峰请来长沙的湘东的秘密会党成员;从新学校里出来的爱国的年轻学生。⑥ 毛泽东就是这时参加军队的一名学生。但是,士兵的广大多数明显地属于前两种类型:从长沙来的流氓无产阶级,

---

① 《湘省大汉报》,摘引入 YSJ,第 197—198 页。
② 仇鳌,XHGMHYL,第二集第 179 页。
③ 邓介松,XHGMHYL,第二集第 207 页;郭孝成,第二卷第 4—5 页。
④ 唐乾一,XHGM,第六卷第 152 页。
⑤ 余韶,XHGMHYL,第二集第 166—167 页;阎幼甫,XHGMHYL,第二集第 213—214 页;HNJBN,第 284 页。
⑥ 郭孝成,XHGM,第六卷第 142 页;YSJ,第 198 页;HNJBN,第 284 页。

"车轿儓役,流氓乞丐;皆相率投营当兵矣"①,而且据说,有18 000名焦的部下从周围各县赶来长沙。他们之中,有1906年萍浏醴起义的领袖龚春台,这个人曾经最紧密地和学生们合作共事。1911年,龚春台从隐匿的地方出来,在长沙领导了一支纪律良好的军队,其后又参加了南京之战。②

在长沙,秘密会党成员和流氓无产阶级成分,被招募加入新军的正规部队。在长沙以外的地方,出现了某些有着轻微差别的形式。在焦达峰的新革命政权名义下,秘密会党自己开始行动。一支大约1 000人的武装力量在浏阳出现。秘密会党反对清当局的图谋,在平江和衡州实行了。在衡州,他们从事了广大范围的军事行动,打击民团、厘金局和典当商店。③ 但是,名声最不好的事件发生在湘潭。在那里,被关入监狱的秘密会党领袖冯廉直,革命后被释放,被委任为标统。他募集了一支300人的军队,迅速找与他的被打入监牢有责的绅士和民团头领清算旧账。县长被冯的日益增长的暴乱所惊吓,他把这个情况告诉了谘议局的湘潭县代表,代表以威胁地方安定为词,转过来告诉了谭延闿。这回,谭延闿以军政部长、省参议会议长以及正在成长的上流阶层反对焦达峰的领袖的身份,向年轻的军政府都督抗议冯的行为。焦达峰渴望回避与谭延闿过早对抗,他不承认委任过冯廉直,否认对冯的行为应负之责。在此基础上,谭延闿亲自下令湘潭县长杀害冯廉直,而冯于10月29日被处决了。④

焦达峰和他的政权同样短命,要推断他在湖南的准确意图,颇为困难。他最初的使命是支持武昌革命中心。在湖南进行大规模招兵活动的一个目的,是想解除经过训练的新军的维持治安的责任,以便

---

① 唐乾一,XHGM,第六卷第151页。关于毛,见埃德嘉·斯诺:《西行漫记》,第136—139页。
② 阎幼甫,XHGMHYL,第二集第213页;唐乾一,XHGM,第六卷第156页;YSJ,第125页注。
③ B. 吉尔士(长沙),1912年1月13日,F. O. 228/1837;郭孝成,XHGM,第六卷第145页;唐乾一,XHGM,第六卷第155—156页;YSJ,第209页。
④ 唐乾一,XHGM,第六卷第151页;尚秉和,第五卷第4页;YSJ,第199页;B. 吉尔士(长沙),1911年11月17日,F. O. 228/1798。

把他们调到湖北前线。有一个时候,焦甚至提出辞职,带领一支分遣部队北上,他说:"我是一个专事破坏的人,没有搞建设的才能。"①问题是:从湖南的秘密会党和城市贫民中招募新军,焦到底打算干什么?军队的社会成分是否反映了焦本人所同情的民众利益?或者,是否纯粹地由于穷人是任何军队最容易募集的对象?甚至其宗旨是为上流阶层维护治安的军队?遗憾的是,关于焦达峰所注目的社会政策,我们一无所知。我们只能臆断,他和秘密会党的长期联系,使得他对于穷人的困境有某些了解和同情。他大概是一个历史学家所称的在辛亥革命中的"激进平民主义者"气质倾向的代表。② 举例来说,毛泽东宁把焦和陈作新看做是哥老会的成员,而不视为共进会或同盟会的代表。毛认为,"他们很穷,代表被压迫阶级的利益。"③

无论焦达峰的真正意图是什么,有一件事是肯定无疑的:自由主义者上流阶层深信,焦专心致志地运用秘密会党,来阻止甚至破坏上流阶层本身正在发展着的财富和权力。在焦下台以后,绅士之一向英国领事解释,焦达峰和陈作新"只不过是走了鸿运的兵痞,他们在这个省领导革命,唯一宗旨是塞满自己的腰包。"更进一步,这位领事报告说:

> 就我理解,他们的计划,是纠集和武装足够数量的信徒,与此同时,把大部分正规军调到湖北去。他们这样使自己成为局势的主宰者,其意图是,把暴力的巨手,伸向一切可取的财富上面,在全城大肆劫掠。④

这是对焦达峰真正意图的荒谬绝伦、丧心病狂的夸张之词。在1910年和1911年这两年中,焦对长沙抢米风潮感兴趣:或是把它作

---

① 焦达悌(达峰的弟弟),收入《清白报》,1934年8月20日,剪报保藏于国民党档案中。
② 约翰·拉斯特:《秘密会党与辛亥革命》,收入谢诺编:《中国的人民运动和秘密会党,1840—1950》,特别是190—192页。
③ 毛的自传,收入埃德嘉·斯诺:《西行漫记》,第137页。
④ B. 吉尔士(长沙),1911年11月17日,F.O.228/1798。

为革命暴动的机会,或是把它作为一种方式。不管怎样,这都说明,焦达峰能够赞助人民抗争的古典形式。这种人民抗争,吓坏了改良派上流阶层,也使他们对焦达峰产生仇视心理。因此,对于焦的计划,改良派总是乐意从最坏处来设想的。

**改良派上流阶层的反革命政变** 从焦达峰抢先据有军政府都督这一职位的时刻起,改良派领袖们就进行垂死挣扎,努力夺回他们企盼落入己手的权力。10月22日,正是新政府建立起来的日子,他们提议,遵循湖北由黎元洪领导军事、汤化龙领导民政的先例,在湖南把都督和军政部长的权力分开。唐乾一(教员,谭延闿的亲信)强烈坚持这个观点,并且领导了草拟新政府机构编制的小组。两个革命党教员和焦达峰商量,取得了他的批准。当然,谭延闿被选为军政部长,并指定了他的支持者领导各个部门。

由于军政部和都督府不得互相侵犯,改良派在军政部的权力,仍然不能使焦达峰感到掣肘。因此,对于谭延闿来说,某种凌驾于焦之上、而不仅是和焦相等的组织机构,就成为必要的了。这样,刚刚把权力分开,改良派上流阶层又展开了一个"事权专一"的运动。① 他们建议设置第二个机构,即设置一个省参议院,也由谭延闿来领导。它的最重要的任务,是监督招募军队和财政支出,也就是说,遏制焦达峰的财政和军事权力。有几个革命党人警惕着这种危险,但是,大多数人,由于革命斗争而弄得过分精疲力竭(或者是,由于对政治机构的细枝末节不太感兴趣),以致不能对谭延闿所倡导的所谓"民主"的、无论如何也是暂时性的提议进行反对。10月23日,谭交给焦达峰一张新参议院成员名单。②

很明显,这个名单是谭延闿亲自拟定的。新参议员实质上就是长沙上流阶层的核心和左翼。由于所有议员都是当时在长沙的人物,所

---

① 唐乾一,XHGM,第六卷第152页。
② 阎幼甫,XHGMHYL,第二集第126页。成员表列入 KGWSNWX,第二编第三册第30页。

以,这个集团比旧谘议局还要更加城市化一些。29名省参议员中,只有3人是前谘议局议员。不过,长沙自治公所的8个领导成员有6人(包括左学谦、常治和阎鸿飞的兄弟)进入了省参议院。① 参议员社会背景的最普遍的成分,就是他们在辛亥年参加过保路运动,武昌起义后又参加过长沙上流阶层的会议。有17个人的资料是颇有用处的,这17个人中,12人曾在保路运动中表现积极②;15人,包括4个革命党人,在武昌起义前长沙的革命预谋中活跃主动。③ 最后,3人是军事指挥官。④ 十分明显,省参议院是一个"巨家世族、军界长官"的组织机构,他们致力于实行谭延闿的"文明革命"。

在长沙,省参议院和军政府都督之间的斗争,逐渐成为焦达峰与改良派上流阶层之间的矛盾在组织上的表现。在这场斗争中,改良派由于据有着特殊权力的参议院而处于有利地位。在湖北,一直到1912年年初还没有建立起省议会,而那时议会的权力也极小。⑤ 相反的,在湖南,参议院规则说明:"参议院规划民军全局、行政用人一切事宜。"还有,不经参议院认可通过,都督不能发布命令。假如都督不赞成,参议院只需要议员半数以上议决,都督不能拒绝盖印。⑥* 谭延闿拥有参议院这样一个享有充分权力的机构,来统驭湖南全省的政治。

随着省参议院的建立,矛盾着的路线显著起来了。很快,由前谘议局议员陈文玮领导的军政部的财政科,"以各军取饷纷扰无礼",与

---

① 这是根据粟戡时关于自治团体领袖所列的表,收入于 XHGM,第四卷第551页。
② 这里包括所有谢洁生以表列出的人,收入 KGWSNWX,第二编第三册第11页,加谭延闿和廖名缙。
③ 见上表所收,第8页,第14页;安定超,KGWSNWX,第二编第三册第18页。
④ 见唐乾一,XHGM,第六卷第148页,第159页。
⑤ 见 KGWSNWX,第二编第一册第411页。
⑥ 见章程,收入 KGWSNWX,第二编第三册第29—30页。
* 译注:《中华民国都督湖南府参议院规则》共六款九条。其第一款总纲第一条说:"参议院规划民军全局、行政用人一切事宜。"第二款权限第二条说:"都督府之命令,必经本院决定,加盖戳印,请都督盖印,由本院发交各部执行。""本部认为不可行事件而都督以为可者,得说明理由交本院再议,但本院以为不可行时,都督不得再行交议。"第二款权限第三条说:"参议员有见为急需举办事宜,得自提出议案,议决后请都督认可盖印;其发行手续,适用前条之规定。""前项请都督认可事件,而都督不认可时,要说明理由,交本议院再议;但本院参议员半数以上之议决仍以为可行时,都督即不得拒绝。"

焦达峰新建的军队单位发生了矛盾。① 前谘议局副议长陈炳焕,发动了一个对年轻的、缺乏经验的革命领袖进行私语诽谤的煽动。其他的人则散布这一类的故事:"省城进来了不少的土匪,焦都督就是土匪头子,省城的治安可虑。"②改良派的《长沙日报》,公开发动了对新的军政府的攻击。至于焦达峰这一方面,他指定一个新的警察总监监视改良派的活动。焦达峰部属中的积极分子甚至拟定了一个二三十个人改良派首领的名单,并且建议把他们处死。——这个计划,被追求与上流阶层合作共存的稳健中间派摒弃了。③

在权力斗争加剧时,武装力量注定要起关键作用。由于包含极大数量的秘密会党,旧巡防营和许多新组建的单位,是同情焦达峰的。但是,一定数量的新军军官,在新的改良派创造的宪政机构帮助下,正恢复对于新军的控制。他们毫不迟疑地表示了对于新的上流阶层中的民政官员伙伴的偏爱。两个首先行动的人员是:刘帮骥,湖北省谘议局议员,1911年10月时任湖南军队的参谋长;余钦翼,新一镇镇长。余,29岁,前浙江巡抚的儿子,日本士官学校毕业,他是募自传统上流阶层的新军军官中的典型例子。④ 10月25日,希望借助于新建的参议院,撤换焦达峰,以谭延闿代之。刘和余要求第二次正式选举军政府都督。不过,谭明显地看到,这不是一个解决问题的合适办法,他拒绝当选。焦仍被选任都督。⑤

正在这个时候,在黄忠浩图谋阻挡革命时被调离的新军第五十标回到长沙来了。标统梅馨是一个野心颇大的、31岁的日本士官学校毕业生。梅馨回长沙后拜访了焦达峰,焦似乎不但反对梅想当独立协协统的要求,反而命令梅馨准备远征,把革命发展到江西去。梅不愿意

---

① 唐乾一,XHGM,第六卷第151页。
② 邹永成,JDSZL,1956年第三期第113页。也见周震鳞,XHGMHYL,第二集第152页;《民立报》,1911年11月15日及17日。
③ 邓介松,XHGMHYL,第二集第207页;郭孝成,XHGM,第六卷第138—140页;邹永成,JDSZL,1956年第三期第113—114页。
④ 郭孝成,XHGM,第六卷第138—139页;田原天男,第205页。
⑤ 唐乾一,XHGM,第六卷第152页;郭孝成,XHGM,第六卷第138—139页;《民立报》,1911年11月17日。

未经一定休整就调动他的军队。除此之外,他也认为焦的支援计划不合时宜。他厌恶地结束了拜访,扬言:"焦非元帅,陈(作新)酒疯也。"①

梅馨的恼怒,正好是改良派领袖所需要的,他们立刻利用这一点。陈炳焕、黄忠绩(黄忠浩的弟弟,湖南矿务局首领)、廖名缙(参议院中的一名军人)和向瑞琮(营管带,出身于宁乡县一个杰出的绅士家庭)是迅速勾结起来的军政上流阶层中的最活跃主动的成员。他们大约在10月25日接触了梅馨,并请他领导一次旨在反对焦达峰的政变。不过,四十九标的某些革命党人,听到了这个预谋的风声,并且做了安排,以致下级军官不附和由高级军官领导的任何政变。28日,焦达峰宣布,在新近组建的军事单位中,他有5000名忠实部下,五十标仅有少数几百人。他感到,派遣相对地忠实的第四十九标,去武昌为革命事业战斗,是足够安全的。② 可惜,那是一个致命错误!

当这些事情继续发展时,在参议院问题上的矛盾达到顶点。10月26日,老练的革命党人谭人凤到达长沙,他发现,焦达峰的权力受到限制约束,只不过是"笼中之鸟而已"。③ 在一个时刻,28日或者是29日,焦和陈威胁,除非都督在当时紧急形势下有更多行使权力的自由,他们就要辞职。最后,30日,"所有重要人物"在旧谘议局大厅集会,迫于谭人凤和焦达峰其他的革命党支持者的压力,会议决定取消省参议院。同一天,决定派遣第五十标开赴湖北。④ 改良派上流阶层采取行动或坐以待毙的关键时刻,明显地到来了。正如梅馨后来所说的,他当时正是愿意"为人作猎狗"的。⑤ 31日,焦达峰正式宣布取消省参议院,谭延闿辞去了一切职务。⑥ 会后,据报,城外发生了骚乱,陈作新骑马去恢复秩序。其实,那是一个陷阱,在那里,他遭到了伏击,被乱刀

---

① 唐乾一,XHGM,第六卷第153页。也见曹亚伯,第二卷第213—215页;杨王如,第211—212页;田原天男,第517页。
② 邹永成,第13—14页,以及JDSZL,1956年第三期第114—115页;唐乾一,XHGM,第六卷第153页;文斌,XHGMHYL,第二集第203页。
③ 谭人凤,JDSZL,1956年第三期第53页。
④ 同上,第53—54页;邹永成,JDSZL,1956年第三期第115—116页;唐乾一,XHGM,第六卷第152—153页;阎鸿飞,XHGMHYL,第二集第126—127页。
⑤ 见章炳麟关于焦达峰的传记,XHGM,第六卷第165—166页。
⑥ YSJ,第204页;HNJBN,第305—306页,根据粟戡时的记载。

砍下马来。其后,梅馨和一小群人来到军政府,要求面见焦达峰。当这位年轻的都督一出现,就被背后的人行刺了。面对他的受惊的、惶惑的同志们,焦达峰最后简单的话语是:"杀我无妨,只莫扰乱湖南秩序!"①

毫无疑问,谭延闿曾经赞成这个暗杀阴谋,甚至直接指挥了这件事。② 这两位年轻的革命领袖一旦被谋杀之后,余翼钦就领着哗变的军队,延请谭延闿就任新的都督。在勉从众意的得体的表态之后,谭被领到城市中心的一座庙宇,正式被举为都督。③ 自从湖南首次宣告独立,改良派军政界上流阶层精心策划和阴谋政变,一共用了 9 天时间。最后,他们取得全胜。

**湖南革命的普及发展** 最重要的是,湖南革命的发展形势表明,掌握地方权力的人,不愿支持多种形式的反满民主革命。在此场合,他们就不打算支持焦达峰。对焦达峰政权的最大威胁,来源于绅士领袖,他们中的许多人指挥着巡防营,正准备袭取长沙。远在南方,魏光焘(一个年老有点名气的清朝官吏,革命爆发后被委任为新的湖广总督)正在邵阳原籍拼凑部队,准备攻打长沙。张其锽,一名秀才,他很快将要就任谭延闿的重要参谋(最后做了军阀吴佩孚的部下),是衡州巡防营的统领。在来自桂林的部队的合作下,他正打算攻击长沙。永州的统领是黄忠浩的前部属,他正渴望着为黄的死报仇。这种情况也于常德巡防营统领陈斌生的意愿中表明出来:"使其时梅馨不杀焦、陈,陈斌生辈必举兵捣省"。④ 但是,谭延闿一旦取代了焦达峰,所有这些人就立刻停止了反对活动,并愿意接受上流阶层所控制的革命。

---

① 邹永成,第 14—15 页;焦达悌,《青白报》,1934 年 8 月 20 日。
② 与钟伯毅的会晤,收入在《中国口头历史课题研究》,是一份袒护谭延闿的记载,它承认谭参与了这个密谋。也见谭人凤的论证,它认为谭有可能直接部署了这个密谋,摘引收入 YSJ,第 207 页。关于一个对谭延闿抱有强烈偏见的记载,见邹永成,第 15 页,以及 JDSZL,1956 年第三期第 113—116 页。
③ 曹亚伯,第二卷第 214—215 页;唐乾一,XHGM,第六卷第 153 页;陶菊隐,XHGMHYL,第二集第 198 页。
④ 唐乾一,第一卷第 19 页。关于其他的指挥官,见同上,第 17—18 页;也见唐乾一,XHGM,第六卷第 155 页。

地方军政界上流阶层攫取权力的过程并不见得就是不流血的。10月27日,杨任,一个日本留学生,当时尚不及20多,是秘密会党革命的拥护者,他跟着一个大约150人的团体,从长沙被派来常德组织革命。在那里,他受到了陈斌生的欢迎。有一段时间,陈注视着杨任在常德的学生群众中间争取支持者的活动。然后,11月13日,也许是奉谭延闿之命,杨任和其他6人被残忍地杀害了。这件事完成以后,常德表示了它对长沙谭延闿政权的支持。①

在省内的其他部分,首要任务是镇压那些在接到焦达峰长沙政变消息时蓬勃兴起的秘密会党。在湘南和湘西许多地区,秘密会党和盗匪的活动,事实上迫使商业停顿了。我们早经注意到了秘密会党在衡阳、浏阳和平江的兴起。在郴州,一个早就认识焦达峰的秀才领导了一次地方革命。这次革命被衡州道派去的部队镇压下去了。② 在湘南其他部分,情况更为复杂。革命消息一到达,秘密会党就在衡州崛起了。谭延闿攫取权力之后,他派了一个地方民团头领去镇压他们。但是,这个头领的民团力量也是在秘密会党控制之下的。在整个东南地区,他们立刻施展拦路抢劫和屠戮官吏的活动。只是等到谭延闿委派一个从前的湖北官吏唐维藩去充任衡、永、郴、桂四属安抚使之后,秩序才恢复过来。③

在岳州和宝庆这两个府,地方上的光复首先是由忠于焦达峰的革命党人实现的。这些人后来都必须由谭延闿信得过的人所取代。10月24日,阎鸿飞和平光复了岳州。④ 当然,岳州是一个复杂的地区:它是一个通商口岸,一个驻兵重镇,也是控扼湖南吞吐长江的战略要地。阎及其小股部队,不可能控制这个府。没多久,七个不相上下的军事首脑在这个城市出现:有些是早就建立起来了的帮派,有些自湖北派遣而来,有些是由焦达峰从长沙调来的。开始时,谭延闿认为这个地区太难控制,并且无论如何都是被忠于焦达峰的人所统治。后

---

① 凌汉秋,XHGMHYL,第二集第236—238页;邹永成,第12—13页。
② 郭孝成,XHGM,第六卷第145页。也见李晴云,XHGMHYL,第二集第256页。
③ 唐乾一,XHGM,第六卷第155—156页;YSJ,第209页。
④ 阎幼甫,XHGMHYL,第二集第119—120页。

来,他派来了唐才常的儿子唐蟒。唐蟒是一个出身于焦达峰家乡的革命党人。通过一系列错综复杂的策动筹划,唐蟒和他的助手们安排取得了整个地区的控制。不过,唐蟒的青春气盛和独立活动,很快就吓坏了谭延闿。他把唐撤换了,代之以曾继梧。曾是新化县的一名秀才,是从那个县选举出来的谘议局议员的兄弟,日本士官学校毕业生,辛亥年已是湖南新三镇的镇统。① 很明显,这是谭延闿信得过的一个人。

宝庆的形势颇为相似。这个府城最初的光复,是由邹永成领导的。邹是焦达峰的革命同志。在谭人凤领导下的秘密会党力量帮助下,邹永成一举光复了宝庆。其后,邹把权力交给了他的叔父,一个地方上有名的秀才。谭延闿一经掌权,他就对老邹的统治感到不满,指派了谭心休为西路招抚使。谭心休是一名举人,省参议院议员,虽然辛亥前就是同盟会的革命党人,却是谭延闿的亲密朋友。在宝庆,他是一个激进的西方化人物。由于他强制把寺庙改为学堂,遭到许多人的反对。② 不过,这种西方化的激进主义,是和改良派的观点完全一致的。他们所不能接受的,是焦达峰的人民激进主义,以及他的与秘密会党联盟的同志。这些人正好具有威胁上流阶层权力结构的潜在能量。

较长时期坚持反革命的湖南仅有的地区,是湘西一隅的靖州府。在那里,清朝的高级官吏,一名道台,10月底镇压了一次革命政变的尝试,而且一直到12月都是继续忠于清朝的。最后,长沙以粮秣和资金供应其部队来交换靖州对革命的支持。谭延闿派龙璋赴这个地区进行招抚,并供给粮食,这位道台被迫向龙璋投降。这样,到12月13日,湖南全省的光复终于完成。③

---

① 宋式骦,XHGMHYL,第二集第249—254页;田原天男,第555—556页。
② 邹永成,JDSZL,1956年第三期第104页,第110—111页;唐乾一,XHGM,第六卷第156页;李晴云,XHGMHYL,第二集第255—262页;YSJ,第208页。
③ 黄穆如,XHGMHYL,第二集第185—190页;尚秉和,第五卷第7—8页;唐乾一,XHGM,第六卷第156—157页。

## 上流阶层革命的动态

辛亥革命是以武昌新军中的士兵和下级军官发动的军事政变开始的。当革命在两湖地区蔓延发展时,在激发人民归附革命的活动中,革命党人领导下的秘密会党,经常起着关键作用。不过,很快地,新的城市文职和军事上流阶层人物登台,统治了各省的革命政府。革命的成功依靠了他们的支持。他们以其在清末新政中发展起来的权力、财产和威信,变成了治理中国必不可少的成分。只有立宪派上流阶层,才能有管理民政事务的身份地位和才学经验。更重要的是,只有他们才能在中国其他地区号召绅士、官吏和军官的支持。只有新军军官具备必须的权威和经验,来领导他们的军队保卫革命,反对可以预期的北方清军的猛攻。这样,尽管革命以新军中士兵的爆发而开端,革命本身毫无疑问仍然是一个上流阶层的革命。

这就出现了两个问题。是什么东西导致新的上流阶层支持革命的?以及,支持革命的上流阶层,怎么样和人民成分联系,特别是怎么样和秘密会党中的人民成分联系?关于第一个问题,很明显,上流阶层的动机既不是单纯的,也不是一致的。有些人是明显地献身于民主共和革命原则的。绝大多数的人之所以清醒过来,毫无疑问,是由于清政府的铁路国有化和其立宪计划挫败的结果。上流阶层从革命中看出了一个可能的机会:排除了中央政府的干预,地方和省一级就可以实现和扩大他们的改良主义纲领。但是,我认为,这类动机通常是居于第二位的。这不是抽象原则和形式纲领的问题,本质的问题正好是,阐释那些原则和实现那些纲领的权力。上流阶层看到了在革命中提高他们自己的政治权力的机会,并且抓住了这个机会。

不过,革命不只是一个可以抓住的机会,它也是一个必须熬过的危机。随着清朝的权威丧失殆尽,标志王朝末日的人民暴动,甚至以更大幅度兴起。在革命党人积极动员组织秘密会党时,对治安的威胁达到了极点。为了应付这种威胁,各处的上流阶层表明了自己对治安的基本关怀。这种关怀,通常是推动上流阶层归附革命的有重要意义的因素。在长沙和宜昌,上流阶层明确地支持一个"文明"的新军革命,以便抢先代替有威胁性的秘密会党。在两湖地区以外,在广东,可以看到一种相似的方式,那里的包围省城的秘密会党民军,最后恐吓着上流阶层支持革命。① 在其他地方,在湖北襄阳以及湖南大部分边远地区,上流阶层并不支持革命,而且和清朝官吏合作以维持治安。一直到他们相信,民主共和革命,首先不意味着秘密会党革命,其次,这个革命必不可免。只有在这个时候,他们才改变态度。一旦确信革命不至威胁他们的地位,并在事实上能够提高他们的权力,上流阶层就参加了新的政权,并以行动来堵塞秘密会党的权力和对地方治安的其他威胁。

这就引进了第二个问题:上流阶层和诸如秘密会党这一类人民力量的关系。在约翰·拉斯特的一篇重要论文中,这种人民力量终于受到了理所应当的注意。他断言,"从上面发动的、经常在史料里这样描述的革命,是一种夸饰之词,它本源于新军军官和知识分子的看法。"拉斯特把注意力转过来集中于"来自下面的运动"。他认为,"秘密会党能够在一省的军队内部或低级衙门官吏中间扩大民主共和的影响,甚至能够在农村地区为民主共和事业提供某些群众基础"。② 我们关于两湖地区革命的研究,毫不怀疑地证明秘密会党在那里有着重大意义的活动。但是,这一点还是欠明确的:秘密会党应该当做民主共和主义的群众基础来看待,还是当做由地方上流阶层人物所募集指挥的流氓无产阶级力量来看待? 如果是后者,这就不可能和传统的地方民团从社会成分上区别开来。在湖北的汉水下游地区,或是在湖南的宝庆和郴州,由绅士革命党人所募集的秘密会党力量,似乎是支持后面这种说法的。

毫无疑问,这个问题值得进一步研究。但是,我提出如下的假设。首先,在每一次事件中,上流阶层是宁可选择新军而不选择秘密会党

---

① 见路康乐:《中国的民主共和革命:广东的情况,1895—1913》(剑桥,马萨诸塞,1975年),第214—230页;约翰·拉斯特:《秘密会党和辛亥革命》,收入谢诺,特别是第185—186页。
② 约翰·拉斯特,第195页,第165页,第174页。

来进行革命的。只是在新军力量不在现场（如在汉水下游或湖南腹地）的地方，或在革命党人一心想采取秘密会党革命，而上流阶层行动不够迅速、未能先发制人的地方（如在长沙），秘密会党才起着关键作用。这些情况的第一种，似乎也出现于四川的秘密会党活动，很可能两者都可以描述广东的情况。其次，在秘密会党革命的问题上，革命党人自己的看法就是很有分歧的。一般来说，偏爱秘密会党战略的人，是西方化的孙中山集团的人。揣摩和辨认他们的政治信念，极其困难。但是，和西方化的上流阶层民主共和主义者相比，许多人似乎更接近于古典的人民群众的反满主义。在分崩离析的同盟会内部，和孙中山、胡汉民相比较，他们更赞成章炳麟（他后来写了颂赞谭人凤和焦达峰这些人的传记）。在中国每一处地方，有传统文化色彩的秘密会党，要和西方化的民主共和主义拥护者联合一起，似乎是有困难的。毕竟，民主共和主义，只是群众于 1909 年以来，所起来反对的立宪改良主义的扩张。而这样看来，以秘密会党作为民主共和主义的群众基础的看法，是多少有些问题的。

秘密会党以及它们的革命支持者所代表的革命形式，和城市改良派上流阶层或它在新军中的同盟者所设想的革命形式完全不同。在反满联合中，秘密会党得以幸存的能力，与它们的上流阶层对手的西方化和新军的支持，适成反比。在通商口岸，由于新军是最强大的和上流阶层是最西方化的，所以那里的城市上流阶层和秘密会党最快地卷入矛盾冲突之中。焦达峰的命运是在两湖地区最清楚的例证。但是，同样的逻辑，也可以运用到陶成章在上海的被害，和广东民军的被迫遣散。不过，在上海、广东的镇压，出之于依附城市西方化上流阶层的同盟会，所以这后两个例证，也许更加有趣。① 和中国这些更为发达地区的例证对立的，是汉水下游或湖南类似宝庆地区的秘密会党和西方化程度稍逊一筹的上流阶层之间，有着完美成功的合作例证。在中国的其他地区，局面甚至似乎更加清楚：地方的上流阶层和秘密会党

---

① 关于陶成章，见冉枚烁：《早期中国的革命党人》，第 148—150 页，第 211 页。关于广东民军，见路康乐，第 238—240 页。

的最长时间的合作,出现在边远腹地省份贵州、四川和陕西。在那里,我甚至设想,西方化和上流阶层的改良,尚未发展到一个顶点,足以阻碍宗法社会里上流阶层的某种平民主义思想,所以,上流阶层和秘密会党共存,更加容易一些。

贯穿整个中国,辛亥革命的后果,是加强了地方绅士的权力。但是,那个上流阶层的本质特征和行动作为,并不一致。在腹地的集镇和小城市里,地方绅士可能恣惠秘密会党,执行传统的地方民团的类似职能。在首先发动和领导革命的主要城市,新军为革命提供了一个有把握的、现代化的军事支持,而秘密会党则被视为对于社会治安不可接受的一种威胁力量了。在革命大旗下,如果城市上流阶层要实现它的期望,实行它的西方化改良计划,一种安定的社会政治环境,就是必不可少的。正是城市上流阶层对于改良的这种愿望,使得它首先为安定所左右。其结果,如同新政本身一样:新政活动所导致的辛亥革命,在政治上是进步的,而在社会上是倒退的。在下一章关于新政权的叙述中,我们将从某些方面看到这种革命的结果。

# 第七章　新政权

辛亥革命前十年,是爱国主义和政治上、制度上重大改良兴起的十年,是成长着的希望——中国新时代即将黎明的十年。人民的骚乱怒潮虽然方兴未艾,但是,学生、知识界或城市上流阶层人物都有一种前进的明朗之感。他们认为,长期酣睡的中国,终于苏醒过来了。革命最后爆发时,许多进步人士预见到:中国问题可以迅速解决。

不过,在紧随辛亥革命后的十五年,中国堕入了军阀割据的悲惨时代。帝国主义列强的入侵,不是减少而是增长了;政府不是强大有力、廉洁纯正,反而变得更加衰弱和腐败了;广大群众发现,他们的命运一如既往地痛苦莫名。用任何标准考察,革命都失败了。问题是:为什么会这样?有些指望保全辛亥革命荣誉的人们提出,这是因为,新的民国总统和"军阀之父"袁世凯出卖了革命,他把中国沿着军阀割据的道路推进。这种看法不是没有道理的。1913 年,在帝国主义列强借款的资助下,袁世凯着手进行中央官僚政权独裁专政的勾当。绝大多数为中国革命而战斗的人,诅咒和唾弃这种外国借款。因此,有人会认为,当他镇压了 1913 年的二次革命,免去了黎元洪和谭延闿的督军职务时,袁世凯就歪曲篡改了历史的进程:是 1913 年,而不是 1911年,应当看做是引导中国堕入军阀割据的转折点。

无人否认,袁世凯的总统任期,对于中国历史随后的进程,具有极端重要性。他的中央独裁专政,把革命后按一个省的规模进行政权建设的趋势,肯定扭转过来了。取消省和地方的议会,明显地遏制了城市上流阶层的正式的、制度上的权力。在这两个重要方面,当袁世凯执行其寻求国家统一、强大的政策时,他的确叛变了革命。① 另一方面,有必要更为严密地观察一下新的两湖革命政权(据说,袁是叛卖了这个政权的)。难道那些新政权可以成为袁世凯独裁专政的有生命力的代替物吗?在这一章里,我将集中注意力于湖南和湖北革命政府的内部历史上面。很清楚:这些政权既不具有特殊的生命力,更不是什么袁的代替物。相反,在革命政府内部,湖南和湖北政权从1911—1913年的历史展现了:坚决反对激进路线;有着根本的弱点和不安定性;如晚清一样,上流阶层的西方化改良主义,仍然在群众中不得人心;还有,当1913年二次革命向袁世凯的权力挑战时,对袁的统治的一种更为明确和清晰地选择了袁世凯的统治。1911年,为了安定,城市上流阶层曾经附和了革命。1913年,仅仅是为了同样的理由,它们又附和了袁世凯。革命并不曾为袁世凯所叛卖——革命叛卖了革命本身。

## 湖北:政治上的内讧和右转

在紧接革命发生后的一段时期之内,湖北军政府的历史反常地混乱和复杂。大多数省一级负责人的转换是如此迅速,以致极少有人行使职权达六个月以上。内部的权力斗争循环往复,尖锐激烈。事情尽管如此混乱,但似乎存在着一种致命的一致性,即,试图阻扼黎元洪的权力。但是,这种一致性不可避免地失败了。在压倒优势的权力掌握在立宪党人和新军军官手中的湖北军政府建立起来以后,首先是汉口军政分府,接着是蒋翊武,然后是黄兴和他的同盟会员同志,都曾试图为自己分割独立的权力据点。但是,所有这些人都失败了。一直在慢慢地向袁世凯一边漂流、最后进入袁的圈子的黎元洪,始终都是不可

---

① 见杨格:《袁世凯总统期间的政治:早期中华民国的自由主义和独裁》,给这个时代描绘了一幅光彩夺目的图画。

攻破的。

**初期的军政府** 10月16日,一群专攻法政学的改良派和革命党人,包括汤化龙、胡瑞霖、居正和张之本(一个留学生,供职湖北地方自治研究所,而且是一位自称的革命党人),受到了一个有数百人参加的群众会议的委托,拟订湖北政府的约法草案。他们很快起草了一个文件,这个文件保证言论、出版、集会、宗教信仰和私人财产所有的资产阶级自由;规定人民一律平等(人民资格由政府法定);在政府机构这个重要方面,给予都督以全权。① 民政管理委托政事部负责,设有外交、内务、财政、司法、文书、交通、编制七局。汤化龙领导政事部,其他各局的首领,除了一个是候补知县外,都是前谘议局的议员。② 在民政管理方面的权力斗争中,汤化龙和民政上流阶层明显赢得了首战胜利。

不过,在10月中,当湖北政权正在挽救垂殆的战争形势时,政府的民政事务,是远不如军事那么重要的。事实上,当时也只有胡瑞霖领导下的财政局,才真正履行了职权。至关紧要的事务是掌握军队,在这里,黎元洪的政策很快就变得明晰可辨了。当黎元洪一旦充任了军政府的正式领导,他就鼓励新军军官,不管是谁,都来参加军政府,努力用军官来充实参谋部和安排直接带兵的职务。这些军官必须是信得过的:在军事上有经验,在政治上不革命。③ 这种政策固有的危险很快就明朗化了。留日学生、二十九标标统张景良,被选任为黎的参谋长。张是一个君主立宪党人,他早就以慷慨款待清朝军官和官吏(特别是对于铁忠这类满人)而显赫出名了。可以料想,张是在严重的心理紧张状态之下,勉充革命军事力量的参谋长一职的。在10月15日参谋部的会议上,他曾一度神经错乱。稍后,他请黎元洪再给一次机会,让他赴汉口前敌自效。不过,在汉口,他向清政府的侦探递送了机密情报,立刻被汉口军政分府逮捕处决。这种处理,确是对黎元洪

---

① 张难先,第285—289页。
② 胡祖舜,KGWSNWX,第二编第一册第391—392页;杨玉如,第81页。
③ 张文鼎,XHSY,第一辑第135页。

的极大难堪。①

年轻的革命党人怀疑军官们通敌谋叛,不只是这一次。有一个叫做方定国的人,因为和满人互通声气,收到过满人的一份报告而被捕,并且被处决了。黎元洪安排到革命指挥机关的另外五个人,很受革命党人的疑忌,难以施展。这种做法是否公正恰当,可以姑置勿论,但有一点是明确的:官兵之间的裂罅,即令是在满清统治崩溃之后仍然存在。可是,黎元洪违背湖北革命党人的意愿,正把军官带到个人的小圈子里面去。

**从左面来的挑战:汉口军政分府** 10月12日,跟着汉阳和汉口的光复,革命的新闻记者詹大悲和何海鸣,以及日知会被捕的成员之一胡瑛,都从监狱中释放出来了。他们率领一小队人来到武昌,和黎元洪、军政府的新领袖们商量问题。在那里,他们碰到了严重的败兴事儿。他们发现黎元洪安详地坐在虎皮毯子上,"盘膝闭目,……好像老僧入定的模样"。自然,黎此时尚未决定要支持革命,当被来自汉口的代表提问时,他仅有的反应是:"我的脑袋被你们这些人送掉了。"②

对黎元洪的拜访使詹大悲和其他的人确信:"汉口不愿受其委任"。③ 正如这群人当中的一位指出的,"那时同志们都怀着不满武昌军政府的思想,更不满意黎、汤二人掌握了军政大权"。④ 因此,他们组织了自己的汉口军政分府,詹大悲任都督。那是对黎元洪的权威的第一次革命挑战。

作为对黎元洪优柔寡断的反应,汉口的革命党人主动弥补武昌的消极状态。举例来说,他们首先派遣代表到长江流域的湖南、安徽、江西及浙江,促使各省响应革命。⑤ 不过,当黎元洪在武昌政府采取主动措施的时候,汉口这一群人不是被武昌的优柔寡断,而是被湖北军政府的"反革命"统治所困扰。汉口军政分府开始认识到,自己是武昌的

---

① 曹亚伯,第二卷第107—108页;张难先,第267页,第284页,第319页,第338页,第331页;王树枏,XHGM,第五卷第232页。
② 卢智泉和温楚珩,XHGMHYL,第二集第50页。
③ 居正,第505—506页。
④ 卢智泉和温楚珩,XHGMHYL,第二集第51页。
⑤ 张难先,第272页;温楚珩,XHSY,第一辑第54—55页。

湖北军政府的代替物,是未来真正革命政府的种子。举一例来说,当它向湖北各地方政府发出通知,促使它们支持革命时,它要求将答复送至汉口军政分府。① 军政分府在汉口商务总会有着独立的财政来源。特别重要的是,汉阳的军事指挥官宋锡全及其有战略意义的军火工厂,都是汉口革命党人的强有力的支持者。宋锡全指挥机关的参谋部,由文学社的革命党人独占组成,没有出现像黎元洪指挥部中的那么多的军官。这群人之一回忆说:"如分拨军械,分府要多少就给多少,对于武昌军府则不完全供应。"② 很明显,汉口这批人想取代黎元洪而组织成为一个有生命力的革命政府的抱负,绝非徒然的奢望。

汉阳-汉口革命党人对于与黎元洪及谘议局改良派合作的态度,和武昌的同志恰相对照。从大处而言,这种区别,反映了文学社的普通士兵和共进会领袖们之间的长期持续的分裂。而共进会的领袖,本人就是上流阶层的子弟。在武昌,正是后者,主动寻求汤化龙之流的合作。另一方面,汉口这个团体的人们,反映了在驻守于长江北岸的第四十二标中的文学社的较为强大的力量。无一人例外,汉口军政分府的领袖都是文学社的成员。汉口和武昌政权之间的第二个区别,是湖南人在汉口所占的重要地位。这大部分是由于文学社所起的关键作用的结果。因为,那个团体的成员的大约1/4是湖南人,包括其领袖蒋翊武在内。③ 此外,汉口政府的重要的军事上的支持者宋锡全,和有影响的外交部长胡瑛,都是湖南人。湖南人的重要作用,实质上影响了汉口政府未来活动的进程。

大约在10月17日或18日,当武昌政府意识到隔江独立政权显示出来的威胁时,立宪党人和孙武(共进会领袖,作为军务部的部长,他很快成了黎元洪最亲密的伙伴之一)开始了一个限制汉口军政分府权力的斗争。武昌打破了将第四十二标扩充为一个完整的镇的计划,

---

① 通讯摘引入松村祐次(从汉口)致内田,1911年10月25日,日本外务省档案,1—6—1—50,第一卷第59—61页。
② 卢智泉和温楚珩,XHGMHYL,第二集第51—52页。也见章裕昆,第49页。
③ 在李廉方和张难先所列的革命成员表中,99个文学社成员的原籍省或州都标明出来了,其中有68人是湖北人,25人是湖南人,6人来自其他各省。

限制它只得扩充为一个协。其后,黎试图指定自己人充任汉口海关道台,但是,詹大悲挡回了这个提议,亲自就任了这个职位。最后,10月18日,汉口军政分府任命张景良为汉口司令部的指挥官。作出这个任命,部分地是武昌政府努力对汉口政权所辖范围的军事事务施展权威所致。毫无疑问,当张景良似乎参与叛卖活动而被捕时,就因为考虑到这次任命的意图,使詹大悲下了决心,迅捷地把他处决了。①

对于汉口政权的最大威胁,及其最后致败之由,并非它的政治方面,而是它的自然地理位置。汉口是遭受清军反攻之害的首冲地区。到11月2日,这座城市已经变成了硝烟弥漫的瓦砾废墟。不过,甚至在那天之前,几个汉口的革命党人仍然计划作最坏的打算。10月28日,老练精明的同盟会领袖黄兴到达以后,他和他的湖南同志宋教仁、谭人凤与汉阳-汉口的革命党人讨论如何采取最好的措施。这个大部分是湖南人的团体首先关怀的事情之一,是焦达峰的湖南革命政权的命运。只有黄兴强调,在汉口予清军以最大限度军事阻击的重要性。谭人凤(他自己行将首途湖南)、宋教仁、胡瑛和宋锡全都有着另外一种想法。他们早就对湖北的局势失望了。他们认为,湖北军事上胜利的唯一可能的受惠者,就是黎元洪。另一方面,在焦达峰统治下的湖南,只要有着一定的、可资信赖的、受过训练的军事支援者,就能形成一个真正的革命根据地。10月31日大清早,为了支援湖南,宋锡全离开了汉阳的战斗岗位,携带20万块钱和大批武器弹药,领着一支两三百人左右的分遣部队到湖南去了。但是,他的行动毕竟太晚了。就在那天下午,焦达峰惨遭杀害。宋锡全抵达长沙时,应黎元洪之请,谭延闿的屠刀正在等待着他。②

---

① 卢智泉和温楚珩,XHGMHYL,第二集第52—53页;五缵承,XHGMHYL,第二集第35—38页;松村祐次(从汉口)致内田,1911年10月25日,日本外务省档案,1—6—1—50,第50—53页;李廉方,第150页。

② 蔡寄鸥,第137—139页,他从下述矛盾着的资料中,重新编写了这个事件,做了一件顶呱呱的工作:王缵承,XHGMHYL,第二集第42—44页;陈孝芬,XHSY,第一辑第72—74页;刘化欧,XHSY,第一辑第87页;胡祖舜,KGWSNWX,第二编第一册394页;章裕昆,第59—60页;及杨玉如,第52页。关于湖南前景的两种观点,见郭孝成,XHGM,第六卷第140页;唐乾一,第二卷第20页。

无论从哪一方面来考察,宋锡全事件,都标志着汉口军政分府政治命运的终结。湖南政变的消息和清军无情推进的消息传来,使詹大悲意识到,他的地位不稳了。他和许多参谋人员离开了汉口,想在安徽开始、然后在江西建立一个更加真正的革命政权——但在每一个场合,他都遭到失败。① 不到三个星期,汉口军政分府做了黎元洪武昌政权的对立的代替物。由于文学社占优势,汉口军政分府的革命资格,肯定胜过了武昌政权。在某种意义上,它在湖北相当于湖南的焦达峰政权。汉口这个团体把焦达峰看做是两湖地区革命最有希望的一部分,这是意味深长的。但是,像焦的政权一样,汉口军政分府只是昙花一现,因而,要肯定地说明,在1911年的中国,这样一个"革命的"政府将会采取什么样的形式和方向,是不可能的。要做一个革命党人,明显地意味着:要更多地依靠普通士兵和秘密会党,更少地信赖新军军官和上流阶层改良派。不同的权力基础,大概说明了不同的社会的和政治的政策,但是,两个政权都没有机会宣布那种政策会是什么内容。不过,有一件事似乎是明确的:民政和军事上流阶层对这些政权的敌意是毫不留情的。所以,在一次受到这样严厉的上流阶层所控制的革命中,像汉口军政分府这样的政权,简直是无法存在下来的。

**武昌的革命党人** 当詹大悲和汉口军政分府正在试图成为武昌政权的革命代替物的时候,蒋翊武和其他的人则在集中精力从武昌政府内部图谋夺权。他们有两个目的和两个基本策略:为了从汤化龙和立宪党人手中夺回政治权力,他们渗透到了所有的政府机关,并尽可能地使立宪党人在那里处境困难;为了取得充分的军事权力以控制或驱逐黎元洪,他们试图渗透军事组织和(更重要地)组建革命党人掌握下的新的军队。在剥夺立宪党人权力的第一个目的中,他们胜利了;但是,他们永远也无能威胁黎元洪的权力。其结果,虽然他们能够从民政部门撤换所有的谘议局议员,但是,他们的成功只是战胜了这些人,并没有战胜他们所代表的阶级。黎元洪是对这个阶级的联盟尽

---

① 卢智泉及温楚珩,XHGMHYL,第二集第52—53页;编者按语,XHSY,第一辑第63页。

忠尽责的,而他的权力是不曾动摇的。

在紧随武昌起义之后的日子里,某些革命党人曾经征请立宪党人的支持,但是,其他的人对于在革命政府内部招徕立宪党人一事远不热心。文学社的蒋翊武是后一种类型的最主要的人。大约 10 月 13 日他回到武昌之后,在武昌,就有着反对立宪党人的情绪的明显征兆。① 举例来说,一份无名氏的"通告各省文",就攻击了立宪党人的机会主义:

> 曩者立宪党人,动以革命招瓜分之说,侜张天下,以便其韦脂突梯、钻营奔竞之私。屡加辩正,辄肆伪言,今见革命将成,翻然变计,冒言革命,颇不乏人。党人无行,至于斯极,俯仰今昔,能勿愧乎?②

汤化龙的每一个提议都招惹疑忌。有一次,他拜访了督捐大臣柯逢时,索取柯的电报密码本,这样,武昌起义的消息,可以通过伪造的以瑞澂名义发出的电报传播开去。汤化龙和柯逢时正与清廷密谋破坏革命的谣言,很快就广泛传出去了。③ 有一个代表团,与袁世凯自北京派来的密使之一进行了会晤,当人们了解到汤化龙也属于这个代表团的时候,人们就更加怀疑他对革命的忠诚了。④

和反对立宪党人的这种半公开的宣传斗争一道,蒋翊武和其他的人着手安排他们的革命同志在各种重要岗位上面:

> 自蒋翊武一到武昌,即将文学会一般同志,随便委派。所有各军队内中下级军官,均参入有人。又其他各机关亦参入之。专以膨胀势力为主。而张振武亦然。幸孙武尚未至。但自起义后,汤化龙不

---

① 张难先,第 274 页;黄元吉,XHSY,第三辑第 89 页,说是 10 月 12 日;曹亚伯,XHGM,第五卷第 166 页,说是 10 月 14 日。
② 《通告各省文》,收入 KGWSNWX,第二编第一册第 429—430 页。
③ 李廉方,第 106 页,叙述了一个正确的故事,与陪同谭的李春萱一致,收入 HXSY,第二辑第 170—171 页。居正,第 508 页,把谣言当做事实报道,并指出,"这个新闻在群众中引起大哗"。
④ 胡祖舜,KGWSNWX,第二编第一册第 392 页。李廉方,第 119 页。

愿就政务部长,颇形冷淡,因革命党疑其保皇也。①

对立宪党人掌握权力的这种革命性的反击,很快奏效了。政务部里唯一实在建立的部分,即胡瑞霖领导下的财政局,很快就发现它的权力被一个财政部所干预阻遏。这个财政部由一个从美国回来的学生调度,直接向都督负责。正如一份记载所说:"是为政事部无形解散之始。"②10 月 25 日,政事部被撤销了。它的各局改成为六个部和一个秘书处,由都督直接统辖。汤化龙保持了编制部部长一职,但是,所有其他谘议局议员都失去了职务。虽然新部长们明确地属于黎元洪的管辖,但是,他们意味着革命党人和留日学生同盟者的权力扩大了。在重要职务方面,胡瑛任外交部长(在汉口军政分府时他所担任的同一职务);李作栋任财政部长;张之本任司法部长;日本留学生、从前的教育家、议论风生的爱国分子冯开浚担任了有权力的内务部长职务;两湖师范学堂出身的革命学生苏成章任教育部长;30 岁的留日学生熊继贞(可能是同盟会会员)任交通部长。③

立宪党人的失败几乎是全面的。汤化龙很快察觉到自己的地位不稳。11 月 28 日,汉阳失守后,汤化龙、胡瑞霖和其他几个立宪党领袖,甚至未办辞职手续,十分仓促地离开了武昌。当他们抵达上海的时候,汤化龙建议向湖北发一个辞职的电报,但是胡瑞霖坚持主张:"电文措词不要表示道歉,应该指摘武昌首义诸人对我们有种种歧视,所以我们才离鄂来沪。"④这个电报一经发出,湖北革命党人和汤化龙之间的破裂就完成了。有趣的是,全国同盟会的领袖们仍在渴望汤化龙的支持,他很快也就做了南京新的全国临时政府陆军部部长黄兴的秘书长。不过,使黄兴十分扫兴,湖北方面来的压力,最后迫使汤化龙就是在那样的职务上也呆不下去。末了,这位湖北省谘议局的前任局

---

① 曹亚伯,XHGM,第五卷第 167 页。
② 李廉方,第 118 页。
③ 杨玉如,第 83 页;及张难先,第 290 页。关于传记知识,参考田原天男,和同一著作的较早版本:《近代中国人名录》(日本外务省档案,特别研究,第四七号,1912 年 11 月)。我感谢杨格借给我得自国会图书馆的这个著作的显微胶卷。
④ 摘引入李书城,XHGMHYL,第一集第 195—196 页。

长日益倒向袁世凯,在袁及其军阀继任者的北京政府中,以一名议会政客结束了自己的生涯。①

不管立宪党人在湖北的失败,革命党人,特别是文学社,并没有取得全面胜利。事实上,新部长中无一人是文学社成员,只有李作栋和苏成章是共进会会员。革命党人的胜利仅仅在于,他们保证任命了一批年轻的部长。这批年轻人大多数在日本留过学。虽然他们以前不属于任何革命政党,但是,毫无疑问,他们是同情革命的。很明显,黎元洪还没有准备直接向革命党人挑战。这些革命党人曾经赋予他权力,并且在武装部队中仍然拥有重大力量。当革命党人决心要除掉立宪党人时,黎元洪接受了他们的主动倡议。但是,革命党人必须付出的一部分代价是,民政各部直接隶辖于都督。1912年年初,当湖北在表面上归于安定,政府在实质上有机会行使民政职能的时候,革命党人所付出的这种代价,就使得黎元洪得以把革命的部长撤换下来。

在军事问题上,黎元洪当然享有至高的权威。在他之下设立了三个部:参谋部、军务部和军令部。参谋部和军令部都被以前的新军军官所控制。②但是,"军务部范围甚广,日掌实权"③,首先是任命和撤换的权力。革命党努力试图控制军务部,以便对付新军军官在其他两个部的权力,但是领导这个部的革命党人是颇具野心的孙武。孙武的名誉在其他大多数革命党人中迅速下降。汉口军政分府认为他"是个流氓,革命的动机也不纯洁"。④毫无疑问,孙武向黎元洪所显示的忠诚,远远超过对自己革命同志的感情。

面对着孙武和前新军军官对于中央军事指挥所控制的权力,类如蒋翊武和张振武这样的革命党人,想在自己控驭下创建新的军队,以扩大革命力量。这样,扩军问题,产生了他们与新军军官之间的矛盾。军官们的观点是实际的、懂行的。他们认为,首批扩军达到四个协的

---

① 摘引入李书城,XHGMHYL,第一集第197—198页;胡祖舜,KGWSNWX,第二编第一册第392页;万鸿阶,XHGMHYL,第二集第108—111页,以及汤化龙传记前言,《蕲水汤先生遗念录》。
② 张难先,第290页;曹亚伯,XHGM,第五卷第156页。
③ 李廉方,第117页。
④ 卢智泉和温楚珩,XHGMHYL,第二集第53页。

步兵,一个骑兵标和一个炮兵标,这早就需要3 000名军官。但是,在全部革命军队中,现在总数只有4 000名受过训练的士兵。① 这样,普通士兵早就提升为军官了。进一步扩军将意味着,把一些没有经过任何专业训练的军官推荐上去。军官们的论点,具备无懈可击的军事逻辑。

对于革命党人扩军的倡议,军事官员有一种简单的解释:"蒋翊武等任意扩充势力,求遂其私,以致军中日益紊乱。"他们创建这么多的新部队单位,以致"名目繁多,不必赘述,免眩人耳目,实于战事无关也"。② 这种指责,并不是完全正确的。学生军和以学生为主力的敢死队,都是革命党人创建的单位,在汉口和汉阳战役中,他们都奋勇当先,饮弹捐躯。大多数的观察者都同意,虽然他们缺少训练,但是,仓促组编的革命军队,士气高昂,作战勇敢,经常卓有成效地抗击了北方清军。③ 再说,无人否认,在革命党人扩充军队的倡议背后,有着深刻的政治上的动机。他们愈是削弱旧军官集团的权力,他们愈是把革命党的排长、正目之类提拔起来充任标、营指挥官,他们愈是把军队进行革命改造(从上流阶层的专业的军事力量,改造成为学生和城市贫民的群众性军事力量),革命党人的权力也就愈益巨大。

其实,黎元洪和湖北的军官集团深知蒋翊武和革命领袖们的动机。像敢死队这样的独立单位创建时,黎元洪完全乐意满足他们的要求,把他们调到前线去为革命浴血苦战。这是一种削弱可能的政敌的轻便办法。只有忠于黎元洪和孙武这号革命党人,才被选任来领导正规的军队单位。与文学社相比较,他们几乎无一例外地是共进会的成员;并且,在他们自己的单位里,总是由非革命党的正、副目军官所严密牵制。④ 结果,革命党人发现:黎元洪的军事优势,不同于汤化龙和

---

① 曹亚伯,XHGM,第五卷第166页,反映了吴兆麟的观点。
② 曹亚伯,第220—221页,第182页。
③ 见波威耳,第321—327页;周克之,XHGMHYL,第二集第58—61页;张难先,第281页,第319页。
④ 章裕昆,第67—68页;蔡寄鸥,第194页。

立宪党人的政治优势,而前者是不可攻破的。黎元洪愿意牺牲汤化龙,在并无实权的政府民政部门中,让革命党人占几席重要职位。但是,对于军事权力,他却不愿放松其紧密控制。这一点,也就决定了在湖北攫取权力的革命试图的再次失败。

**黄兴和同盟会在武昌** 同盟会在武昌起义中的作用是极其微小的。孙中山完全正确,在其致武昌的一份电报中,他谦逊地承认:"文于中国革命,虽奔走有年,而此次实行,并无寸力。"① 革命爆发时,孙正在美国去丹佛的旅途中,他只是从报纸上才得到这个消息的。正好在起义之前,宋教仁的中国中部同盟会和湖北的革命党人有所接触,但是,10月10日武昌光复时,宋教仁明显的表现是措手不及。居正和谭人凤很快就奉派去观察形势。②

直到10月28日,同盟会的"主角"黄兴和宋教仁才到达武昌。三天以后,黄兴被任命为民军战时总司令,并受命承担最后五分钟的汉口保卫战。在那里,除了外国租界以外,在毁灭一切的狂热之中,清军正稳步前进。③ 八九成,在10月28日和31日之间,黄兴正在决定是否支持汉口军政分府。他也正在和黎元洪的武昌政权商谈,看看黎元洪打算给他什么样的地位。31日,宋锡全离鄂赴湘,注定了汉口军政分府的命运。因此,黄兴接受了来自武昌的任命。

对于这种解决办法,并不是所有同盟会革命党人都感到满意的。11月2日晚上,汉口弃守,居正和同盟会一些其他的老战士如田桐等作了一个调换的建议:黄兴必须被授予高于黎元洪的、作为中国南方所有革命武装力量总司令的职务。这个建议,遭到吴兆麟和一些湖北革命党人的使劲反对,他们认为,只有黎元洪才能掌握湖北军队和立宪派的效忠。最后,宋教仁承认,同盟会会员不熟悉

---

① 摘引入曹亚伯,第二卷第514页。
② 居正,第551—553页;曹亚伯,XHGM,第五卷第167—168页。
③ 关于黄兴到达的日期,有四种不同的说法,但是,张难先确定为28日,是有充分理由的,似乎是有根据的(第312—313页)。曹亚伯,第二卷第172页,把黄被任命为总司令定为31日似乎是正确的。也见杨玉如,第149页。

武汉形势,这个计划就被放弃了。第二天,在为了说明黄兴的从属地位而安排的一次隆重的登坛拜将大典上,黎元洪正式授予他民军战时总司令的头衔。①

黄兴正式从属于黎元洪,并没有结束两人及其参谋部门之间的矛盾。黄兴的指挥机关有约莫 100 人的颇大的参谋处,他们多数是同盟会的老战士,例如领导秘书局的田桐,以及日本士官学校的毕业生李书城(他离开了在北京的清军谘府的科员职务,成了黄兴在武汉的参谋长)。此外,黄兴还带来了一些日本顾问和侦探。② 同盟会的老战士们认为,他们的革命资格高于湖北革命党人。对于他们在军政府里面受到排挤孤立的情况,表示不满。与此相仿佛的,在日本受过训练的军官认为,在外国所接受的训练,使他们作出来的军事判断毫无问题;而国内训练的湖北军官如吴兆麟则发现,归国的军界留学生对武汉附近地形惊人陌生,并在作战指挥中缺乏经验。③

实际上,湖北所有的战事发生在 10 月 26 日(其时,清军沿平汉线南下反攻,把革命党人置于首次挫败之中)至 11 月 27 日(其时,汉阳落入清军手里)这一个月里面。北洋军队的优势装备、训练和后勤,有可能稳操胜券。但是,也不应忽略这个事实:从 10 月 31 日起,作为革命军事力量总司令的黄兴,对于造成革命军队失利的战略错误负有责任。11 月 16 日试图收复汉口,革命军队进行夜间攻击,以混乱的后撤和灾难性的、代价甚大的失败告终;对清军在蔡甸横渡汉水,疏于阻遏,造成汉阳失守的前奏。这两件事情,都应该加责于黄兴,以及那位积极主动的、确定进攻方向的参谋人员李书城。虽然,从军事上说来,由吴兆麟这类军官所倡议的更为谨慎的防御战略,无疑是优势的;但是,黄兴的进攻战略,则有着明确的政治考虑。他需要一次有说服力的军事胜利,来提高对同盟会的大力支持,以便向黎元洪和湖北军官

---

① 李廉方,第 147—148 页;曹亚伯,第二卷第 210—213 页,第 223—225 页;杨玉如,第 157—159 页;李春萱,XHSY,第二辑第 194—195 页。
② 曹亚伯,第二卷第 221 页,第 271 页,第 287 页;张难先,第 347 页;方孝纯,XHSY,第三辑第 108 页;李书城,XHGMHYL,第一集第 188 页。
③ 王岳寰,《湖北文献》,第九卷第 14 页,曹亚伯,第二卷第 229—230 页。

集团的权力挑战。①

11月16日反攻汉口失败,这是黄兴督战失利的开端。汉阳之战正在进行时,革命部队的斗志就越来越衰落,逃兵一天一天增加。从湖南派来的增援部队,曾经在汉口英勇奋战,以后又是防守汉阳的力量,但是,他们很快就成为对战局不满的主要成分。11月26日,汉阳革命军的伤亡,增加到大约2 800人牺牲的估计总数时,湖南军队拼死租雇船只,成群离开汉阳,首先退到武昌,最后撤返湖南。② 湖南军队撤退的大部分的原因,纯然属于厌战,但是,湖南第一协协统王隆中并不满意于黄兴的领导。26日,王隆中被要求重返前线,他甚至粗鲁地回答说:"黄兴吾不与救也。"③

27日中午,有600来人在武昌集会,研讨汉阳弃守之后的妥善方针。黄兴的发言,在分析了革命军战败的技术方面的原因之后,认为,全部武汉革命军队已经丧失斗志。他建议弃守武昌,撤退到长江下游,集中力量克复南京。某些革命党人发现了黄兴的特点:"和历次革命起事后,一到失败,他就脱身而去。"④事实上,黄兴有更好的理由为其政策辩护。几天之前,他接待了当时齐集在上海的各省代表会议派来的特使。特使向黄兴指出,湖北明显地在黎元洪掌握之下,他在那里是没有前途的。特使鼓励黄兴放弃武昌,去担任拟议中的南京(南京的光复似乎是指日可待的)全国政府的军事领导职务。⑤

---

① 松本(从汉口)致内田,1911年11月7日,日本外务省档案,1—6—1—46,《湖北》第一卷。程潜,XHGMHYL,第一集第80—81页;曹亚伯,第二卷第226—227页,第285—287页,第293—299页。

② 曹亚伯,第二卷第336—337页;张难先,第373—376页;松村祐次(从汉口)致内田,1911年11月27日及28日,日本外务省档案,1—6—1—46,《湖北》第二卷,李廉方,第183页;余韶,XHGMHYL,第二集第174页。

③ 唐乾一,XHGM,第六卷第159页。

④ 王振民,XHGMHYL,第二集第66页。由于薛君度(第118—119页)否认黄曾经作过这个推荐,因此,把那些认为黄兴做过此事的资料——列出,也许是有益的:曹亚伯,第二卷第342—343页;张难先,第380—381页;胡祖舜,KGWSNWX,第二编第一册第456—457页;王树枏,XHGM,第五卷第239页;谭人凤,JDSZL,1956年第三期第57页;甘绩熙,KGWSNWX,第二编第一册第543页;范腾霄,XHSY,第三辑第70—72页;张国淦,第185页;李书城,XHGMHYL,第一集第190页。

⑤ 李书城,XHGMHYL,第一集第190页;蔡寄鸥,第149页。也见程潜,XHGMHYL,第一集第84页。

这个建议对黄兴这样的人肯定是有意义的,他——像大多数同盟会领袖一样——是一个全国性的人物,他的流亡的岁月,使他没有在湖南和湖北留下政治上的根基。他是注定要在全国政治的、比较特殊和独立的领域中竭尽毕生精力的。大多数湖北革命党人的情况却不同。黎元洪和孙武——可能由于他们也有全国性的野心——似乎倾向于支持黄兴的关于撤退的计划。但是,最大多数的湖北革命党人绝对拒绝放弃武昌,他们的革命诞生地。张振武恐吓说,如果谁再建议从武昌撤退,就要杀了谁。最后,黄兴决定单独离开,陪同他的只有随他带来的参谋人员。随着他的离开,全国同盟会在湖北的作用实质上于焉告终。①

**停火** 要估计历时 1 月的武汉地区战争的损失,是极其困难的。按一个谨慎的估计,革命党人的伤亡大大超过 5 000 人。② 除了外国租界由于交战双方努力保护外,清军的纵火策略,竟把整个汉口毁坏了。外国海关官员的文字记载说:

> 一度富庶繁荣的租界外的汉口市,今天是一堆烧焦了的灰烬——一片 2 英里宽、1 英里长的地区,过去布满了漂亮商店和富饶仓库的街道之网,已经完全被毁了。想尝试着去估量损失,可能是徒劳无益的。——1 亿两或 5 亿两,两个都可能是相当准确的数字。③

当汉阳清军开始炮击武昌时,武昌居民预见到,将会很快地出现和汉口不相上下的一场浩劫。商店关门歇业了,财产物品都打叠成包,从首次举义以来,城门第一次大大打开,武昌的人民,刚刚用革命的时髦的外国礼帽,调换满清时期戴的小圆便帽,现在又成千上万地逃离城

---

① 见上页注④所列资料。
② 张难先,第 342 页,第 376 页。
③ 中国海关,《海关贸易报告》,1911 年第 311 页。

市。① 保皇势力要发动一次反革命政变的恐惧情绪弥漫全市,而武昌的革命党人报以一次小的恐怖统治,就地处决形迹可疑分子。②

此时,湖北军政府的利益清楚地指向停火。自从 10 月底以来,黎元洪和他的代表们,通过两个密使,一直和袁世凯保持联系。这两个密使奉袁世凯之命,来观察试探黎元洪对于停火以及在君主立宪下重新统一国家的反映。每一次,谈判都由于湖北政权坚持民主共和而陷于僵局。③ 不过,紧随着汉阳的失陷,黎元洪似乎神魂无主,进退失据。11 月 27 日,他派了一名代表通知美国总领事,"他和他的人现在愿意接受一个君主立宪政体,但是,他不能代表其他革命各省说话"。④ 五天以后,军政府大厦受到了清军炮火的直接轰击,黎元洪跟着他最亲近的几个新军军官逃离城市,躲到武昌东面大约 50 公里处的一个江边小城镇葛店。有些革命党人发现黎元洪的行为竟是如此怯懦畏葸,所以,他们郑重建议,由共进会首领刘公取代黎元洪而充任都督。⑤

不过,在这个节骨眼上,袁世凯和北京政府并不倾向于利用黎元洪的弱点。革命军队筑壕固守武昌,革命党人控制了海军,北洋军队考虑到,横渡长江,占领武昌,将是一个极其困难的军事行动;而且这样做,对清王朝的成功,无论如何是没有一点把握的。⑥ 占领,甚至继续炮击武昌,将会把它弄成汉口那样的毁灭状态,并且没有人希望看到那种局面发生。特别是,英国外交官现在开始怂恿袁世凯提出停火建议。若干时候以来,英国在商业方面的利益,正在迫使她这样做。10 月 26 日,由于"现在的紊乱局势正在使外国商业瘫痪",汇丰银行的

---

① 丁乐梅:《中国的革命,1911—1912,内战的历史和政治记录》(上海,1912 年),第 194—199 页。
② 曹亚伯,第二卷第 366 页。
③ 同上,第二卷第 173—174 页,第 219 页,第 222—223 页,第 263—267 页;李国镛,XHGMZL,第 502—505 页。
④ 戈菲(汉口),1911 年 11 月 28 日,F.O. 228/1802。
⑤ 曹亚伯,第二卷第 367—375 页;王岳寰,《湖北文献》,第五卷第 8—9 页;谢石钦,XHGMZL,第 497 页。
⑥ 见杨格:《袁世凯总统任期内的兴起》,收入芮玛丽:《革命的中国》,第 423—435 页。

总经理,曾经提出过一个停火并由英国调解内战的方案。① 但是,在北京的大使朱尔典和在伦敦的外相格雷都反对这个提案。他们之所以提出反对,大半是因为,在他们看来,这会干预英国人正在殷殷期望着的袁世凯的掌权。② 不过,1 个月以后,袁世凯在北京的权位已经十分安稳,所以朱尔典去拜会了袁。在拜会时,大使"提醒他,由于敌对战争的持续,给汉口的英国居民带来了焦灼和危险。在答复时,他向我(朱尔典)保证,假如停火能够在互相满意的条件下得到安排,他将乐意下达停止敌对状态的命令"。③

通过国际商务总会会长的帮助,驻汉口的英国总领事花费了好几天时间,在黎元洪、汉口的北洋军官和当时齐集在汉口的来自南方各省的代表之间进行斡旋调停,才使所有各方同意就地停火。最后,英国的调停总算获得成功。1911 年 12 月 3 日上午 8:00 时开始的三天停火实现了。停战被分阶段地延期,直至满洲皇帝逊位带来了内战的最终解决。④

**政治上的内讧和右转**　反对清王朝的敌对战争的停止,为革命党人自己之间的斗争提供了良好机会。1911—1912 年的冬季,在湖北军政府内部充满了权力斗争。最后,蒋翊武和文学社的权力——在湖北,它毋宁是反映了一种含糊朦胧和概念不清的"左"——实质上被消灭了。共进会在忠于张振武和孙武的分子之间分裂了,毫无疑问,后者取得了更大的权力。不过,孙武跟他的前清官吏小集团和军事官员们一起,已经成为一个革命事业的变节分子。黎元洪置身于前官吏们和城市上流阶层代表们的包围之中,本人正领着湖北走上完全不同于孙中山的南京政府的道路,而且愈益朝着和北京的袁世凯合作的方向前进。

还在 1912 年年初,一个日本记者就曾描述过湖北军政府的政治

---

① 格雷致朱尔典,1911 年 10 月 27 日,加附件,F. O. 371/1093。
② 同上,以及朱尔典(北京),1911 年 10 月 29 日,F. O. 371/1094。
③ 朱尔典(北京),1911 年 12 月 17 日,F. O. 371/1310。
④ 同上;曹亚伯,第二卷第 367—375 页;张国淦,第 182—183 页。

情况：

> 受了任命的官吏们麇集于他们个人的集团,以便维护自己的权力。像雨后春笋一样,各种名义的社团纷纷出现。……(在武昌,当时列举有六个这样的社团)。虽然它们声称自己的宗旨是为了加强同志们的统一或为了民主共和国的发展,事实上,它们都在设法创建私人党派,以扩张一己的权力。①

在 1911—1912 年,派系斗争笼罩着武昌,就像各自立党一样,孙武、张振武和蒋翊武每人都发起主办了自己的报纸。② 上引日本人的文章,发现了这种激烈的政治内讧的根源,在于"公举"活动。所谓"公举"活动,其实,就是在政治活动家的特别集会上,某些官吏要被推举出来的一种上流阶层的非正式的民主制度。在这种"公举"制度之下,每一个重要的政治领袖,必须拼凑一个忠诚的支持者的党派。通过这种党派,既可以维护自己的地位,又能保证追随者得到任命,而这都有助于提高他自己和他的集团的权力。

不过,新的革命政府中这种严重的内部斗争,有着甚至更为根本的社会和政治原因。最重要的是,革命党人对于在新的军政府中的地位的希望和期待,使得谋工作的人数,大大多于工作岗位的数目。正如爱德华·弗雷德曼所说:"新的人们谋求工作,但是只有很小一群人被撤换了权力。"③ 也许,城市革命的本质,甚至是招惹麻烦的更大根源:

> 事实上,没有一个人乐意生活和工作在落后的农村,所有革命阵营的追随者,群集于最先进的首府地区,所以广州、武汉、京沪、京津

---

① 《中国》,III:6(1912 年 3 月 20 日),第 61 页。
② 蔡寄鸥,第 174—175 页;也见章裕昆,第 70 页。
③ 弗雷德曼,爱德华:《中心不能掌握:1911 年中国革命到 1914 年世界大战期间中国议会民主的失败》(哈佛博士论文,1968 年),第 540 页。

成了现代职业谋求者的追逐场所。①

当权力集中在城市里面,而权力的猎求者又是偏爱城市的西方化的人们的时候,当权力是通过在上流阶层中"公举"的办法进行分配,而对于"走向人民"的政治方式又没有一点物质鼓励的时候,紧随革命而发展起来的上流阶层政治内讧的方式,就是可以期待指望的了。

11月底蒋翊武取代黄兴作为总司令时,蒋和文学社有着获得权力的最后的真正机会。不过,没到两个星期,孙武就将蒋转调到一个没有权力的招抚使职位上面,领导一个设在汉口租界地区、意图在收集清军逃兵的机关去了。其后,在12月初黎元洪短暂地逃离武昌的时期,谭人凤被委任为蒋的继承者,并建议他自己的职务的尊荣称号是:武昌防御使兼北伐招抚使。谭要求无限制的军事权威和对于他的计划的充足的财政支持,丝毫也不隐瞒他想成为湖北都督的志趣。当黎元洪转回武昌时,由于孙武和湖北军官集团绝大多数人反对,这样就迫使谭人凤退却了。最后,大约在12月10日,黎元洪和湖北军官集团有机会自由选择他们自己一伙的人,于是吴兆麟被授予了这个职位。②

在随后的几个星期里,孙武的阴谋诡计占据了舞台中心。但是,孙武的谋略,在湖北军官集团的反击下败北了。在其主要同盟者杜锡钧(以前的营管带,现任军令部部长)的怂恿下,孙武旅行到南京,指望在新的临时政府中谋求一个领导职务。不过,南京的同盟会领袖们没有理睬孙武,于是他在1月初又回到武昌。他把自己和若干其他没有得到任命的求职业的人联合在一起,这些人中间最著名的有,在流产的北洋军滦州兵变中表现积极的两名军官唐克明和石星川。不久之前,唐(为了巴结讨好黎元洪,他把自己的名字改为黎本唐)被任命为

---

① 弗雷德曼,爱德华:《中心不能掌握:1911年中国革命到1914年世界大战期间中国议会民主的失败》(哈佛博士论文,1968年),第475—476页。
② 曹亚伯,第二卷第343页,第391页,第395—398页,第401页,第408页,第418—419页;杨玉如,第193—195页;谭人凤,JDSZL,1956年第三期第57—58页;章裕昆,第66—67页;曹、杨和谭对于这个插曲的具体日期记叙不同。

武昌第一镇镇统,石在其领辖下任第一协统领。① 这样加强了力量,孙武又试图把吴兆麟从他的参谋部长职位上,调换为第四镇镇统和当时尚不存在的北伐军第一军总司令官——打算在停火被破坏后组成的军队。可是,这一计谋又落了空,而且几乎弄巧成拙。②

  孙武的喧哗叫嚷和毫无策略地争夺权力,很快就带来了不可避免的反抗。从1912年2月中旬以来,就反复流传着许多反对他的步骤的谣言。③ 最后,2月27日,在武昌,口号声响彻云天,臂上缠着白色符号的武装士兵,向空鸣放步枪,蜂拥驱赶着孙武和邓玉麟(第四镇镇统,革命前多时,就是孙武的一名忠实追随者)到达汉口租界区域的安全地段。政变虽然未能破坏孙的集团的权力,但它结束了孙的军务部长的职务。

  究竟谁是政变的幕后策划人,还弄不十分清楚。整个事件,被不曾解释的张廷辅的被谋杀,弄得错综复杂了。张廷辅是第二镇镇统,文学社擢升到这样的地位的唯一成员。④ 事情似乎是:孙武既脱离了他从前的革命同志,也脱离了新军军官,这两个集团形成暂时联盟,把孙武驱逐了。⑤ 实际上,黎元洪并不打算完全抛弃孙武。后来,孙武在黎元洪的私党——民社中起了重要作用。尽管如此,在一份致孙中山的委婉卸责的电报中,黎元洪还是装模作样地承认,"顷据军界同人呈称,军务部正长孙武不克称职。"⑥孙武和湖北的军官集团,已经是冰炭

---

 ① 曹亚伯,第二卷第534页;杨玉如,第226页。
 ② 曹亚伯,第二卷第538—539页,第552页,第573—574页,第577—578页;蔡寄鸥,第168—171页。
 ③ 松村祐次(从汉口)致内田,1912年2月13日及24日,日本外务省档案,1—6—1—50,1440—1443页;《中国》,III:6(1912年3月20日),第62页。
 ④ 潘康时,XHSY,第三辑第60—61页;刘化欧,XHSY,第一辑第88页;及陈孝芬,XHSY,第一辑第74页,断言孙武本人安排了张的谋杀。XHSY,第三辑编者注解,第111—112页,说张在政变中被同谋者所杀;而陈孝芬(在第二种看法中)说张是被一个寻报私仇的士兵杀害的(XHSY,第三辑第45页注)。
 ⑤ 方孝纯对此事的一份详细的记载(XHSY,第三辑第109—111页)说第七标标统蔡汉卿是事件的幕后人,但是蔡寄鸥,第175—177页,第198页,提到蔡是孙武的一个重要支持者。一份日本的当时的记载说蒋翊武和曾广大是这个政变的幕后人[《中国》,III:6(1912年3月20日),第30—31页]。最后,田原,第700页,说蔡济民领导了反孙的政变,以权衡《中国》,III:8(1912年4月20日)第33页提到,作为对孙武集团的回报,蔡得后接替了曾广大军务部长之职。
 ⑥ 易国幹编:《黎副总统政书》(无出版地点,1914年),第八卷第1页。

不相容的了。作为政变的结果,前三十一标标统曾广大接替了孙武的职务。湖北军官的权力,第一次扩大到包括军务部在内。

通过所有这些斗争和反目寻仇的事件,黎元洪保持了安然无恙,并且尽量置身于斗争范围之外。不过,权力斗争的持久影响之一,是在黎元洪的周围消除和打击革命党人。这不是单纯的巧合,因为,就在同一时候,黎元洪的参谋小集团正在扮演着一个日益保守的角色。正像后来一个革命党人所抱怨的:"一时翰林、进士、举人、秀才、豪绅、劣棍均环绕于黎元洪之左右。"① 这大部分是因为,革命党根本缺乏一个严密连贯的政治组织和思想体系,所以给旧官吏提供了机缘,以控制黎元洪的政府。另一个革命党人是这样讲的:

> 起义诸人,无团结,无警惕,更缺乏政治头脑,只知清朝推翻,革命已成,专图个人出路,以致官僚乘隙而进,党人失败。②

在 10 月和 11 月,革命党人曾经迫使汤化龙及其谘议局的追随者离开湖北政府。那些人中的大多数永远都不会回来了,但是,这样做,并没有剥夺所有城市改良派上流阶层的权力。回来围绕在黎元洪周围的官僚和绅士,正是这同一个阶级的代表人物。举例来说,举人和擅长四六骈体的文章家饶汉祥,革命后就进入秘书处,并从 12 月份起领导这个机构。在饶汉祥主持下,秘书处成了省政机构中最有权力的单位。至于饶个人,到了 1913 年,则升为湖北民政部长,随后于这年年终陪同黎元洪到了北京。③ 在外交事务中,黎元洪最亲密的参谋之一,就是武昌商务总会的李国镛。对于前膏捐大臣柯逢时,黎元洪也谨慎持重地和他保持联系。④ 1912 年 3 月初,紧随二月政变之后,有两个孙武的支持者从教育部和有权力的内务部撤换下来,黎任命姚晋圻(进士,前谘议局副议长,汤化龙的老师)为教育部长,樊增祥(一个

---

① 潘康时,XHSY,第三辑第 41 页。
② 方孝纯,XHSY,第三辑第 111 页;比较曹亚伯,第二卷第 572 页。
③ 李廉方,第 119—120 页;田原,第 792 页。
④ 谢石钦,XHGMZL,第 492 页。

老进士,在清朝历任省级大吏)为内务部长。不过,樊在任不久,1912年夏季,另一个进士、前谘议局副议长夏寿康接替了他。①

民国初年,一个人的政治权力,并不见得就是来源于正式官僚机构中的突出地位。武昌几个最有权力的人,只不过是黎元洪的顾问而已。在这些人里面,红得发紫的一位是孙发绪。这是一个安徽人,1911年还是湖北一个候补副知县。当时,他已经41岁了,奉了前清安徽巡抚之命,来侦察黎元洪政府的情况。为此目的,他混进了政府机构,并成功地做了黎的最亲信的助手。这个人是否在实质上以一个侦探身份行事,还不十分清楚。1912年,革命党人了解到此人原来所奉的差遣,打算干掉他,还一度短期把他关起来,据说是终身监禁。不过,后来他又在北京和黎元洪挂上了钩,在黎担任总统期间,曾先后做过山东和山西的督军。② 当时一份西方记载透露,孙是西方化城市上流阶层的典型人物:

> 孙发绪先生是一位仪表堂堂的贵族绅士:穿着洁净时髦的西服,藏青花呢长大衣,戴着边沿下垂的呢礼帽,手套,步行时拿着手杖,其余一色俱备。孙先生一直就是黎元洪将军的得力助手。革命政府所发生的事情,没有一件是孙先生所不与闻的。正是他,草拟形成了震惊世界的所有革命谕告,并被视为革命阵营的学者。他是一个彻头彻尾的贵族。③

12月,孙发绪到上海和南京去负责与临时政府联系工作。但是,他和孙武以及那些改良派首领如胡瑞霖等的过从酬酢,使他在南京成为**不受欢迎的人**。他于1月间回到武昌,对孙中山的南京政府大为不满。此人在挑拨黎元洪政府与南京之间的关系,并使黎元洪靠拢袁世凯的

---

① 曹亚伯,第二卷第734页;田原,第286页,第721页;日本外务省档案,《近代中国人名录》,第202—203页。

② 田原,第352页。也见章裕昆,第68—69页;蔡寄鸥,第167—168页;以及张难先,第274页。

③ 丁乐梅:《中国的革命:内战的历史和政治记录,1911—1912》,第209页。

过程中,起了重要作用。①

若干时候以来,武昌的黎元洪与沪宁的同盟会之间的摩擦,就已经发展起来了。早在12月,聚集上海的各省代表,选定黄兴为革命军队的大元帅、黎元洪副之。那时,黎元洪就开始恼火了。他立刻迫使上海方面,将这个安排次序颠倒过来。同时,上海、南京的革命党人也担心黎元洪和袁世凯的关系。袁明显地宁愿和武昌的黎进行谈判,而不乐意和上海-南京集团谈判。有一份12月3日从汉口发出的日本专电报告,黎"愿意与袁世凯达成心照不宣的联合。"②在上海的革命党人认为黎的忠诚大有问题,以致他们断然反对黎与北方来的清室代表处理谈判事宜。③

其实,黎元洪从未背叛过革命党人关于民主共和的坚决主张。在另一方面,停火一旦生效,他就毫无困难地与袁世凯和他在湖北的首席军事代表段祺瑞进行合作,通过孙武和孙发绪,黎元洪和段祺瑞保持了非常正规的接触。④ 满清皇帝于2月12日逊位之后,黎就拥护袁世凯的以北京为新的共和国首都的坚决主张,反对孙中山的结束清朝先例、将首都建立在环境更加革命化的南京的愿望。就在建都问题争论持续的时候,孙发绪奉派去和段祺瑞商量:

  遂有南北议和,指武昌不指南京之说,谓南京政府及参议院若不服从,可联段军以攻之。⑤

3月10日,南京屈从了袁世凯的意图,袁在北京宣誓就任中华民国总统。黎本人成了副总统。其后,通过建立他的民社以与同盟会抗衡,黎元洪表示了他对于同盟会革命党人的独立。孙武、孙发绪和胡瑞霖,全都是民社的领袖。此时的民社,已成为支持湖北黎元洪政权

---

 ① 曹亚伯,第二卷第610页。
 ② 奥田(从汉口)致内田,1911年12月3日,日本外务省档案,1—6—1—46,《湖北》第二卷。
 ③ 朱尔典(北京),1911年12月17日,F.O.371/1310。
 ④ 曹亚伯,第二卷第636—637页。
 ⑤ 《民权报》,1912年3月31日,摘引入李时岳,第90页。

的重要政治组织。① 民社的理论是不完全清楚的。不过,在社会问题上,当孙中山于1912年正在首次强调他的"民生"政策的时候,民社意义深长地表明了它的右于孙的立场。1912年年初,孙在武汉讲演这个题目之后,黎元洪抗议说,这样的言论"不啻为武汉间流氓暴动之导火线。"② 民社报纸攻击孙的纲领,说是他的纲领意味着没收私有财产。毫无疑问,民国初年的权力政治,和理论纲领是一样重要的。按照一个革命党人对民社的批评:"如果说也有所谓政治纲领的话,那就是反孙倒黄,捧黎拥袁,借以达到个人升官发财的目的。"③ 1912年5月,民社加入了亲袁世凯的共和党,而黎的"一边倒"政策就为世人所知了。

**1912—1913年的湖北** 整个1912年,黎元洪继续强化他的政权,安排忠诚的军官负责重要军事单位。仅仅在鄂西,他的控制仍然薄弱。在武汉地区,对于老革命党人的反对,他日益倾向于残酷镇压。不管怎样,当革命政权无能解决任何导致清朝覆亡的问题的时候,人民的不满就开始逐渐地呈现出来了。不过,在没有任何代替物的情况下,城市上流阶层是坚决拥护黎元洪的。在那个基础上,新政权是安堵如故的。

在1911—1912年的冬季期间,湖北军队重新编组为八个镇。唐克明任第一镇统制,他是最效忠于黎的一个。第二镇曾被公认为武汉的革命堡垒,但是,在它的统制张廷辅于2月间被谋杀之后不久,指挥权落到了孙武的人杜锡钧手上,在其后的15年间,杜运用这支军队盘踞汉口。前湖北陆军小学督导员、日本士官学校毕业生窦秉钧指挥第三镇;但是,由于从前的目兵革命党人熊秉坤任它的第五协统领,这个镇的比较坚实的革命党势力,促使黎元洪于1913年将其解散了。一直到二月政变都由孙武的伙伴邓玉麟指挥的第四镇,转移给另一个前革命党人蔡汉卿,他成了黎元洪足以依畀信赖的拥护者。第五镇和第

---

① 张难先,第197页;李廉方,第120页;万鸿阶,XHGMHYL,第二集第106—108页。
② 沈云龙:《黎元洪评传》(台北,1960年)第30—31页,引了胡汉民的记载。比较居正,第559页,第562页。
③ 万鸿阶,XHGMHYL,第一集第107页。

六镇,由吴兆麟和黎的前执事官王安澜指挥,全都是忠实于都督的。据说,王终于在汉口日本租界,被他所杀害的革命党人的鬼魂纠缠折磨,因而发疯丧命。只有宜昌唐牺支的第七镇、汉水下游季雨霖(前军官,1907年作为日知会的成员被捕,从那以后不久即被释放)的第八镇,保持了独立革命力量的潜在势力。这两个镇在1913年裁编军队时取消了。①

不过,直至1913年,鄂西的季雨霖和唐牺支,设法保持了独立革命力量的一定地位。季的力量最初是在汉水下游的刘英和梁锤汉的秘密会党及民团力量的基础上建立起来的。②唐的第七镇是由10月间光复宜昌的同一群年轻人(差不多都在30岁以下)所组成的。③尽管唐和季都具有革命的目的,但是,这两个指挥官,在控制沙市(税收来源富足的口岸)的问题上,几乎一开始就卷入矛盾当中。④革命对资金的渴求,经常引起重大的愤懑。李亚东被任命为荆州知府,他是日知会成员,革命后从监狱中释放出来。他重新征收那些在革命期间已经废除了的清朝的捐税,以致某些人说:"他的心和腐败的满清旧官吏毫无二致"。⑤这样,湖北西部革命政权团结统一、有生命力、特别是深得人望的说法,就大成疑问了。

再说武昌,黎元洪对于那些对革命持有不同意见的人,日益血腥残暴地进行镇压。临近3月底,据传,蒋翊武正在准备一次政变,但是,黎元洪首先采取了行动,于29—31日杀害了10个被控为暴动的图谋者,还逮捕了8个人。正如一个日本观察者所记下来的:"作为一种预防政策,(黎元洪)似乎是一方面加强准备,另一方面使用恐怖策

---

① 蔡寄鸥,第194页,第202页;李廉方,第122页;《近代中国人名录》,第42页;谢楚珩,XHSY,第一辑第210页。
② 张难先,第68—69页,第99页,第366—367页;章裕昆,第63—64页;杨玉如,第150—151页,第203—205页。
③ 李一,XHGM,第五卷第282—285页。
④ 章裕昆,第67页;谢楚珩,XHSY,第一辑第205页。
⑤ 桥口(从宜昌)致内田,1912年2月27日,摘引荆州一个天主教神父,日本外务省档案,1—6—1—50,第1353—1355页。

略。"① 稍后,1912年8月15日,黎元洪把湖北有权力的领袖张振武杀害于北京,带来了一个反革命的暗杀时代。② 9月,数百名骑兵在武昌发动一次流产政变,黎把其中50多人杀死了。③ 作为他的反革命恐怖的持续政策的一部分,1912年夏季,黎元洪授给所有管带以上军官以就地正法的杀人权。④ 到1913年6月,一份日本资料写道:

> 黎元洪领导下的所有军事和民政官员以及一般商人阶级,都属于袁世凯集团。二次革命(指1912年2月反对孙武的政变)以来,同盟会、文学社和其他老的革命政团都被逐步赶出政界。……王宪章和蒋翊武去年相继失败。从此,整个湖北转入共和党的世界。⑤

黎元洪慢慢向右转,帝国主义列强表示高兴。因为黎元洪"关心外国利益",所以,他受到了赞扬。驻汉口的英国总领事对黎的"更加贪酷的下属"惹起纠葛,表示懊丧惋惜,但是,他对黎元洪"在采取任何可能影响外国利益的步骤之前,经常就商于我"而感到愉快。⑥ 1913年春,英国人是这样关心黎的利益,以致唆使他封闭一家地方革命报纸。英国人感觉到,这家报纸正在削弱黎本人的和袁世凯的威信。6月,英国人战胜了自由言论的原则:这家报纸被查封了。⑦ 联合袁世凯,依靠帝国主义列强,黎元洪在湖北的统治是安稳的,但不一定获得人心。曾经欢呼革命的热情的人民,对于革命的支持,不可能长此延续。革命初期,出现过重要的象征性的变化:一位汉阳的革命知府,

---

① 木村上校(汉口),1912年4月1日,收入日本外务省档案,1—6—1—46,《湖北》第二卷;也见蔡寄鸥,第195—197页。
② 张难先,第193—198页;蔡寄鸥,第171—174页;范腾霄,XHSY,第三辑第77—78页;《中国》,III:17(1912年9月5日),第14—28页。
③ 郭寄生,XHSY,第一辑第45页及第99页上的编者注。也见悦勒京生(汉口),1912年10月8日,F.O.228/1841。
④ 李时岳,第111—112页,摘录当时报纸记载。
⑤ 东亚同文会1913年6月27日的报告,收入日本外务省档案,1—6—1—60。
⑥ 戈菲(汉口),1912年2月20日,F.O.228/1841。
⑦ 朱尔典致悦勒京生(从汉口),1913年4月16日的第十七号电报;悦勒京生,1913年4月23日;以及普勒特(汉口),1913年7月8日,所有都收入F.O.228/1873。

乘坐前清四人绿呢大轿,受到过严厉批评;在军队内部,军官和士兵在俸给上的差距大大缩小;在军政府内部,所有大小员司,每月同样领 20 元津贴。这些都是走向平等观念的重要步骤。① 但是,这种观念很快就蜕化了。到了 1912 年 2 月,黎元洪就抱怨官府里"大半染骄奢淫佚之习,与满清当道故态有过之无不及"。②

可以预期,人民的不满,首先是从捐税问题上出现的。武昌起义发生时,有财政存款 4 000 万元在手上作为湖北军政府开支之用。③ 这就使政府免于财政危机的迫切恐慌,能够迅速地开始废除清朝的超额捐税。厘金税是属于第一批被取消的;1911 年秋豁免了土地税;除了海关、食盐、烟叶、酒类和食糖税收之外,所有的国内消费税都取消了。进一步,按照胡瑞霖起草的宣言,"所有统捐局、卡,一律永远废除"。④ 不过,很快就明显了,"永远"是不可能长期坚持的。1912 年,光是湖北扩军的极大开支,就达到了 3 023.8 万元。⑤ 到 4 月,厘金税恢复了。照英国总领事的说法,"情况的压力需要重新课税,而商人抱怨,现在征收的税率比以前还要高些"。⑥ 甚至有人开始悲悼清朝的覆亡。⑦ 诚然,这是从 1911 年 10 月的欢乐快意的巨大退却!

## 湖南:开明政权

我们看到,在湖北,黎元洪及其在新的民政和军事上流阶层中的支持者的革命后的政权,逐渐地、始终如一地、向右转化的趋势。但是,这些故事,只能说是政治内讧的肤浅编年史,而资料又不容许我更

---

① 李时岳,第 78 页;蔡寄鸥,第 105—106 页。
② 黎元洪致南京参议院,1912 年 2 月 6 日,摘引入曹亚伯,第二卷第 644 页。
③ 曹亚伯,XHGM,第五卷第 157 页;1911 年 11 月 4 日《民立报》,提供了一个超过 800 万两的数字。
④ 见 KGWSNWX,第二编第一册第 367 页。
⑤ 魏颂唐:《湖北财政纪略》,第二卷第 27 页。
⑥ 戈菲(汉口),1912 年 4 月 3 日,F.O. 228/1841。
⑦ 《中国》,II:10(1912 年 5 月 20 日),第 36 页。

深入地探讨社会背景。我相信,湖南能弥补湖北所留下来的一些缺憾。湖南的许多政纲政见,正是统治湖北的同一个保守的、稳定的政纲政见。但是,在湖南,伴随着在教育、司法改良、禁止鸦片和资产阶级工业化中的主要努力,我们也能看到一个可以称之为"开明政权"的成长。这些开明进步的努力,本质上是晚清新政的扩大,其结果是同样的:人民捐税负担加重,上流阶层统治加强。

**谭延闿的稳定政纲** 谭延闿一旦取代焦达峰而成为湖南都督,其政治战略,就是把湖南的稳定,和对于全国革命事业的主动支持联结在一起。湖北方面,为了合作,黄兴促使湖南革命同志抛弃他们和谭的宿怨新仇,以便形成一个稳定的根据地,使湖南的军队能够被派遣到武汉去。① 谭延闿这一方面,则发出电报给广西、福建的朋友和同事,这些电报有利于促使那些省转向革命。② 当他牢固地掌握权力之后,就派遣了实际的支援力量到湖北去。10月28日离开长沙的在王隆中领导下的第四十九标,停驻岳州,似乎在等待长沙权力斗争的结局。其后,31日,当反对焦达峰的政变已经确保谭延闿的胜利时,王和第四十九标立刻继续向武昌进发。③ 这就是湖北的黎元洪和湖南的谭延闿之间的脆弱的、但是实际的合作的开端。湖南替武汉的军队补充兵员和粮秣,湖北则支援谭延闿为了在湖南扩军所需之金钱、枪支和弹药。④

谭延闿努力帮助革命事业在全国范围内进一步发展,同时,作为一个省的政治家,他首先关心的仍然是湖南的事务,其政策则是保持稳定。正如谭的亲信参谋唐乾一所说:

> 然揆其初心,颇皆为国家言和衷矣。地方知事,非已去不委补,

---

① 周震鳞,XHGMHYL,第二集第153—154页。
② 唐乾一,XHGM,第六卷第157—158页。
③ 蔡寄鸥,第133—134页,第140页;HNJBN,第299页;余韶,XHGMHYL,第二集第167—169页。
④ 《长沙日报》,1911年11月27日,收入大川(从长沙)致内田,1911年11月28日,日本外务省档案,1—6—1—46,《湖南》;张难先,第326—327页。

非数辞不更替,各属行政厅亦不遽与改组。大难方兴,以静制动,且与吾民休焉息焉。道在则然也。①

由于人们经常不把革命看成是一个巨大的机会,而把它当做"巨大困难"的时刻,所以,首要的关心,就是保持和平与安定局面。

在这种努力中,谭延闿选定了一个由谘议局的议员伙伴和日本留学生组成的临时政府。英国领事对此说:"所有职位,都被与新督军持相同意见的绅士成员和学生阶层占据了。"②自然,所有被任命的人,革命时期都是身在长沙的,而留学生则毫无例外地是富有绅士家庭的子弟。因此,新的临时政府,是十足的新的城市上流阶层政府。表7概括了临时政府机构各主要部、局的负责人。

这就是谭延闿的班底。意味深长的是,最重要的司——民政司(内务司)、财政司和外交司——都首先被谭在谘议局的最亲近的同盟者所占据:龙璋、陈文玮、陈炳焕和粟戡时。军务司由一些不同的个别人物领导,最著名的有阎鸿飞和向瑞琮,这两个人都出身于高等绅士家庭,是日本士官学校的毕业生;其后则有谭延闿的朋友和军事上的知已张其煌。所有这些人,都在都督的直接管辖之下。12月,发布了一个湖南军政府的新章程,使都督享有全省最高权力。省参议院为遏制焦达峰的权力这个宗旨效劳之后,变成只对谭延闿起协助和谘询作用的机构了。③

**通向左翼之始** 谭延闿的明确的最高权力,以及谭政权的上流阶层性质虽然如此,但是,在他的行政机构里,还是有这么一个人,借助于若干知识分子和军队中某些激进成员的支持,给谭政权以一种短暂的、有限制的、但是真正的激进平等主义因素。这个人就是筹饷局的局长周震鳞。大量扩军,迫切需要财政收入。所以,谭延闿乐意让周

---

① 唐乾一,第二卷第1页。
② B·吉尔士(长沙),1911年11月17日,F.O.228/1798。
③ 大河平(从长沙)致内田,1911年12月16日,日本外务省档案,1—6—1—50,第1334—1341页。

震鳞从省内巨家豪富强行摊派数额庞大的捐款(表面上是他们财产总数的10％)。在征集这些捐款中,周震鳞从来就不隐瞒他反对传统观念,提倡平等主义。他引经据典,把他的征收和历来遭人唾骂的秦政相比较,"周震鳞尝谓,有史以来两大快事,秦始皇焚书,白起坑降卒,吾攻破富家小坚牢,可并而为三矣"。① 他甚至试图推倒湖南某些出名人物的庙宇祠堂,他把为了崇祀曾国藩而盖造的曾氏族祠,改建为烈士祠。按一个绅士人物的非难之词说,在烈士祠里,"近十数年来之大盗死于法者,但是洪江魁黠,则亦祀之"。②

对于周震鳞的筹饷局,自然是有人反对的,并且在某些地区,形成了有组织的抵制。不过,周厉行他的主张,当新的省参议院试图阻滞他的计划时,周的顺从者,领着一批士兵群众强迫它体会。③ 最后,1912年,由于军队编遣,缩小了对于省财政的需要,并使自己免于面对一个可能滋生事端的联盟,这样,谭延闿有了可能,把筹饷局取消了。但是,在此之前,周震鳞已经从湖南的富户征集了300万两之多。

表7  湖南省府机构(1911—1913)

| 司或局 | 负责人 | 任期 | 背景 |
| --- | --- | --- | --- |
| 民政,其后改为内务 | 龙璋 | 1911.10.—11. | 举人,商务总会,谘议局,年龄:60 |
| | 刘人熙 | 1911.11.—1912.9. | 进士,前道台,长沙法政学校校长,年龄:58 |
| | 仇鳌 | 1912.9—1913.5. | 生员,日本法政大学毕业生,新闻记者,同盟会,年龄:30 |
| 财政 | 陈文玮 | 1911.10.—11. | 前知府,长沙电灯公司经理,商务总会,谘议局 |
| | 陈炳焕 | 1911.11.—1913.2. | 贡生,谘议局副议长,年龄:48 |

---

① 唐乾一,第一卷第15页。
② 同上,第二卷第5页。
③ 同上,第二卷第4页;金城,《湘汉百事》,第15页。

续　表

| 司或局 | 负责人 | 任　期 | 背　景 |
|---|---|---|---|
| 外交事务 | 粟戡时 | 1911.10.—1913.2. | 日本法政大学毕业生,谘议局,年龄:32 |
| 教　育 | 陈润霖 | 1911.10.—1912.1.(12?) | 生员,日本留学生 |
| | 吴景鸿 | 1912.1.(12?)—1913.3. | 长沙教员,日本留学生 |
| 军　事 | | 直到1912年1月,许多人担任这个职务,几乎所有的都是日本士官学校毕业生 | |
| | 张其煌 | 1912.1.—1913.1. | 生员,巡防营统领 |
| 交　通 | 龙璋 | 1911.10.—1912.1. | 见前 |
| | 龙绂瑞 | 1912.2.—1913.9. | 龙璋之侄,明德学堂董事 |
| 司　法 | 洪荣圻 | 1911.10.— | 长沙法政学校毕业生,同盟会 |
| | 盛时 | 1912.5.—1913.2. | 日本法政大学毕业生,省高等审判厅厅长,年龄:35 |
| 实　业 | 杨荣 | 1912.1.—1912.12. | 生员,现任道台,工业创办人 |
| | 刘承烈 | 1912.12.—1913.9. | 日本法政大学毕业生,年龄:24 |
| 采　矿 | 黄忠绩 | 1911.10.—1913.10. | 黄忠浩的弟弟,采矿业发起人 |
| 筹饷局 | 周震鳞 | 1911.9.—1912.8. | 教员,前华兴会成员 |

资料来源:唐乾一:《湘事记》第二卷第7—9页。
吉尔士(长沙),1911年11月2日、17日和12月1日,收入 F.O.228/1837;现代人名鉴(日本外务省档案,特别研究,第七号,1912年11月);田原天男:《清末民初中国官绅人录》(台北重印,1970年)。

为什么谭延闿愿意容忍一个有如周震鳞这样的激进分子干这么久?我相信,问题的解释在于顽固的和改良派的上流阶层之间的裂痕。且不论筹饷局要向所有富户征税的假定原则,事实上的目标,首先是前清官吏及其家庭,即谭延闿和他的同伙在撤换过程中的顽固的上流阶层人物。按英国领事的说法,"特别标明应予征集的那些户子,是过去替清王朝卖命效劳的人的家庭,例如曾国藩和左宗棠的后裔以及其他的人。据说,前者曾经付出50万两。"①周震鳞进行整肃的其他显著目标是:前湖北第八镇统制张彪,他在宁乡的财产充公了;前总督袁树勋,把他的3 000亩土地充公了;以及前军机大臣瞿鸿机。至于作为征捐目标的长沙商业行庄,大部分是传统绅士从事经济活动的钱庄和当铺,而不是改良派上流阶层的现代工业和采矿事业。② 此外,事实上,周震鳞是一个左翼的暂时的同盟者,谭延闿利用他来打击右翼有权势的人物的财产和威望,一点也不威胁改良派上流阶层。

**军队:是"军队暴徒",还是人民的反对党?** 1911年10月,湖南新军只有一个混成协。革命期间,那支军队经过一次庞大扩张。到1912年年初,它包括了五个镇、两个独立的协,和单独的炮兵、工程兵、辎重兵和骑兵单位。③ 新招募的军队中的许多人,是怀念和忠于焦达峰的革命党人和秘密会党成员,他们是极难掌握的。早在1911年12月初,英国领事就抱怨"政府在军队暴徒掌握之中"。④

无疑,军队造成了长沙的大部分社会混乱。第四镇(原四十九标)在王隆中统率下从武汉回来时,有些士兵参加了偷窃、抢劫、强奸活动,并以低廉物品强迫典当高价。⑤ 但是,部队的偶然骚扰,并没有严重损害一支军事力量保持其真诚和有纪律的素质。更加严重的威胁,来于军队内部实行的士兵民主制度:

> 凡各营皆有代表,直接都督,营中事故,皆由代表议决,交师旅长

---

① B.吉尔士(长沙),1911年11月2日,F.O.228/1798;也见曹亚伯,第二卷第227页。
② B.吉尔士(长沙),1911年12月1日,F.O.228/1798,及1912年7月30日,F.O.228/1837;大河平(从长沙)致内田,1911年11月28日及1912年2月5日,日本外务省档案,1—6—1—46,《湖南》。
③ 唐乾一,第一卷第40—41页。
④ B.吉尔士(长沙),1911年12月1日,F.O.228/1798。也见约·苏切尔:《政治上的地方观念和国民革命》,收入芮玛丽:《革命的中国》,第217—218页,第224—225页。
⑤ B.吉尔士(长沙),1912年2月28日,F.O.228/1837。

执行,中下级官不能令兵弁,上级官不能令所属,绝无所谓服从义务矣。①

士兵撤换或攻击长官的事件,并不认为是不正常的。这种连队代表的士兵民主的基本形式,在辛亥革命前的革命社团中有其渊源。意味深长的是,正如由士兵独占地组成的湖北文学社一样,军队最接近于形成对黎元洪的一个左翼反对派,这样,在湖南,军队成了民主政治形式和观念的宝库。由于他们的贫穷,他们的集体生活,以及他们的士兵友谊,使得应募来的士兵们,是 1911 年的最近似于一支民众革命力量。把民国初期的革命军队,视为其后 20 年雇佣军阀军队的先行者,把他们看做"军队暴徒",这种假说似乎是不公允的。事实上,在他们和一定地区的联系方面,在他们对于人民利益的捍卫方面,以及在他们经常和上流阶层人物发生矛盾方面,湖南的军队也许更接近于广东的"民军"。②

在 1912 年的大部分时间内,长沙的政治舞台上经常演出谭延闿的政府和武装力量之间的摩擦。主要问题是降低军饷和编遣军队。五个镇的军队,成为省财政收入的一个庞大开支。为了腾出资金,用于城市上流阶层所热衷的经济、教育和政治改革,节约军事开支就是必需的了。此外,军队内部的民主力量,是谭延闿身边的一根茨棘。渴望保持他们的工作和生计的士兵,准备抵制军政府的节约措施。③ 在这些活动中,他们被忠于焦达峰的革命党人所鼓舞,据传,也被某些亲满的官吏所挑动。④ 在不同的时间里,发生了对都督府的袭击以及和警察的械斗,发生了对江河舰艇的猛攻以及对裁遣军队命令的武装抵制。谋杀焦的凶手梅馨两次遭到袭击,一次为炸弹所伤。至少有两次,部队袭击了反对改良派的群众的众矢之的——新学堂。现在,这

---

① 唐乾一,第一卷第 31 页。
② 见谢文孙:《在集镇和城市的农民土匪:广东民军的现象,1911—1924》(未出版稿),它特别对比了"民军"和补充大多数中国军阀的北洋军。
③ B. 吉尔士(长沙),1912 年 4 月 26 日,F.O.228/1837。
④ 唐乾一,XHGM,第六卷第 160—161 页;以及 B. 吉尔士(长沙),1912 年 7 月 30 日及 10 月 25 日,F.O.228/1837。

些学堂耗费省财政收入,甚至比清朝统治时期还要多些。①

1912年夏天,通过谭延闿的安排,把湖南将军赵恒惕统率的广西军队调来了长沙。运用这些军队维持社会治安,强有力的缩减裁编军队的工作付诸实行了。袁世凯派一个观察员随同两艘炮舰来进行合作。不管八九月份抗议爆炸的疾风骤雨,谭延闿以大约100万两总数的代价,作为退伍金和其他甜头的支出,把为数4万以上的士兵裁遣了。到10月,湖南只剩下赵恒惕的部队。谭延闿依靠赵恒惕一举,正在帮助湖南未来军阀之一勃然崛起,这个军阀本人成了1920—1926年的督军。这次裁兵,是人民反对上流阶层政府的力量的终结,也是沿着军阀统治道路前进的重要一步。②

**开明的政权** 在1912年的环境里,谭延闿的政权代表了在中国的开明进步道路。湖南,作为新的国民党(它由同盟会和一系列较小的改良主义政党所组成)的一个据点,使劲地反对袁世凯集中官僚权力和财政经济。都督主动地鼓励资产阶级工业化,在教育、司法改革和禁止鸦片方面作了重大努力。在裁减大部分军队中,政府不仅对付了一个民众的反对派,并且也显示了它对军事化原则不予支持。伴之以积极的政治笼络和运动操纵,在1912—1913年的选举中,政权寻求了民主共和的合法性。在财政政策方面,政权甚至包括了筹饷局这样的平等主义机构。不过,这个开明的改良派上流阶层的本质,最后使它的一切为之失色。税捐的最大负担仍然加诸穷人身上;而司法和税收改革,两者都大大增长了地方绅士的权力。上流阶层的所谓"开明",对农民和城市贫民来说,通常比以往任何时候都更难以忍受。

1912年年初,在湖南,民主共和观念,和反对袁世凯就任总统,较湖北更为显著。一部分,这是由于长沙的民众反对派的压力:军队。2月,英国领事把民主共和舆论描述为"普遍一致"。但是,他接下去

---

① YSJ,第129页;海军上校前川,1912年7月3日及4日,收入日本外务省档案,1—6—1—62,第三卷第二号;B.吉尔士(长沙),1912年2月28日及7月30日,F.O.228/1837。

② 唐乾一,第一卷第33—34页;程潜,XHGMHYL,第一集第85—86页;B.吉尔士(长沙),1912年10月25日,F.O.228/1837;李时岳,第117—118页。

说:"无论如何,那种持反对意见的人,再也不敢提高他们的嗓门了。不论都督和为首的显要人物的观点是什么,军队,……无一例外地是民主共和主义者,而军队又控制着局势。"群众集会反对袁世凯当选为总统,他"深深地失信于社会上所有各个阶级"。① 情况似乎是,袁世凯和满清的关系在最后的岁月中过于紧密。人们担心,作为总统,他将继续清朝独裁专政的方式。不过,到2月底,湖南听任袁世凯就任总统,它只反对继续奠都北京——这样做,不可避免地意味着清朝中央官僚集权的继续。不管怎样,只要不是在公开的声明中,而是在私人的电报中,谭延闿总是支持以北京为国都的。②

袁世凯一旦就任了总统,湖南就集中力量抵制来自北京的官僚政治集权。1913年,湖南拒绝接受北京任命的盐务专员,但袁世凯必须控制这个职位,以便取得用盐税做担保的外国善后借款。与此相似,袁任命的海关道也遭到拒绝,直至任命了一个湖南人为止。北京任命的司法部和交通部部长是可以接受的,因为没有一个部掌管任何财政税收,而任命的两个部长都是湖南人。一般来说,正如英国领事所指出的,谭延闿及其支持者是"愿意接受从属形式的,只要他们保持了实际权力"。③ 主要问题是钱:因为湖南坚持控制它自己的财政税收,用以资助它自己的改良纲领。这样,"在湖南,如此猛烈地反对袁世凯的主要理由,实际上出于它的集中财政控制的政策"。④ 但是,像清朝的铁路国有化一样,财政的集中化,必不可免地跟着引起向外国借款。事实上,这是帝国主义列强长期鼓吹的一种发展战略。⑤ 由于财政的集中化不仅意味着把湖南的财政税收转交给北京控制,也转交给帝国主义列强控制,所以湖南坚持反对。

湖南新的开明政权反对帝国主义,使外国代表诸如在长沙的英国

---

① B.吉尔士(长沙),1912年2月28日,F.O.228/1837。
② 同上,关于谭延闿拥护北京的电报,见曹亚伯,第二卷第724页,第738—739页。
③ B.吉尔士(长沙),1913年4月29日,F.O.228/1869。
④ B.吉尔士(长沙),1913年8月9日,F.O.228/1869。
⑤ 见李佳白:《满清逊位和列强,1908—1912》(伯克利,1935年)各处,但特别是第14页,第222页。

领事柏特朗·吉尔士大大生气。吉尔士抱怨湖南的官吏"把条约的规定视同障碍,竭尽可能地回避它"。在反驳官吏的"幼稚的解释"中,他特别抗议他们的立场"荒诞谬误",以致出版自由必得容许《长沙日报》发表这样的言论:"假若满洲的奴才可以杀,那么,杀外国人的奴才,自然是更加可以允许的"。① 吉尔士谴责外交部部长粟戡时"激烈排外"的偏见,但是,粟戡时以不晓得领事的通知和抗议作为回报。②

在政党政治中,湖南政权反对袁世凯,反对以借款支持袁世凯的列强,其表示就是归依国民党。革命后的混乱政治环境,在全国范围内,已经繁衍滋生了 300 个以上的政治党派。支持袁世凯的那些人,包括黎元洪、汤化龙和张謇这一类的立宪党首领,于 1912 年 5 月都统一于共和党。* 把老的革命同盟会和四个较小的党派合并,国民党于 1912 年 8 月 25 日在北京建立。国民党想把反对袁世凯的力量统一起来,并且希望,在预定于 1912—1913 年的选举中能够获得议会多数,以遏制袁世凯的权力。为了使它的呼吁得到广泛支持,国民党放弃了由老同盟会提倡的更为激烈的大部分政策。比方,男女平权的主张全部抛弃了;"平均地权"的号召改为"注重民生政策",以及誓言"力谋国际平等"的条款改为"维持国际和平"。③

在国民党的领导层中,从全体来说,右转的权宜之计,应该包括诸如谭延闿这样的前立宪党人在内。事实上,同盟会正在和改良派上流阶层建立关系。这就势必和谭人凤这样的激进成员疏远隔离。谭把国民党看成为一窝"狐群狗党"。④ 在 1912 年的湖南,谭人凤所讥讽的对象,正是谭延闿。以后,北京国民党总部派遣仇鳌回湖南改组国民党,仇鳌恰恰延请谭延闿做湖南支部长。谭不但自己接受了这个任务,并且带进了全部城市上流阶层人物。龙璋成了评议会议长,这个会的成员包括:陈文玮、李达璋、粟戡时、刘人熙、常治和刘承烈。陈

---

① B.吉尔士(长沙),1912 年 7 月 30 日,F.O. 228/1837。
② B.吉尔士(长沙),1913 年 1 月 29 日,F.O. 228/1869。
\* 译注:其后,汤化龙分裂出去,和梁启超组织了一个第三的、中间的党派——民主党。
③ 蔡寄鸥,第 209—210 页;李守孔:《民初之国会》(台北,1964 年),第 33—61 页。
④ 谭人凤,JDSZL,1956 年第三期第 67 页。

炳焕负责会计主任,吴景鸿负责文事主任,周震鳞任交际主任。省级行政官员几乎没有一个不是国民党的领袖。①

虽然谭延闿保证出版自由,许可共和党在长沙的机关报出版,同时,熊希龄在湘西还保留了该党的一小批随行人员②,但是,湖南基本上只有一个政党。作为民政司的司长,仇鳌保证,负责筹备和监督选举的地方官吏,都是同情于国民党的。在考试希望出国留学的学生们时,教育司只通过国民党的成员。筹饷局一般免除国民党成员向政府的捐献义务。由于国民党垄断了省一级的和地方上的政府机构的权力,有野心的政客们,都看到了加入国民党的必要性,所以国民党很快就塞满了喧哗取闹的机会主义分子。③ 国民党在 1912—1913 年的选举中取得了压倒优势的胜利,但是它并不怎么像是一个人民的革命政党,倒是像开明城市上流阶层及其机会主义者的联盟的有代表性的组织。

谭延闿政权的开明的自由主义,通过反对袁世凯和归附国民党而在全国范围内表现出来。在湖南范围内,那种自由主义反映了在清朝统治下即已开始的新政活动的继续。司法司司长、同盟会在该省的主要忠实分子之一的洪荣圻,精力充沛地试图建立独立的法庭,并选任了各县的司法官员。在清朝统治下就已开始了的禁烟运动,民国初期也继续推行。在湖南,大部分鸦片种植者是西部少数民族苗族,长沙的上流阶层政权,采取了处决违令者的严厉政策,一本正经地强行禁止栽植。1913 年,英国检查员认为,鸦片栽植停止了,印度鸦片进口也停止了。在教育方面,现在,改良派上流阶层已经战胜了顽固的冤家对手,可以大规模地创办现代化学校。据一份报告说,新学堂"林立"。④ 这类学校,有许多设立在征用的庙宇里面,这是一个导致进一步激发以前就存在的人民反对新学堂的问题。据报告,在宝庆、浏阳

① 见仇鳌,XHGMHYL,第二集第 178—181 页;HNJBN,第 327—328 页。
② 唐乾一,第二卷第 21—22 页;锺伯毅,访问记收入《中国口头历史课题研究》。
③ 仇鳌,XHGMHYL,第二集第 182 页;唐乾一,第二卷第 4—5 页,第 21—22 页;程潜,XHGMHYL,第一集第 87 页。
④ 唐乾一,第二卷第 4 页。关于其他的改良措施,见第 3—6 页;也见 B.吉尔士(长沙),1913 年 1 月 29 日,F.O.228/1869;中国海关,《海关贸易报告》,1913 年,第 299 页。

和湘潭,激烈风暴和死亡均有出现。①

新政权最引人注目的方面之一是它的资产阶级性质。在全国范围内,革命特别关心商人的利益。这样做,是符合黎元洪那句"文明各国均以保商为第一要义"的格言的。② 在湖南,首先显见的革命成效之一,就是城市商场的急剧扩大。在新的注重城市的政权下,长沙比往时更加成为全省的中心。人人似乎都被吸引到这个城市中来:"省城军队如云,学子政客,风起水涌,国会选举,麕集省会。"③随着新来者的涌进,开设了五花八门的出卖舶来品的商店、酒铺、戏院和青楼。由于外国衣服式样时髦,礼帽和服装、皮革和毛皮的进口巨大增长了。④

但是,新政权的资产阶级性质,比消费方式一事有更重要的内容。在这个政权的头几年里,虽说仅有微小成就,但是,对湖南的资产阶级工业化,却进行了巨大努力。按照吉尔士领事的说法:

> 赖以阻滞利润外漏的新企业是众多的,崭新的企业单位每天都被提出来。可惜资助这些企业的资本短绌。……结果,在草拟了一般章程,公司刚好注册以后,企业就自然地凋谢了。⑤

许多新企业从省级机关接受资金援助,而创建这些企业的人大都包括了改良派上流阶层和国民党的高级要员。至少,谭延闿参加了一家矿业公司和一个制丝工厂;龙璋参加了汽船、制皮和畜牧公司;黄兴参加了同一个汽船公司加上两个矿业公司;宋教仁至少和黄兴一道参加了矿业公司之一。此外,这些改良派首领如廖名缙、常治和左学谦,在1912—1913年湖南建立的25家以上的新的企业的创建者名单中被经常提到。⑥

---

① B. 吉尔士(长沙),1912年10月25日,F. O. 228/1837。
② 易国幹编:《黎副总统政书》,第四卷第6页。
③ 唐乾一,第二卷第24页。
④ 《中国》,III: 8(1912年4月20日),第56—57页。
⑤ B. 吉尔士(长沙),1912年4月26日,F. O. 228/1837。
⑥ 李时岳,第30—31页;唐乾一,第二卷第12—13页;东亚同文会,《支那省别全志》第一〇卷第611—612页;B. 吉尔士(长沙),1912年7月30日及10月15日,F. O. 228/1837。

事实上，控制省级机构，使得城市上流阶层拿到他们为了满足资产阶级愿望所需要的资本。每一个这样的公司，都由省政府给予1万—60万两的支持。从1911—1913年，根据一份报告，有300万两资金被用来分配支持新式工业，一个怀疑论者抱怨，"湖南财政受病于革命元勋之借拨，殆亦一原因也"。① 十分明显，有些革命英雄把他们的名字列入企业规划，是为了从政府方面替这些企业获得资金上的后援；在它们从省级机构得到资金以后，这些公司就烟消云散了。

一般来说，整个工业化活动，虽然和开明政权本身一样，都是短命的，但是，它反映了改良派长期以来主张的私人企业和政府之间的关系的一种特殊方式。很明显，在中国，某种形式的政府保护和扶助，对于取得工业化的成效是必需的。从前，通过"官督商办"，官僚政府把工业网罗到自己的范围管辖之内，结果产生了一种官僚资本的形式。现在，在湖南，城市上流阶层本身控制了省的行政机构，能够为它的企业接受省的帮助扶植，而不至于危及在资产阶级企业观念中的固有的自治权。其结果，经济领域的官僚资本性质，和政体领域的资产阶级行政性质，是不一样的。

谭延闿政权显示它和城市资本家利益一致，不仅表现在对工业的资金资助方面，也表现在它对工业劳动者的态度上面。1913年5月，长沙和丰火柴厂的工人为增加工资举行罢工。劳方和董事会不能达成协议，谭延闿反对工人的罢工权利或不服从雇主的直接命令，结果，所有工人都被解雇了。②

开明政权的阶级本质，就像清朝新政的阶级本质一样，通过对于它的财政政策的分析，就显得极其清楚了。清朝新政可能把人民的捐税负担增加了一倍，事实上，革命再一次把负担翻了一番。革命前，湖南1911年的预算计划支出总数为831.7万两。1912年，仅仅大量扩军一项的开支，估计达到了8 675 580两。新政权的扩大了的改良规划，也是开支很大的：发展工业100万两，教育事业130万两（对比革

---

① 唐乾一，第二卷第12—13页。
② 《长沙日报》，1913年5月13日，摘引入李时岳，第111页。

命前为 40 万两),司法和宪政改良活动 39.2 万两(对比革命前立宪准备费为 4.4 万两),交通邮电 74.4 万两。为了资助新政,新政府倍增了赋税收入,从革命前的 674.5 万两,增加到革命后的 13 575 990 两。① 省税收这种令人吃惊的增长,其来源又在哪里呢?

若干特别的措施,成为增长税收的某些来源。举例来说,在"国民捐"中有 160 万两,以及在"军备捐献"中有 60 万两——两者都明显地是 1912 年由筹饷局收集的钱。其后有军米专办局,对运往湖北军队的大米,这个局按每担 1 两(相当于米价的 1/3)的税率征集了大约 200 万两。② 大概,这个局对粮食的专办,也结束了顽固绅士对长沙大米市场的垄断。和筹饷局一样,在军米专办局的背后有着一个政治上的意图。

在民国统治下,和清朝一样,增加捐税的主要来源是盐税和通货膨胀。新政权曾经考虑过要增加田赋,但是,熊希龄和张其煌这样一些地主绅士首领,打消了这方面的设想,所以地产税保留在革命前的水平。③ 盐税收入增加了 200 万两,其中一部分是从取消食盐行商(一种主要损害外省商人的做法)和政府直接出卖食盐给零售商而来。不过,盐税收入的大部分,是从消费者付出较高价格而产生的。此外,发行了 100 万两和 80 万元的纸币,在全省造成了危殆的通货膨胀(在其他省流通的湖南纸币扣了价,甚至扣了 50%)。④ 和在清朝统治下一样,资助开明的新政,是通过把最大负担转嫁给穷人的措施来实现的。

**绅士权力的扩大** 西方自由主义学说能够而且必须适用于中国,这种观念的最大缺点之一,在于下述臆断:自由主义制度或结构在中

---

① 唐乾一,第二卷第 17—19 页。
② 同上,第二卷第 11 页,第 17—18 页,第 25 页。
③ 陶菊隐,XHGMHYL,第二集第 198 页;B. 吉尔士(长沙),1913 年 1 月 29 日,F.O. 228/1869。王业键的《地租的估计》提到,"王朝覆灭之后不久",征收每两一千文的苛重的附加罚款(第 20 页)。这是地租构成的重要单一化(HNJBN 总结了,第 322—325 页),但没有新的附加。吉尔士专电在此指出的文件,相当于清朝和 1912 年的地租,在 HNJBN 第 350—352 页中,甚至 1917 年的数目,都表示没有明显的增长。
④ 见唐乾一,第二卷第 11—12 页,第 16 页;B. 吉尔士(长沙),1912 年 4 月 26 日,F.O. 228/1837;《中国》,III:9(1912 年 5 月 5 日),第 52 页。

国将会产生如同在西方一样的效果。其实,情况并不如此,民国初年的司法改良,就是一个重要的例证。在西方,司法独立,是为了超出政界官场影响而采取法律裁决设计的,使完善的、公正的审判得以实行。不过,1912年,新的法庭被介绍到湖南时,法官年轻,缺乏经验,又没有足够的权威和社会地位来抵制——即令他们这样希望——上流社会的妄图控制。结果:"每个县的司法人员都对绅士奉承谄媚,不能维护它的独立。"①

在地方政府中下级官吏职位的减少,和地方自治团体权力的增长,明确地有着同样效果:绅士权力日益强大。

> 所有的小职位(包括县丞的职位以及一大批胥吏和差役)都被取消了,与此同时,地方自治团体扩大了的权力(包括田赋以及所有的地方税的征收权),都转移到了各县绅士的手中。②

绅士掌握田赋征收,明显地是最重要的改良。西方人一般地拥护这种措施:把征税权力从官僚政权的胥吏和差役手中,拿过来交给地方社会首领。这样做,在他们看来,似乎更民主一些。不过,绅士统管征税也有危险性,对此,甚至省政府也必须承认。1912年1月,财政司通知地方官吏和绅士:虽然"在政府的改革措施中,为了取得更大进步,最基本的原则是尊重和强调统一,以及绅士和官吏的联合,以便领会人民的内心要求",但是,在湖南仍然发生了一些事件,那里的"绅士和官僚合作,造成欠税的情况"。③ 地方上流阶层一旦成为一个地区(他们自己就是这个地区的最大地主)的征税者,就不可避免地会出现舞弊和徇私。受害者将是省政府,这就是财政司抱怨的原因。但是,更严

---

① B.吉尔士(长沙),1913年1月29日,F.O.228/1869。
② B.吉尔士(长沙),1912年4月26日,F.O.228/1837。也见,中国海关,《海关贸易报告》,1911年,第284页。
③ 录引,大河平(从长沙)致内田,1912年1月29日,日本外务省档案,1—6—1—46,《湖南》。关于湖南的地租改良,见唐乾一,第二卷第11页;YSJ,第213页;HNJBN,第322—325页。关于一个地方记载,见《汝城县志》,第一四卷第2页,县志说明,衙门职员和信卒并没有被新的绅士税收征集者完全排挤出来。

重的受害者是普通农民。此刻,他们看出:在极尽搜括税收和地租的活动中,地主和官僚比过去更紧密地结为一体了。

## 辛亥革命与农村

中国人口的80%生活在农村。但是,关于辛亥革命在农村的影响这个问题,前面的叙述,我们仅就司法和征税方面增长了绅士权力的讨论中,稍微接触到了一些。事实上,我很想写一本涉及全部人民的历史著作,但辛亥革命是一个上流阶层的革命,铺叙其史实,必不可免地会要着重上流阶层的活动。但,尽管是上流阶层的革命,仍然和人民群众有所牵连,问题是取决于有关那些牵连的分散零碎的资料而已。一般来说,如果农村群众有所反应的话,首先,他们似乎是积极地肯定辛亥革命的。他们在这个革命中看到一线希望:旧政权统治下所忍受的暴政可能消除。不过,没有多久,问题就明显了:革命并不给农民实惠,仅仅给了上流阶层以好处。这就开始出现:灰心丧气,对现状不满,最后则是组织反对。

我们早一点提到过,在湖南,地方上某些对革命的首先反应,是拥护焦达峰政权的秘密会党暴动。在秘密会党中间,肯定有人感到,革命反映了新时期的黎明:他们之中的一员当上都督了!清王朝溃灭时,权威机构普遍崩塌,给许多团体带来了机会。这些团体,从普通的马贼盗匪,到复明志士,都想利用这个机会,诉诸新政权,争取合法权威。① 在某些地区,农民运用革命所提供的机会,来维护耕者有其田的权利。两湖的资料很少见到,但是,在江苏,广泛的抗租活动,甚至发展到了顶点。一个地方集镇,把地主封锁起来,强迫他们退回地契。按农民的说法,这种地契,清朝灭亡了,也就失效了。② 在湖北广济,秘

---

① 金城,第17页;殷子衡,XHSY,第三辑第28—29页;B.吉尔士(长沙),1912年1月13日,F. O. 228/1837。

② 小岛淑男,《辛亥革命前后苏州府的农村社会与农民斗争》,第333—358页。

密会党头领张天霸,甚至采取西方化上流阶层组织政党的策略:"现该党取名为农林党,其说以为农人得入党籍,将来佃人可不交纳租课,无知愚民,附从甚众。"①部分原因是想在农村中平息这种激进的人民反抗,所以,湖北政权于1911年决定,豁免秋征田赋。②

新政权一旦建立起来,它就表示无意倾听农民要求土地的呼声。新的国民党成立时,同盟会"平均地权"的口号就被摒弃了。湖南和湖北都发布命令,对正在危害地方治安的"土匪"采取严厉措施。更为严重的是,地方绅士的权力大大提高了,这种趋势的发展,只能促使对于农民的损害。地方绅士不但通过地方自治公所接办了征集税收这一类的任务,而且,他们对本地方知县施加的影响也更为加强。首先是,地方上的知县,现在几乎无一例外,都是他所供职的那个地方的本省人。1913年以后的大部分军阀统治时期,袁世凯采取中央集权措施,经常从其他省份选任地方上的知县,暂时阻滞了这种趋势。③ 但是,1911年,标志着清朝有关回避法律的决定性的终结。这种回避法律,是为了保证地方官吏在其管辖的地区内没有私人利害。民国废除了那种法律,允许并且在事实上鼓励任命那些与本地有利害关系的人选。

还有,和满清统治下的情况相比较,地方上流阶层对于政府的任命有更大影响:

> 及南北讲和,民党滋兴,天下纷纷,而湖湘尤甚。无分伦类,皆托义于公民。辄曰,共和政体,用人行政,上官不能专也。于是任官举职,权柄恒不自上。往往司长所辟除者,地方人民辄投函或径谒司要求更易,甚至已易数人不能决。④

---

① 《时报》,1912年11月7日,摘引入李时岳,第109页。
② 见汤化龙,《蕲水汤先生遗念录》,第11页。
③ 见下列志书的地方官吏表:《夏口县志》,"职官志",第52—54页;《麻城县志续编》,第六卷第1—2页;《枣阳县志》,第二三卷第12页;《汝城县志》,第二二卷第7—8页。关于湖北第一批新的任命,见朱峙三,XHSY,第三辑第151—154页。
④ 唐乾一,第二卷第1—2页。

这个记载中的情况,虽然,从表面上看起来,是一种颇为民主的方式,但是,指令抉择官吏的"公民",毫无疑问就是上流阶层成员。此外,因为他们影响是通过长沙的官场来实现的,他们可能是城市上流阶层成员,有着他们自己的比较特殊的阶级利益,对农民则很少接触和同情。在新政权下,绅士和官吏联盟确立了自己的权力,这就不可避免地出现假公济私的弊病。正如黎元洪在湖北所抱怨的,"顷查各属有不法之徒,托名绅士,串通地方官,擅自招集军队,藉此为敛钱之术"。①

在这种情况下,革命初期,人民对于革命的肯定积极的态度,很快消失了。日益加剧的绅士压迫和捐税,物价持续上涨的趋势,立刻引起可和晚清媲美的农村骚扰浪潮。据报告,在1912—1913年期间,湖北有8个县出现了重大骚动。其中之一在鄂西的房县,一支三四千人的队伍,袭击了地方上的绅士头领,并且杀死了一个县法官。同一时期,据报,湖南至少有10个地区发生了骚扰事件,包括靖州秘密会党"声言劫富济贫,……用威吓手段逼捐该处附近富户之银钱米粮,以施舍于贫民"。② 在反满旗帜下曾经组织多年的秘密会党,现在似乎改变了调门儿。到1913年,在编遣的士兵和穷人中,正在组织起一个洪江会,"它宣布的纲领是恢复满清,灭绝外人,捣毁学校,劫富济贫"。英国领事在报告会党情况时承认,"归因于新政权的压迫本质(普遍认为,新政权较旧统治更为专断和压制),秘密会党也许受到人民方面一定程度的同情和赞助"。③

## "革命"时代的终结

赋予辛亥革命以生命力的思想观念,曾经认为,推翻满清,建立

---

① 黎元洪,录引入杨玉如,第229页。
② 李时岳,第109页,摘录当时报纸记载。比较,《中国》,II:10(1912年5月20日),第63—64页。
③ B.吉尔士(长沙),1913年1月29日,F.O. 228/1869。比较,《中国》,II:10(1912年5月20日),第63—64页。

民主共和政府,将会产生一种对新政权的人民支持和奔放热情,因此,20世纪中国的一切弊端痼疾,可以迅速治疗矫正。这种模糊不清的信念,在中国内部,曾有利于统一各种不满现状的团体,紧随武昌起义之后的一段期间,创造了对于革命的几乎是普遍的支持。在1912—1913年的过程中,对于反满革命和共和政府那种魔术般灵验的信念,开始淡薄起来了。革命在解除帝国主义威胁方面一事无成。事实上,它给了列强以口实,通过将海关税收存入外国银行而不存入中国银行的办法,来加强外国对海关税收的控制,并以此作为偿付外债的保证。到1913年,袁世凯就着手谈判善后借款。和海关税收一样,这种借款把盐税征集也交到外国人的手里。当革命之际,作为走向最后瓜分中国的步骤,俄国和英国乘机声称它们对蒙古和西藏的统治权利。

革命在解民倒悬方面一事无成,那也是同样清楚的。在民国初年的开明政权之下,与清朝新政伴随而至的物价、捐税飞涨的趋势有增无减。对于农民,革命除了带来一个绅士和官僚更紧密联合、以维护上流阶层阶级利益的新政权之外,其余一无所有。

最后,在中国发展议会民主的许多人的希望,也于1913年春夏间破灭了。其时,袁世凯指使歹徒,暗杀了国民党议会领袖宋教仁。之后,袁世凯不顾新选举出来的国会的反对,进行了善后借款的谈判。很快,情况似乎变为,辛亥革命仅仅在推翻满清方面取得了成功。甚至建立一个共和国,也是革命力所不及的。

对许多人来说,中国的二次革命似乎已经成熟了。那些同盟会的全国领袖,如孙中山和黄兴,指望领导一次为国家除掉袁世凯的斗争。广东、江西和安徽的国民党都督,都参与了这场斗争,6月间,他们被袁世凯免职,直接导致了7月间这场敌对斗争的爆发。革命向前发展,绝大部分的战斗,发生在江西和南京地区,国民党领袖们期待湖南和湖北的支持。当这些支持落空时,二次革命也就注定地失败了。

在四五月,国民党领袖们在其反对袁世凯的斗争中,把黎元洪看做是一个必不可缺的同盟者。国民党的代表拜访了黎元洪,并请他参加斗争行列。① 但,这是与虎谋皮。多时以来,黎元洪就委身于效忠袁世凯的事业去了。3月,计划在湖北领导二次革命的改进团遭到镇压。逮捕它的领袖季雨霖、熊秉坤、詹大悲的命令已经发布,但这批人都逃到上海去了。没有多久,1.5万名北洋军队抵达武汉,用以加强袁世凯自己在湖北的权力,并准备对江西采取军事行动。正如在汉口的英国总领事所报告的:"那是确定无疑的:一个最危险的局面,仅仅因为存在于黎和袁世凯之间的合作和深切了解,而被挽救过来了。"②

在湖南,国民党的力量使得局面更形复杂,但结果相同。两个由国民党控制的单位——《长沙日报》和省议会,领导了一次反对袁世凯和北京政权关于暗杀宋教仁及善后借款问题的强大运动。到6月,在安徽、江西和广东对北京宣布独立之后,国民党激进分子开始迫使谭延闿采取一致行动。谭及其大部分亲密部下,明显地是事出勉强的:他采取了预防措施,事先通知黎元洪,如果他被迫宣告湖南独立,就打算自杀。黎忠告他不要这样鲁莽行事,如果需要,作为权宜之计,可以追随激进党人。\* 这就给了谭所需要的张本。7月17日,紧随江西战争爆发和南京宣布独立,湖南也对北京宣布独立,并且参加了二次革命。不过,在反袁的军事努力中谭没有给予一点帮助,不到一个月之后,长江下游的国民党的主要军队被打败了。其后,谭延闿把他的重要军事伙伴赵恒惕从岳州调回,依靠赵的军队的支撑,再次向北京输诚。许多激进国民党人横遭摧折,他们试图组织反谭政变,但是煞费苦心,革命努力终归失败,一些参与者竟被杀害了。③

黎元洪和谭延闿,与他们的原封不动的政权一道,都在二次革命中幸存下来。但是,谭延闿是国民党的一个领袖,黎元洪是一个国民

---

① 见弗雷德曼,第416—427页,第302—303页。
② 悦勒京生(汉口),1913年7月8日,F.O.228/1873。也见郭寄生,XHSY,第一辑第96—98页;蔡寄鸥,第242—245页。
\* 译注:1913年6月初旬,谭延闿派员秘密前往武昌,致函黎元洪说:"已准备药水,如湘省独立,即服毒自尽,以谢天下。"黎元洪"以湘省失谭督,内部必更大乱",当即劝以:"徒死无益,不如暂为一时权宜之计,阳为附和,阴为敉平"(见《黎副总统政书》第三六卷第四页)。
③ HNJBN,第332—335页;YSJ,第222—223页;程潜,XHGMHYL,第一集第90—93页;邹永成,JDSZL,1956年第3期第121—127页;谭人凤,JDSZL,1956年第三期第72—73页;B.吉尔士(长沙),1913年8月9日,F.O.228/1869。

党人曾经恳求他给予支持的人物。从袁世凯的观点看来,这两个人都不完全可靠。在1913年袁的绝对胜利之后,他已经强大到足以撤换黎和谭二人,而代之以更有把握地忠实于他的人。这样,1913年秋季,袁的最高职衔的将军之一段祺瑞,成了湖北的都督;汤化龙的兄弟、法国训练的海军军官、正领着军队在江西攻击革命军的汤芗铭,掌握了湖南的政权。① 随着这些任命,开明政权和革命时代结束了。

二次革命的彻底失败,对于国民党和日就衰颓的"左派"力量来说,的确是一件令人沮丧败兴的事情。完全可以预料,湖南和湖北革命力量会要迅速瓦解。武昌起义以来,黎元洪一直坚决向右移动,把他自己,地方上的城市绅士,和全国性的袁世凯联合胶结起来。黎于1913年会选择和袁世凯合作而拒绝和国民党同谋,此事至少在1912年春早在民社建立之时就已经定下来了。

谭延闿既与国民党保持一致,那么,他对二次革命的踌躇再三和毫不起劲的"支持",就变得更加难以解释了。实际上,在袁世凯派出的观察员的警觉注视下,谭延闿裁减了他的军队,这就最大限度地破坏了湖南人民的革命军事力量。与此同时,他剥夺了自己仅有的、湖南可以用来支援二次革命的军事力量。更有进者,1913年7月7日,顽固分子、谭延闿的知心朋友唐乾一和向瑞琮从北京回来,炸毁了长沙的军火仓库,这样,湖南军队就失去了与袁世凯作战所保留下来的武器弹药。②

1911年,在紧要关头,城市上流阶层支持了革命。那时,革命飞速发展并取得成功,似乎作出许诺:保留现存的社会结构和最好的安定机会。上流阶层集中一切反满情绪,揭露清王朝一切弊端病窦,通过这个办法,不但自身得以幸存,并且在实质上提高了权力和地位。不过,到了1913年,袁世凯却成了维护安定的唯一指望。人们认定,任何坚持推翻袁世凯的斗争,都易于发展成为反对在辛亥革命中掌了权的所有上流阶层领袖的革命。这样,1913年,两湖地区的上流阶层,几

---

① 见 YSJ,第224—226页。
② 程潜,XHGMHYL,第一集第90—91页;YSJ,第222—223页。

乎有如两年前强烈依附革命一样,转而依附反革命了。驻汉口的英国领事,用一种典型的上流阶层关于"人民"观念的口吻指出:"对于北方军事力量,湖北人民是把它作为法律和治安的一方来寄予同情的。"① 在长沙,"大部分绅士,实际上整个商界",持有同样见解。② 结果,两湖地区对于二次革命的支持,局限在一个和时局疏远的、革命知识分子团体之内。这个团体没有任何群众基础。除了反袁之外,它没有任何思想观点。然而,反袁是一个没有群众号召力的问题。当上流阶层决定支持袁世凯的时候,这批知识分子和他们的二次革命,就注定要失败了。这样,中国顺当地转入袁世凯的独裁之下,残暴的军阀割据时代接踵而至。

---

① 悦勒京生(汉口),1913年7月8日,F.O.228/1873;也见李时岳,第32—33页。
② B.吉尔士(长沙),1913年8月9日,F.O.228/1869。

# 跋

历史运动可以和咆哮湍急、五光十色的水流方式相比较。头一瞬间,这种方式中人欲眩,绚丽多姿,但也难于索解。为了理解这种奇妙的方式,历史学家戴上一副有色眼镜或其他什么,在程度不一的扩大下,观察这种水流,直到他找到了一个流动的镜头为止。这是历史学家认定,已经摒弃了芜杂枝节成分的有本质意义的镜头。每一个历史学家所取的镜头不同,因而,每人所看到的历史,也就相应有别。

探索历史流动的意义时,最明显和最容易辨认的方式,是在同一方向直下的流动。这种流动能够反映出一种占优势的倾向,把较小的漩涡和逆流跟它联系起来。在研究辛亥革命中,有些历史学家曾用一个镜头来进行观察,这个镜头阐明了:辛亥革命、1919—1927年国民革命时代、现在共产党革命特征之间的连续性。这些历史学家的镜头,在探测思想准则和城市政治领袖的心理状态方面,是特别敏锐的。民族主义,女权主义,对青年的重视,以及"大跃进"的心理,通过20世纪中国的历史泛涨起来。\*

我不采用这种特别镜头来分析辛亥革命。我的镜头大量删除了思想准则。除非它们的明确的行为后果显而易见,我是把这种思想准则当做渲染浮夸之谈看待的。心理和情绪,似乎仅仅飞逝而过。代替

---

\* 原注:我特别想到芮玛丽的《革命的中国》的前言(特别是第60—63页)。

这些,我的镜头扫掠社会结构的领域,我把镜头集中在政治运动的社会内容和某些政策的社会后果上面。通过这个镜头可以看见,现代中国历史的进程,不是在一条直线上行驶的。反之,在浪潮的运动中,辛亥年是特别汹涌澎湃的时刻。当这个浪潮在共产党革命的岩石上碰得粉碎时,它就立刻倒转方向了。对日益西方化的城市改良派上流阶层说来,辛亥革命是一个胜利。中国上流阶层脱离群众的重要步骤,对毛泽东领导的农民革命,与其说是一个范例,毋宁说是一种前提条件。

在从 1897—1913 年中国第一次革命的整个时期中,湖南和湖北占有至关重要,但并非特殊无匹的地位。当然,了解了两湖地区的历史,仍不能说已经熟悉整个中国历史,但是,假如这里概括叙述的历史轮廓,还不能适用于中国的其他地区,那我就将感到惊诧了。我们所探讨的一段历史,从戊戌变法开始。年轻的湖南绅士成员,在省的政治机构中,通过地方上流阶层较多的直接参与,罗致广东同事的支援协助,以便改造湖南。维新活动这条船,在老一辈绅士和固守抵制的官僚的岩石上,碰撞沉没了。改良主义者风流云散,许多人远洋日本。然后,他们和长江流域的秘密会党联合起来,在 1900 年,企图通过暴力革命,达到自己的目的。不过,在绅士改良派看来,秘密会党中的流氓无产阶级,只不过是雇佣来的唯利是图之辈而已。从来没有一次革命,是依靠雇佣军取胜的。在上流阶层造反派和他们仓促募集起来的群众军队之间,不存在任何有意义的联盟。1900 年起义的失败,这是不足为奇的。

与 20 世纪俱来的,是革命发展中的一个新阶段。教育改革,把学生们集中于主要城市的西方型学堂里面。长沙开放为商埠,外轮云集,传教士、商人和矿产租借地的猎求者,向湖南蜂拥而入,所有这一切,激起学生们领导一次坚决维护中国主权和尊严的群众运动。首倡新政的开明绅士和官僚,对他们的教育改革所培育出来的激进学生,经常采取保护态度。1905—1906 年,在抗议美国限制移民入境和废除美国粤汉铁路借款斗争的抵制运动期间,学生们的激进主义达到高峰。1906 年春,官府开始镇压学生运动,一些学生仰仗秘密会党,作为实行其斗争的群众据点。在1906年的手工业工人-矿工-农民的萍浏醴起义中，只用了最少量的学生鼓动，学生们就促使行将爆发的人民的沸腾不满情绪显示出来了。民军缺乏武器、训练、组织和系统的理论，用来抵抗野蛮绅士的报复和新军占领的联合力量。但是，辛亥革命透露了自从太平天国以来湖南未曾及见的人民革命的潜在态势。一直等到毛泽东于1926—1927年着手组织农民的时候为止，这种潜在态势都不曾再次出现。

被群众骚动不安和帝国主义侵略的双重威胁所激动，中国的城市上流阶层奋起领导了改良活动。甚至当激进的学生活动成为舆论中心时，绅士中的新的进步成分，在改良活动方面还在取得实至名归的成果。这就是这样的一个改良派上流阶层，他们住在城市，注重城市，日益西方化，同时又反对帝国主义，他们是宁愿在省的权力机构之内进行活动的民族主义者，他们是经济和宪政改革活动（这种改革活动，基本上是用穷人支付的捐税来资助的）的倡导者。1907年，激进学生的运动受到了残酷的镇压，这些城市改良派上流阶层代之而起，成为两湖地区的领导力量。上流阶层的改革方式有所发展，但，这种方式只不过是把绅士和群众进一步隔离开来而已。在上流阶层转向西方寻找政治、经济现代化技术的时候，若干世纪以来儒家教义曾经保持的社会的垂直整体化堕毁了。在很多美国人所研究的中国上流阶层"对西方的反应"的过程中，这是一个重要步骤。在整个20世纪头一半的岁月里，这种反应，引导中国统治者滑下了一条群众所不愿意跋涉的旅程。

紧随着武昌起义爆发，改良派上流阶层就见风使舵，倒向革命一边。晚清在政治上和制度上的革新，给这个上流阶层的民政和军事的组成成分，带来了作为一个阶级同时行动的一致性和系统性。作为一个阶级，他们的利益系于西方化的新政，但，这种新政的先决条件，则是社会安定。辛亥年，他们首要的、刻不容缓的关切，是保持法律和社会秩序。* 只要是他们的权力，受到了军队、秘密会党、城市群众等人

---

\* 译注：这是"社会安定"的同义语。

民力量威胁时,他们就要维护这种首要的关切。正是城市上流阶层这种新政纲领的本质,实际上激发起人民的反抗;反过来,这种反抗,势必又碰到上流阶层为了保持法律和社会秩序而进行镇压。这是一种恶性循环。它不只是妨碍了上流阶层和群众之间统一的可能性,而且,在它们为了保持权力的活动中,日益把自己推向右翼去了。到了1913年,上流阶层飘飘荡荡,堕入袁世凯之手,而袁世凯本人飘飘荡荡,堕入了帝国主义者的怀抱。中国比以往任何时候都更加需要一次全面的社会和国民革命,这种革命,将会扭转辛亥年城市化的和西方化的逆流。

辛亥革命的失败,并非由于它没有实现革命党所期望的民主共和理想。理想和实践的分裂,社会准则和革命成效的互不连续,肯定是挫折失败和灰心情绪的原因。但是,中华民国的根本弱点,导源于社会结构中的矛盾。在清王朝统治下,种种制度曾经起了维护社会统一和安定的作用。西方化废除了这种种制度,社会结构也相应地受到削弱。作为上流阶层进身基础的科举制度被废除时,中国抛弃了遍及全国的设施,但那个设施至少保留了一种神话,这就是:中国的绅士阶层,是在取得智力成就的基础上,用公开的办法招募选拔出来的。对比起来,取代旧式科举制度的学费高的城市学堂和外国式的培养训练,明显地有利于城市和富人。满清覆亡之后,父母亡故,子嗣必须立刻回乡服丧丁忧的礼仪制度,日益被人们忘却,这样,政府官吏失去了一个和其原籍社会接触联系的重要机会。中央政府成了一个独立世界:它对外国列强的依顺听从,经常超过对中国人民的考虑关注。在上流阶层的另一端,随着法律上回避条文的失效,地方绅士在其家乡取得了远为强大的政治权力,国民政府保护农民免遭地方劣绅破坏税收征集的能力,也相应地削弱了。

最根本的是,中国的通商口岸和城市中心,正发发展一种与其朝向中国腹地、毋宁朝向西方的文化、政治和经济的趋势。儒家重农学说,被西方关于注视工业和商业的实践所取代。除了苛索名目繁多的捐税以外,辛亥革命很少触及中国农村。在一定程度上,所有民国时代的政府,包括20世纪30年代蒋介石在南京似乎最有作为的岁月,都表现了同样的情况。从这个意义上说来,辛亥革命奠定了一种贯穿现代中国大部时间的趋势,即,一种朝向西方化的城市上流阶层统治的趋势。毛泽东和中国共产党反对延续那种趋势,他们把这种趋势颠倒过来了。

# 注释中使用的简写词

| | |
|---|---|
| F.O. | 大英,外交部,档案,公共档案局,伦敦(除非另外提示,收入于 228/XXX 的官方文件,是发给北京公使馆的;收入于 371/XXX 的官方文件,是发给伦敦外交部的)。 |
| Gaimushō | 日本,外务省,档案,东京。 |
| GMYS | 冯自由:《革命逸史》。 |
| HNJBN | 湖南省志编纂委员会编:《湖南省志·第一卷·湖南近百年大事纪述》。长沙,1959年;重印于东京,1966年(译注:《湖南省志·第一卷·湖南近百年大事纪述》第一版时间为1959年2月;第一次修订版时间为1962年11月;第二次修订版时间为1980年10月)。 |
| HNLSZL | 湖南历史资料编辑委员会编:《湖南历史资料》。长沙,不定期刊。 |
| JDSZL | 中国科学院近代史研究所史料编辑组编:《近代史资料》。北京,不定期刊。 |
| KGWSNWX | 中华民国开国五十年文献编纂委员会编:《中华民国开国五十年文献》。台北,1961年。 |
| TDH | 《东亚同文会报告》。东京,1904—1910年6月。 |
| TDSC | 《东亚同文会支那调查报告书》。东京,1910年7 |

月至 1911 年 12 月。

XHGM 中国史学会编：《辛亥革命》，柴德赓等，共八卷。上海，1957 年。

XHGMHYL 中国人民政治协商会议全国委员会文史资料研究委员会编：《辛亥革命回忆录》，五集。北京，1961—1963 年(译注：此书共出版六集)。

XHGMZL 中国科学院近代史研究所史料编辑组编：《辛亥革命资料》。北京，1961 年。

XHSY 中国人民政治协商会议湖北省委员会编：《辛亥首义回忆录》，三辑。武汉，1957—1958 年(译注：此书共出版四辑。)

XHWSLW 中国历史学会和湖北省哲学社会科学学会联合会编：《辛亥革命五十周年纪念论文集》。二册(上、下)。北京，1962 年。

YSJ 杨世骥：《辛亥革命前后湖南史事》。长沙，1958 年。

# 引用书刊目录

（所列书刊,是根据英文原名或英译名,按照英语字母序列编排的）

艾德歇,S·A·M(S. A. M. Adshead):《中国盐政管理的现代化》。剑桥,马萨诸塞,1970年。

艾耳士,威廉(William Ayers):《张之洞和中国的教育改革》。剑桥,马萨诸塞,1971年。

玛丽安·巴斯蒂:《论20世纪初期中国的教育改革》。巴黎,1971年。

白吉尔:《中国资产阶级和辛亥革命》。巴黎,1968年。

包华德(Howard L. Boorman):《民国名人传记辞典》,四卷。纽约,1967—1971年。

白瑞华(Roswell S. Britton):《中国定期报刊,1800—1912》。上海,1933年;台北再版,1966年。

海思波(Marshall Broomhall)编:《中华帝国:一个总体性的传教考察》。伦敦,1907年。

海思波编:《中国内地传道团亚当·多尔瓦和其他教士在湖南的开拓工作》。伦敦,1906年。

布隆勒,H·S及V. V.黑格尔斯特朗:《当代中国政治组织》(*Present Day Political Organization of China*),A.柏琴柯及E.莫南翻译。无出版地点,1911年;重印于台北,无出版日期。

蔡寄鸥:《鄂州血史》。上海,1958年。

曹亚伯:《武昌革命真史》,共二卷。上海,1930年。

张仲礼:《中国绅士:他们在19世纪中国社会中的作用的研究》。西雅图,1955年。

张仲礼:《中国绅士的收入》。西雅图,1962年。

张灏:《梁启超与中国学术变迁,1890—1907》。剑桥,马萨诸塞,1971年。

陈志让:《暴乱之间的谋叛者——小说〈彭公案〉中的秘密会党》。载《亚洲研究杂志》,29:4(1970年8月)。

陈少白:《兴中会革命史略》。无出版地点,1935年;台北重印,1956年。

陈旭麓:《辛亥革命》。上海,1955年。

谢诺(Jean Chesneaux)编:《中国的人民运动和秘密会党,1840—1950》。史丹福,1972年。

中国海关:《海关贸易报告》。

《当阳县志》。王柏心编,无出版地点,1934年。

丁乐梅(Edwin J. Dingle):《中国的革命:内战的历史和政治记录》。上海,1912年。

伊懋可:《近一千年来的中国历史》,载《现代亚洲研究》,4:2(1970年3月)。

费正清、赖肖尔及艾伯特·M·克雷(Albert M. Craig):《东亚:现代转变》。波士敦,1965年。

费行简:《近代名人小传》。台北重印,无出版日期。

冯自由:《革命逸史》。台北,商务印书馆人人图书馆版,1968年。

费维恺(Albert Feuerwerker):《中国19世纪的工业化:汉冶萍煤铁有限公司情况》。收入C.D.科万编:《中国和日本的经济发展》。伦敦,1964年。

费维恺:《关于1870—1911年的中国经济》。安亚伯,1969年。

费维恺:《中国的手工业和工场棉纺业,1871—1910》,载《经济史杂志》,30:2(1970年6月)。

费维恺:《20世纪中国的工业企业:启新水泥公司情况》。收入于费维恺等编:《现代中国历史研究》。伯克利,1967年。

弗雷德曼,爱德华(Edward Friedman):《中心不能掌握:1911年中国革命到1914年世界大战期间中国议会民主的失败》。哈佛博士论文,1968年。

冯,埃德蒙·S·K(Edmund S. K. Fung):《唐才常起义》,载《远东史稿》(澳大利亚国立大学远东历史系出版),第一卷第一期(1970年3月)。

郭廷以:《近代中国史事日志》。共二卷。台北,1963年。

郭孝成:《中国革命纪事本末》。上海,1912年。

《汉口小志》。徐焕斗编。汉口,1915年。

波多野善大:《民国革命与新军:附武昌新军的特别参考文献》,载《名古屋大学论集》第十四号(1956年)。

波多野善大:《辛亥革命前夕的农民抗议》,载《东洋史研究》13:1,2(1954年)。

休勒特,梅立克:《在中国的四十年》。伦敦,1943年。

平山周:《中国秘密社会史》。上海,1912年。

何炳棣:《中华帝国成功的阶梯》。纽约,1964年。

萧公权:《农村中国:19世纪的王朝统治》。西雅图,1960年。

谢文孙:《在集镇和城市的农民土匪:广东民军的现象,1911—1924》。(未出版稿)

薛君度:《黄兴与中国革命》。史丹福,1961年。

黄宗智:《梁启超和现代中国自由主义》。西雅图,1972年。

湖北地方自治研究会编:《湖北地方自治研究会杂志》。哈佛-燕京图书馆藏有该杂志的第一期和第十期。第一期于1908年11月在东京出版,第十期明显地是1910年11月在武汉出版的。

湖北全省清理财政局编:《湖北财政说明书》。武昌,1911年。

《湖北通志》。杨承禧编。1921年初版,1934年上海再版。

《湖北文献》。台北,1966年。

恒慕义编:《清代名人传略 1644—1912》,华盛顿,1943—1944年;

台北再版,1964 年。

湖南历史资料编辑委员会编:《湖南历史资料》(HNLSZL)。长沙,不定期刊。

湖南清理财政局编:《湖南财政说明书》。长沙,1911 年。

湖南省志编纂委员会编:《湖南省志·第一卷·湖南近百年大事纪述》(HNJBN)。长沙,1959 年;重印于东京,1966 年。

《湖南辛亥革命事略》。国民党档案馆中的不署名的、无出版日期的小册子。

湖南谘议局:《湖南湘汉航业核议案》。长沙,1911 年。

市古宙三:《乡绅与辛亥革命》。收入于《世界历史》第十五卷,东京,1969 年。

詹森,玛利欧思(Marius Jansen):《日本人和孙中山》。剑桥,马萨诸塞,1954 年。

焦达悌:《阅朝报补述湘省之暗潮并记述焦达峰之革命概略》,1934 年 8 月 20 日《青白报》,这篇文章剪贴和保存在国民党档案馆。

金城:《湘汉百事》。无出版地点,1912 年。

居正:《居觉生先生全集》。台北,1954 年。

菊池贵睛:《中国民族运动的基本结构:排外抵制运动的研究》。东京,1966 年。

小林一美:《19 世纪中国农民斗争的若干阶段》,收入《东亚近代史研究》。东京,1967 年。

小岛淑男:《辛亥革命前后苏州府的农村社会与农民斗争》,收入《近代中国农村社会史研究》。东京,1967 年。

孔飞力:《近代中华帝国时期的起义和它的敌人:军事化和社会结构,1796—1864》。剑桥,马萨诸塞,1970 年。

孔,H·O:《六大中国城市的人口增长》。收入《中国经济杂志与公报》,20:3(1937 年 3 月)。

《蓝山县志节钞》。台北,1955 年。

卢其敦(Charlton M. Lewis):III,《湖南的开放:在中国一个省份的改良与革命:1895—1907》。U.C.伯克利博士论文,1965 年。

卢其敦：III,《湖南绅耆和维新运动,1895—1898》。载《亚洲研究杂志》,29:1(1969年11月)。

李恩涵：《晚清的收回矿权运动》。台北,1963年。

李廉方：《辛亥武昌首义记》。初版,1947年;台北再版,无出版日期。

李时岳：《辛亥革命时期两湖地区的革命运动》。北京,1957年。

李守孔：《民初之国会》。台北,1964年。

李守孔：《唐才常与自立军》。收入吴相湘编：《中国现代史丛刊》第六卷,台北,1964年。

李文治编：《中国近代农业史资料,第一卷,1840—1911》。北京,1957年。

李竹然：《辛亥革命前的群众斗争》。北京,1957年。

梁启超：《论中国学术思想变迁之大势》。徐中约翻译。剑桥,马萨诸塞,1959年。

梁启超：《戊戌政变记》。无出版地点,无出版日期;台北再版,1964年。

刘基湘：《为民主而斗争：宋教仁和中国辛亥革命》。伯克利,1971年。

《醴陵乡土志》。傅熊湘编。醴陵,1926年。

刘成禺：《先总理旧德录》,收入于《国史馆馆刊》,1:1(1947年12月)。

《浏阳乡土志》。黄祖勋编。台北,1967年。

罗刚：《国父年谱丙午年纪事纠误》收入于姚渔湘编：《研究孙中山的史料》。台北,1965年。

《麻城县志》。余晋芳编。无出版地点,1931年。

毛泽东：《毛泽东选集》,共四卷,北京,1964年(译注：已出版五卷)。

松崎鹤雄：《柔父随笔》。东京,1943年。

《民立报》。上海：1900—1911年;台北重版,1970年。

摩里逊,埃斯特(Esther Morrison)：《儒家官僚政治的现代化》。

拉德克里夫,博士论文,1959年。

村松祐次:《晚清和中华民国初年中国军阀主义的文件研究》。收入《东方和非洲研究学校公报》,29:3(1966年)。

村松祐次:《近代江南的租栈——中国地主制度的研究》。东京,1970年。

中村义:《中国的革命的民主主义者的道路——禹之谟及其环境》,收入于《近代东亚历史研究》。东京,1967年。

中村义:《立宪派的经济基础》,收入于《史潮》,第六七号(1959年)。

中村义:《辛亥革命的若干问题,附湖南的特别文献》,收入于《历史学研究》,第一八八期(1955年)。

黎安友及J.W.艾歇列克:《帝国主义在中国》,收入于《关心亚洲学人公报》的一次讨论,4:4(1972年12月)。

小野川秀美:《清末政治思想研究》。东京,1969年。

鲍威耳,腊夫·L(Ralph L. Powell):《中国军事力量的兴起,1895—1912》。普林斯顿,1955年。

清史编纂委员会编纂:《清史》。杨明山,1961年。

冉枚烁:《早期中国的革命党人:上海和浙江的激进知识分子,1902—1911》。剑桥,马萨诸塞,1971年。

李佳白:《满清逊位和列强,1908—1912:战前外交手腕的插曲》。伯克利,1935年。

路康乐:《中国的民主共和革命:广东的情况,1895—1913》(剑桥,马萨诸塞,1975年)。

荣宝斋与荣禄堂编纂:《大清最新搢绅录》。在微小变动的书名标题下每季在北京出版。

罗森堡,亚瑟·L:《绅权和1910年的长沙抢米风潮》,收入《亚洲研究杂志》,34:3(1975年5月)。

《汝城县志》。卢纯道等编。无出版地点,1932年。

佐藤三郎:《民国之精华》。北京,1916年。

史扶邻:《孙中山和中国革命的起源》。伯克利,1968年。

斯克朗,斯图亚特(Stuart R. Schram):《毛泽东的政治思想》,修订版。纽约,1969年。

尚秉和:《辛壬春秋》。无出版地点,1924年。

沈云龙:《黎元洪评传》。台北,1960年。

岛田虔次与小野信尔:《辛亥革命的思想》。东京,1969年。

白石博男:《清末湖南的农村社会——押租的推行和抗租的倾向》,收入于《中国现代化的社会构造》。东京,1960年。

白岩龙平与安井正太郎:《湖南》。东京,1905年。

司默瑟,雷耳·J:《集体活动的理论》。纽约,1962年。

斯诺,埃德嘉:《西行漫记》。纽约,格罗夫出版部版,1961年。

宋教仁:《我之历史》。初版,1920年;台北再版,1962年。

苏舆编:《翼教丛编》。武昌,1899年;台北再版,1970年。

眭云章:《中华民国开国记》。台北,1968年。

孙任以都:《1905—1906年的宪政任务》。收入于《近代史杂志》,第三号(1952年9月)。

苏堂栋(Donald S. Sutton):《云南军队的兴起和衰落,1909—1925》。剑桥,博士论文,1970年。

铃木智夫:《清末减租论的发展——"租赋"的研究》。收入《近代中国农村社会史研究》。东京,1967年。

田原天男:《清末民初中国官绅人名录》。1918年初版;再版于台北,1971年。

谭伯羽:《谭组庵先生年谱初稿》。台北,1964年。

汤化龙:《蕲水汤先生遗念录》。北京(?),1918年;再版于台北,1971年。

唐乾一(笔名:子虚子):《湘事记》。北京,1914年。

寺木德子:《清末民国初年的地方自治》,收入《茶道史学》V(1962年)。

东亚同文会编:《中国》,东京,1912年1月。

东亚同文会编:《中国省别全志》,第九卷,《湖北》;第十卷,《湖南》。东京,1918年。

东亚同文会:《东亚同文会报告》(TDH)。东京,1904—1910年6月。

东亚同文会:《东亚同文会支那调查报告书》(TDSC)。东京,1910年7月至1911年12月。

邓勒,拉弗·H:《集体活动》,收入于罗伯特·E·L·费厄斯编:《现代社会学手册》。芝加哥,1964年。

汪敬虞:《中国近代工业史资料,第二辑,1895—1914年》。北京,1957年。

王闿运:《湘绮楼日记》。台北再版,无出版日期。

王先谦:《王先谦自定年谱》。无出版地点,无出版时间。

王业键:《中国地租征收的估算,1753和1908》。剑桥,马萨诸塞,1973年。

王业键:《中华帝国的地租,1750—1911》,剑桥,马萨诸塞,1973年。

王业键:《清朝时期物价的长期趋势,1644—1911》。载《香港中文大学中国文化研究所学报》,5:2(1973年)。

渡边惇:《清末哥老会的成立》。收入于《近代中国农村社会史研究》,东京,1967年。

瓦特,约翰·R(John R Watt):《晚期中华帝国的县知事》。纽约,1972年。

魏颂唐:《湖北财政纪略》。湖北,1917年。

芮玛丽编:《革命的中国:第一阶段,1900—1913》。纽黑文,1968年。

《夏口县志》。吕寅东编。无出版地点,1920年。

《湘报类纂》。上海,1902年;台北重印,1968年。

香海剑客(笔名):《革命总统黎元洪小史》。广州,1911年。

萧汝霖:《浏阳烈士传》。无出版地点,1913年。

杨联陞:《明代地方行政机构》。收入于贺凯编:《明朝时代的中国政府:七项研究》。纽约,1969年。

杨世骥:《辛亥革命前后湖南史事》。长沙,1958年。

杨玉如：《辛亥革命先著记》。北京，1957年。

叶德辉：《觉迷要录》。长沙，1905年；重印于台北，1970年。

易国幹编：《黎副总统政书》。无出版地点，1914年。

杨格(Ernest P. Young)：《袁世凯总统期间的政治：早期中华民国的自由主义和独裁》。密歇根大学出版部，1977年。

杨格：《民族主义，改良与民主共和革命：20世纪初的中国》。收入于詹姆士·B·克劳列编：《现代东亚：诠释论文》。纽约，1970年。

杨格：《作为同盟者的改良主义者》。收入于艾伯特·福尔维克等编：《现代中国历史研究》。伯克利，1967年。

《枣阳县志》。王荣先编。武昌，1923年。

章炳麟：《太炎文录续编》。台北再版，1956年。

张存武：《光绪三十一年中美工约风潮》。台北，1966年。

张国淦：《辛亥革命史料》。上海，1958年。

张枬与王忍之：《辛亥革命前十年间时论选集》。香港，1962年。

张难先：《湖北革命知之录》。上海，1946年。

张朋园：《立宪派与辛亥革命》。台北，1969年。

章裕昆：《文学社武昌首义纪实》。北京，1952年。

《政治官报，1907—1911》，共五十四卷。再版于台北，1965年。

蛰隐生：《鄂乱汇录初编》。上海(?)，1911年。

锺才宏：《锺伯毅先生访问录》。收入《中国口头历史课题研究》手稿抄件。

中国科学院近代史研究所史料编辑组：《近代史资料》(JDSZL)。北京，不定期刊。

中国科学院近代史研究所史料编辑组：《辛亥革命资料》(XHGMZL)。北京，1961年。

中国历史学会、湖北省哲学社会科学学会联合会编：《辛亥革命五十周年纪念论文集》(XHWSLW)。共二册(上、下)，北京，1962年。

中国人民政治协商会议湖北省委员会编：《辛亥首义回忆录》(XHSY)。共三辑，武汉，1957—1958年。

中国人民政治协商会议全国委员会文史资料研究委员会编：《辛

亥革命回忆录》(XHGMHYL)。共五集,北京,1961—1963年。

中国史学会编:《辛亥革命》(XHGM)。柴德赓等编纂,共八卷,上海,1957年。

中华民国开国五十年文献编纂委员会编:《中华民国开国五十年文献》(KGWSNWX)。台北,1961年。

朱德裳:《刘揆一》。北京(?),1912年。

《慈利县志》。无出版地点,1923年。

《奏办湖南华昌炼矿股份有限公司章程》。无出版地点,无出版日期。

邹鲁:《中国国民党史稿》。台北再版,1965年。

邹永成:《湖南辛亥光复记》。国民党档案馆于1934年收到的未署日期的手稿。

《最近官绅履历汇录》,第一号。北京(?),1920年7月。

左舜生:《黄兴评传》。台北,1968年。

# 译 后 记

受"辛亥革命研究会"的委托,我翻译了周锡瑞先生(Joseph W. Esherik)的《改良与革命:辛亥革命在两湖》一书,作为对辛亥革命七十周年的微薄献礼。

周锡瑞先生是美国俄勒冈大学历史系副教授,他怀着尊敬中国、热爱中国人民的深厚感情,于 1971 年写出了这本书,旋经修改,于 1976 年由加州大学正式出版。在撰写本书之前,周锡瑞教授以两年时间,阅读了大量中文资料,并在英国和日本查阅了辛亥革命前后的外交档案。

近年来,在研究中国近代史方面,美国学人有两个比较明显的倾向:一个是注意区域性的细微探索,另一个是力图从社会经济背景中去寻找重大政治事件成败的原因。前者表明,研究注目点的范围缩小了,使用了"解剖麻雀"的科学方法;后者表明,摆脱了虚幻荒诞的"西方影响"说,尽量根据中国土生土长的社会根源,来阐释在中国大地上发生的重大政治事件。据我看,周锡瑞教授这本书,在这两个方面都取得了可喜成就。虽然我不完全同意本书的论点,但是,周锡瑞教授采取的历史方法论,应当说是一个值得欢迎的良好倾向。

把 1898 年湖南的改良活动、全国范围的"百日维新"、庚子年以汉口为中心的自立军起义、1906 年的萍浏醴暴动、1910 年的长沙抢米风潮,作为武昌首义春雷的前奏,这样来描述辛亥革命的渊源,的确向读者展示了一幅真实可信的画面。人们可以从两湖这个特定地区的史事中找出:为什么辛亥革命在武昌登高一呼,四方景从?历史的必然性何在?为什么笼统的反满思想,不能囊括这次重大社会革命的内容?为什么持续数千年的皇权,最终被无情推翻?为什么革命后民主共和学说并不行时?为什么经过一次覆地翻天的革命,中国反而又陷入为时近四十年的军阀统治(包括蒋介石王朝)的黑暗深渊?周锡瑞教授在本书中作了认真探讨,在回答上述问题时,他贡献了出色的劳动,引证史料翔实确凿,说理论证透彻明晰。

周锡瑞教授在本书中提出了一个概念,即西方化的"城市改良派上流阶层"。他认为:这个阶层有别于封建性很浓的保守顽固绅士,但又不是形态完备的资产阶级;这个阶层有一个脱离群众的政治纲领,即励行新政改革;在极大程度上,这个阶层的新政措施,导致了辛亥革命,而革命之火一经点燃,为了追求社会安定、继续推行新政,它又拼命巴结革命,并在新政权中据有了领导权。这本书用比较多的篇幅叙述了黎元洪、汤化龙、谭延闿这些人,我想,其源盖出于此。对于这一点,我借此简略地提出自己的看法。如果说,辛亥革命时期的革命党人,包括一些领袖人物在内,"为收缙绅之望"(胡汉民语),拉了一些立宪党人到新政权中来(立宪派在历史上的是非功过,姑置不论),一批投机政客,削尖脑袋向革命阵营钻,因而埋下了导致革命倾败的种子,这是符合历史真实的。但这也只是说明了,在 20 世纪的头一个十年里,中国民族资产阶级的先天脆弱及其革命的不彻底性。如果说,辛亥革命是由西方化的"城市改良派上流阶层"领导的,并且由此出发,忽视和抹煞同盟会、孙中山和黄兴等的积极作用,那就背离历史真实了。而且这样一来,辛亥革命的性质也就被弄得模糊不辨了。对此,我没有来得及和周锡瑞教授深入交换意见;但是作为译者,我有必要在此说这么几句话,就教于广大读者和本书作者。

本书出版后,受到美国学术界的注意和重视。《太平洋事务》、《美国历史评论》、《亚洲研究杂志》、《东方研究杂志》、《关心亚洲学人公报》这些刊物,先后发表了史扶邻、米杰而·卡斯特、傅因彻、奥多力克·Y·K·W·玛丽安·巴斯蒂等人的书评,对本书成就倍加推崇赞许,并提出了一些问题和作者公开商讨。1978 年 3 月伦敦出版的《中国季刊》，也曾善意地指出本书在阐释历史文献方面的若干欠妥之处。

去年一年，我住在医院和肺结核厌疾作斗争，在病榻上奋起扶笔，断续地把这本书译出来了。11月，周锡瑞教授到山东大学参加义和团学术讨论会，便道来长沙和我见了面，我们进行了在译文方面的彻夜交谈。回美国时，他把译稿带走了。尔后，他逐章寄回，精心地提出了一些带实质性的修改意见，甚至在引用中国文献时发生的十分难免的误解，也提出了修改办法。现在的译稿，完全是按他的意见办的。我的译笔笨拙，周锡瑞教授授权给我，使译文尽量晓畅一些，好读一些，因此，我就偶尔大胆一点，在某些地方突破了原文，在不伤原意的前提下做了某些调整，这是必须交代清楚的。

春寒料峭，在写完这篇译后记时，我以热切的心情，期待着读者们的批评和指教。

杨慎之<br>1981年3月5日于长沙

# "海外中国研究丛书"书目

1. 中国的现代化　[美]吉尔伯特·罗兹曼 主编　国家社会科学基金"比较现代化"课题组 译　沈宗美 校
2. 寻求富强:严复与西方　[美]本杰明·史华兹 著　叶凤美 译
3. 中国现代思想中的唯科学主义(1900—1950)　[美]郭颖颐 著　雷颐 译
4. 台湾:走向工业化社会　[美]吴元黎 著
5. 中国思想传统的现代诠释　余英时 著
6. 胡适与中国的文艺复兴:中国革命中的自由主义,1917—1937　[美]格里德 著　鲁奇 译
7. 德国思想家论中国　[德]夏瑞春 编　陈爱政 等译
8. 摆脱困境:新儒学与中国政治文化的演进　[美]墨子刻 著　颜世安 高华 黄东兰 译
9. 儒家思想新论:创造性转换的自我　[美]杜维明 著　曹幼华 单丁 译　周文彰 等校
10. 洪业:清朝开国史　[美]魏斐德 著　陈苏镇 薄小莹 包伟民 陈晓燕 牛朴 谭天星 译　阎步克 等校
11. 走向21世纪:中国经济的现状、问题和前景　[美]D.H.帕金斯 著　陈志标 编译
12. 中国:传统与变革　[美]费正清 赖肖尔 主编　陈仲丹 潘兴明 庞朝阳 译　吴世民 张子清 洪邮生 校
13. 中华帝国的法律　[美]D.布朗 C.莫里斯 著　朱勇 译　梁治平 校
14. 梁启超与中国思想的过渡(1890—1907)　[美]张灏 著　崔志海 葛夫平 译
15. 儒教与道教　[德]马克斯·韦伯 著　洪天富 译
16. 中国政治　[美]詹姆斯·R.汤森 布兰特利·沃马克 著　顾速 董方 译
17. 文化、权力与国家:1900—1942年的华北农村　[美]杜赞奇 著　王福明 译
18. 义和团运动的起源　[美]周锡瑞 著　张俊义 王栋 译
19. 在传统与现代性之间:王韬与晚清革命　[美]柯文 著　雷颐 罗检秋 译
20. 最后的儒家:梁漱溟与中国现代化的两难　[美]艾恺 著　王宗昱 冀建中 译
21. 蒙元入侵前夜的中国日常生活　[法]谢和耐 著　刘东 译
22. 东亚之锋　[美]小R.霍夫亨兹 K.E.柯德尔 著　黎鸣 译
23. 中国社会史　[法]谢和耐 著　黄建华 黄迅余 译
24. 从理学到朴学:中华帝国晚期思想与社会变化面面观　[美]艾尔曼 著　赵刚 译
25. 孔子哲学思微　[美]郝大维 安乐哲 著　蒋弋为 李志林 译
26. 北美中国古典文学研究名家十年文选　乐黛云 陈珏 编选
27. 东亚文明:五个阶段的对话　[美]狄百瑞 著　何兆武 何冰 译
28. 五四运动:现代中国的思想革命　[美]周策纵 著　周子平 等译
29. 近代中国与新世界:康有为变法与大同思想研究　[美]萧公权 著　汪荣祖 译
30. 功利主义儒家:陈亮对朱熹的挑战　[美]田浩 著　姜长苏 译
31. 莱布尼兹和儒学　[美]孟德卫 著　张学智 译
32. 佛教征服中国:佛教在中国中古早期的传播与适应　[荷兰]许理和 著　李四龙 裴勇 等译
33. 新政革命与日本:中国,1898—1912　[美]任达 著　李仲贤 译
34. 经学、政治和宗族:中华帝国晚期常州今文学派研究　[美]艾尔曼 著　赵刚 译
35. 中国制度史研究　[美]杨联陞 著　彭刚 程钢 译

36. 汉代农业:早期中国农业经济的形成　[美]许倬云 著　程农 张鸣 译　邓正来 校
37. 转变的中国:历史变迁与欧洲经验的局限　[美]王国斌 著　李伯重 连玲玲 译
38. 欧洲中国古典文学研究名家十年文选　乐黛云 陈珏 龚刚 编选
39. 中国农民经济:河北和山东的农民发展,1890—1949　[美]马若孟 著　史建云 译
40. 汉哲学思维的文化探源　[美]郝大维 安乐哲 著　施忠连 译
41. 近代中国之种族观念　[英]冯客 著　杨立华 译
42. 血路:革命中国中的沈定一(玄庐)传奇　[美]萧邦奇 著　周武彪 译
43. 历史三调:作为事件、经历和神话的义和团　[美]柯文 著　杜继东 译
44. 斯文:唐宋思想的转型　[美]包弼德 著　刘宁 译
45. 宋代江南经济史研究　[日]斯波义信 著　方健 何忠礼 译
46. 一个中国村庄:山东台头　杨懋春 著　张雄 沈炜 秦美珠 译
47. 现实主义的限制:革命时代的中国小说　[美]安敏成 著　姜涛 译
48. 上海罢工:中国工人政治研究　[美]裴宜理 著　刘平 译
49. 中国转向内在:两宋之际的文化转向　[美]刘子健 著　赵冬梅 译
50. 孔子:即凡而圣　[美]赫伯特·芬格莱特 著　彭国翔 张华 译
51. 18世纪中国的官僚制度与荒政　[法]魏丕信 著　徐建青 译
52. 他山的石头记:宇文所安自选集　[美]宇文所安 著　田晓菲 编译
53. 危险的愉悦:20世纪上海的娼妓问题与现代性　[美]贺萧 著　韩敏中 盛宁 译
54. 中国食物　[美]尤金·N. 安德森 著　马孆 刘东 译　刘东 审校
55. 大分流:欧洲、中国及现代世界经济的发展　[美]彭慕兰 著　史建云 译
56. 古代中国的思想世界　[美]本杰明·史华兹　程钢 译　刘东 校
57. 内闱:宋代的婚姻和妇女生活　[美]伊沛霞 著　胡志宏 译
58. 中国北方村落的社会性别与权力　[加]朱爱岚 著　胡玉坤 译
59. 先贤的民主:杜威、孔子与中国民主之希望　[美]郝大维 安乐哲 著　何刚强 译
60. 向往心灵转化的庄子:内篇分析　[美]爱莲心 著　周炽成 译
61. 中国人的幸福观　[德]鲍吾刚 著　严蓓雯 韩雪临 吴德祖 译
62. 闺塾师:明末清初江南的才女文化　[美]高彦颐 著　李志生 译
63. 缀珍录:十八世纪及其前后的中国妇女　[美]曼素恩 著　定宜庄 颜宜葳 译
64. 革命与历史:中国马克思主义历史学的起源,1919—1937　[美]德里克 著　翁贺凯 译
65. 竞争的话语:明清小说中的正统性、本真性及所生成之意义　[美]艾梅兰 著　罗琳 译
66. 中国妇女与农村发展:云南禄村六十年的变迁　[加]宝森 著　胡玉坤 译
67. 中国近代思维的挫折　[日]岛田虔次 著　甘万萍 译
68. 中国的亚洲内陆边疆　[美]拉铁摩尔 著　唐晓峰 译
69. 为权力祈祷:佛教与晚明中国士绅社会的形成　[加]卜正民 著　张华 译
70. 天潢贵胄:宋代宗室史　[美]贾志扬 著　赵冬梅 译
71. 儒家之道:中国哲学之探讨　[美]倪德卫 著　[美]万白安 编　周炽成 译
72. 都市里的农家女:性别、流动与社会变迁　[澳]杰华 著　吴小英 译
73. 另类的现代性:改革开放时代中国性别化的渴望　[美]罗丽莎 著　黄新 译
74. 近代中国的知识分子与文明　[日]佐藤慎一 著　刘岳兵 译
75. 繁盛之阴:中国医学史中的性(960—1665)　[美]费侠莉 著　甄橙 主译　吴朝霞 主校
76. 中国大众宗教　[美]韦思谛 编　陈仲丹 译
77. 中国诗画语言研究　[法]程抱一 著　涂卫群 译
78. 中国的思维世界　[日]沟口雄三 小岛毅 著　孙歌 等译

79. 德国与中华民国　[美]柯伟林 著　陈谦平 陈红民 武菁 申晓云 译　钱乘旦 校
80. 中国近代经济史研究:清末海关财政与通商口岸市场圈　[日]滨下武志 著　高淑娟 孙彬 译
81. 回应革命与改革:皖北李村的社会变迁与延续　韩敏 著　陆益龙 徐新玉 译
82. 中国现代文学与电影中的城市:空间、时间与性别构形　[美]张英进 著　秦立彦 译
83. 现代的诱惑:书写半殖民地中国的现代主义(1917—1937)　[美]史书美 著　何恬 译
84. 开放的帝国:1600年前的中国历史　[美]芮乐伟·韩森 著　梁侃 邹劲风 译
85. 改良与革命:辛亥革命在两湖　[美]周锡瑞 著　杨慎之 译
86. 章学诚的生平与思想　[美]倪德卫 著　杨立华 译
87. 卫生的现代性:中国通商口岸健康与疾病的意义　[美]罗芙芸 著　向磊 译
88. 道与庶道:宋代以来的道教、民间信仰和神灵模式　[美]韩明士 著　皮庆生 译
89. 间谍王:戴笠与中国特工　[美]魏斐德 著　梁禾 译
90. 中国的女性与性相:1949年以来的性别话语　[英]艾华 著　施施 译
91. 近代中国的犯罪、惩罚与监狱　[荷]冯客 著　徐有威 等译　潘兴明 校
92. 帝国的隐喻:中国民间宗教　[英]王斯福 著　赵旭东 译
93. 王弼《老子注》研究　[德]瓦格纳 著　杨立华 译
94. 寻求正义:1905—1906年的抵制美货运动　[美]王冠华 著　刘甜甜 译
95. 传统中国日常生活中的协商:中古契约研究　[美]韩森 著　鲁西奇 译
96. 从民族国家拯救历史:民族主义话语与中国现代史研究　[美]杜赞奇 著　王宪明 高继美 李海燕 李点 译
97. 欧几里得在中国:汉译《几何原本》的源流与影响　[荷]安国风 著　纪志刚 郑诚 郑方磊 译
98. 十八世纪中国社会　[美]韩书瑞 罗友枝 著　陈仲丹 译
99. 中国与达尔文　[美]浦嘉珉 著　钟永强 译
100. 私人领域的变形:唐宋诗词中的园林与玩好　[美]杨晓山 著　文韬 译
101. 理解农民中国:社会科学哲学的案例研究　[美]李丹 著　张天虹 张洪云 张胜波 译
102. 山东叛乱:1774年的王伦起义　[美]韩书瑞 著　刘平 唐雁超 译
103. 毁灭的种子:战争与革命中的国民党中国(1937—1949)　[美]易劳逸 著　王建朗 王贤知 贾维 译
104. 缠足:"金莲崇拜"盛极而衰的演变　[美]高彦颐 著　苗延威 译
105. 饕餮之欲:当代中国的食与色　[美]冯珠娣 著　郭乙瑶 马磊 江素侠 译
106. 翻译的传说:中国新女性的形成(1898—1918)　胡缨 著　龙瑜宬 彭珊珊 译
107. 中国的经济革命:20世纪的乡村工业　[日]顾琳 著　王玉茹 张玮 李进霞 译
108. 礼物、关系学与国家:中国人际关系与主体性建构　杨美惠 著　赵旭东 孙珉 译　张跃宏 译校
109. 朱熹的思维世界　[美]田浩 著
110. 皇帝和祖宗:华南的国家与宗族　[英]科大卫 著　卜永坚 译
111. 明清时代东亚海域的文化交流　[日]松浦章 著　郑洁西 等译
112. 中国美学问题　[美]苏源熙 著　卞东波 译　张强强 朱霞欢 校
113. 清代内河水运史研究　[日]松浦章 著　董科 译
114. 大萧条时期的中国:市场、国家与世界经济　[日]城山智子 著　孟凡礼 尚国敏 译　唐磊 校
115. 美国的中国形象(1931—1949)　[美]T.克里斯托弗·杰斯普森 著　姜智芹 译
116. 技术与性别:晚期帝制中国的权力经纬　[英]白馥兰 著　江湄 邓京力 译

117. 中国善书研究 [日]酒井忠夫 著 刘岳兵 何英莺 孙雪梅 译
118. 千年末世之乱:1813年八卦教起义 [美]韩书瑞 著 陈仲丹 译
119. 西学东渐与中国事情 [日]增田涉 著 由其民 周启乾 译
120. 六朝精神史研究 [日]吉川忠夫 著 王启发 译
121. 矢志不渝:明清时期的贞女现象 [美]卢苇菁 著 秦立彦 译
122. 明代乡村纠纷与秩序:以徽州文书为中心 [日]中岛乐章著 郭万平 高飞 译
123. 中华帝国晚期的欲望与小说叙述 [美]黄卫总 著 张蕴爽 译
124. 虎、米、丝、泥:帝制晚期华南的环境与经济 [美]马立博 著 王玉茹 关永强 译
125. 一江黑水:中国未来的环境挑战 [美]易明 著 姜智芹 译
126. 《诗经》原意研究 [日]家井真著 陆越 译
127. 施剑翘复仇案:民国时期公众同情的兴起与影响 [美]林郁沁 著 陈湘静 译
128. 义和团运动前夕华北的地方动乱与社会冲突(修订译本) [德]狄德满 著 崔华杰 译
129. 铁泪图:19世纪中国对于饥馑的文化反应 [美]艾志端 著 曹曦 译
130. 饶家驹安全区:战时上海的难民 [美]阮玛霞 著 白华山 译
131. 危险的边疆:游牧帝国与中国 [美]巴菲尔德 著 袁剑 译
132. 工程国家:民国时期(1927—1937)的淮河治理及国家建设 [美]戴维·艾伦·佩兹 著 姜智芹 译
133. 历史宝筏:过去、西方与中国妇女问题 [美]季家珍 著 杨可 译
134. 姐妹们与陌生人:上海棉纱厂女工,1919—1949 [美]韩起澜著 韩慈 译
135. 银线:19世纪的世界与中国 林满红 著 詹庆华 林满红 译
136. 寻求中国民主 [澳]冯兆基 著 刘悦斌 徐硙 译
137. 墨梅 [美]毕嘉珍 著 陆敏珍 译
138. 清代上海沙船航运业史研究 [日]松浦章 著 杨蕾 王亦净 董科 译
139. 男性特质论:中国的社会与性别 [澳]雷金庆 著 [澳]刘婷 译
140. 重读中国女性生命故事 游鉴明 胡缨 季家珍 主编
141. 跨太平洋位移:20世纪美国文学中的民族志、翻译和文本间旅行 黄运特 著 陈倩 译
142. 认知诸形式:反思人类精神的统一性与多样性 [英]G.E.R.劳埃德著 池志培 译
143. 中国乡村的基督教:1860—1900江西省的冲突与适应 [美]史维东 著 吴薇 译
144. 假想的"满大人":同情、现代性与中国疼痛 [美]韩瑞 著 袁剑 译
145. 中国的捐纳制度与社会 伍跃 著
146. 文书行政的汉帝国 [日]富谷至 著 刘恒武 孔李波 译
147. 城市里的陌生人:中国流动人口的空间、权力与社会网络的重构 [美]张骊 著 袁长庚 译
148. 性别、政治与民主:近代中国的妇女参政 [澳]李木兰 著 方小平 译
149. 近代日本的中国认识 [日]野村浩一 著 张学锋 译
150. 狮龙共舞:一个英国人笔下的威海卫与中国传统文化 [英]庄士敦 著 刘本森 译 威海市博物馆 郭大松 校
151. 人物、角色与心灵:《牡丹亭》与《桃花扇》中的身份认同 [美]吕立亭 著 白华山 译
152. 中国社会中的宗教与仪式 [美]武雅士 著 彭泽安 邵铁峰 译 郭潇威 校
153. 自贡商人:近代早期中国的企业家 [美]曾小萍 著 董建中 译
154. 大象的退却:一部中国环境史 [英]伊懋可 著 梅雪芹 毛利霞 王玉山 译
155. 明代江南土地制度研究 [日]森正夫 著 伍跃 张学锋 等译 范金民 夏维中 审校
156. 儒学与女性 [美]罗莎莉 著 丁佳伟 曹秀娟 译

157. 行善的艺术:晚明中国的慈善事业(新译本)　[美]韩德玲 著　曹晔 译
158. 近代中国的渔业战争和环境变化　[美]穆盛博 著　胡文亮 译
159. 权力关系:宋代中国的家族、地位与国家　[美]柏文莉 著　刘云军 译
160. 权力源自地位:北京大学、知识分子与中国政治文化,1898—1929　[美]魏定熙 著　张蒙 译
161. 工开万物:17世纪中国的知识与技术　[德]薛凤 著　吴秀杰 白岚玲 译
162. 忠贞不贰:辽代的越境之举　[英]史怀梅 著　曹流 译
163. 内藤湖南:政治与汉学(1866—1934)　[美]傅佛果 著　陶德民 何英莺 译
164. 他者中的华人:中国近现代移民史　[美]孔飞力 著　李明欢 译　黄鸣奋 校
165. 古代中国的动物与灵异　[英]胡司德 著　蓝旭 译
166. 两访中国茶乡　[英]罗伯特·福琼 著　敖雪岗 译
167. 缔造选本:《花间集》的文化语境与诗学实践　[美]田安 著　马强才 译
168. 扬州评话探讨　[丹麦]易德波 著　米锋 易德波 译　李今芸 校译
169. 《左传》的书写与解读　李惠仪 著　文韬 许明德 译
170. 以竹为生:一个四川手工造纸村的20世纪社会史　[德]艾约博 著　韩巍 译　吴秀杰 校
171. 东方之旅:1579—1724耶稣会传教团在中国　[美]柏理安 著　毛瑞方 译
172. "地域社会"视野下的明清史研究:以江南和福建为中心　[日]森正夫 著　于志嘉 马一虹 黄东兰 阿风 等译
173. 技术、性别、历史:重新审视帝制中国的大转型　[英]白馥兰 著　吴秀杰 白岚玲 译
174. 中国小说戏曲史　[日]狩野直喜　张真 译
175. 历史上的黑暗一页:英国外交文件与英美海军档案中的南京大屠杀　[美]陆束屏 编著/翻译
176. 罗马与中国:比较视野下的古代世界帝国　[奥]沃尔特·施德尔 主编　李平 译
177. 矛与盾的共存:明清时期江西社会研究　[韩]吴金成 著　崔荣根 译 薛戈 校译
178. 唯一的希望:在中国独生子女政策下成年　[美]冯文 著　常姝 译
179. 国之枭雄:曹操传　[澳]张磊夫 著　方笑天 译
180. 汉帝国的日常生活　[英]鲁惟一 著　刘洁 余霄 译
181. 大分流之外:中国和欧洲经济变迁的政治　[美]王国斌 罗森塔尔 著　周琳 译　王国斌 张萌 审校
182. 中正之笔:颜真卿书法与宋代文人政治　[美]倪雅梅 著　杨简茹 译　祝帅 校译
183. 江南三角洲市镇研究　[日]森正夫 编　丁韵 胡婧 等译　范金民 审校
184. 忍辱负重的使命:美国外交官记载的南京大屠杀与劫后的社会状况　[美]陆束屏 编著/翻译
185. 修仙:古代中国的修行与社会记忆　[美]康儒博 著　顾漩 译
186. 烧钱:中国人生活世界中的物质精神　[美]柏桦 著　袁剑 刘玺鸿 译
187. 话语的长城:文化中国历险记　[美]苏源熙 著　盛珂 译
188. 诸葛武侯　[日]内藤湖南 著　张真 译
189. 盟友背信:一战中的中国　[英]吴芳思 克里斯托弗·阿南德尔 著　张宇扬 译
190. 亚里士多德在中国:语言、范畴和翻译　[英]罗伯特·沃迪 著　韩小强 译
191. 马背上的朝廷:巡幸与清朝统治的建构,1680—1785　[美]张勉治 著　董建中 译
192. 申不害:公元前四世纪中国的政治哲学家　[美]顾立雅 著　马腾 译
193. 晋武帝司马炎　[日]福原启郎 著　陆帅 译
194. 唐人如何吟诗:带你走进汉语音韵学　[日]大岛正二 著　柳悦 译

195. 古代中国的宇宙论　［日］浅野裕一 著　吴昊阳 译
196. 中国思想的道家之论:一种哲学解释　［美］陈汉生 著　周景松 谢尔逊 等译　张丰乾 校译
197. 诗歌之力:袁枚女弟子屈秉筠(1767—1810)　［加］孟留喜 著　吴夏平 译
198. 中国逻辑的发现　［德］顾有信 著　陈志伟 译
199. 高丽时代宋商往来研究　［韩］李镇汉 著　李廷青 戴琳剑译　楼正豪 校
200. 中国近世财政史研究　［日］岩井茂树著　付勇 译　范金民 审校
201. 魏晋政治社会史研究　［日］福原启郎 著　陆帅 刘萃峰 张紫毫 译
202. 宋帝国的危机与维系:信息、领土与人际网络　［比利时］魏希德 著　刘云军 译
203. 中国精英与政治变迁:20世纪初的浙江　［美］萧邦奇 著　徐立望 杨涛羽 译　李齐 校
204. 北京的人力车夫:1920年代的市民与政治　［美］史谦德 著　周书垚 袁剑 译　周育民 校
205. 1901—1909年的门户开放政策:西奥多·罗斯福与中国　［美］格雷戈里·摩尔 著　赵嘉玉 译
206. 清帝国之乱:义和团运动与八国联军之役　［美］明恩溥 著　郭大松 刘本森 译
207. 宋代文人的精神生活(960—1279)　［美］何复平 著　叶树勋 单虹泽 译
208. 梅兰芳与20世纪国际舞台:中国戏剧的定位与置换　［美］田民 著　何恬 译
209. 郭店楚简《老子》新研究　［日］池田知久 著　曹峰 孙佩霞 译
210. 德与礼——亚洲人对领导能力与公众利益的理想　［美］狄培理 著　闵锐武 闵月 译
211. 棘闱:宋代科举与社会　［美］贾志扬 著
212. 通过儒家现代性而思　［法］毕游塞 著　白欲晓 译
213. 阳明学的位相　［日］荒木见悟 著　焦堃 陈晓杰 廖明飞 申绪璐 译
214. 明清的戏曲——江南宗族社会的表象　［日］田仲一成 著　云贵彬 王文勋 译
215. 日本近代中国学的形成:汉学革新与文化交涉　陶德民 著　辜承尧 译
216. 声色:永明时代的宫廷文学与文化　［新加坡］吴妙慧 著　朱梦雯 译
217. 神秘体验与唐代世俗社会:戴孚《广异记》解读　［英］杜德桥 著　杨为刚 查屏球 译　吴晨 审校
218. 清代中国的法与审判　［日］滋贺秀三 著　熊远报 译
219. 铁路与中国转型　［德］柯丽莎 著　金毅 译
220. 生命之道:中医的物、思维与行动　［美］冯珠娣 著　刘小朦 申琛 译
221. 中国古代北疆史的考古学研究　［日］宫本一夫 著　黄建秋 译
222. 异史氏:蒲松龄与中国文言小说　［美］蔡九迪 著　任增强 译　陈嘉艺 审校
223. 中国江南六朝考古学研究　［日］藤井康隆 著　张学锋 刘可维 译
224. 商会与近代中国的社团网络革命　［加］陈忠平 著